Reinhard Fiehler (Hrsg.)

Verständigungsprobleme
und gestörte Kommunikation

Reinhard Fiehler (Hrsg.)

# Verständigungsprobleme und gestörte Kommunikation

Westdeutscher Verlag

Alle Rechte vorbehalten
© Westdeutscher Verlag GmbH, Opladen/Wiesbaden, 1998

Der Westdeutsche Verlag ist ein Unternehmen der Bertelsmann Fachinformation GmbH.

Das Werk einschließlich aller seiner Teile ist urheberrechtlich geschützt. Jede Verwertung außerhalb der engen Grenzen des Urheberrechtsgesetzes ist ohne Zustimmung des Verlags unzulässig und strafbar. Das gilt insbesondere für Vervielfältigungen, Übersetzungen, Mikroverfilmungen und die Einspeicherung und Verarbeitung in elektronischen Systemen.

http://www.westdeutschervlg.de

Höchste inhaltliche und technische Qualität unserer Produkte ist unser Ziel. Bei der Produktion und Verbreitung unserer Bücher wollen wir die Umwelt schonen: Dieses Buch ist auf säurefreiem und chlorfrei gebleichtem Papier gedruckt. Die Einschweißfolie besteht aus Polyäthylen und damit aus organischen Grundstoffen, die weder bei der Herstellung noch bei der Verbrennung Schadstoffe freisetzen.

Umschlaggestaltung: Horst Dieter Bürkle, Darmstadt

ISBN 978-3-531-12904-4   ISBN 978-3-663-07730-5 (eBook)
DOI 10.1007/978-3-663-07730-5

# Inhalt

*Reinhard Fiehler*
Verständigungsprobleme und gestörte Kommunikation.
Einführung in die Thematik .................................. 7

## I. Theorie

*Walther Kindt*
Konzeptuelle Grundlagen einer Theorie der Verständigungsprobleme .... 17

*Arnulf Deppermann, Thomas Spranz-Fogasy*
Kommunikationsstörungen *durch* den Gesprächsprozeß. Zur Entstehung
von Interaktionsdilemmata durch zeitliche Komplexierung ............ 44

*Wolfdietrich Hartung*
Perspektiven-Divergenzen als Verständigungsproblem ............... 63

*Elmar Bartsch*
Gibt es Alternativen zum Modell "Therapie" bei der Behandlung von
Verständigungs- und Kommunikationsstörungen? ................. 80

## II. Verständigungsprobleme und gestörte Kommunikation in verschiedenen Bereichen und Institutionen

### Medizin

*Johanna Lalouschek*
"Hypertonie?" - oder das Gespräch mit PatientInnen als Störung
ärztlichen Tuns ............................................ 97

*Christine Weinhold*
"Ich hab bloß gesagt gnä' Frau ich brauch vier Binden."
Eine gesprächsanalytische Untersuchung von Kommunikationsstörungen
zwischen einer Krankenschwester und einer Patientin .............. 116

## Unternehmen

*Florian Menz*
Verständigungsprobleme in Wirtschaftsunternehmen. Zum Einfluß von unterschiedlichen Konzeptualisierungen auf die betriebsinterne Kommunikation ........................................... 134

## Politik und Medien

*Rüdiger Vogt*
"Wozu haben Sie mich denn eingeladen?" Verständigungsschwierigkeiten in deutschen audiovisuellen Politiker-Interviews .................. 155

## Intergenerationelle Kommunikation

*Caja Thimm*
Alter als Kommunikationsproblem? Eine exemplarische Analyse von Gesprächsstrategien in intergenerationeller Kommunikation ........... 177

## Interkulturelle Kommunikation

*Martina Liedke*
Fremdsprachliches Handeln: Kommunikationsstörung als Normalität ..... 198

*Martina Rost-Roth*
Kommunikative Störungen in Beratungsgesprächen. Problempotentiale in inter- und intrakulturellen Gesprächskontexten .................... 216

*Ewald Reuter*
Selbstvergessene BeobachterInnen? Über die Konstruktion und Reproduktion von Asymmetrie in interkultureller Kommunikation ........... 245

*Ilona Pache*
"You can't just drop that stuff and say: Oh we're good people." Die Vergrößerung von Fremd- und Selbstbestimmung als Ordnungsverfahren in kooperativ eingeschränkter Kommunikation ............. 275

Personenregister ................................................ 297

Sachregister .................................................... 300

Die Autorinnen und Autoren ...................................... 302

# Verständigungsprobleme und gestörte Kommunikation. Einführung in die Thematik

*Reinhard Fiehler*

Die Erfahrung, jemanden nicht zu verstehen oder selbst nicht verstanden zu werden, ist ein essentieller Bestandteil unserer Kommunikationspraxis: *Wir haben uns nicht verstanden/mißverstanden; Wir konnten uns nicht verständigen; Die Kommunikation hat nicht geklappt/ist mißlungen/gestört; Die Verständigung war schwierig/problematisch/ist fehlgeschlagen* etc. sind verbale Beschreibungen dieser Erfahrung. Auch wenn wir wohl (viel) häufiger den Eindruck haben, daß Kommunikation 'funktioniert', 'gelingt' und wir uns 'verständigen' können, so gibt es doch eine nicht zu vernachlässigende Zahl von Fällen, in denen wir bemerken, daß die Kommunikation nicht klappt, oder wo sich später herausstellt, daß sie nicht geklappt hat (obwohl wir in der Situation einen anderen Eindruck hatten).

Es liegt dabei auf der Hand, daß dieses Gelingen und Mißlingen im Regelfall kein dichotomes Alles oder Nichts ist, sondern daß es sich zum einen um ein *graduelles Maß* handelt, ein Mehr oder Weniger auf einer Skala, deren Endpunkte eine umfassende Verständigung (relativ zu den Zwecken der Interaktion) und ein totales Fehlschlagen der Kommunikation sind, und daß es sich zum anderen häufig nur auf bestimmte *Aspekte* oder *Teilbereiche* der Kommunikation erstreckt.

Aus dieser Perspektive betrachtet ist Verständigung also keineswegs ein selbstverständliches, unproblematisches oder gar automatisches Resultat von Kommunikation. Zwar zielt Kommunikation im Regelfall auf Verständigung ab, aber es gibt keine Garantie dafür, daß sie erreicht wird: Kommunikation hat *Versuchscharakter*, und es besteht aus vielerlei Gründen immer die Gefahr, daß der Versuch nicht zum Erfolg führt. Deshalb bedarf es der ständigen *Kontrolle*, ob die Verständigung für die Zwecke der Beteiligten in einem hinreichenden Maß gelingt, und es erfordert kontinuierliche *Anstrengung* und kommunikative *Arbeit*, um die Ergebnisse von Kommunikation zu verbessern.

Diese Kontrolle und Arbeit sind dabei unumgänglich, denn es ist keineswegs gleichgültig, ob Verständigung erreicht wird oder nicht. Kommunikation erfolgt nicht um ihrer selbst willen, sondern wir streben Verständigung an, um bestimmte weiterreichende Ziele und Zwecke realisieren zu können. Wir sind also daran *interessiert* und darauf *angewiesen*, daß die Verständigung so weit reicht, daß diese Ziele und Zwecke verwirklicht werden können. Kommunikation *muß* (zumindest bis zu einem bestimmten Grad) erfolgreich sein.

Lenkt man die Aufmerksamkeit auf Verständigungsprobleme und gestörte Kommunikation, so wird damit also eine bestimmte *Sichtweise* auf Kommunikation etabliert, die bestimmte Aspekte in den Vordergrund rückt und andere in den Hintergrund treten läßt: Während viele Auffassungen von Kommunikation Verständigung als im wesentlichen funktionierend voraussetzen oder ihr Gelingen mit dem Gebrauch übereinstimmender Regeln bzw. Konventionen gegeben sehen, ist für diese Konzeptualisierung[1] zentral, daß Verständigung als etwas erscheint, was jederzeit in Gefahr ist, verfehlt zu werden, und daß Kommunikation deshalb der sorgfältigen Beobachtung und der konstruktiven Arbeit der Beteiligten bedarf, um Verständigung in dem erforderlichen Maß zu erreichen. Ich möchte diese Konzeptualisierung auf die Formel bringen: 'Kommunikation als (unerläßliches) wechselseitiges Bemühen um eine stetig gefährdete Verständigung.'

Auf dieser Sichtweise, daß Kommunikation gestaltbar ist und in Abhängigkeit von den Anstrengungen mehr oder weniger gelingen kann, basieren dann ihrerseits Vorstellungen über eine *Verbesserbarkeit* und *Lehrbarkeit* der Fähigkeit zur Verständigung, die in Kommunikationsberatung und -training einerseits sowie in der Sprachdidaktik andererseits praktisch werden.

Verständigungsprobleme und Kommunikationsstörungen sind ein *interaktives Phänomen*, sie entstehen im Gespräch. Ihre Verursachung kann dabei - von den Gesprächsbeteiligten selbst oder von Außenstehenden - dominant dem Sprecher zugeschrieben werden (*Ich/er konnte mich/sich nicht verständlich machen.*) oder dem Hörer (*Ich/er konnte ihn einfach nicht verstehen.*). Die Probleme und Störungen können aber auch als Produkt der Interaktion verstanden werden, als etwas, was im Laufe des Gesprächs 'passiert' oder sich entwickelt. Die Begriffe 'Verständigungsproblem' und 'Kommunikationsstörung' sind dabei Kategorien, mit denen die Beteiligten oder Außenstehende post festum bestimmte Abschnitte oder Aspekte eines Gesprächs zusammenfassend und vom konkreten sequentiellen Verlauf der Interaktion abstrahierend belegen.

Verständigungsprobleme und Kommunikationsstörungen können von den *Gesprächsbeteiligten* und sie können aus einer *Beobachterperspektive* konstatiert werden. Der Fall, daß nur der Beobachter ein Problem feststellt, dies aber von den Beteiligten nicht wahrgenommen wird, soll hier nicht interessieren. Der relevante Fall ist, daß die Beteiligten selbst *bemerken*, daß ein solches Problem bzw. eine solche Störung in ihrer Kommunikation aufgetreten ist und daß sie dies *thematisieren* und ggf. *bearbeiten*. Das Bemerken kann einerseits innerhalb eines Gesprächs erfolgen, andererseits kann aber auch erst nach seinem Ende deutlich werden, daß ein Verständigungsproblem bestanden haben muß. Innerhalb des Gesprächs kann das Bemerken in relativer Nähe zur Störung erfolgen oder mit größerem zeitlichen Abstand (Drummond & Hopper 1991, 305).

Voraussetzung für das Bemerken ist, daß die Beteiligten nicht nur kommunizieren, sondern daß sie den Kommunikationsprozeß in Form eines *Monitoring* beobachtend verfolgen. Beim Monitoring - einer permanenten mentalen Tätigkeit - werden die Umgebung, das Selbst und vor allem auch das *interaktive Geschehen* daraufhin überprüft, ob das, was geschieht, den Erwartungen entspricht bzw. im Erwartungsrahmen liegt. Die Erwartungen beziehen sich zum einen darauf, daß man den Aktivitäten des Partners im gemeinsamen Tätigkeitszusammenhang Bedeutung und Sinn zuschreiben kann, und umgekehrt, daß der Partner auf meine Aktivitäten

---

[1] Zu unterschiedlichen Konzeptualisierungen von Kommunikation cf. Fiehler 1990 und Antos i.V.

mit bestimmten Verhaltensweisen und Handlungen reagiert. Ein *Problem* bzw. eine *Störung* wird dann konstatiert, wenn der Kommunikations- und Verständigungsprozeß in bestimmten Hinsichten von diesen Erwartungen abweicht und wenn diese Abweichungen als negativ für das Gelingen der Verständigung bewertet werden. Dem Konstatieren eines Problems oder einer Störung liegen also immer bestimmte Erfahrungswerte, aber auch normative Vorstellungen darüber zugrunde, wie das Gespräch sich entwickeln sollte, oder allgemeiner gesagt: wie Kommunikation sein sollte. An diesen Erfahrungswerten und Normen wird die aktuelle Kommunikation gemessen. Wenn man z.B. in einem Gespräch den Eindruck gewinnt, daß die Beiträge des Partners mehrfach keinen Bezug zu den eigenen haben, so weicht dies von den üblichen Erfahrungen ab und verletzt die normativen Erwartungen, daß Gesprächsbeiträge sich aufeinander beziehen sollten. Die Folge: Man wird ein Problem oder eine Störung vermuten.

Resultat des Monitoring sind Eindrücke oder Einschätzungen wie: *Ich habe den anderen (an diesem Punkt) nicht verstanden; Ich fühle mich (in dieser Hinsicht) von dem anderen nicht verstanden; Wir haben uns (in dieser Frage) nicht verstanden.* oder aber auch: *Wir haben uns verstanden.* Dieser letztgenannte Eindruck wird so lange anhalten, wie die beiderseitigen *Folgeaktivitäten als kompatibel* mit dem, was verstanden worden ist, bewertet werden. Da wir nun einmal nicht in die Köpfe der anderen schauen können, ist dies - neben der metakommunikativen Thematisierung - die wichtigste Möglichkeit, um zu beurteilen, ob man sich verstanden hat.

Werden Probleme oder Störungen bemerkt, so sind Thematisierungen ein erster Schritt zu ihrer Bearbeitung. Sie thematisieren das eigene Unverständnis und/oder explizieren das eigene Verständnis der Partneräußerungen zum Zweck der Überprüfung: *A: Ich hab dich da glaub ich nicht richtig verstanden. Meinst du wirklich, daß wir in diesem Punkt unrecht haben?* Ziel der Thematisierung kann auch sein, bemerkte Mehrdeutigkeiten oder Vagheit zu bearbeiten. Mit solchen Thematisierungen und den sich anschließenden Bearbeitungen wird das Gespräch selbstbezüglich und u.U. metakommunikativ.

Aus dem Wissen um die Störanfälligkeit von Kommunikation heraus setzen Gesprächsbeteiligte aber auch schon *prophylaktisch* Verfahren zur Sicherung der Verständigung ein (explizites Formulieren, Paraphrasieren etc.). Sie versuchen, mögliche Probleme und Störungen zu antizipieren und durch die Anwendung dieser Verfahren zu vermeiden.

Die zahlreichen *Verfahren und Mittel*, die die Beteiligten zur Sicherung der Verständigung wie zur Thematisierung und Bearbeitung von Verständigungsproblemen benutzen, sind ein genuines Arbeitsfeld gesprächsanalytischer Untersuchungen von Kommunikationsstörungen. Sie sollen an dieser Stelle nicht weiter expliziert und systematisiert werden. In den Beiträgen des Bandes werden viele dieser Verfahren und Mittel im einzelnen beschrieben.

Nicht bei allen Störungen und 'Turbulenzen' in der Kommunikation handelt es sich um Verständigungsprobleme und gestörte Kommunikation.

Zunächst einmal sind zwei grundlegende Konstellationen zu differenzieren: Zum einen, daß die Gesprächspartner beide die Absicht, das Interesse und den Willen zur Verständigung haben, die Kommunikation aber (an bestimmten Stellen und in bestimmten Aspekten) dennoch nicht gelingt. Zum anderen der Fall, daß eine oder beide Seiten diesen Willen nicht haben bzw. nur vortäuschen, z.B. wenn man sich nicht darum bemüht zu verstehen, was der Ausländer sagen will, wenn man einen Konflikt austrägt, oder wenn Politiker im Fernsehen 'diskutieren'. Hier fehlt die grundlegende Kooperativität und/oder die Kommunikation erfolgt unter den Bedingungen von Täuschung. Es ist klar, daß die Unterscheidung dieser beiden Konstellationen eine analytische ist. Empirisch gibt es zum einen vielfältige Abstufungen zwischen diesen Polen, und zum anderen brauchen diese Einstellungen nicht konstant zu sein, sondern ein Gespräch kann sich von einem Pol zum anderen entwickeln oder zwischen ihnen hin und her schwanken. Diese Unterscheidung soll hier nur verdeutlichen, daß Fälle, die tendenziell der zweiten Konstellation zuzurechnen sind, m.E. nicht unter dem Etikett von Verständigungsproblemen und Kommunikationsstörungen behandelt werden sollten. Umgekehrt bedeutet dies, daß von Verständigungsproblemen und Kommunikationsstörungen nur gesprochen werden soll, wenn auf beiden Seiten der grundsätzliche Wille zur Verständigung besteht. Es liegt auf der Hand, daß dies empirisch nur schwierig zu fassen ist.

Ferner gehört alles das, was die Beteiligten im Prozeß des Monitoring als (sprachlichen) *Fehler* kategorisieren und dann stillschweigend oder explizit bei sich selbst oder dem anderen reparieren (Versprecher, falsche/unzureichende/nicht optimale Bezeichnungen, mißlungene Konstruktionen etc.), nicht in diese Kategorie.[2] Konstitutiv für Verständigungsprobleme und gestörte Kommunikation ist, daß die Kategorisierung des Phänomens durch die Beteiligten als Fehler nicht im Vordergrund steht. Typische Kategorisierungen, die zu einer Klassifikation als Verständigungsproblem oder gestörte Kommunikation führen, sind, daß etwas unverständlich, unklar, dunkel, nicht nachvollziehbar, nicht zu verstehen etc. ist. Im Gegensatz zu Reparaturen ist hierbei zunächst nicht klar, mit welchen Elementen des Kommunikationsprozesses dieser Eindruck in Verbindung gebracht werden kann. Natürlich können aber auch aus Fehlern, insbesondere wenn sie nicht bemerkt und/oder repariert werden, Verständigungsprobleme erwachsen.

Letztlich ist es auch eine Frage der *Kategorisierung*, ob die Beteiligten etwas als *Verständigungs*problem verstehen oder ob sie es einem anderen Problemtyp zuschreiben. Fordert man z.B. ein Kind auf, seine Medizin zu nehmen, und bestätigt das Kind dies auch, verschwindet aber dennoch zwei Minuten später fröhlich pfeifend, ohne sie genommen zu haben, so kann man dies seiner Vergeßlichkeit zuschreiben und den Vorgang damit als mentales Problem konstituieren, oder aber man kann der Auffassung sein, daß man nicht hinreichend adressatenspezifisch kommuniziert hat, womit der Fall als ein Verständigungsproblem typisiert wird.

---

[2] Der Fall ausgebauter Fremdreparaturen stellt allerdings einen Übergangsbereich dar.

Verständigungsprobleme und Kommunikationsstörungen sind keine homogene Klasse von Phänomenen, sondern treten in sehr unterschiedlichen Formen auf und betreffen sehr unterschiedliche Aspekte. U.a. dies mag Coupland, Wiemann & Giles (1991, 1) zu der Einschätzung führen: "*Miscommunication* is an interesting and slippery concept - perhaps interesting initially because it is slippery." Nichtsdestoweniger lassen sich aber vier zentrale Formen unterscheiden.[3] Aus der Hörerperspektive stellen sie sich als die folgenden Probleme dar:

- Ich verstehe nicht, was der andere sagt.

Die Gründe hierfür können vielfältig sein. Sie reichen von äußeren Beeinträchtigungen der Kommunikation (zu große Distanz, Lärm) über Störungen der Produktion und Perzeption (Artikulationsstörungen und Formulierungsprobleme des Sprechers, Schwerhörigkeit) bis hin zu unterschiedlichen Kompetenzen (der andere spricht eine andere Sprache, einen Dialekt, verwendet Fremdwörter, fachsprachliche Ausdrücke etc.). Gemeinsam ist diesen Fällen, daß zwar eine Absicht zur Kommunikation besteht, daß aber den wahrgenommenen 'Äußerungen' für ein Gelingen der Verständigung nicht hinreichend Bedeutung zugeschrieben werden kann.[4]

- Das, was ich verstanden habe, macht für mich keinen Sinn.

In diesen Fällen gelingt eine Zuordnung von Bedeutung, aber das Verstandene deckt sich nicht mit meinen Erwartungen, läßt sich nicht in meine Wissensbestände integrieren, oder es bleibt mir aufgrund von sachlichen Formulierungsproblemen des Sprechers unverständlich oder dunkel. Daß das Verstandene nicht in die eigenen Wissensbestände integriert werden kann, ist z.B. im Rahmen von Experten-Laien- und interkultureller Kommunikation häufig der Fall. In einer anderen Formulierung könnte man sagen, daß die jeweiligen Perspektiven - über das Maß der immer existenten Perspektivendivergenzen hinaus (cf. Hartung i.d. Band) - nicht zusammenpassen bzw. nicht aufeinander beziehbar sind. Gleichwohl besteht auch hier normalerweise die Absicht zur Verständigung.[5]

- Das, was ich verstanden habe, ist nicht das, was der andere gesagt oder gemeint hat.

Dies ist die klassische Form des *Mißverständnisses*. Für sie ist typisch, daß das Verstandene zunächst Sinn macht, sich dann aber nach einer gewissen Zeit herausstellt, daß dies jedoch nicht das ist, was der Partner gesagt oder gemeint hat. Es ist klar, daß Mißverständnisse durchaus nicht immer bemerkt werden müssen. Sie

---

[3] Für andere Systematisierungen von Formen von Verständigungsproblemen und Kommunikationsstörungen cf. auch Grimshaw (1980), Kindt & Weingarten (1984), Selting (1987), Coupland, Wiemann & Giles (1991, 1-17), Ensink (1993), Vendler (1994, 20-21) und Kindt (i. d. Band).

[4] Kindt (i.d. Band) spricht hier von 'Sprachverstehensproblemen'.

[5] Diese Gruppe bezeichnet Kindt (i.d. Band) als 'Sachverstehensprobleme'.

werden bemerkt, wenn Folgeaktivitäten als nicht kompatibel mit dem bewertet werden, was verstanden worden ist. Diese Diskrepanz kann dann thematisiert werden.

- Mit dem Sinn, den ich dem Verstandenen zulegen kann, bin ich nicht einverstanden.

Hier gelingt die Zuordnung von Bedeutung und die Einordnung in Erwartungen und Wissensbestände, aber die Ansichten und Interessen stimmen nicht überein. Zu dieser Klasse gehören die Fälle, daß man nicht miteinander 'kann', daß man grundlegend andere Anschauungen, Überzeugungen und Werte hat und daß Interessengegensätze einer Übereinkunft entgegenstehen. Es ist aber - weil ein Verständigungswille hier wohl in der Regel nicht gegeben ist - problematisch, in diesen Fällen von Verständigungsproblemen und gestörter Kommunikation zu sprechen.

In übrigen sind die Übergänge zwischen diesen vier Formen natürlich fließend, und z.T. treten sie auch einander überlagernd auf.

Es lassen sich also im wesentlichen drei Faktoren angeben, auf die Verständigungsprobleme und gestörte Kommunikation zurückgeführt werden können: zum einen auf kommunikativ-sprachliche Aspekte im engeren Sinn, zum anderen auf unterschiedliche Erwartungen und unterschiedliches Wissen und zum dritten auf Unterschiede in den Anschauungen, Werten und Interessen. Damit erweist sich das Konzept der Verständigungsprobleme und der gestörten Kommunikation vielleicht nicht als 'schlüpfrig', aber auf jeden Fall als weitgespannt.

Was sind nun die speziellen Eigenschaften und Merkmale von Kommunikation, auf denen Verständigungsprobleme und Kommunikationsstörungen beruhen? Läßt man die Randzonen - daß Kommunikation als Folge äußerer Beeinträchtigungen nicht zustande kommt und daß eine Übereinkunft als Folge unterschiedlicher Anschauungen, Werte und Interessen nicht möglich ist - außer Betracht, so kann man sagen, daß Probleme und Störungen Folge sind zum einen der Beherrschung bzw. Befolgung unterschiedlicher Regeln bzw. Konventionen, zum anderen eines unzureichenden Adressatenzuschnitts der Äußerungen und zum dritten (nicht unabhängig vom zweiten) Folge der essentiellen Vagheit von Kommunikation.

Daß die Beherrschung und Befolgung *unterschiedlicher Regeln bzw. Konventionen* zu Störungen führen kann, muß nicht näher ausgeführt werden.[6] Die Probleme werden umso größer sein, je weniger gemeinsame Regeln es gibt (bis hin zum Fall verschiedener Sprachen) und je größer die interindividuellen Unterschiede hinsichtlich einzelner Konventionen sind (was z.B. jeweils mit dem Begriff 'Integral' verbunden wird).

Äußerungen in der Kommunikation werden nicht nur relativ zum erreichten Stand des Gesprächs gemacht, sondern sie werden auch relativ zum Wissen und zu Annahmen über den Gesprächspartner formuliert. D.h., sie werden auf den spezifischen *Adressaten zugeschnitten* (recipient design). Diese Annahmen brauchen nun

---

[6] Cf. Fiehler 1995.

keineswegs zuzutreffen bzw. können unzureichend sein. Die Folge sind dann nicht optimal zugeschnittene Äußerungen, die Verständigungsprobleme und Kommunikationsstörungen produzieren können. Schätzt man sein Gegenüber als Fachmann ein und formuliert entsprechend, so wird er/sie Probleme haben, dies zu verstehen, wenn diese Annahme für die behandelte Thematik nicht zutrifft.

Äußerungen in Gesprächen sind nie vollständig explizit und präzise. Sie werden in der Interaktion immer nur so präzise und voraussetzungsexplizierend formuliert, wie die Gesprächspartner meinen, daß es relativ zum Stand des Gesprächs und relativ zu den Kenntnissen des Gesprächspartners zur Erreichung der jeweiligen Ziele und Zwecke notwendig ist. Dabei besteht, wenn Probleme auftauchen sollten, jederzeit die Möglichkeit der Präzisierung und einer weitergehenden Offenlegung der Voraussetzungen. Dieser Aspekt wird als *essentielle Vagheit* von Kommunikation bezeichnet. Ein spezieller Aspekt dieser Vagheit ist die Mehrdeutigkeit, die auf den verschiedensten Ebenen (einzelne Wörter, Phrasen, Äußerungen, Gesamtverhalten) eine Rolle spielt. Klein thematisiert einige Aspekte dieser essentiellen Vagheit, wenn er schreibt:

"(...) die Schwierigkeit liegt darin, daß Äußerungen in der natürlichen Sprache *grundsätzlich* vage, kontextabhängig, mehrdeutig und illokutiv gesehen polyfunktional sind" (Klein 1980, 25).

Diese essentielle Vagheit erfordert auf der Seite des Rezipienten notwendigerweise entsprechende Ergänzungs- und Inferenzleistungen.[7] Es ist klar, daß sowohl die produzentenseitige Vagheit (genauer gesagt: falsche Annahmen darüber, was beim jeweiligen Stand des Gesprächs in Hinblick auf den Gesprächspartner ein hinreichender Grad an Präzision und Explikation von Voraussetzungen ist) wie auch unzureichende oder falsche rezipientenseitige Ergänzungs- und Inferenzleistungen wesentliche Quellen von Verständigungsproblemen, speziell auch Mißverständnissen sind.

Das Auftreten von Verständigungsproblemen und Kommunikationsstörungen stellt immer eine *Komplikation* und z.T. auch eine *Belastung* der Kommunikation dar, die nur durch einen zusätzlichen Aufwand beseitigt werden kann. Darüber hinaus haben sie *Folgen*, sowohl psychischer wie sozialer Art, aber auch materieller Natur. Die Schäden, die aus solchen Problemen und Störungen resultieren, dürften allein in dieser Volkswirtschaft viele Millionen betragen. Nicht zuletzt hieran läßt sich die gesellschaftliche Relevanz dieser Thematik ablesen.

Das negative Potential von Verständigungsproblemen und Kommunikationsstörungen ruft vor diesem Hintergrund dann auch sofort die Frage ihrer Vermeidbarkeit auf den Plan: Kann die Kommunikationsfähigkeit so ausgebaut werden, daß

---

[7] Cicourel spricht hier von der et-cetera-Regel: "Beim Auftreten eines bestimmten lexikalischen Items setzt man voraus, daß der Sprecher einen umfassenderen Zusammenhang im Sinn hatte, und man geht davon aus, daß der Zuhörer diesen Zusammenhang "ausfüllt", wenn er eine Entscheidung über die Bedeutung des Items trifft." (Cicourel 1973, 177)

solche Probleme und Störungen verringert oder ganz vermieden werden können? Und weiter noch: Wenn solche Probleme denn aufgetreten sind, welche Möglichkeiten gibt es, ihnen schneller auf die Spur zu kommen und sie effektiver zu bearbeiten? Gefragt ist hier also danach, ob - und wenn ja: wie - die Last dieser Störungen durch gezielte Lehrangebote und kommunikatives Lernen erleichtert werden kann.

Zum einen kann es schon hilfreich sein, kognitiv einiges über Sprache und Kommunikation zu lernen, was im alltagsweltlichen Bewußtsein vielleicht nicht hinreichend deutlich ist, z.B. daß verschiedene Personen mit dem 'gleichen' Wort sehr Unterschiedliches verbinden können, oder allgemeiner: daß man mit mehr Unterschieden rechnen muß, als die Sprechweise von *einer gemeinsamen* Sprache suggeriert.

Über solche allgemeinen kognitiven Lerninhalte hinaus fällt die Antwort auf die Frage nach den Möglichkeiten unterschiedlich aus, je nachdem, ob die Probleme auf unterschiedlichen Regeln, Mängeln im Adressatenzuschnitt oder der Vagheit der Kommunikation beruhen.

Verständigungsprobleme aufgrund *unterschiedlicher Regeln* sind nicht zu vermeiden. Sind Probleme aufgrund unterschiedlicher Regeln aufgetreten, sind sie am besten zu beheben, indem die Beteiligten sich Klarheit über diese Regeln verschaffen und wechselseitig die Regeln des anderen lernen.

Mängel im *Adressatenzuschnitt* können behoben werden, indem gelernt wird, das Wissen und die Erwartungen des Gegenübers besser einzuschätzen (u.a. durch aktives Zuhören) und die Dinge aus seiner Perspektive zu sehen (Perspektivenübernahme).

Die *essentielle Vagheit* von Kommunikation kann nicht grundsätzlich überwunden werden. Gleichwohl kann man lernen, wenn der Partner, die Situation und die Zwecke des Kommunizierens es erfordern, präziser und voraussetzungsexplizierender zu formulieren.

Der vorliegende Sammelband befaßt sich mit der Analyse von Verständigungsproblemen und Kommunikationsstörungen, wie sie in mündlicher Kommunikation auftreten. Gegenstand sind also Probleme und Störungen in Gesprächen verschiedenen Typs. Die einzelnen Beiträge behandeln diese Thematik mit einem mehr theoretischen oder einem mehr analytischen Schwerpunkt. So tragen sie einerseits dazu bei, die Konzepte 'Verständigungsproblem' und 'gestörte Kommunikation' theoretisch zu klären und zu differenzieren; andererseits - und dies bildet den Hauptteil des Bandes - stellen sie Beispiele von typischen Verständigungsproblemen und Fälle von gestörter Kommunikation aus verschiedenen gesellschaftlichen Bereichen und aus unterschiedlichen Institutionen anhand von konkreten authentischen Gesprächsaufzeichnungen vor. Die meisten Beiträge bedienen sich dabei der gesprächsanalytischen Methodologie. Im Zentrum stehen dabei ganz 'normale' Verständigungsprobleme und Kommunikationsstörungen, wie sie im alltäglichen privaten, institutionellen, öffentlichen und interkulturellen Handeln auftreten.

Den Kern dieses Sammelbandes bilden Ausarbeitungen von Vorträgen, die im Themenbereich 'Verständigungsprobleme und gestörte Kommunikation' auf der 26. Jahrestagung der Gesellschaft für Angewandte Linguistik in Kassel gehalten wurden (28. und 29. September 1995). Da an diesem Themenbereich ausgesprochen großes Interesse bestand, war die Planung von Anfang an darauf abgestellt, das Spektrum der Vorträge sowohl durch theoretische wie empirische Beiträge abzurunden und als Sammelband zugänglich zu machen.

Mein besonderer Dank gilt Ralf Klocke, der wieder in unermüdlicher Auseinandersetzung mit verschiedenen Textverarbeitungssystemen und unterschiedlichen Konventionen der Textgestaltung die Druckvorlage für diesen Band erarbeitet hat. Für die Erstellung der Register danke ich Gesine Damijan sehr herzlich.

**Literatur**

Antos, G. (i.V.). Mythen, Metaphern, Modelle. Konzeptualisierungen von Kommunikation aus dem Blickwinkel der Angewandten Diskursforschung. In: Brünner, G., Fiehler, R. & Kindt, W. (Hrsg.) (i.V.), *Angewandte Diskursforschung: Kommunikation untersuchen und lehren*.
Cicourel, A. (1973). Basisregeln und normative Regeln im Prozeß des Aushandelns von Status und Rolle. In: Arbeitsgruppe Bielefelder Soziologen (Hrsg.), *Alltagswissen, Interaktion und gesellschaftliche Wirklichkeit. Bd. 1: Symbolischer Interaktionismus und Ethnomethodologie*. Reinbek: Rowohlt, 147-188.
Coupland, N., Giles, H. & Wiemann, J. M. (eds.) (1991). *"Miscommunication" and Problematic Talk*. Newbury Park etc.: Sage.
Coupland, N., Wiemann, J. M. & Giles, H. (1991). Talk as "Problem" and Communication as "Miscommunication": An Integrative Analysis. In: Coupland, N., Giles, H. & Wiemann, J. M. (eds.), *"Miscommunication" and Problematic Talk*. Newbury Park etc.: Sage, 1-17.
Drummond, K. & Hopper, R. (1991). Misunderstanding and Its Remedies: Telephone Miscommunication. In: Coupland, N., Giles, H. & Wiemann, J. M. (eds.), *"Miscommunication" and Problematic Talk*. Newbury Park etc.: Sage, 301-314.
Ensink, T. (1993). Vormen van miscommunicatie. In: *Tijdschrift voor Taalbeheersing 15*, 93-108.
Fiehler, R. (1990). Kommunikation, Information und Sprache. Alltagsweltliche und wissenschaftliche Konzeptualisierungen und der Kampf um die Begriffe. In: Weingarten, R. (Hrsg.), *Information ohne Kommunikation? Die Loslösung der Sprache vom Sprecher*. Frankfurt: Fischer, 99-128.
Fiehler, R. (1995). Weichenstellungen der Sprachwissenschaft und ihre Folgen oder: Zum Verhältnis von Grammatik und Pragmatik. In: Kertész, A. (Hrsg.), *Sprache als Kognition - Sprache als Interaktion. Studien zum Grammatik-Pragmatik-Verhältnis*. Frankfurt a.M.: Lang, 19-58.
Grimshaw, A.D. (1980). Mishearings, misunderstandings and other nonsuccesses in talk: A plea for redress of speaker-oriented bias. In: *Sociological Inquiry 50,2*, 31-74.
Kindt, W. & Weingarten, R. (1984). Verständigungsprobleme. In: *Deutsche Sprache 12*, 193-218.
Klein, W. (1980). Argumentation und Argument. In: *Zeitschrift für Linguistik und Literaturwissenschaft 38/39*, 9-57.
Selting, M. (1987). *Verständigungsprobleme. Eine empirische Analyse am Beispiel der Bürger-Verwaltungs-Kommunikation*. Tübingen: Niemeyer.
Vendler, Z. (1994). Understanding Misunderstanding. In: Jamieson, D. (ed.), *Language, Mind, and Art*. Dordrecht etc.: Kluwer, 9-21.

# I. Theorie

# Konzeptuelle Grundlagen einer Theorie der Verständigungsprobleme

*Walther Kindt*

## 1. Einleitung

Daß ein gesellschaftlicher Bedarf an professionalisierten Formen der Lösung von Verständigungsproblemen besteht, sieht man z.B. am zunehmenden Einsatz von Mediatoren in umweltpolitischen Auseinandersetzungen. Solche Mediatoren arbeiten etwa auf der Basis des Konzepts vom kooperativen Diskurs nach Habermas (vgl. z.B. Renn & Webler 1994). Demgegenüber werden Resultate der linguistischen Verständigungsforschung bisher nicht systematisch berücksichtigt. Deshalb sollten in der Linguistik neue Anstrengungen unternommen werden, die vorliegenden Forschungsergebnisse verstärkt in Praxisbereiche einzubringen und die bisherige Theorieentwicklung fortzuschreiben. Auf eine Auswertung entsprechender Untersuchungen kann hier nicht im Detail eingegangen werden. Das Hauptproblem der bisherigen Verständigungsforschung besteht aber darin, daß keine genügend präzise Rahmentheorie für die Systematisierung der vorliegenden empirischen Ergebnisse entwickelt wurde. Stellvertretend soll dies im folgenden für den theoretischen Ansatz von Coupland, Giles & Wiemann (1991) diskutiert werden. Dabei zeigt sich nämlich, daß die von diesen Autoren beschriebenen Konzeptionsprobleme der Verständigungsforschung u.a. auf einer mangelnden theoretischen Differenziertheit beim zugrunde gelegten Begriff des Verständigungsproblems beruhen.

Die betreffenden Probleme lassen sich im verständigungstheoretischen Ansatz von Kindt & Weingarten (1983) vermeiden, und deshalb soll für die Theoriefortschreibung hieran angeknüpft werden. Dieser Ansatz wurde zwar in Arbeiten wie Selting (1987) als theoretisches Konzept aufgegriffen, aber bei der praktischen Analyse von Verständigungsproblemen nicht systematisch angewendet. Dies betrifft insbesondere die seinerzeit eingeführte Typologie von Verständigungsproblemen, also die Unterscheidung von Sachformulierungs-, Sprachformulierungs-, Sprachverstehens- und Sachverstehensproblemen, die bisher nur exemplarisch operationalisiert war. Für eine empirische Interpretation grundlegender Problemtypen liegen mittlerweile im Rahmen der Reparaturtheorie (vgl. Levelt 1983, Kindt & Laubenstein 1991) weitere Konkretisierungen vor, so daß es sich jetzt lohnt, den genannten Ansatz weiter auszubauen. Dazu sollen zwei Leitfragen diskutiert werden.

(1) Wie ist der Unterschied zwischen normalen Verständigungsproblemen und gravierenden Verständigungsschwierigkeiten mit nachhaltig gestörter Kommunikation theoretisch zu explizieren?

(2) Über welche theoretischen Differenzierungen muß eine Problemtypologie verfügen, um die bei Verständigungsschwierigkeiten ineinandergreifenden Teil-

probleme und ihren Zusammenhang inklusive der anschließend gewählten Lösungsverfahren angemessen zu beschreiben?

Eine Beantwortung dieser beiden Leitfragen bildet eine wesentliche Grundlage für die empirische Untersuchung von Verständigungsprozessen in der natürlichsprachigen Kommunikation. Beide Fragen lassen sich - so wird deutlich werden - nur im konzeptuellen Rahmen der Theorie dynamischer Systeme angemessen behandeln. Zugleich zeigt sich dann, daß der im sogenannten relativistischen Ansatz von Coupland et al. (1991) konstruierte Gegensatz zwischen positiven und negativen Konsequenzen von Verständigungsproblemen in mehrfacher Hinsicht ein Scheinproblem aufbaut.

## 2. Vorläufige Definition: Was ist ein Verständigungsproblem?

Vor Beantwortung der ersten Leitfrage muß erläutert werden, wie man den Begriff *Verständigungsproblem* definieren und unterschiedliche Verwendungsweisen dieses Begriffs gegeneinander abgrenzen kann. In der vorzuschlagenden Definition sollen allerdings verschiedene Vereinfachungen vorgenommen werden, und insbesondere wollen wir unsere Diskussion auf den Fall beschränken, daß es um Verständigungsprobleme in der Kommunikation zwischen zwei Personen geht. Verständigungsprobleme sind im Sinne von Kindt & Weingarten (1983) *Zuordnungskoordinationsprobleme* folgender Art: Kommunikationsteilnehmer/innen erbringen in ihrer Interaktion im allgemeinen bestimmte Zuordnungsleistungen und versuchen, ihre Zuordnungsaktivitäten sowohl in der sequentiellen Durchführung als auch in ihren Resultaten zu koordinieren. Der Typ von Zuordnungsleistungen, der im gegenwärtigen Diskussionszusammenhang relevant ist, betrifft die semantische Zuordnung von Äußerungen (gleich welcher kommunikativen Einheit) zu Sachverhalten bei der Äußerungsproduktion und umgekehrt die Zuordnung von Sachverhalten (Bedeutungen) zu Äußerungen bei der Rezeption. Demgegenüber bezieht sich der alltagsweltliche Gebrauch des Verständigungsbegriffs - je nach Kontext - auch auf andere Zuordnungsleistungen. Beispielsweise bedeutet Verständigung im argumentativen Kontext, daß man sich über die Geltung von Sachverhalten einigt, und in Konfliktaustragungen geht es um die Beurteilung der Angemessenheit von Verhaltensweisen. Zur Konkretisierung dieser Differenz wollen wir einen Transkriptionsausschnitt aus der Fernsehsendung *ZAK* betrachten, in dem der Moderator Küppersbusch (K) mit der stellvertretenden Parteivorsitzenden der PDS, Angela Marquardt (M), spricht.

```
K:  Es wär doch aber auch ziemlich peinlich für die PDS, wenn Sie
    nicht vom Verfassungsschutz beobachtet werden würden.
M:  Wieso?
K:  Na ja, weil dieses Outlaw-Image, das Sie der Partei spendieren,
    das würde ja darunter leiden.
```

M: Wieso? Das versteh ich nicht ganz. Warum muß das darunter leiden, denn ich bezeichne mich doch nicht als Verfassungsfeindin oder ich bezeichne mich höchstens als Kritikerin in dieser Bundesrepublik.

M verwendet in ihrer Reaktion die problematisierenden Formulierungen *wieso* und *versteh ich nicht ganz.* Sie problematisiert damit die Geltung der Aussagen von K, und dementsprechend schließen sich jeweils Argumente von K bzw. A an. Deshalb handelt es sich in diesem Beispiel nicht um ein semantisches Verständigungsproblem.

Bei den zu betrachtenden semantischen Zuordnungsleistungen ist das Formulieren durch eine Produzentin (im folgenden wird das Femininum jeweils generisch interpretiert) von dem Verstehen einer Rezipientin zu unterscheiden. Als Kurzschreibweise soll

P: x → a und R: a → y

bedeuten, daß die Produzentin P dem Gegenstand/Sachverhalt x die Formulierung a zuordnet und daß R a als y versteht. Ein auf a bezogenes Verständigungsproblem liegt vor, wenn P und R es nicht schaffen, Formulierungs- und Verstehensleistung in wünschenswertem Maße aufeinander abzustimmen.[1] Dabei gilt im allgemeinen bzw. bei naiver Betrachtung als wünschenswertes Verständigungsresultat, daß x identisch mit y ist (abgekürzt x = y) oder daß x und y relativ zum kommunikativen Ziel zumindest hinreichend ähnlich sind (abgekürzt x ≈ y). Später werden wir sehen, daß die so formulierte Definition von Verständigungsproblemen bzw. von erfolgreicher Verständigung nur partiell die Teilnehmerperspektive modelliert. Sie reicht aber schon aus, um die erste der in der Einleitung gestellten Leitfragen zu beantworten.

Der nachfolgend entwickelte Theorieansatz kann und soll unabhängig davon formuliert werden, um welche semantischen Zuordnungsleistungen bzw. um welche Sachverhalte es bei Verständigungsproblemen im einzelnen geht. Deshalb ist es auch nicht erforderlich, die semantiktheoretischen Grundlagen von Verständigungstheorie genauer darzustellen. Die obige Formulierung, daß bei Produktion und Rezeption jeweils bestimmte Äußerungen und Gegenstände/Sachverhalte einander zugeordnet werden, ist extra so allgemein gewählt, daß sämtliche Fälle möglicher Bedeutungskonstellationen erfaßt sind. Insbesondere spielt es keine Rolle, ob die zugeordneten Gegenstände/Sachverhalte physikalisch gegeben oder mental repräsentiert sind. Sie können auch unterschiedlichen semantischen Ebenen (propositional, imaginal, emotional) angehören. Und schließlich sind sowohl deskriptive, also situationsbeschreibende, wie operative, also situationsmodifizierende, Sachverhalte als Bedeutungen zugelassen.

---

[1] Bildet a eine mikrostrukturelle Kommunikationseinheit, also etwa ein Wort, eine Phrase, einen Satz o.ä., so spricht man von einem lokalen Verständigungsproblem und im makrostrukturellen Fall von einem globalen Problem (vgl. Selting 1987).

## 3. Normale Verständigungsprobleme und nachhaltige Verständigungsstörungen

Daß sich Kommunikationsteilnehmer/innen mit Hilfe von natürlichen Sprachen, die ja sehr komplexe Verhaltenssysteme bilden, überhaupt erfolgreich verständigen können, ist eigentlich ein Wunder und keineswegs so selbstverständlich, wie es uns aus dem Alltagsleben heraus erscheint. Denn Produzentin P und Rezipientin R sind - systemtheoretisch formuliert - zwei autonome Teilsysteme, die sich, wenn sie in einer Situation aufeinandertreffen, im allgemeinen in verschiedenen Zuständen befinden, unterschiedlichen Einflüssen unterliegen und differierende Verhaltenspräferenzen haben. Anders gesagt, Verständigung ist nur möglich, wenn trotz solcher Unterschiede die Zuordnungsleistungen beim Formulieren und Verstehen sowie die ihnen zugrundeliegenden Verarbeitungsmechanismen relativ einheitlich sind. Hieraus läßt sich die verständigungstheoretische Annahme ableiten, daß semantische Zuordnungsprozesse einerseits durch Regularitäten bestimmt sind und andererseits nur partiell von inneren Zuständen und äußeren Umgebungseinflüssen abhängen. In diesem Sinne geht man davon aus, daß die Interpretation von Äußerungen durch semantische Regeln definiert ist und beispielsweise die Zuordnung einer konzeptuellen Bedeutung zu dem Wort *Haus* nicht wesentlich dadurch beeinflußt wird, ob es zum Zeitpunkt der Interpretation dunkel oder hell und die interpretierende Rezipientin R aufgeregt oder ruhig ist. Insgesamt bildet Bedeutungskonstitution einen multistabilen, kontextsensitiven Verarbeitungsprozeß, bei dem aus einem Bereich potentieller Bedeutungen jeweils eine bestimmte ausgewählt oder situativ neu konstruiert wird. Zugleich kann sich im Verlauf des Interpretationsprozesses die Notwendigkeit von Bedeutungsmodifikationen oder -wechseln ergeben. Deshalb müssen semantische Regularitäten von dem Typ sein, der nichtmonotone Verarbeitungsresultate zuläßt (vgl. etwa Kindt 1994); auf diesen an sich zentralen Aspekt der Logik von Informationsverarbeitungsprozessen will ich hier aber nicht näher eingehen.

Geringfügige Verständigungsprobleme zwischen Produzentin und Rezipientin kommen in fast jeder Kommunikation mehrfach vor, und wenn sie sofort gelöst werden, beeinträchtigen sie nicht den Kommunikationserfolg. So ist es ganz normal, wenn R - z.B. aufgrund einer momentanen Unaufmerksamkeit, also eines speziellen inneren Zustandes - einer Äußerung von P keine Bedeutung zuordnen kann und deshalb um eine Formulierungswiederholung bittet (vgl. Selting 1987, 85).

```
P: Ich kann anrufn, wenn Sie das möchtn, weil das is drüben in dem
   Gebäude (?der) Ravensberger Spinnerei. Wenn Sies beschreiben könn,
   is das ja kein Problem.
R: Wenn ich was?
P: Wenn Sies beschreiben könn.
R: Ja ja kann ich.
```

Angesichts solcher Daten wird deutlich, daß Zeitdimension und Dynamik von Verständigungsprozessen bei einer Diskussion über den Stellenwert von Verständigungsproblemen nicht unberücksichtigt bleiben dürfen, und genereller ist zu fragen, wie man im skizzierten Beschreibungsrahmen das Auftreten eines normalen Verständigungsproblems erklären kann. Wenn beispielsweise in einem vorgegebenen Kontext die Zuordnungen x → a und a → x regulär sind, P aber aufgrund einer *situativen Verhaltensabweichung*, also bedingt durch eine zufällige Fluktuation im Verarbeitungsprozeß, einen speziellen inneren Zustand oder einen von außen wirkenden Einfluß, die Zuordnung x → a' mit a' ≠ a durchführt, dann ist denkbar, daß das bei der Interpretation a' → y von R gewählte Verstehensresultat y nicht mehr identisch oder ähnlich zu x ist. Die so umrissene Konstellation kann als *Formulierungsproblem* von P eingestuft werden, weil P's Formulierungsresultat vom Regelfall abweicht. Ganz analog ergibt sich ein *Verstehensproblem*, wenn P's Formulierung x → a regulär ist, zugleich aber a von R abweichend als y mit y ≠ x oder - wie im obigen Beispiel - zunächst gar nicht verstanden wird. Welche der drei genannten möglichen Ursachen für Formulierungs- und Verständigungsabweichungen verantwortlich sind, wird von den Beteiligten üblicherweise nicht kommunikativ thematisiert und ist für die Problemlösung oft unerheblich. Wichtig ist demgegenüber, daß die Abweichung vom Regelfall durch P und/oder R *erkannt* und leicht *interaktiv behoben* werden kann.

Damit ein Verständigungsproblem leicht behebbar ist, müssen insbesondere zwei Eigenschaften erfüllt sein, für deren Explikation ein Rückgriff auf die Begrifflichkeit der Theorie dynamischer Systeme zweckmäßig ist. Wenn im Fall eines Formulierungsproblems P selbst das Vorliegen einer Abweichung nicht (sofort) bemerkt, besteht noch die Möglichkeit, daß P von R darauf hingewiesen wird, wie dies in folgender Fremdreparatur geschieht (vgl. Eikmeyer et al. 1991, 59).

```
P: So und dann die nächst kürzeren Klötze das sind Quadrate
R: n Würfel
P: ja Würfel
```

Grundbedingung für den Erfolg einer Fremdreparatur ist, daß P die Reparaturäußerung von R wahrnehmen kann und auch bereit ist, die eigenen Formulierungsleistungen von den Reaktionen R's abhängig zu machen. Systemtheoretisch gesprochen, muß also P's Verhaltenssystem partiell durch R *kontrollierbar* sein. Darüber hinaus sollte der kommunikative und/oder kognitive Aufwand dafür gering bleiben, daß P die abweichende durch die reguläre Zuordnung ersetzt oder daß der gemeinsame Kontext an die Situation von P angepaßt und x → a' regulär gemacht wird. Im ersten Fall darf also die abweichende Formulierung nicht situativ *stabil* sein, und sie sollte nicht zu weit von einer regulären Zuordnung 'entfernt' liegen. Und im zweiten Fall einer Kontextkoordination dürfen sich Situation von P und bisheriger Kontext nicht zu stark voneinander unterscheiden. Systemtheoretisch wird hier eine Analogie beispielsweise zu kinematischen Systemen deutlich, bei denen Arbeit aufgewendet werden muß, um einen Gegenstand örtlich zu verschieben.

Notwendig für die erfolgreiche Lösung eines normalen Formulierungsproblems ist schließlich, daß die gewählte modifizierte Zuordnung x → a im zugrunde gelegten Kontext stabil bestehen bleibt und nicht im nächsten Moment wieder 'umkippt'. Diese Stabilitätsforderung stellt eine Spezialisierung der obengenannten Annahme einer partiellen Situationsunabhängigkeit semantischer Zuordnungsprozesse dar und läßt sich systemtheoretisch präzisieren.

Insgesamt haben wir fünf Bedingungen zur Charakterisierung normaler Verständigungsprobleme angegeben:

- situative Regularitätsabweichung,
- Erkennbarkeit der Abweichung,
- interaktive Kontrollierbarkeit,
- geringer Angleichungsaufwand,
- Stabilität der regulären Zuordnung.

Die in diesen Bedingungen zum Ausdruck kommende Dynamik zeigt, daß jedes Verständigungsproblem immer mehr oder weniger sowohl eine negative als auch eine positive Seite hat. Ein negativer Aspekt liegt darin, daß mit dem Auftreten eines Problems deutlich wird, daß die gewünschte Verständigung noch nicht erreicht ist; allerdings bedeutet ein zwischenzeitlich ausstehender Verständigungserfolg keinen prinzipiellen Defekt von Kommunikation. Positiv an einem manifesten Verständigungsproblem ist demgegenüber, daß es als Zwischenstadium zur Herstellung von Verständigung gelten kann, also daß es den Kommunikationsteilnehmern eventuell die Möglichkeit bietet, zu erkennen, mit welchem kommunikativen Verfahren eine Verständigung erreichbar ist, und dieses Verfahren anschließend anzuwenden. Vor diesem Hintergrund wird die Kontroverse über eine idealistische oder relativistische Konzeption von Verständigungsproblemen (vgl. Coupland et al. 1991) gegenstandslos.

Die Anwendungsrelevanz einer Theorie von Verständigungsproblemen bezieht sich insbesondere auf die Möglichkeit, fundierte Empfehlungen für die Auflösung nachhaltiger Verständigungsstörungen geben zu können. Insofern ist es wichtig, die Ursachen und Entstehungsbedingungen für solche Störungen zu kennen. Da wir fünf Bedingungen zur Charakterisierung von normalen Verständigungsproblemen eingeführt haben (situative Regularitätsabweichung, Erkennbarkeit der Abweichung, interaktive Kontrollierbarkeit, geringer Angleichungsaufwand, Stabilität regulärer Zuordnungen), kann man durch Negation dieser Bedingungen auch fünf (einander nicht ausschließende) mögliche Ursachen für nachhaltige Verständigungsstörungen unterscheiden.

Wir nehmen im folgenden an, daß P: $x \to a$, R: $a \to y$ und $x \neq y$ gilt (der Einfachheit halber soll der Fall einer unzureichenden Ähnlichkeit von x und y nicht gesondert ausformuliert werden).

## 3.1 Differierende Regularitäten

Eine häufig vorkommende Ursache für nachhaltige Verständigungsstörungen besteht darin, daß für P und R im vorliegenden Kontext statt einer bloß temporären, situativen Regularitätsabweichung prinzipiell verschiedene stabile Regularitäten bezüglich a gelten. Dieser Störungstyp tritt z.B. auf, wenn P und R unterschiedlichen sozialen Gruppen mit partiell differierendem Sprachgebrauch angehören oder wenn sich Lerner einer Zweitsprache semantische Regeln inkorrekt angeeignet haben. Wie schon in Kindt & Weingarten (1983) verdeutlicht wurde, ist auch die

Untersuchung strategisch postulierter Verständigungsprobleme besonders wichtig. Hierzu ein Beispiel, in dem ein angebliches Mißverständnis kritisiert und der Vorwurf einer inkorrekten Anwendung von Verstehensregeln erhoben wird.

In einer ZDF-Diskussionssendung wurde der Politiker Helmut Kohl (K) von einem Jugendlichen (J) wegen folgender Äußerung kritisiert: *Wir werden den Bürgern sagen, daß wir es heute für modern halten, auch wieder Fleiß, Arbeitsmoral, Pünktlichkeit und Aufrichtigkeit zu fordern. Es ist eine ähnliche Situation wie in der Nachkriegszeit. Wir müssen alle mal wieder die Ärmel hochkrempeln.* Im Verlauf des Dialogs über diese Äußerung kommt es u.a. zu folgendem Wortwechsel.

```
J:   ... möchte ich dann sagen, daß Sie dann mit der Wortwahl etwas
     vorsichtiger sein sollten. Wenn ich in einem Artikel schreibe, daß
     ich etwas fordere, dann ist das für mich klar, daß ich das nicht
     besitze, sonst brauche ich etwas nicht zu fordern.
K:   Da muß ich Ihnen entschieden widersprechen. Ich hab gesagt, wir
     müssen wieder Ärmel hochkrempeln wie damals beim Wiederaufbau. Und
     genau das müssen wir machen, nicht mehr und nicht weniger.
J:   Herr Kohl, wollen Sie damit sagen, daß die Arbeitnehmer während
     der Zeit der sozialdemokratischen Regierung die Ärmel nicht hoch-
     gekrempelt haben?
K:   Das ist doch überhaupt nicht die Frage.
J:   Ich verstehe das so.
K:   Sie verstehen das so, aber Sie können doch nicht etwas verstehen,
     was nicht in diesem Text steht.
```

In diesem Beispiel geht es darum, daß der Jugendliche - zu Recht - darauf hinweist, daß in Kohls Äußerungen regulär bestimmte Präsuppositionen mitverstanden werden. Wenn Kohl nun bestreitet, daß das Inferieren dieser Präsuppositionen zulässig sei und dem Jugendlichen ein Mißverständnis vorwirft, dann scheint er andere semantische Regeln zugrunde zu legen als der Jugendliche. Daß er dies tatsächlich tut, darf bezweifelt werden; wahrscheinlich wollte Kohl aus strategischen Gründen und unter Einsatz seiner Autorität verhindern, daß das Fernsehpublikum die Aussagen des Jugendlichen für berechtigt hält. In weniger eindeutigen Fällen ist allerdings denkbar, daß hinsichtlich des Mitverstehens bestimmter Inferenzen bei verschiedenen Personen unterschiedliche Regularitäten gelten (zur Rolle von Inferenzen in Verstehensprozessen vgl. Kindt 1997). Beispielsweise wird von 'empfindlichen' Kommunikationsteilnehmern oft Sachkritik zugleich als Kritik an ihrer Person interpretiert. Umgekehrt ist der Fall zu berücksichtigen, daß sich Personen nicht der für sie selbst geltenden semantischen Regularitäten bewußt sind und daß sie deshalb - ähnlich wie H. Kohl - bestimmte, für ihr Image ungünstige Interpretationen eigener Äußerungen als unberechtigt zurückweisen. Damit kommen wir zu einer zweiten möglichen Ursache für nachhaltige Verständigungsstörungen.

## 3.2 *Beschränkte Zugänglichkeit zu Verständigungsprozessen*

Die Möglichkeit, Verständigungsprobleme zu lösen, ist prinzipiell durch den Umstand eingeschränkt, daß P und R nur indirekt und partiell auf die mentalen Anteile der semantischen Zuordnungsprozesse bei der jeweiligen Partnerin und auf deren Situation rückschließen können. Was P mit a meint, ist nicht für R, und wie R a versteht, ist nicht für P unmittelbar zugänglich. Darüber hinaus sind für P und R aber auch die jeweils eigenen Zuordnungsprozesse und deren Situationsgebundenheit nur begrenzt erkennbar und bewußtseinsfähig. In der mündlichen Kommunikation kommt die 'Flüchtigkeit' der gesprochenen Äußerung hinzu, so daß manchmal über die Angemessenheit der Formulierung a oder ihrer Interpretation schon deshalb keine Einigung zustande kommt, weil P oder R eventuell bestreitet, daß a so geäußert wurde. Wenn P und R die von ihnen faktisch durchgeführten Zuordnungen nicht mit anderen, kontextuell einschlägigen Zuordnungen abgleichen können, lassen sich zugehörige Verständigungsprobleme evtl. nicht beheben. Diese Ursache für nachhaltige Verständigungsstörungen liegt beispielsweise vor, wenn mit a unbewußt beziehungskonstitutive Aussagen über P oder R, also etwa Kränkungen für R, verbunden sind. Eine prototypische Konstellation dieses Störungstyps kann man in Reklamationsgesprächen beobachten, wenn Sachbearbeiter vorschnell die Schuld des Unternehmens an dem reklamierten Mangel abweisen und damit indirekt - wenn auch unbeabsichtigt - Schuldvorwürfe an den Kunden richten oder seine Glaubwürdigkeit anzweifeln (vgl. Fiehler & Kindt 1994, 262). In einem solchen Fall wird weder Sachbearbeitern noch Kunden das Vorliegen eines Formulierungsproblems bewußt, und dies erklärt auch, warum die Beteiligten, statt das Problem zu lösen, leicht in eine Konfliktaustragung hineingeraten.

### 3.3  Fehlende Rückkopplung

Verständigungsprobleme werden oft dadurch schnell behoben, daß R die Formulierungsresultate von P mit dem eigenen Wissen und der Situationswahrnehmung vergleicht und bei Unstimmigkeiten das Vorliegen eines Verständigungsproblems manifestiert. Entsprechend reagiert P, wenn bestimmte an das Äußerungsverstehen anschließende Verhaltensweisen von R nicht zu der von P unterstellten Äußerungsbedeutung passen. Wenn die in der Face-to-Face-Kommunikation bestehenden Rückkopplungsmöglichkeiten durch besondere mediale Bedingungen oder durch Störungen bei der Informationsübertragung (starke Geräusche etc.) eingeschränkt sind, dann können aus im Prinzip leicht behebbaren Formulierungs- oder Verstehensproblemen nachhaltige Verständigungsschwierigkeiten entstehen. Als Beispiel für die Relevanz dieses Störungstyps sei etwa der Fall fehlerhaft formulierter oder falsch zu verstehender Gebrauchsanweisungen genannt: Hier kann schon die Verwechslung zweier Bezeichnungen für Bedienungselemente eines elektrischen Geräts erhebliche negative Konsequenzen haben.

### 3.4  Großer Aufwand für Bedeutungsangleichung

Daß unterschiedliche Wissensvoraussetzungen von P und R zu Verständigungsproblemen führen können, ist allgemein bekannt. Beispielsweise bedarf die Erklärung komplexer Sachverhalte je nach Vorwissen einer mehr oder weniger ausführlichen kommunikativen Darstellung. Speziell hängt dann das Verständnis einer

Äußerung in starkem Maße vom momentanen Systemzustand der Kommunikationsteilnehmer ab. Aus Lehr-Lern-Diskursen weiß man, daß Verständigungsprobleme temporär oft ungelöst bleiben, weil der situativ erforderliche Aufwand für das erfolgreiche Angleichen der Zuordnungsleistungen aufgrund ihrer Entfernung zu hoch ist. Ob sich eine solche Konstellation als Verständigungsstörung zwischen P und R auswirkt, hängt von einem Sachverhalt ab, der erst nach Erweiterung unseres bisherigen theoretischen Rahmens in Abschnitt 5 genauer expliziert werden kann. Wenn R nicht das notwendige Vorwissen zum Verständnis von a im Sinne des von P intendierten Sachverhalts x besitzt und wenn es zugleich in der zugrundeliegenden Situation zu aufwendig ist, R dieses Wissen zu vermitteln, dann kann auch nicht erwartet werden, daß R a im intendierten Sinne versteht. Hieran wird deutlich, daß auch die *Erwartbarkeit* von Zuordnungsleistungen als Maßstab für die Beurteilung von Verständigungsproblemen eingeführt werden muß. Aus einer fehlenden Angleichung zwischen x und y resultiert also nur dann eine nachhaltige Verständigungsstörung, wenn P stabil die Erwartung aufrechterhält, R könne a als x verstehen. Übernimmt P dagegen die Perspektive von R und reduziert die Verstehenserwartung an R, dann muß die Unterschiedlichkeit der Interpretation von a keine Verständigungsstörung zur Folge haben.

Neben einem zu großen Abstand situativ abweichender Zuordnungen vom kontextuell Erwartbaren kann auch die Stabilität dieser Zuordnungen für Schwierigkeiten einer Bedeutungsangleichung verantwortlich sein. Dieser Fall kommt sehr häufig vor und ist dann gegeben, wenn in der Situation von P und R unterschiedliche Bedingungen für die Anwendung semantischer Regeln bezüglich a gelten und deshalb differierende stabile Zuordnungsresultate zustande kommen. Insbesondere wenn den Teilnehmern die Situationsgebundenheit ihrer Zuordnungsleistungen nicht bewußt wird, sehen sie auch bei Partnerinterventionen keinen Anlaß zur Zuordnungsmodifikation. Auf die Spitze getrieben findet man diesen Typ von Verständigungsstörungen in den üblichen Mißverständnisgeschichten oder -witzen nach folgendem Prinzip (variiert nach Landmann 1962, 196).

$P_1$: Ich war gestern im Theater.
$P_2$: Was haben sie gegeben?
$P_1$: 35 Mark für einen Platz im ersten Rang.
$P_2$: Ich meine, was haben die Schauspieler gegeben?
$P_1$: Blöde Frage. Die brauchen doch nichts zu bezahlen.

## 3.5 Instabilität von Zuordnungsresultaten

Ein eher selten vorkommender Fall von nachhaltigen Verständigungsstörungen liegt vor, wenn die zur Problemlösung durchgeführte Modifikation von Formulierungs- oder Verstehensresultaten aufgrund spezieller Situationsbedingungen zu keinem stabilen Endergebnis führt. Tendenziell liefert folgender Beginn eines Gesprächs zwischen dem Moderator Reinhard Münchenhagen und dem Schauspieler Klaus Kinski in einer Fernseh-Talkshow aus dem Jahr 1978 ein Beispiel für instabile

Formulierungsmodifikationen (der Turbulenzeffekt wird beim Hören der Aufnahme noch deutlicher als beim Lesen des Wortprotokolls).

M: Herr Kinski in Deutschland oder so wie wirs eben gesagt haben eh bei der Abgrenzung in der Bundesrepublik danke sis ruhig geworden um Sie is Ihnen das lieb
K: Also ich weiß nich sis Unsinn was Sie da reden ne da ruhig is es nich so ein Unsinn ich mein es is Unsinn es hat keinen Sinn mein ich was Sie gesagt haben weil weil ruhig eh Sie können nich eh erstens bin ich nie danach so geil gewesen Schlagzeilen zu machen außerdem kann man nich Schlagzeilen machen in in Amerika wenn man ehm im Allgäu is zum Beispiel nich
M: Ja
K: Also ich versteh versteh nich warum Sie sagen warum Sie sagen eh na klar is es da ruhig wo Sie sind wo n wo Sie nicht sind sis ruhig um Sie abgesehen davon kann ich nichmal mich mich mich nochmal darüber beschwern weil es war nichmal nichmal da ruhig wo ich nich war über mich habn sich die Leute s Maul zerfetzt sogar wenn ich nich da war hams Geschichten erfunden aber ich meine eben ich wiederhole nochmal s selbst wenn ich nich da nach so wild bin so eh so is die Aussage von Ihnen vollkommen sinnlos weil ich weiß nicht was Sie damit sagen wollen

Starke Verstehensschwankungen lassen sich manchmal bei der emotionalen Interpretation von Äußerungen beobachten. Beispielsweise kann eine Einladung zur Geburtstagsfeier einer hochrangigen Person Freude über die damit verbundene soziale Wertschätzung auslösen, in bestimmten Fällen im nächsten Moment aber Angst, für die Einladung seien in Wirklichkeit andere, negativ zu beurteilende Motive ausschlaggebend. Entsprechende gefühlsmäßige Wechselbäder werden im Alltag durch sprichwörtliche Wendungen wie "himmelhochjauchzend, zu Tode betrübt" beschrieben. Tieferliegende Ursache für solche Instabilitäten sind momentane Schwankungen irgendwelcher Faktoren im Verarbeitungsprozeß. Im Talkshow-Beispiel etwa ändert sich offensichtlich mehrfach abrupt die Einschätzung des Sprechers, welche Informationen gerade äußerungsrelevant sind. Demgegenüber kann für den emotionalen Interpretationswechsel im zweiten Beispiel der Umstand verantwortlich sein, daß die Eingeladene starken Schwankungen hinsichtlich der Einschätzungen ausgesetzt ist, welche (z.B. motivationalen) Sachverhalte zum verständigungsrelevanten Kontext gehören.

## 4. Resultierende Problemlösungsstrategien

Ob eine nachhaltige Verständigungsstörung zwischen zwei Kommunikationspartnern vorliegt, ist oft weder für sie selbst noch für Beobachter eindeutig erkennbar. Falls eine/r der Beteiligten aber den - vielleicht noch sehr diffusen - Eindruck hat, daß die Verständigung zwischen den beiden Partnern 'irgendwie nicht klappt' und daß dies zu unerwünschten Konsequenzen führen kann, dann empfiehlt es sich zum einen, die laufende Kommunikation kurz zu unterbrechen und mit bestimmten Kontrollverfahren zu prüfen, ob Probleme vorliegen. Zum anderen sollte man in der nachfolgenden Kommunikation verstärkt prophylaktische Verständigungssicherungsverfahren einsetzen. Für eine solche Vorgehensweise bilden die im vorigen Abschnitt beschriebenen Störungsursachen einen geeigneten globalen Strategieansatz.

Ein erster Schritt zur besseren Verständigungsprüfung und -sicherung besteht gemäß 3.3 darin, die Möglichkeiten einer kommunikativen Rückkopplung verstärkt zu nutzen. In der Psychotherapie wurde hierfür die Strategie des 'Aktiven Zuhörens' formuliert, die auch schnell Eingang in Kommunikationstrainings der Arbeitswelt fand (vgl. etwa Neuberger 1981). Welche Verfahren der Verständigungskoordination Kommunikationspartnern diesbezüglich zur Verfügung stehen, wird in der entsprechenden Trainingsliteratur - mangels ausreichender empirischer Basis - nicht in der linguistisch wünschenswerten Vollständigkeit und Systematik dargestellt. Grundsätzlich läßt sich eine verstärkte Rückkopplung für die Produzentin P und die Rezipientin R einer Äußerung a auf zweierlei Weise erreichen: einerseits können P und R versuchen, die Wahrnehmung und interpretative Auswertung von a sowie für Nachfolgereaktionen zu intensivieren; andererseits können sie zusätzliche kommunikative Aktivitäten starten, die entweder Reaktionen auf a selbst bzw. auf Nachfolgeäußerungen von a sind oder neue Partnerreaktionen anfordern. Besonders effizient zur Verständigungsabsicherung und/oder Identifizierung von Verständigungsproblemen sind beispielsweise das Verfahren der Inferenzprüfung und als Spezialfall davon das Verfahren der Widerspruchsklärung (vgl. Kindt 1985). Dabei formuliert P oder R eine verständigungsrelevante Inferenz b aus a mit der Aufforderung an die Partnerin, zu überprüfen und mitzuteilen, ob b als gemeinsames Verständigungsresultat gelten kann. Im positiven Fall unterstellen die beiden Partnerinnen, daß für a insgesamt eine Verständigung erreicht wurde; demgegenüber wird der negative Fall als Indiz für die Existenz eines Verständigungsproblems bei a gewertet. Hierzu zwei Beispiele aus dem Korpus des Bielefelder Sonderforschungsbereichs 360.

```
P:  So und daneben drehst du jetzt auch so eine gelbe Mutter rein, da
    steht Lorenz Baufix drauf.
R:  Mhm
P:  Also nicht eine mit Schlitz, so eine
R:  Ja
P:  andere ne.
R:  Mhm
```

In diesem Beispiel formuliert P, die R gerade zum Bau eines Flugzeugmodells instruiert, eine aus der einleitenden Äußerung resultierende Inferenz. Demgegenüber bietet in folgendem Beispiel R eine Inferenz zur Überprüfung an.

```
P:  Und legst das über das mit den drei Löchern, was du gerade
R:  Ja
P:  angebaut hast, ganz an den Klotz ne.
R:  Mhm
```

```
P: Und da drehst du jetzt von oben
R: ganz an den Klotz, also du meinst ähm auch dieses fünflöchrige
   direkt auf diesen Klotz legen oder?
P: Ja genau, daß
R: Mhm
P: zwei Löcher übereinander liegen.
R: Ach so mhm
```

In diesem Fall ratifiziert P die Inferenz von R, aber es gibt natürlich auch Beispiele, bei denen P das Verständnis von R korrigiert.

```
P: Und drehst jetzt von unten auch wieder so eine rote Schraube rein,
   aber eine von denen, die keinen Schlitz
R: Mhm
P: hat oben.
R: Und auch in die Mitte ne? In die in das
P: Ne, ganz öhm am Ende
R: Ah ja
P: in das letzte Loch.
```

Mit einer verstärkten Nutzung kommunikativer Rückkopplungsmöglichkeiten wird natürlich auch der indirekte Zugang zu den Zuordnungsprozessen von P und R verbessert. Systematisch gesehen, umfaßt der in 3.2 diskutierte Zugänglichkeitsaspekt aber mehr, nämlich als Lösungsstrategie formuliert all das, was man in der Diskursforschung heute üblicherweise 'wechselseitige Perspektivenübernahme' nennt. Noch genereller geht es um Wahrnehmung, Bewußtmachung und eventuelle verbale Explikation verständigungsrelevanter Voraussetzungen beider Partnerinnen. P beispielsweise muß sich beim Auftreten einer Verständigungsstörung klar machen, was sie selbst und was R weiß, was sie sieht, hört etc. und was R demgegenüber wahrnimmt. Und Analoges gilt für verständigungsrelevante Annahmen, Zustände, Fähigkeiten, Gewohnheiten, Interessen, Zielsetzungen u.ä. Linguistisch zusammengefaßt, kann man die resultierende Verständigungsstrategie Kontextkoordination nennen, denn das Ziel beider Partnerinnen muß es - etwa nach dem Verfahren des Minimalkonsenses - sein, trotz aller bestehenden und vielfach auch nicht ausgleichbaren Unterschiede eine für das jeweilige Verständigungsziel ausreichende gemeinsame Basis an Kontextvoraussetzungen herzustellen. So gesehen, bedeutet Perspektivenübernahme Klärung von Gemeinsamkeiten und Unterschieden, nicht aber zwangsläufige Angleichung.

Bei einer Klärung der jeweiligen Kommunikationsvoraussetzungen kann sich insbesondere herausstellen, daß unterschiedliche Zuordnungsregeln angewendet werden (vgl. 3.1). Sofern dann die Divergenz nicht nur punktuell zu Problemen führt, wie etwa im Fall eines einzigen, R unbekannten, aber schnell zu erläuternden Fachbegriffs, steht man eventuell vor der Alternative, entweder aufwendige Umlernprozesse zu initiieren oder das bisherige Verständigungsziel partiell aufzugeben. Auf letztere Möglichkeit, also die Problemlösungsstrategie einer Erwartungsreduktion, werden wir im nächsten Abschnitt noch genauer eingehen. Wie schwierig es sein kann, die erste Möglichkeit zu realisieren, läßt sich an Beispielen solcher gruppen- oder kulturspezifischen Interpretationsregeln demonstrieren, deren Anwendung außerhalb einer bewußten Kontrolle liegt und die zugleich sozial sehr stabil sind. Im Bereich nonverbaler Kommunikation etwa hat Hall (1966) auf die kulturabhängige Interpretation von Distanzverhalten hingewiesen. Und aus der aktuellen Diskussion über geschlechtstypische Kommunikation sind analog viele Hypothesen bekannt, die prinzipielle Interpretationsdifferenzen bei Männern und Frauen postulieren. Gegen entsprechend einsozialisierte eigene Interpretationen und speziell gegen zugehörige affektive Bedeutungskomponenten kann man sich kaum 'wehren', und sie lassen sich auch nur schwer (und allenfalls langfristig) ändern. In solchen Fällen gibt es also deutliche Grenzen für eine Behebung von Verständigungsstörungen.

In ähnlicher Weise wie für Differenzen in bezug auf Zuordnungsregeln gilt auch für andere stabile oder starke Situationsdivergenzen (vgl. 3.4), daß Angleichungsbemühungen kurzfristig nicht erfolgreich sind/wären. Die schon erwähnte Strategie einer Erwartungsreduktion kombinieren Kommunikationsteilnehmer häufig mit einer 'Kompensationsstrategie', nach der die Enttäuschung über nicht erfüllbare und daher zurückgeschraubte Verständigungserwartungen durch Verständigungserfolge in anderen Interaktionsbereichen ausgeglichen werden. Wenn beispielsweise eine Linguistin die Erfahrung gemacht hat, daß sie sich mit einer Kollegin aus der Literaturwissenschaft über bestimmte Themen fachwissenschaftlich nicht verständigen kann, so lassen sich entsprechende Negativerlebnisse eventuell dadurch kompensieren, daß beide Personen umweltpolitisch 'dieselbe Sprache sprechen'.

Das Problem von Instabilitäten bei Zuordnungsresultaten (vgl. 3.5) schließlich läßt sich im Prinzip dadurch lösen, daß die Beteiligten im Rahmen ihrer Aufgabe der Kontextkoordination an den jeweils kritischen Stellen festlegen, welche Situationsfaktoren mit welchen Werten als verständigungsrelevant gelten sollen. Wenn auch nicht frei aushandelbar, so gibt es doch im allgemeinen einen gewissen Entscheidungsspielraum hinsichtlich der Berücksichtigung und Gewichtung von Kontextfaktoren, so daß auf diese Weise oft eine Stabilisierung von Zuordnungsresultaten erreichbar ist.

## 5. Erwartungsbezogenheit von Verständigungsleistungen

Bisher haben wir Verständigungsprobleme sozusagen aus der Sicht eines außenstehenden, allwissenden Beobachters beschrieben. Für die Entwicklung einer Typologie reicht diese Vorgehensweise nicht aus, und sie entspricht auch nicht der Teilnehmerperspektive. Grund hierfür ist: Ob für eine Zuordnungskonstellation P: $x \rightarrow a$, R: $a \rightarrow y$ als Verständigungsresultat $x = y$ erreicht wird, können P und R - wie schon ausgeführt - im allgemeinen nicht unmittelbar beurteilen, weil mental repräsentierte Bedeutungsanteile bei der jeweiligen Partnerin nicht beobachtbar sind. Dies erklärt auch, warum Kommunikationsteilnehmer oft lange Zeit oder überhaupt nicht merken, daß sie Verständigungsprobleme miteinander haben. Eine Ausnahme von der fehlenden Möglichkeit, die Bedeutungsidentität von x und y zu überprüfen, besteht nur in dem Fall, wo x als teilnehmerexterne referentielle Bedeutung einen Gegenstand oder Sachverhalt in der für beide Partnerinnen wahrnehmbaren kopräsenten Situation darstellt.

Hinzu kommt, daß Bedeutungsgleichheit zwar den Standardfall erwarteter bzw. erwünschter Verständigungsresultate bildet, daß aber in speziellen Fällen auch andere Konstellationen berücksichtigt werden müssen. Als Extrembeispiel kann man das politische Kommuniqué oder sogar den Vertrag zweier Verhandlungspartner anführen, die beide jeweils wissen und bewußt dulden, daß bestimmte Passagen des gemeinsam verfaßten Textes jeweils unterschiedlich interpretiert werden. Gleichwohl kann die Bedeutung des Gesamttextes bei beiden Partnern relativ zum Verhandlungsziel eventuell als hinreichend ähnlich gelten. Und wenn man "hinreichend ähnlich" entsprechend interpretiert, läßt sich dieses Urteil sogar für die differierenden Bedeutungen der betreffenden Textpassagen postulieren: auch totale Divergenz kann für bestimmte Ziele hinreichende Ähnlichkeit bedeuten. Mit anderen Worten, die auf Ziele/Erwartungen bezogene Explikation der Redeweise "hinreichend ähnlich" zeigt über den in Abschnitt 3 genannten Aspekt hinaus in einem weiteren wesentlichen Punkt, wie die Kontroverse zwischen 'idealistischem' und 'relativistischem' Ansatz aufzulösen ist.

Anhand welcher Beobachtungsresultate beurteilen Kommunikationsteilnehmer, ob Verständigungsprobleme zwischen ihnen vorliegen? In der Ausgangsarbeit Kindt & Weingarten (1983) wird an Beispielen von Verständigungsproblembehandlungen gezeigt, daß die Teilnehmer an die Resultate der Zuordnungsleistungen im Verständigungsprozeß und an anschließende Nachfolgereaktionen spezifische Erwartungen stellen. Ergibt sich aufgrund der Beobachtung des Eigen- und des Partnerverhaltens kein Anlaß zu der Vermutung, irgendwelche dieser Erwartungen seien nicht erfüllt, unterstellen die Teilnehmer bis auf weiteres, daß eine erfolgreiche Verständigung vorliegt. Falls aber irgendein Sachverhalt darauf hindeutet, daß eine Erwartung nicht erfüllt wurde, kann die vorgängige Kommunikation unterbrochen werden, um in einer Nebensequenz die Möglichkeit eines Verständigungsproblems zu thematisieren und ggf. einen Lösungsversuch durchzuführen.

Die genannte Arbeit zeigt außerdem, daß es zweckmäßig ist, *sach- und sprachbezogene Erwartungen* voneinander zu unterscheiden, und die Relevanz dieser Differenzierung wird an prototypischen Beispielen demonstriert. Die Erwartungsbezogenheit der Beurteilung von Verständigungsresultaten läßt sich jetzt im Anschluß an die Untersuchung von Reparaturen in Kindt & Laubenstein (1991) präziser fassen und genauer diskutieren.

Grundsätzlich sind die jeweiligen Verständigungserwartungen teilweise aus generellen Kommunikationsmaximen und teilweise aus den situationsspezifischen Verständigungszielen abgeleitet. Produktionsseitig hat beispielsweise H. Kohl im Dialogausschnitt von 3.1 das Ziel, gegen die Einwände des Jugendlichen Behauptungen zu formulieren, die vom Publikum so verstanden werden, daß nicht Kohl, sondern der Jugendliche mit seiner Äußerungsinterpretation Unrecht hat. Ebenso wie P situationsspezifische Verständigungsziele an eine Kommunikation richtet, kann auch R eigene solcher Ziele haben. Beispielsweise wird R von einer Gebrauchsanweisung erwarten, daß sie so formuliert und eindeutig verstehbar ist, daß man nach Rezeption das betreffende Gerät einwandfrei bedienen kann. Aus Kommunikationsmaximen abgeleitete Erwartungen beziehen sich auf sprachlicher Ebene z.B. darauf, daß Äußerungen syntaktisch korrekt und hierarchisch nicht zu komplex formuliert sind. Auf der Sachebene wird u.a. erwartet, daß die dargestellten Sachverhalte den Erkenntnisstand von P wahrheitsgemäß wiedergeben und hinreichend vollständig sind.

Welche Verständigungserwartungen von Kommunikationsteilnehmern zugrunde gelegt werden, kann man rekonstruieren, wenn man empirisch untersucht, bei welchen kommunikativen Konstellationen die Teilnehmer selbst das Vorliegen eines Verständigungsproblems annehmen und wie sie mit solchen Problemen umgehen. Dementsprechend kommen wir auf die Diskussion konkreter Erwartungen noch einmal zurück, wenn im nächsten Abschnitt die erforderliche Problemtypologie skizziert wird. Dabei ist zu berücksichtigen, daß die Teilnehmer das Vorliegen eines Verständigungsproblems in vielen Fällen nicht daran erkennen können, daß die zugehörige Verstehenserwartung unerfüllt bleibt; vielmehr gibt oft erst eine aus der betreffenden Verständigungserwartung abgeleitete, nicht erfüllte Nachfolgeerwartung Anlaß, die Existenz eines Verständigungsproblems zu vermuten. Wenn z.B. P gegenüber R äußert *Holst du mir bitte den Brotkorb aus der Küche*, dann wird P im allgemeinen erwarten, daß R ihrer Bitte nachkommt. Geschieht dies nicht, weiß P zunächst nicht, ob R sie nicht richtig verstanden hat oder unwillig ist, die Bitte zu erfüllen. Je nach Situationseinschätzung wird P das Ausbleiben der erwarteten Nachfolgereaktion entweder als Konfliktanlaß deuten und dann etwa sagen *Hast du nicht verstanden? Du sollst mir den Brotkorb aus der Küche holen*; oder P vermutet eher ein sprachliches Verstehensproblem und äußert dann z.B. *Hör doch mal zu, Rita! Ich wollte, daß du mir den Brotkorb aus der Küche holst.*

Die Erwartungsbezogenheit der Beurteilung von Verständigungsleistungen im angegebenen Sinne hat zur Folge, daß aus der Teilnehmerperspektive gesehen selbst dann ein Verständigungsproblem vorliegen kann, wenn P: x → a und R: a → x, also wenn die Verständigung aus der Beobachterperspektive gemäß der vorläufigen Definition in Abschnitt 2 erfolgreich ist. Dieser Fall tritt z.B. dann ein, wenn R höhere Erwartungen an ihr Verstehensresultat hat als P (R wünscht sich ein 'tieferes Verständnis' von a, als P dies mit a beabsichtigt). Umgekehrt - diesen Fall haben wir schon in 3.4 diskutiert - gilt eine Verständigung aus der Teilnehmerperspektive trotz bleibender Bedeutungsdifferenz eventuell als erfolgreich, weil für R reduzierte oder gruppenspezifische Verstehenserwartungen angenommen werden. Speziell ist dieses Phänomen in mehrfach adressierter Kommunikation zu beobachten, wenn je nach Gruppenzugehörigkeit der Adressaten jeweils nur Teilaspekte der Bedeutung von a relevant sind (vgl. hierzu etwa Klein 1995).

Die empirische Materialanalyse muß natürlich von einem teilnehmerorientierten Begriff des Verständigungsbegriffs ausgehen, und deshalb wird in Kindt & Weingarten (1983) eine *erwartungs- und teilnehmerabhängige Definition von Verständigungsproblemen* formuliert. Danach stellt - vereinfacht gesagt - eine Zuordnungsleistung von P oder R aus der Perspektive einer (evtl. dritten) Person M ein Problem dar, wenn sie einer von M zugrunde gelegten Verständigungserwartung nicht entspricht. Diese Definition läßt die auch beobachtbare Möglichkeit offen, daß zwischen Kommunikationsteilnehmern Meinungsunterschiede darüber bestehen, ob im Zusammenhang mit der Produktion oder Rezeption einer Äußerung ein Problem vorliegt oder nicht; eine solche Meinungsverschiedenheit wird dann evtl. argumentativ ausgeräumt. Ebenso kann es aber zum Streit darüber kommen, ob die Zugrundelegung einer bestimmten Verständigungserwartung in der speziellen Kommunikationssituation angemessen ist. Klassische Beispiele hierfür bilden die bis zu juristischen Auseinandersetzungen führenden Diskussionen, inwieweit für bestimmte Texte/Äußerungen strikte Wahrheitserwartungen und Referentialisierungsregeln gelten: Man denke etwa an das Urteil des Karlsruher Bundesverfassungsgerichts über die Interpretation des Gedichtanfangs "Moritat auf Helmut Hortens Angst und Ende" des Autors F.C. Delius (1982) oder an das Urteil über die Auslegung der Äußerung "Soldaten sind Mörder" (1994). In solchen Streitfällen handelt es sich um Verständigungsprobleme im erweiterten Sinne (vgl. Abschnitt 2); zugleich verdeutlichen sie noch einen Aspekt, der zur Diskussion über semantische Verständigungsprobleme gehört und im Zusammenhang mit nachhaltigen Verständigungsstörungen wichtig ist. Diesen Aspekt wollen wir jetzt näher ausführen.

Jede Kommunikation setzt bis zu einem gewissen Grade eine Koordination von Verständigungserwartungen zwischen den Beteiligten voraus, und teilweise wird sie auch von solchen Koordinationsprozessen begleitet. Neben den aus generellen Maximen abgeleiteten Erwartungen gibt es kontextspezifische Erwartungen; z.B. werden für den Kommunikationstyp "Erzählung" bestimmte Formulierungserwartungen hinsichtlich der Darstellungsreihenfolge und -vollständigkeit vorausgesetzt. Die Geltung genereller und kontextspezifischer Verständigungserwartungen wird i.a. nur bei ihrer Nichterfüllung, also im Fall vorliegender Verständigungsprobleme, thematisiert. Demgegenüber müssen situativ in Kraft gesetzte und lokal geltende Erwartungen natürlich selbst kommuniziert werden; einschlägig hierfür sind z.B. Wendungen zur Relativierung des Präzisionsanspruchs von Formulierungen, etwa wie *Ich will mal so sagen*.

Ein häufig vorkommender und oft nicht leicht empirisch zu identifizierender Fall von nachhaltigen Verständigungsstörungen liegt vor, wenn Kommunikationsteilnehmer stabile, zu stark differierende Verständigungserwartungen zugrunde legen und diese während der Kommunikation nicht aufeinander abstimmen, weil ihnen dieses *Erwartungskoordinationsproblem* nicht ausreichend bewußt wird. Ein klassisches Beispiel für diesen Störungstyp bildet das häufig zu beobachtende Phänomen zyklischer Gesprächsstrukturen, das darauf zurückzuführen ist, daß die Beteiligten von unterschiedlichen Mustererwartungen für ihre Kommunikation ausgehen (vgl. etwa Kindt 1993, 154f.; Fiehler, Kindt & Schnieders 1996). Genauso wie für die Anwendung semantischer Regeln dürfen aber auch bei der Erwartungskonstitution die dynamischen Effekte aufgrund von Situiertheit und interaktiver Aushandlung nicht unterschätzt werden. Wenn das übergreifende Ziel einer identischen referentiellen Bedeutungszuordnung auch 'unkonventionell' erreichbar ist, reduzieren Kommunikationsteilnehmer situativ umstandslos andere generelle Verständigungserwartungen. Beispielsweise ist man diesbezüglich den noch unzulänglichen Formulierungen von kleinen Kindern gegenüber sehr tolerant (vgl. Kindt 1985, 130). Genauso wird - im Gegensatz zum Beispiel in Abschnitt 3 - oft auch ohne Reparatur akzeptiert, wenn jemand ein Klötzchen statt als *Würfel* als *Quadrat* bezeichnet (vgl. Eikmeyer et al. 1991, 92, B21). Wie ein derartiger Umgang mit abweichenden Bezeichnungen zu modellieren ist, wird in der Semantiktheorie unter dem Stichwort Donnellan-Phänomen diskutiert (vgl. Donnellan 1966; Kronfeld 1990).

Generell ist die Erwartungsbezogenheit von Verständigungsleistungen ein Aspekt von Semantik, der noch zu wenig erforscht wurde. Deshalb kommt der empirischen Untersuchung prototypischer Verständigungsprobleme, anhand deren man auf Verfahren und Resultate von Erwartungskonstitution rückschließen kann, eine wichtige Bedeutung zu. Umgekehrt ermöglichen so erzielte Untersuchungsergebnisse eine bessere Modellierung von Verständigungsleistungen und -problemen in schwierigen Fällen.

## 6. Problemtypologie

In der bisherigen Diskussion wurde ansatzweise die große Komplexität menschlicher Verständigungsprozesse deutlich gemacht. Nahezu zwangsläufiges Resultat dieser Komplexität ist, daß in natürlichsprachiger Kommunikation häufig mehr oder weniger gravierende Verständigungsprobleme auftreten. Dieser zunächst negativ zu beurteilende Sachverhalt muß allerdings in Relation zur hohen Leistungsfähigkeit des menschlichen Kommunikationssystems gesehen werden. Daß die Verständigung zwischen Tieren teilweise 'problemloser' erfolgt, beweist nicht die Überlegenheit des tierischen Systems gegenüber dem menschlichen, sondern basiert auf der Realisierung des semantischen Elementarprinzips "Ein Signal - eine Bedeutung". Dieses Prinzip wird im menschlichen Kommunikationssystem aus Ökonomiegründen zugunsten einer Multifunktionalität sprachlicher Äußerungen aufgegeben. Um so erstaunlicher ist, daß die zusätzlich entwickelten Kontrollmechanismen eine überwiegend erfolgreiche Verständigung ermöglichen.

Wie schon mehrfach betont, bildet die empirische Analyse und Typisierung von Verständigungsproblemen und ihrer kommunikativen Bedeutung eine wesentliche Grundlage, um im Fall nachhaltiger Kommunikationsstörungen wissenschaftlich fundierte Hilfestellungen geben zu können. Die hierfür erforderliche Problemtypologie muß allerdings einerseits wesentlich spezifischer sein als die Unterscheidungen, die wir in den bisherigen Ausführungen über Störungsursachen benutzt haben. Andererseits muß diese Typologie von dem im vorigen Abschnitt eingeführten erwartungsbezogenen Problembegriff ausgehen. Dabei wird nicht beabsichtigt, jedes vorliegende und noch so diffizile Verständigungsproblem eindeutig zu klassifizieren; dies ist selbst bei guter Datenlage und Vorhandensein eines Kommunikationsprotokolls oft nicht möglich. Vielmehr geht es primär darum, die komplexen Verständigungsmechanismen genügend differenziert zu erfassen und resultierend geeignete Problemlösungsstrategien zu formulieren. Zur Erläuterung betrachten wir ein Beispiel aus einer Studienberatung.

In der Beratung beginnt eine Studierende ihre Anliegensformulierung mit folgender Äußerung.

S: Also ich bin einundachtzig angefangen zu studieren und hab Grundstudium fertig. War jetzt ein Jahr weg und fang mitm Hauptstudium an, und ich hab (? irgendwie) das Gefühl ich weiß gar nich was da auf mich zukommt wo ich drauf achten muß was ich nich vergessen darf und so.

Der Berater geht zunächst nicht auf diese Äußerung ein, sondern stellt einige Informationsrückfragen. Später kommt er mit folgender, ein typisches Verständigungsverfahren realisierender Aufforderung auf sie zurück.

N: Könn Sie vielleicht mal Ihre Frage etwas präzisiern? Also was heißt worauf Sie jetzt achten müssen.

In diesem Beispiel ist ohne zusätzliche Kontextinformationen nicht eindeutig entscheidbar, ob ein Erwartungskoordinationsproblem in dem Sinne vorliegt, daß B von vornherein präzisere Fragen von Studierenden erwartet, oder ob B nur situativ eine erhöhte Formulierungserwartung einführt. Auch ohne hierüber eine Entscheidung fällen zu können, erfährt man Wichtiges über das Verfahren der situativen Konstitution von Formulierungserwartungen und erkennt an der anschließenden Äußerung

S: Ja ich hab hier so ne Tabelle und da steht da weiß ich jetzt nicht wieviel ich woraus machen muß.

den kommunikativen Erfolg des Verfahrens.

Die bisher differenzierteste Typologie von Verständigungsproblemen wurde für den Spezialfall von Formulierungsreparaturen entwickelt (vgl. Levelt 1983; Kindt & Laubenstein 1991). Auf letztere Untersuchung stützen sich wesentlich die Ausführungen in diesem Abschnitt. Schegloff, Sacks & Jefferson (1977) führten den Reparaturbegriff exemplarisch ein, grenzten ihn aber nur unzureichend gegenüber anderen Verständigungsverfahren ab. Deshalb muß man zunächst eine präzise Reparaturdefinition angeben. Grundsätzlich kommen lokale, d.h. jeweils auf spezielle Bestandteile in Sätzen bezogene Verständigungsprobleme in der mündlichen Kommunikation so häufig vor, daß es in natürlichen Sprachen grammatikalisierte Verfahren der Problemlösung gibt. Mit anderen Worten: die Lösung lokaler Verständigungsprobleme wird vielfach bereits satzintern und mit Hilfe spezifischer grammatischer Konstruktionen abgewickelt. Dabei sind zwei grundlegende Konstruktionstypen zu unterscheiden: *Überbrückungsreparaturen* und *Nachtragsreparaturen* (vgl. auch Eikmeyer et al. 1995). Aufgrund der Eigenständigkeit und Anwendungshäufigkeit dieser beiden Konstruktionstypen ist es zweckmäßig, den Reparaturbegriff auf den Fall satzintern durchgeführter Problembehandlungen zu beschränken.

Ein erster Vorschlag für eine Typologie von Formulierungsreparaturen stammt von Levelt (1983). Diese Typologie mußte aufgrund unserer Korpusuntersuchung ergänzt und zugleich verallgemeinert werden. Im Anschluß daran liegt nun die Idee nahe, die Reparaturtypologie generell auf Verständigungsprobleme zu übertragen.

Hierbei sind verschiedene Aspekte und Dimensionen der Problemkategorisierung zu unterscheiden. Wir diskutieren zunächst den Referenz-, den Identifizierbarkeits- und den Verantwortlichkeitsaspekt von Verständigungsproblemen.

Der *Referenzaspekt* betrifft die Frage, auf welche Probleme der kommunikativen Verarbeitung bzw. der momentanen Interaktion jeweils für die Problemanalyse und -kategorisierung Bezug genommen werden soll/kann und welche Probleme dabei in welcher Funktion relevant sind. Verständigungsprobleme treten nicht notwendigerweise isoliert auf, sondern bilden evtl. nur ein Glied einer längeren Problemkette in der Interaktion der Beteiligten. So kann ein Formulierungs- oder Verstehensproblem durch andere, zeitlich vorausgehende Probleme im Gesamtsystem von Produzentin, Rezipientin und deren Umgebung bedingt sein. Die *ursächlichen* Probleme zu kennen ist nur teilweise für eine Lösung des jeweiligen Verständigungsproblems von Belang. Beispielsweise könnte als Ursache für den Formulierungsfehler *Rechts steht der blau eh braune Klotz* ein phonetischer Versprecher oder eine temporär falsche Wahrnehmung in Frage kommen. Wo das ursächliche Problem jeweils liegt, ist nicht immer ohne weiteres eindeutig bestimmbar und für die Beteiligten oft nicht interaktiv relevant. Andererseits können sich aus einem Verständigungsproblem wesentliche *Nachfolgeprobleme* bei verbalen oder nonverbalen Anschlußhandlungen ergeben. Solche Nachfolgeprobleme haben auch häufig eine *Indikatorfunktion* für die Erkennung des vorausgehenden Verständigungsproblems. Insgesamt kann also die Bezugnahme auf vorausgehende und nachfolgende Probleme bei der Analyse einer Verständigungsschwierigkeit sehr unterschiedlich ausfallen.

Der *Identifizierbarkeitsaspekt* betrifft die Frage, woran das Vorliegen und der Typ eines Verständigungsproblems erkannt werden können. Für die Problemtypisierung ist von zentraler Bedeutung, welche Erwartungen bei der jeweils betrachteten Zuordnungsleistung nicht erfüllt sind. Dabei kann man nur auf solche Erwartungen Bezug nehmen, deren Nichterfüllung in irgendeiner Weise kommunikativ manifest wird. Für Formulierungsreparaturen läßt sich zeigen, daß bei einem Rückschluß auf solche Erwartungen drei Informationsquellen in einem komplexen Wechselspiel ausgewertet werden: Störungen der syntaktischen Kohäsion, die Form der Problembearbeitung und Problemtypisierungen durch die Teilnehmer selbst. Auf Details dieses komplexen Kategorisierungsprozesses kann hier nicht eingegangen werden. Für den gegenwärtigen Diskussionszusammenhang ist aber wichtig, daß latent bleibende Problemanteile eine vollständige Typisierung verhindern; beispielsweise ist in der Äußerung *Der grüne Klotz steht auf dem eh auf dem roten* nur die syntaktische Diskontinuität erkennbar, nicht aber das tieferliegende Formulierungsproblem etwa einer Wortsuche o.ä. (Levelt nennt diesen Reparaturtyp *covert repair*).

Der *Verantwortlichkeitsaspekt* schließlich fragt danach, welches Problem für eine Verständigungsschwierigkeit verantwortlich gemacht wird, wenn das eigentlich ursächliche Problem weder eindeutig identifizierbar noch für die interaktive Behandlung relevant ist. Zur Beantwortung dieser Frage ist zu berücksichtigen, daß auch zwischen den Problemen verschiedener Zuordnungsleistungen der Beteiligten komplexe Ursache-Wirkungs-Beziehungen bestehen können. So zieht eine unzulängliche Formulierung der Produzentin P evtl. ein Mißverständnis der Rezipientin R nach sich; umgekehrt kann die Manifestation eines Verstehensproblems, mit der R die Äußerung von P unterbricht, ein Formulierungsproblem für P verursachen. In einer Äußerung wie *Und dann nimmst du den ro eh den grünen Klotz* wird sogar, um dem lexikalischen Fehler (*roten* ist falsch) möglichst schnell zu beseitigen, ein Problemlösungsverfahren gewählt, das ein weiteres Formulierungsproblem, nämlich eine syntaktische Diskontinuität in Form eines Wortabbruchs erzeugt. In all solchen Fällen wird das kommunikativ manifeste Ausgangsproblem als primär behandlungsrelevant eingestuft, und der Träger dieses Problems gilt, wenn es um die Frage der Verantwortlichkeit für eine Verständigungsschwierigkeit geht, als Problemverursacher.

Die von Levelt (1983) unterschiedenen sechs Haupttypen von Formulierungsreparaturen wurden aufgrund unserer Korpusuntersuchung um drei weitere Typen ergänzt. Angesichts dieser Typenzahl lag es nahe, ein mehrdimensional strukturiertes Klassifikationssystem zu entwickeln. Dabei ist es zweckmäßig, fünf Dimensionen der Problemtypisierung zu unterscheiden:

- Hierarchiestufe des Problems,
- Typ der kommunikativen Aktivität,
- semantische Ebene,
- Zeit-/Positionsabhängigkeit,
- Erwartungstyp.

Die Bedeutung dieser Dimensionen soll im folgenden erläutert werden.

Grundsätzlich ist es wegen der Identifizierbarkeitsproblematik und zwecks einer leichteren empirischen Operationalisierung günstig, eine äußerungsbezogene Problemtypologie einzuführen. Das heißt, bei Klassifikationen geht es immer um Aussagen der Art "Bezüglich der Äußerung a liegt ein Problem des Typs T vor". Zunächst wollen wir zwei *Hierarchiestufen* unterscheiden. Ein Problem gehört der *nullten Stufe* an, wenn es sich unmittelbar auf die Produktion oder Rezeption von a bezieht. Demgegenüber handelt es sich um ein Problem der *ersten Stufe*, wenn der für a zugrunde gelegte Kontext als problematisch gilt, also einer hierarchiehöheren Erwartung nicht entspricht. Einen besonders wichtigen Spezialfall von Problemen erster Stufe bilden die schon erwähnten Erwartungskoordinationsprobleme. Solche Probleme entstehen, wenn Erwartungen an Äußerungsproduktion oder -rezeption selbst nicht erwartungsgemäß ausfallen. Letztlich resultiert aus jedem Kontextproblem auch ein Erwartungsproblem.

Als *Typen der kommunikativen Aktivität*, auf die sich ein Problem bezieht, sind - wie bisher - prinzipiell *Formulieren* und *Verstehen* voneinander zu unterscheiden. Die drei noch fehlenden Unterteilungen der Typologie sollen getrennt für diese beiden Aktivitätstypen (mit schwerpunktmäßiger Betrachtung von Formulierungsproblemen) diskutiert werden. Dabei kann man jeweils von der Frage ausgehen "Was soll wann bzw. an welcher Stelle wie formuliert/verstanden werden?".

Wenn die Produzentin P die Produktion zum Zeitpunkt t bzw. an der Position p der Kommunikation die Zuordnung x → a durchführt und wenn an dieser Zuordnung problematisch ist, was mit a formuliert wird, dann liegt ein *Sachformulierungsproblem* vor. Eine Problemkonstellation, bei der das Wie der Formulierung bestimmten Erwartungen nicht entspricht, soll demgegenüber als *Sprachformulierungsproblem* eingestuft werden. Die *semantische Ebene* eines Problems bezieht sich also auf den dargestellten/zu interpretierenden Sachverhalt oder auf die sprachliche Realisierung. Weiter ist eine *Zeitabhängigkeit* gegeben, falls der Äußerungszeitpunkt problemrelevant wird. Genauer wollen wir von einem *Zeit*- bzw. *Positionsproblem* sprechen, wenn t bzw. p als problematisch gilt. Zeit-/Positionsprobleme kommen nicht unabhängig von Sprach- oder Sachproblemen vor; denn entweder ist das Was oder Wie von a bei t/p problematisch.

Die eingeführte Unterscheidung zwischen Sach- und Sprachproblem ist noch nicht trennscharf, weil nicht gesagt wurde, auf welche Weise man das Wie und das Was einer Formulierung voneinander unterscheiden kann. Überraschenderweise stellt man bei der empirischen Untersuchung von Reparaturen fest, daß nicht etwa x als das Was von a gelten kann. Vielmehr ist dafür - sofern existent - die bei regulärer Interpretation im vorliegenden Kontext erzeugte stabile Bedeutung von a (*Standardbedeutung*) zu wählen. Dieser wichtige Sachverhalt soll an folgendem Beispiel veranschaulicht werden.

P: Und vorne drauf liegt ein grünes eh blaues Rechteck.

P beschreibt in dieser Äußerung einen bestimmten Teil eines Klötzchengebildes (vgl. Forschergruppe Kohärenz 1987, 27. Z-16). Der ihr dabei unterlaufene Formulierungsfehler könnte auf sehr verschiedene Weise zustande gekommen sein. Entweder hat P das falsche Referenzobjekt x fixiert und dafür als korrekte Bezeichnung die Formulierung *ein grünes* gewählt; in diesem Fall liegt der Fehler tatsächlich bei x. Oder das zu beschreibende Klötzchen ist korrekt fokussiert, und P unterläuft bei der Farbwahrnehmung ein Fehler; und genausogut ist denkbar, daß P in ihrem Monitoringprozeß auch die Farbe des Klötzchens noch korrekt wahrnimmt, dann aber das falsche Farbadjektiv produziert (Versprecher). In den letzten beiden Fällen ist x erwartungsgemäß gewählt, und das Formulierungsproblem entsteht irgendwo innerhalb des Zuordnungsprozesses von x zu a. Welche dieser drei Ursachen vorliegt, ist für die weitere Kommunikation irrelevant, wenn P den gemachten Fehler schnell erkennt und korrigiert. Dabei wird in unserem Beispiel bei der Fehlererkennung das Beurteilungskriterium verwendet, ob die bei Standardinterpretation von a formulierte Aussage sachlich korrekt ist (und zwar unabhängig davon, was P ursprünglich mit a sagen wollte).

Die fünfte und letzte Dimension der Problemtypologie betrifft die Frage, welcher *Typ von Erwartungen* der Einschätzung einer Äußerung a als problematisch zugrunde liegt. An das Was einer Formulierung werden in der Kommunikation sehr unterschiedliche Erwartungen gerichtet, die wir hier nicht alle konkret diskutieren können. Neben der sachlichen Korrektheit sind weitere einschlägige Erwartungen über die Kategorien "Vollständigkeit", "Relevanz" und "Angemessenheit" definiert. Die zentrale Angemessenheitsforderung verlangt, daß die Standardbedeutung von a - zumindest im Endeffekt - identisch mit x ist, denn nur so besteht die Chance, daß die Produzentin P die von ihr intendierte Information an die Rezipientin R übermitteln kann. Für die Formulierung weiterer Erwartungen kann man auch an die Diskussion über Konversationsmaximen nach Grice (1975) anknüpfen. Dabei ist aus der Sicht einer Dynamischen Semantik wichtig, daß alle solche Erwartungen interpretationssteuernd sein können. Beispielsweise ist nicht nur P gehalten, sich nach der Maxime "Be relevant" zu richten, sondern bei kooperativer Interaktion gilt auch, daß R die Befolgung dieser Maxime durch P erwartet und Äußerungen von P entsprechend interpretiert. Klassisches Demonstrationsbeispiel für dieses Phänomen sind Äußerungen wie *Helmut kitzelte Klaus. Er rührte sich nicht*, wo die präferierte Interpretation des Personalpronomens auf die Relevanzerwartung zurückzuführen ist.

Nach unserer Einführung des verallgemeinerten Problemtyps "Sachformulierungsproblem" wird sofort klar, daß die Reparaturtaxonomie von Levelt (1983) in mehrfacher Hinsicht unvollständig ist. Einerseits gibt es für Probleme sachlicher Inkorrektheit nur die Kategorie "lexikalischer Fehler", so daß z.B. Reparaturen wie *Auf die rechte Seite kommt dér Klotz nein der* nicht erfaßt sind. Andererseits wird bezogen auf andere Erwartungen nur ein Typ positionsabhängiger Relevanzprobleme ("different message") behandelt.

Bei den sachbezogenen Zeit-/Positionsproblemen spielt Relevanz generell eine wesentliche Rolle (nicht zufällig gibt es in der Kommunikationsanalyse das Konzept der konditionellen Relevanz), und da zwischen Kommunikationsteilnehmern oft sehr unterschiedliche Vorstellungen über die momentane Relevanz von Sachverhalten bestehen, ist damit auch eine wesentliche Ursache von Verständigungsschwierigkeiten angesprochen. Demgegenüber spielen bei den sprachbezogenen Zeit-/Positionsproblemen die an der Vollständigkeitserwartung ausgerichteten eine besondere Rolle. Es kommt häufig vor, daß bei der Äußerungsproduktion zum erforderlichen Zeitpunkt eine gewünschte Formulierungsfortsetzung nicht oder noch nicht verfügbar ist, so daß ein begonnener Äußerungsteil unvollständig bleibt oder erst verzögert ergänzt werden kann. Im Unterschied zum letzten Fall (covert repair) war in der Levelt-Taxonomie für den ersten Fall noch kein Reparaturtyp vorgesehen.

Alle Formulierungsprobleme, die keine Sachprobleme sind, können als Sprachformulierungsprobleme eingestuft werden. Dabei ist wieder auf unterschiedliche Erwartungen Bezug zu nehmen. Eine zentrale Rolle spielt die Erwartung der sprachlichen und insbesondere grammatischen Korrektheit von Formulierungen; dementsprechend werden von Levelt Reparaturen zur Bearbeitung von phonetischen und syntaktischen Fehlern betrachtet. Daneben versucht Levelt auch verschiedene Typen von Angemessenheitsproblemen zu unterscheiden. Die allen diesen Typen gemeinsame Unangemessenheit besteht gerade in der semantischen Instabilität der Äußerung a, d.h., daß gerade diejenige Eigenschaft nicht erfüllt ist, die es erlauben würde zu entscheiden, ob a sachlich problematisch ist. Somit grenzt die Stabilitätsbedingung Sachformulierungs- und Sprachformulierungsprobleme auf semantischer Ebene strikt voneinander ab.

Auch bei Verstehensproblemen bildet die Stabilitätsbedingung das zentrale Kriterium zur Abgrenzung von Sprach- und Sachproblemen. Wenn es der Rezipientin R mit der Zuordnung a → y gelungen ist, ein stabiles Zuordnungsresultat zu erhalten und wenn y nicht erwartungsgemäß ausfällt, dann liegt ein Sachverstehensproblem vor. Für die Beurteilung von y können wieder Erwartungen der vier genannten Kategorien einschlägig sein: Möglicherweise hat R a nur unvollständig verstanden oder wirklichkeitsfremd interpretiert; oder R hat sich z.b. nicht angemessen bemüht, den von P gemeinten Sachverhalt x zu erfassen. Typische Beispiele für Zeitprobleme beim Sachverstehen sind gegeben, wenn es unerwartet lange dauert, bis R bestimmte mit a verbundene Schlußfolgerungen gezogen hat (R ist 'schwer von Begriff'); in diesem Fall ist gleichzeitig eine Vollständigkeitserwartung verletzt.

Zu den Sprachverstehensproblemen ist zunächst ein bisher unberücksichtigt gebliebener Problemtyp zu zählen: Es ist nämlich denkbar, daß R gar nicht a selbst interpretiert, sondern nur einen Teil von a (Vollständigkeitsproblem) oder eine von a verschiedene Äußerung b (Relevanzproblem). Letzterer Fall kommt häufig in Kombination mit einem Zeitproblem vor, nämlich wenn R noch mit dem Verstehen einer vorausgehenden Äußerung von P beschäftigt ist. Ein anderer gängiger Typ von Zeitproblemen beim Sprachverstehen liegt vor, wenn R zwar a zu verstehen versucht, aber bisher noch keine Bedeutung zuordnen kann (Verfügbarkeitsproblem). Dieser Problemtyp läßt sich allerdings auch unter den Fall von Sprachverstehensproblemen subsumieren, bei dem die Zuordnung a → y instabil ist.

## 7. Konsequenzen

Welche problemstrukturierende Kraft der vorgestellte konzeptuelle Rahmen hat, läßt sich am besten im Zusammenhang mit konkreten Analysen, wie sie im vorliegenden Band durchgeführt werden, nachweisen. Hierzu ist die Rekonstruktion dort behandelter Problembeispiele entsprechend zu reformulieren und theoretisch zu vertiefen. Dies kann jetzt allerdings nicht im Detail vorgeführt werden, sondern es muß genügen, prospektiv einige Hinweise auf den rekonstruktiven Nutzen der eingeführten Kategorien zu geben.

Nach den vorangegangenen Überlegungen dürfte plausibel sein, daß die Eingriffsmöglichkeiten in Verständigungsprozesse (egal, ob sie im spontanen, interaktiven Vollzug von Kommunikation oder durch eine gezielte Instruierung von Teilnehmern geschehen) in starkem Maße davon abhängen, ob relevante Problemlagen identifiziert und die zugehörigen spezifischen Lösungsverfahren erfolgreich angewendet werden können. Die linguistische Theoriebildung orientiert sich genau an dem, was Interaktionsteilnehmer auch tun, wenn sie glauben, daß ein Verständigungsproblem vorliegt und daß es sinnvoll ist, ihre Kommunikationspartner an einer Lösung des Problems zu beteiligen: Zunächst werden die Existenz und der Typ des Problems signalisiert, und dies führt zur Wahl eines problemspezifischen Lösungsverfahrens (vgl. Kindt & Weingarten 1983). Dabei besteht die Effizienz der Problembehandlung gerade in dem Prinzip, die Problemtypisierung - ungeachtet tieferliegender Ursachen - nur insoweit zu spezifizieren, daß die lösungsrelevante Erwartungsdimension deutlich wird. Der Erkenntnisfortschritt linguistischer Untersuchungen von Verständigungsproblemen liegt also 'lediglich' in der Möglichkeit, Problemtyp und zugehöriges Verfahren auch in solchen Fällen benennen zu können, die für Interaktionsteilnehmer mangels Problemzugänglichkeit nicht lösbar sind.

Die im vorigen Abschnitt eingeführte Problemtypologie und die zugehörigen Erwartungskategorien haben für die Untersuchung von als diffus erscheinenden Verständigungsschwierigkeiten zunächst den Status eines Suchrasters, das eine genauere Lokalisierung und Abgrenzung der zugrundeliegenden Teilprobleme erlaubt. Daran anschließend stellt sich die Aufgabe, die kognitiven und verständigungsorganisatorischen Aspekte der jeweiligen Probleme zu untersuchen, bevor zur konkreten Lösung geeignete Verständigungsstrategien vorgeschlagen werden können. Die Effizienz dieser Vorgehensweise und die Relevanz der eingeführten Kategorien sollen zunächst an zwei Beispielen veranschaulicht werden.

Ein häufiger Grund für Verständigungsstörungen zwischen Kommunikationsteilnehmern besteht darin, daß sie statt Sach- fälschlicherweise Sprachprobleme für ihre Verständigungsschwierigkeiten verantwortlich machen und dann ein untaugliches Lösungsverfahren wählen. In einem solchen Fall neigt die Produzentin dazu, den von ihr darzustellenden Sachverhalt mit immer neuen Formulierungen zu umschreiben, um auf diese Weise ein stabiles Verstehensresultat bei der Rezipientin zu erreichen. Diese Bemühung muß z.B. erfolglos bleiben, wenn die Sachverhaltsstrukturierung der Produzentin selbst Ursache des Nichtverstehens ist. Dieser Typ von Verständigungsstörung tritt u.a. auf, wenn die Kommunikationsteilnehmer unterschiedliche Relevanzsetzungen oder Angemessenheitsvorstellungen hinsichtlich der Inhalte und Abfolge komplexer Sachverhaltsdarstellungen zugrunde legen. Eine solche Differenz kann auf einer schon unterschiedlichen kognitiven Organisation der Sachverhalte in Wissensschemata oder auf divergierenden Interessen an den Sachverhalten basieren. Prototypisches Beispiel dieses Problemtyps bilden Kommunikationen, in denen die struktur- und die funktionsorientierte Beschreibung von Gegenständen (etwa bei Gebrauchsanweisungen) miteinander konkurrieren.

Ein anderer, immer wieder verblüffender Typ von Verständigungsstörungen läßt sich u.a. in der Arzt-Patienten-Kommunikation beobachten. Ohne daß es den beiden Parteien bewußt ist, legen sie ihrer Kommunikation oft unterschiedliche Verständigungserwartungen zugrunde. Ärzte gehen vielfach und partiell zu Unrecht davon aus, daß ihre 'Normalbürger-Patienten' hauptsächlich an einer Erläuterung der verordneten Maßnahmen und weniger an diagnostischen Sachverhalten interessiert sind. Dementsprechend erleben Patienten ihren Besuch beim Arzt eventuell als ein unkontrollierbares Geschehen, bei dem sie nicht recht wissen, was genau mit ihnen passiert ist: Nach der Beschwerdenerhebung folgt - kaum nachvollziehbar für sie - plötzlich eine ärztliche Verordnung, deren Erklärungszusammenhang verschwommen oder unvollständig bleibt und für deren Angemessenheitsbeurteilung sie hauptsächlich auf die Autorität des Arztes vertrauen müssen. Ehe man sich versehen hat und die Gelegenheit bekam, die vielen noch offenen Fragen zu stellen, wird man dann schon wieder aus dem Behandlungszimmer 'hinauskomplimentiert'. Wenn Ärzte demgegenüber von vornherein wissen (oder es aufgrund eines akademischen

Titels von Patienten vermuten), daß höhere Sachformulierungserwartungen hinsichtlich relevanter Erklärungszusammenhänge an sie gestellt werden, dann erlebt man sie als - im Vergleich zum Normalfall - überraschend kooperativ und auskunftsfreudig. Die Quintessenz dieses Beispiels ist: Man muß wissen, daß hier ein Erwartungskoordinationsproblem vorliegt und daß sich dieses Problem nur lösen läßt, indem man zu Beginn der Kommunikation die eigenen Sachformulierungserwartungen gegen die stabile Normalerwartung des Arztes durchsetzt. An diesem Beispiel sieht man, daß den Kommunikationsteilnehmern kein neues Lösungsverfahren vorgeschlagen wird, sondern daß man sie nur dazu bringen muß, ein im Prinzip bekanntes Verfahren auf eine Problemkonstellation anzuwenden, die sie (bisher) nicht durchschaut haben.

Die linguistische Untersuchung von normalen Verständigungsproblemen führt zu der Erkenntnis, daß Kommunikationsteilnehmer selbst über ein effizientes Kategoriensystem zur Problemtypisierung und über ein geeignetes Verfahrensrepertoire zur Problemlösung verfügen. Indem dieses Instrumentarium linguistisch explizit gemacht wird, läßt es sich auch auf solche Fälle nachhaltiger Verständigungsschwierigkeiten anwenden, die von Kommunikationsteilnehmern spontan nicht bewältigt werden können. Neben den in Abschnitt 4 schon angesprochenen Verfahren der Inferenzprüfung und der Widerspruchsklärung gibt es weitere spezifische Einzelstrategien, die im vorliegenden Beitrag nicht mehr genauer dargestellt werden können. Bislang fehlt in der linguistischen Literatur auch eine systematische Zusammenstellung des Strategierepertoires, und die Abhängigkeitsverhältnisse zwischen Problemtyp und Lösungsverfahren sind nur partiell untersucht (vgl. etwa Selting 1987; Kindt & Laubenstein 1991). Auf eine wichtige neue Erkenntnis, die sich aus der Spezifikation von Verständigungserwartungen in unserer Problemtypologie ergibt, soll hier aber noch hingewiesen werden.

Im Problembehandlungsmuster von Kindt & Weingarten (1983) wurde die Nennung von Erwartungen ausschließlich als Aktivität der Problemdefinition/-typisierung gedeutet. Tatsächlich hat eine solche Nennung aber auch als Problemlösungsverfahren den positiven Effekt, daß der Suchraum für die gewünschte Lösung entscheidend eingeschränkt wird, was zur Auffindung der Lösung oft schon ausreicht. Somit erweist sich in einer weiteren Hinsicht der zentrale theoretische und empirische Stellenwert von Verständigungserwartungen: wenn man weiß, welche Erwartungen in welchen Kontexten von Bedeutung sind und mit welchen kommunikativen Verfahren/sprachlichen Realisierungen sie thematisiert werden, dann verfügt man über einen wesentlichen Ansatzpunkt sowohl für die Erkennung als auch für die Lösung von Verständigungsproblemen. Zeigt nämlich ein/e an einer Kommunikation Beteiligte/r an, daß er/sie eine bestimmte Verständigungserwartung für nicht erfüllt hält, so sind insbesondere drei verschiedene Problemlagen voneinander zu unterscheiden. Entweder wird von den anderen Beteiligten die Einschlägigkeit der betreffenden Erwartung im vorliegenden Kontext akzeptiert und der Sachverhalt ihrer Nichterfüllung bestätigt; in diesem Fall besteht die Problemlösung im Auffinden einer erwartungsgemäßen Zuordnungsleistung. Oder aber trotz Zustimmung zur Einschlägigkeit der Erwartung wird deren Nichterfüllung bestritten; in diesem Fall muß zunächst ein vorausgehendes Problem anderen Typs gelöst werden. Oder schließlich die Erwartung selbst wird nicht als einschlägig akzeptiert; in diesem Fall liegt ein Erwartungskoordinationsproblem vor, und erst nach dessen Klärung läßt sich entscheiden, wie mit dem ursprünglichen Problem umzugehen ist. So gesehen, bilden also Identifikation und Explikation zugrundeliegender Erwartungen immer einen entscheidenden Schritt für die Bestimmung und Lösung von Verständigungsproblemen.

Abschließend noch eine Anmerkung zum Verhältnis zwischen dem hier explizierten und einem im weiteren Sinne verwendeten Verständigungsproblembegriff (vgl. Abschnitt 2). Nur die scharfe begriffliche Abgrenzung hat es uns ermöglicht, die erforderlichen typologischen Unterscheidungen in der gewünschten Präzision einzuführen. Nachträglich kann man aber verschiedene Strukturähnlichkeiten zwischen semantischen Verständigungsproblemen und solchen im weiteren Sinne geltend machen und den hier entwickelten theoretischen Ansatz partiell übertragen. Grundsätzlich geht es auch bei Handlungsverstehen, Argumentation etc. um erwartungsbezogene Zuordnungsleistungen, die im Fall nicht ausreichend ähnlicher Resultate zu Kommunikations-/Interaktionsproblemen führen. Darüber hinaus läßt sich auch das Prinzip der Typologieentwicklung übernehmen, und viele Problemlösungsstrategien (wie z.B. die der Perspektivenübernahme/Kontextkoordination) sind gleichermaßen einschlägig. Wesentliche, bei der Untersuchung genau zu beachtende Unterschiede liegen aber in der Art der Zuordnungsleistungen und im Typ der zugrundeliegenden Erwartungen.

## Literatur

Coupland, N., Giles, H. & Wiemann, J. M. (1991). Talk as 'Problem' and Communication as 'Miscommunication': An Integrative Analysis. In: Dies. (Hg.), *'Miscommunication' and Problematic Talk*. Newbury Park: Sage, 1-17.

Donnellan, K. (1966). Reference and Definite Descriptions. In: *The Philosophical Review 75*, 281-304.

Eikmeyer, H.-J., Kindt, W., Laubenstein, U., Lisken, S., Polzin, T., Rieser, H., & Schade, U. (1991). Kohärenzkonstitution im gesprochenen Deutsch. In: Rickheit, G. (Hg.), *Kohärenzprozesse*. Opladen: Westdeutscher Verlag, 59-136.

Eikmeyer, H.-J., Kindt, W., Laubenstein, U., Lisken, S., Rieser, H., & Schade, U. (1995). Coherence Regained. In: Rickheit, G. & Habel, C. (Hg.), *Focus and Coherence in Discourse Processing*. Berlin: de Gruyter, 115-142.

Fiehler, R. & Kindt, W. (1994). Reklamationsgespräche. In: Bartsch, E. (Hg.), *Sprechen, Führen, Kooperieren in Betrieb und Verwaltung*. München: Ernst Reinhardt, 255-269.

Fiehler, R., Kindt, W. & Schnieders, G. (1996). Kommunikationsprobleme in Reklamationsgesprächen. Ms. Erscheint in: Brünner, G., Fiehler, R. & Kindt, W. (Hg.), *Angewandte Diskursforschung: Kommunikation untersuchen und lehren*. Opladen: Westdeutscher Verlag.

Forschergruppe Kohärenz (Hg.)(1987). *"n Gebilde oder was" - Daten zum Diskurs über Modellwelten*. KoLiBri-Arbeitsbericht Nr. 2. DFG-Forschergruppe Kohärenz. Universität Bielefeld.

Grice, H.P. (1975). Logic and Conversation. In: Cole, P. & Morgan, J. L. (Hg.), *Speech Acts*. New York: Academic Press, 41-58.

Hall, E.T. (1966). *The Hidden Dimension*. New York: Doubleday.

Kindt, W. (1985). Dynamische Semantik. In: Rieger, B. (Hg.), *Dynamik in der Bedeutungskonstitution*. Hamburg: Buske, 95-141.

Kindt, W. (1993). Struktur, Funktion und Dynamik von Erzählungen. In: Janota, J. (Hg.), *Kultureller Wandel und die Germanistik in der Bundesrepublik*. Bd. 1. Tübingen: Niemeyer, 151-166.

Kindt, W. (1994). Nichtmonotonie und Relevanz: Zwei zentrale inferenztheoretische Aspekte der Dynamischen Semantik. In: *Sprachwissenschaft 19*, 455-482.

Kindt, W. (1997). Zu Theorie und Empirie der Inferenzforschung. In: Pohl, I. (Hg.), *Methodologische Aspekte der Semantikforschung*. Frankfurt/Main: Lang.

Kindt, W. & Laubenstein, U. (1991). *Reparaturen und Koordinationskonstruktionen*. KoLiBri-Arbeitsbericht Nr. 20. DFG-Forschergruppe Kohärenz. Universität Bielefeld.

Kindt, W. & Weingarten, R. (1983). Verständigungsprobleme. In: *Deutsche Sprache 12*, 193-218.

Klein, J. (1995). Politische Rhetorik. Eine Theorieskizze in Rhetorik - Kritische Absicht mit Analysen zu Reden von Goebbels, Herzog und Kohl. In: *Sprache und Literatur 26*, 62-99.

Kronfeld, A. (1990). *Reference and Computation*. Cambridge: Cambridge University Press.

Landmann, S. (Hg.) (1962). *Jüdische Witze*. München: dtv.

Levelt, W. J. M. (1983). Monitoring and Self-Repair in Speech. In: *Cognition 14*, 41-104.

Neuberger, O. (1981). *Miteinander arbeiten - miteinander reden*. 2. Aufl. München: Bayrisches Staatsministerium für Arbeit und Sozialordnung.

Renn, U. & Webler, T. (1994). Konfliktbewältigung durch Kooperation in der Umweltpolitik. In: oikos (Hg.), *Kooperation für die Umwelt. Im Dialog zum Handeln*. Zürich: Rüegger, 11-52.

Selting, M. (1987). *Verständigungsprobleme. Eine empirische Analyse am Beispiel der Bürger-Verwaltungs-Kommunikation*. Tübingen: Niemeyer.

# Kommunikationsstörungen *durch* den Gesprächsprozeß[1]

Zur Entstehung von Interaktionsdilemmata durch zeitliche Komplexierung

*Arnulf Deppermann/Thomas Spranz-Fogasy*

## 1. Die grundlegende Zeitlichkeit von Kommunikation

Kommunikationsstörungen und Kommunikationsprobleme sind zumeist als Erscheinungen individueller, sozialer oder kultureller Genese beschrieben worden, selten jedoch als Ergebnis aufeinanderwirkender *struktureller* Eigenschaften von Kommunikationsprozessen selbst. In diesem Beitrag wollen wir versuchen, Zeitlichkeit bzw. Prozessualität in ihrer ambivalenten Bedeutung für kommunikatives Geschehen zu untersuchen. Unsere These ist dabei, daß die Zeit-/Prozeßcharakteristik von Kommunikation zwar konstitutiv für Kommunikation ist, aber auch strukturell Störungen, Probleme, Konflikte und Dilemmata hervorruft bzw. hervorrufen kann. Wir möchten dies illustrieren am Problem der zeitlichen Komplexion von Bezugskontexten, die zwar auf der einen Seite in konstruktiver, abgestufter Weise zielgerichtetes, kommunikatives Handeln ermöglicht, auf der anderen Seite jedoch durch die zunehmende Vielzahl von Sachverhalts-, Beziehungs- und Handlungsaspekten in jeder Interaktion bis hin zur totalen Dissoziation von Gesprächen führen kann.

Gespräche verlaufen in der Zeit. Diese Charakterisierung ist jedoch nicht im Sinne eines allgemeinen Rahmens von Zeitlichkeit zu verstehen, innerhalb dessen und von diesem abgelöst kommunikative Prozesse auf unabhängige Weise vonstatten gehen.[2] Vielmehr konstituiert Zeitlichkeit die Bedeutung von kommunikativen Handlungen und von Kommunikation selbst: Gespräche sind Prozeßeinheiten mit ständig sich wandelnden Zeitbezügen und Organisationsschwerpunkten; ihre Gestalt besteht aus Wandel, und im Wandel selbst liegt ein großer Teil ihrer Bedeutung. Durch solchen Wandel entstehen dynamische Eigenschaften von Gesprächen wie Eskalation oder Stagnation, es werden Wiederholungen ebenso sichtbar wie Fortschritte, es zeigen sich Kontinuität und Rückschritt.

So sind auch die Teilnehmer an Gesprächen durch die Bindung an die Zeitlichkeit gezwungen, ihre Handlungen im geordneten Nacheinander zu vollziehen. Sie müssen dabei komplexe Konfigurationen von Sachverhalten oder Handlungen in linear angeordneten Teilschritten realisieren und die Komplexität der Konfiguration gleichzeitig dabei - oder auch: dadurch - verdeutlichen. Ein Ausdruck dieser Interaktionsaufgabe sind permanente Aktivitäten von Gesprächsteilnehmern zur Aktualisierung und Adaption des Interaktionsgeschehens. Um bei ihren Aktivitäten den Zusammenhang zu bewahren, müssen die Gesprächsteilnehmer ihre Interaktion auf

---

[1] Einige Grundgedanken dieses Beitrags waren auch Gegenstand der Antrittsvorlesung von Thomas Spranz-Fogasy am 15.1.1997 an der Universität Mannheim.

[2] Eine solche Betrachtungsweise zeigt sich beispielsweise in der Newtonschen Beschreibung physikalischer Prozesse, in der Raum und Zeit als "Behälter" gegenüber der Materie als "Inhalt" angenommen werden; vgl. dazu kritisch Prigogine & Stengers (1993), 25.

allen Ebenen übergreifend ordnen, rückwärts Bezüge herstellen und sie auch vorausgreifend organisieren.[3] Für diese Aufgaben ist es dann erforderlich, ständig (Re-)Kontextualisierungsaufgaben zu bewältigen, um den jeweils anderen die Bezugskontexte ihres gegenwärtigen und zukünftigen Handelns aufzuzeigen.[4] Dabei werden zu jedem Zeitpunkt einer Interaktion und durch den Ablauf der Zeit Fakten geschaffen; kommunikatives Geschehen wird so für Gesprächsteilnehmer zum objektiven Ereignis, das Vorgaben macht und Rückbezüge ermöglicht, selbst aber wieder redefinierenden Umdeutungen unterworfen werden kann.

Die Zeitlichkeit von Kommunikation erzeugt eine breite Offenheit ins Zukünftige, schafft aber zugleich auch regelmäßig ein Übermaß an Determinationen durch das vergangene Geschehen: Gesprächsteilnehmern stehen zu einem jeweiligen Zeitpunkt ihres Gesprächs eine Reihe von Möglichkeiten sprachlichen Handelns offen, es sind jedoch zugleich immer auch mehrere Handlungspotentiale vorhanden, die nicht alle realisiert werden können.

Die unvermeidliche Bedingung des Zeitlichen konstituiert in Interaktionen auf kumulative Weise Komplexität von Sachverhalts-, Handlungs- oder Beziehungskonfigurationen durch aufeinanderfolgende und miteinander verknüpfte Sachverhaltsdarstellungen, Handlungen und Beziehungsmarkierungen. Diese Komplexität muß, um für die Kommunikationsteilnehmer noch handhabbar zu sein, regelmäßig reduziert oder suspendiert, d.h. in irgendeiner Weise transformiert werden. Diese Operationen sind teilweise in den Ablauf von Interaktionen strukturell qua Musterkonstitution und Musterorientierung der Beteiligten instituiert, teilweise müssen sie auch von den Beteiligten explizit und elaboriert ausgehandelt werden. Immer aber sind diese Operationen durch die grundsätzliche Interaktivität, d.h. durch das Vorhandensein mehrerer Beteiligter, an die unterschiedlichen Perspektiven gebunden und daher einem Divergenzpotential ausgesetzt: Was für den einen Beteiligten eine sinnvolle Komplexitätsreduktion darstellt, kann für einen anderen eine unzulässige Verkürzung darstellen.

Dieses grundlegende Kommunikationsproblem stellt sich schon auf der Ebene der Gesprächsorganisation im Zusammenhang mit der notwendigen Sequenzierung interaktiven Geschehens.

## 2. Die Problematik simultaner pragmatischer Komplexität - ein Fallbeispiel

Als Ausgangspunkt unserer Überlegungen knüpfen wir an eine Fallanalyse an, in der ein Gesprächsteilnehmer durch die Sequenzialität interaktiven Handelns vor ein

---

[3] Kallmeyer und Schütze unterscheiden in ihrer Theorie der Interaktionskonstitution sechs Konstitutionsebenen: die Ebene der Gesprächsorganisation, der Handlungskonstitution, der Sachverhaltsdarstellung, der sozialen Identitäten und Beziehungen, der Interaktionsmodalitäten sowie die Ebene der Reziprozitätsherstellung; vgl. dazu Kallmeyer & Schütze 1976 und Kallmeyer 1988, eine zusammenfassende Darstellung findet sich auch in Spranz-Fogasy (i.V.a).

[4] U.a. die Textlinguistik befaßt sich mit den linguistischen Mitteln und Merkmalen der Textkohäsion und -kohärenz (vgl. Beaugrande & Dressler 1981, Kallmeyer et al. 1977).

Interaktionsdilemma gestellt wird, das er nicht restlos auflösen kann. Der Beispielfall stammt aus einer Fernsehdiskussion zum Thema Passivrauchen. Die für unsere Darstellung wichtigen Teilnehmer der Diskussion sind der Fernseh-Moderator Kohl[5], Frau Sprecher-Nabel, Geschäftsfrau und Raucherin, Herr Macher, Journalist und Vorsitzender der ersten deutschen Raucherlobby, Herr Schopen, damaliger Vorstandsvorsitzender des Verbandes der Zigarettenindustrie, und Herr Glatte, Berufsschullehrer und Sprecher einer Nichtraucherinitiative.

Glatte, der Vertreter der Nichtraucherinitiative, wird kurz nach Beginn des Gesprächs durch eigenes Zutun und mehrere Aktivitäten anderer Beteiligter an einem bestimmten Punkt des Gesprächs vor die Aufgabe gestellt, mehreren Aufforderungen nachzukommen. Diese Aufforderungen sind zwar nacheinander an ihn ergangen, sie stellen sich ihm bei der Übernahme des Rederechts jedoch faktisch simultan. Qua Linearisierungszwang ist er aber wiederum angehalten, sie linear zu bearbeiten.

Die Passage stellt sich in strukturierter Form folgendermaßen dar[6]:

1. Der Vertreter der Zigarettenindustrie, Schopen, postuliert am Ende eines längeren Beitrags das individuelle Recht des Rauchers auf seine eigene Entscheidung zum Rauchen: <*jeder soll für sich entscheiden \* was er tut*>.[7]
2. Der Moderator Kohl formuliert dieses Postulat als Frage an den Nichtrauchervertreter Glatte um: <*diese fe"ststellung gebe ich mal als fra:ge an sie wei"ter also \* weg von dieser individualentscheidung auf genuß*>
3. Glatte akzeptiert das Postulat, schränkt es jedoch hinsichtlich sozialer Situationen ein: geraucht werden dürfe nicht in Anwesenheit von Nichtrauchern. Dieser Teil seines Beitrags ist äußerst kurz gehalten: <*nein \*1,4\* jeder raucher \* soll rauchen können \* dort wo er will \* aber nicht dort wo sich ni"chtraucher aufhalten*>
4. Glatte beginnt dann eine ausführliche, thematisch vielfältige Replik auf andere Aspekte in Schopens Beitrag.
5. Glatte wird vom Raucherlobbyisten Macher und der Rauchervertreterin Sprecher-Nabel in mehrere, thematisch unterschiedliche Wortgefechte verwickelt.
6. Glatte wiederholt seine Position zum Postulat Schopens (s.o. 3.) und begründet sie sogar: <*mir ge:ht es daru"m \* das war ja die eingangsfrage \*1,4\* darf der raucher da"nn rauchen \* wenn sich ni"chtraucher im selben raum au"fhalten \* und ich sa:ge \* nein \* denn: schu"tzrecht geht schutzrecht geht vor lu"strecht*>

---

[5] Alle Namen von Gesprächsbeteiligten sind aus Gründen des Datenschutzes maskiert.

[6] Der Materialumfang dieser Passage zwingt uns zu einer reduzierten Darstellung, in der wir nur die wesentlichen Aktivitäten in ihrem Ablauf wiedergeben. Eine genauere Darstellung findet sich in Spranz-Fogasy (i.V.a und i.V.b).

[7] Gesprächsausschnitte sind zur Hervorhebung kursiv geschrieben. Eine Erläuterung der Transkriptionsweise findet sich im Anhang.

7. Schopen kritisiert dennoch - faktenwidrig[8] - mangelnde Themenkohärenz bei Glatte: <*die eingangsfrage wa:r=ne ganz andere * sie wollten auf meine antwort positio"n beziehen was ihnen bisher noch nicht * jedenfalls im ro:ten faden gelungen ist*>
8. Die Rauchervertreterin Sprecher-Nabel stellt in überlappendem Anschluß an Schopens Kritik an Glatte eine weitere Frage: <*sie wü"rden also zum bei"spiel uns hier nicht gestatten * zu rau"chen * der raum ist rie"sig ** gu:t belü"ftet * fast kühl*>
9. Glatte antwortet auf Sprecher-Nabels Frage, nicht jedoch auf Schopens Kritik: <*das ist ri"chtig * daß der raum ho:ch is * kühl * nu:r * der herr dokter müller * sitzt an i"hrer seite * er ist u:nmittelbar von dem was si"e ausstoßen würden betroffen * ich sitz=an der seite vom herrn scho"pen * auch eines rau"chers was e"r ausstößt * muß ich mi"teina:tmen*>

Damit ist Schopens Kritik faktisch bestätigt.

Glatte steht also hier vor einem strukturellen Dilemma: Die simultanen Anforderungen - simultan, weil sie zum Zeitpunkt seiner Redeübernahme gleichzeitig bestehen - dissoziieren Glattes Aktivitäten; selbst im hypothetischen Falle der Behandlung aller Anforderungen muß er sich immer auch für eine sequenzielle Reihung entscheiden, wodurch bei jedem Sequenzglied Gewichtungs- und/oder Vernachlässigungsprobleme formulierbar werden. Grundlegend dafür ist die Zeitlichkeit des Geschehens, die hier ihre Bedingungen stellt: Die zeitliche Folge bringt es mit sich, daß die Bezüge von Aktivitätsschritten nicht mehr konditional relevanten[9] oder präferentiellen[10] Eigenschaften gemäß hergestellt werden (können), weil ein Übermaß simultan geltender Handlungserwartungen besteht. Und: Die zeitliche Erstreckung bringt es mit sich, daß vollzogene Aktivitäten widerspruchslos vernachlässigt bzw. sogar negiert werden (können).

Interaktionen sind unlösbar an die Zeitlichkeit gebunden. Sie besitzen einen Linearisierungszwang, der - besonders im Fall von Mehrpersonen-Interaktionen - *simultane Sprechhandlungsanforderungen* konstituiert. Eine solche *pragmatische Komplexität* kann, bei kompetitiven Interaktionsbedingungen wie im Beispielfall, ein praktisch unlösbares Dilemma werden. Für den Teilnehmer Schopen kann dabei, aufgrund seines gesamten Interaktionshandelns in dieser Fernsehdiskussion, sogar durchaus vermutet werden, daß er eine solche Interaktionsfalle aus strategischen Gründen erzeugt.[11]

---

[8] Diese Auffassung ergibt sich erst bei mehreren Durchsichten. Die Möglichkeit zu einer Überprüfung qua Wiederholung o.ä. haben die Gesprächsteilnehmer in der Situation jedoch nicht, ein Umstand, der für den einen Teilnehmer problematische Folgen haben, für einen anderen, wie hier für Schopen, eine Interaktionsressource darstellen kann. Vgl. auch Nothdurft (i.Dr.a, Abschnitt II.5.1.3).

[9] Zum Prinzip der konditionalen Relevanz (engl. conditional relevance) s. Schegloff & Sacks 1973.

[10] Zum Präferenzprinzip der ethnomethodologischen Konversationsanalyse s. Heritage & Watson 1979, Pomerantz 1984.

[11] Dieser strukturelle Zusammenhang von Teilnehmerkonstellation und Linearisierungszwang bietet

Die Prozeßstrukturen, wie sie sich in dieser Eingangspassage des Gesprächs ergeben, wirken nicht nur lokal, sondern weiter in dieser Interaktion, sie beeinflussen maßgeblich das weitere Interaktionshandeln Glattes und das seiner Interaktionspartner in bezug auf ihn: Der dilemmatischen Situation versucht er hier und im weiteren Verlauf durch forcierte Beteiligungsweise zu begegnen, er sucht schnelle Beitrags-Anschlüsse, unterbricht andere in ihren Darstellungen, oder er wehrt Redeübernahme-Versuche anderer ab, und er wird dafür öffentlich als Störenfried kritisiert. Es ergeben sich so eine Reihe von Kommunikationsstörungen bis hin zu ausgebauten, eskalativen Konfliktpassagen. Prozeßstrukturen erweisen sich hier also auch als ein wesentliches Ferment der Interaktionsdynamik, sie werden von Interaktionsteilnehmern hergestellt und wirken auf sie zurück.

Das Problem der kumulierten Komplexität stellt sich Gesprächsteilnehmern nicht nur im Zusammenhang der (lokalen) Sequenzierung ihrer Äußerungen. Übergreifend stellt sich dieses Problem auch für die Aushandlung von Sachverhaltsdarstellungen oder bei der Herstellung von Handlungskonfigurationen.

## 3. Reduktionsaufgabe und Störung durch Reaktualisierung reduzierter Komplexität: Das Beispiel Vergleichsaushandlungen in Schlichtungsgesprächen

Im Zuge der Entwicklung von Sachverhaltsdarstellungen bzw. -verhandlungen akkumuliert eine Vielfalt von Darstellungskomponenten. Einzelne Aspekte werden oftmals nur angedeutet, nicht oder nur mangelhaft interaktiv bearbeitet; Kohärenzverhältnisse zwischen verschiedenen Komponenten bleiben unklar, Konsens wird nicht erreicht oder bleibt im Ungewissen; Umfang und Zusammenhang der entfalteten Gesichtspunkte können nicht mehr simultan überblickt werden. Interaktanten können die dergestalt sukzessive konstituierte Komplexität *als solche* nicht zum Gegenstand von Aktivitäten machen, die auf den entfalteten Komplex Bezug nehmen bzw. auf ihm aufbauen. Um Bewertungen vorzunehmen, sachverhaltsbasierte Entscheidungen zu treffen oder den entfalteten Zusammenhang in folgende Argumentations-, Darstellungs- oder Handlungsschritte zu inkorporieren, bedarf es einer *Formulierung, mit der die aufgeschichtete Komplexität reduziert wird*.

Reduktionen können auf verschiedene Weise vorgenommen werden:
- Aspekte werden integriert oder zueinander gewichtet;
- einzelne Gesichtspunkte werden als relevante Repräsentanten des Gesamtkomplexes hervorgehoben, während andere nicht mehr erwähnt oder explizit suspendiert werden;
- der Zusammenhang wird in abstrahierender Form zusammengefaßt.

---

strategisch nutzbare Potentiale. So kann er z.B. als Grundprinzip zur Herstellung publikumswirksamer Interaktionssituationen eingesetzt werden, wie das Beispiel der Diskussionssendung "Heißer Stuhl" zeigt. Vgl. Holly & Schwitalla 1995 zur Systematik von "Tumult" durch gesprächsorganisatorische Anforderungen.

Solche aktualisierenden Reduktionen, die die Basis für Folgehandeln abgeben, werden in fast allen Interaktionen regelmäßig relevant und von Gesprächsteilnehmern vielfach lokal und informell vollzogen. Besonders in aufgabenbezogenen Interaktionen[12] sind systematische Positionen vorgesehen, an denen Reduktionen durchgeführt werden müssen. So sind beispielsweise in Diskussionen immer wieder Zusammenfassungen von Teilnehmerpositionen und Resultaten der Auseinandersetzung über Themenkomplexe zu leisten; in Beratungsgesprächen müssen die Schilderungen des Ratsuchenden in eine Problemdefinition überführt werden; in Schlichtungsgesprächen muß aus der Verhandlung über Vorwürfe und Konfliktgeschehen eine konsensuelle Konfliktdefinition gebildet werden. Die Art und Weise, wie reduziert wird, richtet sich dabei maßgeblich nach der Aufgabentypik des Gesprächs: Es gilt, eine Formulierung zu finden, die konstitutiv bzw. ermöglichend für die Bewältigung der (nächsten) anstehenden Handlungsaufgabe(n) ist. Der entfaltete Sachverhaltszusammenhang muß dementsprechend *funktional transformiert* werden.

Eine einmal vollzogene Transformation gewährleistet jedoch keineswegs, daß damit alle anderen zuvor aufgeschichteten, "überschüssigen" Aspekte des Sachverhaltskomplexes fortan defokussiert bleiben. Die Teilnehmer können zur Klärung auftauchender Verständigungsprobleme durchaus auf bereits behandelte Sachverhaltsaspekte zurückgreifen. Es kann aber im weiteren Gesprächsverlauf auch zu Störungen kommen, die durch Rückgriffe auf zwischenzeitlich reduzierte Kontexte entstehen. Dies wird im folgenden am Beispiel der Aushandlung des Vergleichs in Schlichtungsgesprächen gezeigt.

Der Verhandlungsprozeß von Schlichtungsgesprächen[13] beginnt mit der Präsentation des Vorwurfs, den der Antragsteller gegen den Antragsgegner erhebt. Anschließend hat dieser Gelegenheit zur Stellungnahme, welcher wiederum eine Entgegnung des Antragstellers folgen kann etc. Es entspinnt sich eine Verhandlung über das Konfliktgeschehen, in der oftmals zahlreiche, weit über den Vorwurfssachverhalt hinausgehende Aspekte eingeführt, diskrepant interpretiert und kontextualisiert oder hinsichtlich ihrer Faktizität bestritten werden. Dem Schlichter obliegt die Aufgabe, eine (reduzierende) Konfliktdefinition zu finden, die beide Parteien ratifizieren, um - darauf aufbauend - einen Vergleichsvorschlag für die Regulation des Konflikts zu konstruieren. Die Formulierung einer konsensfähigen Konfliktdefinition stellt somit eine handlungsschematisch notwendige Aufgabe dar. *Wie* die Reduktion der aufgeschichteten Sachverhaltskomplexität vorzunehmen ist, ist jedoch hochgradig kontingent. Es bestehen stets zahlreiche, divergierende Optionen, wie der Prozeß der Sachverhaltsverhandlung (begründetermaßen) transformiert werden kann. Die Beteiligten setzen zudem in vielen Fällen rivalisierende Kriterien an. Die Indetermination des Komplexitätsreduktionsschritts erzeugt ein

---

[12] Von aufgabenbezogener Interaktion sprechen wir, wenn Gesprächsteilnehmer zusammen eine Interaktionssituation konstituiert haben, in der die gemeinsame Handlungsorientierung auf die Bearbeitung einer Handlungsaufgabe bezogen ist, z.B. die Problembearbeitung in Beratungsgesprächen.

[13] Zum Handlungsschema des Interaktionstyps Schlichtung s. Nothdurft & Spranz-Fogasy 1991.

interaktives Störpotential, das in der Folge virulent werden kann. In unmittelbarem Anschluß, u.U. aber erst sehr viel später werden Sachverhaltsgesichtspunkte refokussiert, die mit der Konfliktdefinition pragmatisch entkräftet worden waren.[14] Dies kann Anlaß zu Auflösungen des zwischenzeitlich erreichten interaktiven Bestandes und zu re-expandierenden Rückfällen in abgeschlossene konfliktäre Verhandlungsphasen geben und zur Aufschichtung weiterer Sachverhaltskomplexität führen. In diesen Prozessen geht tendenziell die übergreifende handlungsschematische Kohärenz des Stadiums der Vergleichsaushandlung zugunsten von Expansionen verloren, die thematisch-lokal gebunden sind und sich vielfach verselbständigen.

Die folgenden Analysen zeichnen Entstehung und Verlauf sowie ggf. Diagnose bzw. Korrektur von Störungen der Vergleichsaushandlung durch Rückgriffe auf Sachverhaltskomponenten in genetischer Perspektive nach. In den beiden ersten Fällen werden die Aktivitäten des Rückgreifens vom Schlichter nicht nur als Störung interpretiert, sondern auch explizit in einer Weise diagnostiziert und korrigiert, die verdeutlicht, daß das Problem der Kontextreduktion in Schlichtungsgesprächen als systematisches Phänomen erscheint, es also nicht nur einfach um die Beseitigung von Konflikten geht.

*Beispiel 1: Verlust von Zwischenresultaten durch Rückgriffe*

Vorgeschichte der Kommunikationsstörung

Im Gespräch MOPEDS beschuldigt Herr Heilmann (A1) Herrn Boos (B), Jugendliche beleidigt zu haben. Dieser bestreitet dies zunächst. Nachdem Herr Heilmann, sein Rechtsanwalt (A2) und der Schlichter (C) Herrn Boos nachhaltig mit Belegen für den Vorwurf konfrontieren, erklärt Herr Boos, er könne sich nicht erinnern. Der Schlichter schlägt daraufhin vor, Herr Boos solle sich für die Beleidigungen entschuldigen, was dieser akzeptiert. Als zweite Komponente des Vergleichs formuliert der Schlichter, Herr Boos solle die Kosten des Vergleichsverfahrens übernehmen. Herr Boos erklärt sich lediglich bereit, die Hälfte der Kosten zu übernehmen.

Störungssequenz

Der Rechtsanwalt setzt daraufhin Herrn Boos unter Druck, indem er darauf verweist, daß eine Gerichtsverhandlung für ihn ein Vielfaches an Kosten mit sich bringen würde. In diese Argumentation bettet er eine Reformulierung der Konfliktdefinition ein, die die Grundlage für Herrn Boos' Entschuldigung bildete: <*da"ß sie=s gesacht haben* [i.e. die Beleidigungen] *is fer mich an sich klar*>. Herr

---

[14] Dies geschieht in der Vergleichsaushandlung typischerweise dann, wenn strittige Kompensationsansprüche bzw. -bereitschaften mit dem Rekurs auf Sachverhaltsaspekte begründet werden oder unliebsame Konsequenzen der reduktiven Konfliktdefinition für die Vergleichsformulierung erkennbar werden. Rückgriffe bieten daher häufig auch ein strategisches Potential, Positionen qua (impliziter oder expliziter) Projektion von Stagnation oder gar Rückschritt der Gesprächsentwicklung durchzusetzen.

Boos greift diese Formulierung auf und widerspricht; in der Folge geraten Herr Boos
und der Rechtsanwalt in eine Auseinandersetzung über Zeugen:

```
B:   sie warn doch net dabei sie kenne des nit behaupten daß
     des klar is i hob ja auch ge"genzeigen den u"nmittelbare
     nachbarin da ouwe un da undi * un der herr de"r un der
     herr

B:   söll un der andi      ja
A2:                   un die sollen behaupten daß sie des

A2:  ni"scht gesagt haben              haja
B:                        ja * de we"rn des behaupten daß

A2:                             naja gut isch mein **
B:   des wort ni"cht gefallen is

A2:  des alte * thema mit dem ne"gativzeuge des kenne ma ja *

A2:  hatte mer auch grad letscht widder
B:                              na   und bei de jugendliche

B:   ni"cht ne ** mi=m moped kommen abend * wos is=n do de=s
     genauso wann mi kopf * mein kopf in an bienestock neisteck
     ne ** was kummt do dabei raus ne en geschwollener kopf ne
     ** LACHT (des is) klar
```

Der Schlichter unterbindet diesen Konflikt. Er verweist darauf, daß Herr Heilmann
sich verpflichtete, die Jugendlichen dazu anzuhalten, Lärm zu vermeiden, der Herrn
Boos stören könnte (<de=s au"ch e zugeständnis>), und stellt heraus, daß die
Übernahme der Verfahrenskosten <keine stra:fe oder keine geldbu:ße> ist.

## Verlust von Zwischenergebnissen und Reaktualisierung früherer Gesprächsstadien

In der wiedergegebenen Sequenz reaktualisieren sich Komponenten der vorangegangenen (konflikthaften) Verhandlung über den Beleidigungsvorwurf, die mit der
Ratifikation der Entschuldigung bereits konsensuell abgeschlossen worden war. Das
schon erreichte Gesprächsergebnis geht verloren, und die aktuelle Handlungsaufgabe der Einigung auf Vergleichskonditionen gerät aus dem Blick.
  Herrn Boos' Entschuldigung baute auf einer kondensierenden Konfliktdefinition
des Schlichters auf: <herr boos daß sie einräumen daß ihnen im eifer des
gefeschts halt ewe möglich sein kann daß ihne was: da herausgefahre
is>. Damit wurde die ausgedehnte Auseinandersetzung um die rivalisierenden Versionen der Parteien in einer reduzierenden, potentialisierenden Formulierung resü-
miert, die die Vorgabe für die Verhandlung der Vergleichskonditionen bildete. Als
der Rechtsanwalt diese Ergebnissicherung vereindeutigend (im Sinne seiner Position) reformuliert (<daß sie=s gesacht haben is fer mich an sich klar>),
bildet dies den Ausgangspunkt für den Verlust dieses Zwischenergebnisses und für
die Reaktualisierung früher verhandelter Konfliktgesichtspunkte, die in Konfliktdefinition und Entschuldigung bereits überwunden und aufgehoben waren. Herr Boos

kehrt zurück zu seiner ursprünglichen Version, er habe die Jugendlichen nicht beleidigt, indem er auf Zeugen für seine Behauptung verweist (<ge"genzeigen>), die er bereits mehrfach im Gespräch angeführt hatte (z.B. <do kenne=s in herrn heilmann sein unmittelbaren nachbar den herrn hans waller seine frau fragen die hot a"lles mit angehert>). Die anschließende Auseinandersetzung über Zeugen (s.o.) wiederholt einen Konflikt, der bereits früher zwischen Herrn Boos und dem Rechtsanwalt stattgefunden hatte:

```
B:   ja herr karg i kann mi doch net wo- ei- was entschuldigen

A2:                       haja (...)  sechs leut sechs leut
B:   wo i net da gesagt hab      (...)

A2:  erfinne sowas doch net
B:           sechs leit     i hob noch mehr wie sechsi *

B:   alles unmittelbare nachbern
```

Bei der Neuauflage diskreditiert Herr Boos die Jugendlichen schließlich als untaugliche Zeugen. Er spielt dabei auf frühere Darstellungen an:

```
B:   kommen de ganze jugendliche zusammen auwer nicht achte und
     zäini sondern zwanzig und mal is me no"ch mehr * un dann
     ham=s weider nix als wie äh die * mopeds eingestellt da
     die vergaser net [...] un denn sin=s immer rau"s rei" rro
     rro rro ratatatatata * a wa ma sou wos vie"r stund in
     einem zug * äh anhern muß ja da do muß man die nerven
     verlirn
```

Die Rückgriffe führen also zu einem Rückfall in ein bereits überwundenes konfliktäres Verhandlungsstadium und zum Verlust der bereits erzielten konsensuellen Konfliktdefinition. Sie stellen jedoch zugleich strategische Züge im Rahmen der Verhandlung der Vergleichskonditionen dar: Herr Boos und der Rechtsanwalt refokussieren Komponenten ihrer Konfliktversionen, die jeweils als Argumente für die Rechtfertigung und Durchsetzung ihrer divergierenden Positionen zur Frage der Kostenübernahme geeignet sind.

Aufzeigen und Überwinden der Störung

Der Schlichter unterbricht die Zeugen-Auseinandersetzung. Er geht nicht auf die reaktualisierten Gesichtspunkte der Sachverhaltsverhandlung ein, sondern refokussiert die Vergleichsregelung als relevanten Kontext, indem er auf ein Zugeständnis verweist, das Herr Heilmann gemacht hatte (s.o.). Der Schlichter interpretiert die Auseinandersetzung nicht mehr in Termini einer Geschehensrekonstruktion, wie er dies in vorangegangenen vergleichbaren Gesprächssequenzen tat, sondern unter dem Gesichtspunkt der Einigungsbereitschaft. Er behandelt damit die Geschehensrekonstruktion nachdrücklich als (unrevidierbar) abgeschlossen. Herr Boos stimmt schließlich der Kostenübernahme zu.

Die Bereinigung der Störung gelingt hier also dadurch, daß die reaktualisierten Sachverhalte in den neuen Kontext der Konstruktion einer Vergleichsregelung, den sie zu gefährden drohen, eingebettet werden. Ihre argumentativ-funktionale Relevanz für diesen Kontext wird berücksichtigt und zugleich entkräftet, indem auf Konzessionen des Opponenten verwiesen wird, die den Verzicht auf die Durchsetzung der strittigen, refokussierten Geschehensversion als korrespondierendes Zugeständnis erheischen.

*Beispiel 2: Rekursive Rekomplexierung*

Vorgeschichte der Kommunikationsstörung

Im Fall SCHNELLREDNER beschuldigt Herr Beck (A) Herrn Neumeier (B1), ihn bedroht und tätlich angegriffen zu haben. Der Schlichter (C) entwirft einen Vergleichsvorschlag, der sich dadurch auszeichnet, daß die Vielzahl unterschiedlicher Konfliktaspekte, die die Parteien im Verlauf der Vorwurfsverhandlung entwickelten, auf überaus abstrakte, unspezifische Formulierungen reduziert werden:

```
C:   wahrscheinlich hat jeder so e bißl an dem ding gedre:ht *
     bis es so rischtisch e"skaliert i"st [...] was passiert
     ist ist passiert [...] wir entschuldigen uns: *
     gegenseitisch * für das was passiert ist
```

Die Konfliktbeteiligten machen in ihren Reaktionen auf den Vorschlag verschiedene, auf unterschiedlichem Abstraktionsniveau angesiedelte Gesichtspunkte geltend und beziehen sich dabei auf Kontexte, die vor allem in der Phase der Verhandlung des Konfliktgeschehens von ihnen selbst oder anderen eingeführt worden sind.

Störungssequenz

Herr Neumeier changiert in seinen Stellungnahmen zwischen Demonstration von Desinteresse an einer weiteren Auseinandersetzung (<*mir is des einfach zuviel aufwand ich sag=s ihne ganz ehrlisch*>), Drohungen für den Fall, daß sein Kontrahent an seinen Forderungen festhält (<*wenn e"r dadrauf besteht * ja- * dann nehm isch mir die zeit*>), und Rechtsgewißheitsbekundungen (<*isch wei"ß daß isch im rescht bin un isch fühl misch auch im rescht ja*>). Zur Bekräftigung rekurriert er auf <*protokolle*>[15], die er als Belege dafür anführt, daß er sich seinem Kontrahenten gegenüber so weit als möglich wohlverhalten habe:

```
B1:  isch hab hier schreibn dabei un äh- * un=s geht auch aus
     dem aus sä"mtlische protokolle hervor daß i"sch * in
     je"der beziehung versucht hab der familie beck ** gü"tig
     gütlichst entgegenzukommen un hab sie * mehrere male *
     angeschproche wissen=se- * wenn man in einerm *
```

---

[15] Es handelt sich um Schriftwechsel zwischen ihm und Herrn Becks Anwalt sowie das Protokoll eines Gesprächs der Kontrahenten bei der Hausverwaltung.

> hau"sgemeischaft wohnt ja * dann versucht ma doch * äh
> miteinander zu leben * un wenn dann irgendwelche
> schwierischkeitn gibt ja * isch hab zum beispiel den herr
> beck drei"mal sehr gütlich angsproche * auf * vorfälle *
> ja * die waren * un * hab dann lä"ngere zeit still gehaltn

Ergänzend zu ihrem Mann verweist Frau Neumeier auf ein weiteres, schon früher erwähntes Ereignis, bei dem sich Herr Beck unverhältnismäßig feindlich verhalten habe (<wenn sie sich s=erschte mal beschwere über belästigung [...] un dann wird glei der re"schtsanwalt gleich eingeschaltet * ne>). Der Schlichter grenzt diesen Aspekt als irrelevant aus: <des is net unsern tatbeschtand frau neumeier>.

Herr Neumeier übergibt Herrn Beck das Wort mit der Erklärung, er sei bereit, die Hälfte der Verfahrenskosten zu übernehmen. Dieser nimmt nicht zu diesem Angebot Stellung, sondern attackiert Herrn Neumeiers Selbstcharakterisierung als <gü"tig>:

> A: es macht sisch also jetz groß daß sie sisch gü"tigst mir
> gegeübber benumme hom * isch we:s net ob sie des gü"tigst
> uffasse wenn ihne jemond im treppehaus steht und sägscht *
> un säscht zu ihn was machen=s wonn isch dir in die fress hau

Rekursive Rekomplexierung

Wie auch an vielen anderen Stellen der Verhandlung der Vergleichskonditionen greifen die Gesprächsteilnehmer in der wiedergegebenen Passage verschiedenste Bezugskontexte wieder auf, die bereits im Zuge der Verhandlung der Konfliktversionen umkämpft, später aber durch die schlichterliche Konfliktdefinition außer Kraft gesetzt wurden. Die Beteiligten rekontextualisieren divergierende Ereigniskomponenten und Interpretationen des Konfliktgeschehens und des institutionellen Verfahrensweges, so daß das Gesprächsgeschehen streckenweise immer wieder thematisch und handlungsprozessual zu dissoziieren droht. Innerhalb der Verhandlung der Vergleichskonditionen kommt es dabei zu einer rekursiven Rekomplexierung: Zwischenzeitlich suspendierte Kontexte werden reaktualisiert, in der Folge von anderen Beteiligten aufgenommen, dabei jedoch neu (und rivalisierend) gerahmt, indem sie mit anderen, ebenfalls früheren Verhandlungsphasen entstammenden Kontexten verbunden werden.

Herr Neumeier und seine Frau hatten bereits mehrfach im Verlauf der Verhandlung des Konfliktgeschehens versucht, die <protokolle> für ihre Auffassung geltend zu machen, die Schuld am Konflikt läge bei Herrn Beck, waren dabei jedoch jeweils vom Schlichter zurückgewiesen worden. Herr Neumeier refokussiert die <protokolle> nunmehr unter neuer Rahmung als Dokumente, die (jurisdiktional) Rechtsgewißheit verbürgen und (moralisch) seine Orientierung an Maßstäben guten nachbarschaftlichen Zusammenlebens erweisen.[16] Herrn Neumeiers Selbstzu-

---

[16] Diese beiden Aspekte verschränken sich kontaminatorisch in der Wahl der semantisch deplazierten Attribute *gütig* bzw. *gütlichst*.

schreibung <gü"tig> bildet für Herrn Beck ein Reizwort, welches er mit dem Zitat eines rivalisierenden Bezugskontextes (<in die fress hau>) zynisch kontert. Es kommt zu einer Reaktualisierung und Re-Expansion von bereits reduzierten konfliktären Kontexten, die sich zu verselbständigen droht.

In dieser Passage kann deutlich beobachtet werden, wie mit Reaktualisierungen oftmals Neurahmungen (hier: <gü"tig>) verbunden sind, die neue Aktualitäten bilden, die wiederum reaktualisiert werden können. Reaktualisierungen greifen somit nicht nur auf temporal aufgeschichtete Komplexität zurück, sondern erzeugen selbst neue Komplexität. Sie wird zusätzlich dadurch gesteigert, daß nicht nur frühere Kontexte refokussiert werden, sondern zudem Kohärenzverhältnisse zwischen Kontexten in mannigfaltiger Weise (neu bzw. zusätzlich) konstruiert werden können. Diese Kohärenzbildungen bilden weiteres, eigenständiges Komplexionspotential, das in folgenden expandierenden, rivalisierenden etc. Rückgriffen entfaltet werden kann. (Im Beispielfall wird etwa der Kontext <gü"tig> von Herrn Neumeier mit dem Kontext <den herr beck drei"mal sehr gütlich angsproche [...] hab dann lä"ngere zeit still gehaltn> verbunden, während Herr Beck <gü"tig> auf den Kontext <was machen=s wonn isch dir in die fress hau> bezieht.)

Aufzeigen und Überwinden der Störung

Der Schlichter zeigt im Gespräch SCHNELLREDNER an mehreren Stellen, daß ihm bewußt ist, daß die bloße Menge eingebrachter Konfliktaspekte bedrohliches Potential für die Konstruktion einer Einigung entfalten kann. Von Beginn an bemüht er sich, die verhandlungsrelevanten Sachverhalte einzugrenzen (indem er etwa Neumeiers <protokolle> zurückweist; vgl. a. <des is net unsern tatbeschtand frau neumeier>); seine Konfliktdefinition (<wahrscheinlich hat jeder so e bißl an dem ding gedre:ht> etc.; s.o.) ist dezidiert allgemein gehalten und abstrahiert von jeglichem geschehensspezifischem Detail.

Vor allem zeigt er explizit, daß er die (Verselbständigung der) Reaktualisierung von Kontexten der Sachverhaltsverhandlung als Gesprächsstörung versteht. Der Schlichter begegnet Herrn Becks Attacke auf Herrn Neumeiers <gü"tig> in drei Schritten:

- er interpretiert sie als Anzeichen, daß Herr Beck nicht zum Vergleich bereit ist:

    C: herr beck * äh isch glaub * es hat jetz kenn sinn * wenn wir *
    außer sie habe von vornherein die absischt glei weiterzugehen[17]
    un sage mir des

- er erklärt, daß der weitere Rekurs auf Aspekte des Konfliktgeschehens für die Konstruktion eines Vergleichs irrelevant ist, und appelliert an eine alternative handlungsleitende Maxime:

---

[17] I.e. den Schlichtungsversuch scheitern zu lassen und ein Gerichtsverfahren anzustreben.

> C: sunscht hot=s keen sinn wann ma immer wiedder im alte dreck * rum
> rühren mer müsse ja versuche irgendwo * zu ere vernünftiche *
> regelung * zu kommen

- er plädiert für ein Modell der Konfliktbehandlung, nach dem nicht die Rekonstruktion der Vergangenheit, sondern die Ermöglichung einer konfliktfreien Zukunft maßgeblich ist:

> C: wir sagn bei"de parteien entschuldigen sisch * ohne daß wir jetzt
> benennen was wirklisch war wegen der vorfälle- * die in der
> vergangenheit waren [...] un verspreschn sisch * wenn sie sisch
> künftisch jemals wieder über den weg laufen solltn * ä:h in *
> ruhe zu lassn

Die Störung wird in diesem Fall also dadurch bereinigt,

- daß der Rückgriff auf früher expandierte Kontexte der Verhandlung explizit als irrelevant und unkooperativ kritisiert wird,
- daß an eine Norm appelliert wird, die weiteren Rückgriffen vorbaut, und
- daß die abstrakte, reduzierende Konfliktdefinition erneuert wird.

*Beispiel 3: Eskalation, Dissoziation und hyperbolische Komplexierung durch Rückgriffe*

Vorgeschichte der Kommunikationsstörung

Im Gespräch ALTE SAU werden schwere Beleidigungen von Frau Kraft (B) an die Adresse der Frau Beck (A) verhandelt. Der Schlichter (C) verliest die Anklagevorwürfe mit den Beleidigungen:

> C: donn les isch=s ihne noch vor damit sie=s au"ch äh gehört
> haben du drecksau du wildsau * geh in=s aldersheim * wenn
> keine kinder leiden kannst du alder schrubber geh runder
> oder isch zieh disch an den haaren herbei * äh du
> dreckeber mit deinem bappalten du gehörst vergast

Ausgangspunkt dieser Beleidigungen, so ist den Ausführungen der Konfliktparteien zu entnehmen, ist, daß Frau Beck die Kinder von Frau Kraft wegen Verstößen gegen die Hausordnung und allgemeine Benimmregeln gemaßregelt hatte. Nach einer turbulenten Phase der Konfliktpräsentation mit häufigen Streitpassagen zwischen den Konfliktparteien versucht der Schlichter, eine Minimalvariante einer Konfliktdefinition zu formulieren:

> C: also äns steht fescht daß=der streit ghabt habt

und schließt daran dann seinen Vergleichsvorschlag an, der eine einseitige Entschuldigung und vollständige Kostenübernahme durch die beschuldigte Frau Kraft vorsieht.

## Störungssequenz

An das Ende seiner Vorschlagsformulierung setzt Kastner aber dann - vermutlich, um die Schuldfrage zu neutralisieren[18] - eine Verhaltenskritik an die Adresse von Frau Beck, wobei er einen Aspekt des zuvor verhandelten Konfliktsachverhalts fokussiert; Frau Beck reagiert sofort mit Widerstand:

```
C: [...] äh uff der andern seite frau beck muß isch
   nadierlisch auch ihnen sagen * äh: * es wär vielleisch
   besser gewesen wenn sie sisch über die kinder aufgeregt
   hätten wenn se also zu der frau kraft gegangen wä"ren un

C: hätte gesacht frau kraft ihr kinder * ihr kinner    * ja *
A:                                  oh des wär hopfe un malz verlore

C: ah des is jo a" kä oistellung mer muß doch * mer
A:                                is des schlimm wenn isch

C: muß doch
A: zum=e kind sach des derfsch nit mache * die de stä an die

A: wäsch schmeiße [...]
```

Im folgenden kommt es zu einer ausgebauten, mehrminütigen Konfliktpassage, an der sich alle drei Parteien beteiligen. Es werden ausführlich Details des vergangenen Geschehens verhandelt, und selbst der Schlichter scheut sich nicht, "Beweismittel" anzuführen:

```
C: frau beck mol langsam sie hawwe awwer auch hier bei u"ns un
   des hawwe se underschri"wwe un meine sekretärin hat=s also
   beglau"wischt [...]
```

oder Widerspruch bei belanglosen Einzelheiten anzumelden:

```
A: [...] also steht se im garde drin un schmei"ßt * n halwe

A: meder weit awwer sie hot nit getroffe
C:                                      ah do muß sie jo

C: fascht treffe
```

Die Beteiligten verhandeln dann in ebendieser konfliktären Weise eine ganze Reihe von Themenaspekten im Zusammenhang des Geschehens um die Maßregelung der Kinder: die Aufteilung des gemeinsamen Grundstücks, die Bepflanzung, die Anzahl der Kinder von Frau Kraft, allgemeine pädagogische Aspekte (<mer kann net immer=n schutzmann dahinner herstelle>) usw., bis der Schlichter erneut einen Vergleichsvorschlag versucht, der von Frau Beck schon im Ansatz abgewehrt wird:

---

[18] Neutralisierung ist eine häufig strategisch eingesetzte Technik von Schlichtern, um die Vergleichsbereitschaft von Konfliktparteien zu erreichen; vgl. dazu Nothdurft (i.Dr.a, Kap. II.4).

```
C: [...] känne mir uns net so einigen daß mir folgendes
   sagen * äh * die frau kraft * entschuldigt sich fer des

C: was se gesacht hot
A: do hett se e drei"vierteljohr zeit ghabt [...]
```

Frau Beck fordert dann eine Bestrafung ihrer Antragsgegnerin ein, was der Schlichter unter Hinweis auf seine - angeblich[19] - geringen institutionellen Möglichkeiten zurückweist. In diese intensive Auseinandersetzung mit Frau Beck hinein wendet sich der Schlichter von ihr ab und Frau Kraft zu und fordert von ihr die durch die Intervention von Frau Beck unterbundene Stellungnahme zu seinem ursprünglichen Vergleichsvorschlag, den er dabei in Paraphrase wiedergibt. Und an das Ende dieser Wiedergabe setzt er dann wieder die Bemerkung: <daß bei ** dingen die die kinder angeht daß die frau beck die kinder in ruh läßt und sisch mit ihnen in verbindung setzt>, was Frau Beck sofort kontert: <in ruh loßt isch=ab die k- derre kin- derre ihre kinner noch nie was zu weh gedan> - ... ein Loch ist im Eimer ...

Verlust von Zwischenergebnissen, Reaktualisierung früherer Gesprächsstadien, rekursive Rekomplexierung und progrediente Neukomplexierung

In diesem Gespräch ist es der Schlichter, der mit seinen Einlassungen die von ihm selbst erzielten Zwischenergebnisse gefährdet und damit langfristig suspendiert. Mit Konfliktdefinition und Übergang zur Vergleichsformulierung gelten Aushandlungen zum Konfliktgeschehen als weitgehend abgeschlossen. Die retrospektive Verhaltenskritik des Schlichters an Frau Beck induziert eine Reprise der Diskussion um das Konfliktgeschehen mit extensiver Ausbreitung in viele, z.T. bisher unerwähnte Details und zur Aufschichtung vieler damit zusammenhängender weiterer Sachverhaltsaspekte.

Die Rekontextualisierung eines bestimmten Aspekts des Konfliktsachverhalts führt zu einer Aktualisierung der Konfliktdiskussion mit geradezu hyperbolischer Re- und Neukomplexierung. Dies erfolgt in einem solchen Grad und Umfang, daß bereits allein die beträchtliche zeitliche Ausdehnung des Rückfalls in die Konfliktverhandlung ein Problem darstellt.[20] Die extensive Komplexierung führt dazu, daß eine Rückkehr zum erreichten Handlungsstadium, wie sie in den anderen Beispielen zu sehen ist, problematisch ist und selbst der Versuch dazu in die gleiche Schleife zurückführt.

In diesem Gespräch ist es also der Schlichter selbst, der den Rückschritt mit der Folge einer Handlungsdissoziation - weg von der Aushandlung eines Lösungsvorschlags - erzeugt. Er ist hier auch, als Konflikt-Involvierter bzw. gar Verursacher der Störung, nicht in der Lage, die entstandene Störung zu identifizieren und zu überwinden. Im Gegenteil läßt er sich voll und ganz in die Sachverhaltsdiskussion

---

[19] In anderen Schlichtungsgesprächen werden sehr wohl auch z.B. Geldbußen verhängt.

[20] In der Tat entspricht die zeitliche Erstreckung des Rückfalls in etwa der des gesamten Verhandlungsverlaufs bis zu dieser Stelle.

verwickeln, produziert eigene Darstellungen und Ansichten zum vorausliegenden Konfliktgeschehen selbst (an dem er ja gar nicht beteiligt war!), und er erzeugt im zweiten Anlauf die nächste Störung mit Rückgriff auf den gleichen Sachverhaltsbezug. Ein positives Schlichtungsergebnis gelingt in diesem Fall dann auch nur durch die massive Projektion juristischer und ökonomischer Konsequenzen eines Scheiterns der Verhandlung durch den Schlichter.

## 4. Zeitlich akkumulierte Komplexität und ihre Reduktion - ein prekärer Balanceakt

In aufgaben- bzw. ergebnisorientierten Interaktionen besteht die Notwendigkeit, Sachverhaltsdarstellungen bzw. -verhandlungen zunächst zu expandieren und anschließend aufgabenbezogen zu reduzieren (z.B. in Schlichtungs-, Beratungs-, Planungs- oder Problemlösungsgesprächen). Expansion und Reduktion stehen dabei in einem Verhältnis wechselseitiger Erfordernis: Komplexität muß produziert werden, damit eine bewältigungsrelevante Formulierung gefunden werden *kann*; umgekehrt *muß* eine bewältigungsrelevante Formulierung gefunden werden, weil die akkumulierte Komplexität als solche nicht handhabbar ist. Expansion und Reduktion tragen jeweils unterschiedlichen Anforderungen der Interaktionskonstitution Rechnung, denen für eine erfolgreiche Aufgabenbewältigung entsprochen werden muß:

*Expansionen sind erforderlich*

- zur interaktiven Entfaltung, Verknüpfung, Kontextualisierung, Beurteilung, sachbezogenen Klärung und Gewichtung von potentiell aufgabenrelevanten Aspekten eines Sachverhaltzusammenhanges und
- zur Realisierung der Darstellungs- bzw. Beteiligungsmöglichkeiten der betroffenen Interaktanten am Aushandlungsprozeß;

*(transformierende) Reduktionen sind erforderlich,*

- um Sachverhalte für Folgehandeln handhabbar zu machen,
- um Relevanzen festzulegen und sie aufgabenbezogen zu konturieren,
- um die Handlungsprogression des Gesprächs voranzutreiben und seine (erfolgreiche) Abschließbarkeit sicherzustellen.

Beide Aspekte sind eng miteinander verschränkt: Expansionen werden unter der Perspektive ihrer späteren reduktiven Transformation vollzogen; Zeitpunkt, Schritte, Art und Inhalte von Reduktionen hängen von Komplexität und Verlauf der Expansionsphasen ab.

In vielen Fällen folgen faktische Gesprächsprozesse jedoch nicht der idealtypischen zweischrittigen Abfolge von Expansion und Reduktion. Oft kommt es zu Re-Expansionen von Sachverhaltsaspekten im Prozeß der Konstruktion von reduzierenden Formulierungen oder in späteren, aufbauenden Stadien des Gesprächs. Solche

Rekomplexierungen erzeugen Störpotentiale. Störungen aufgrund von Rückgriffen auf zwischenzeitlich reduzierte Kontexte können unterschiedliche Formen annehmen: abwertende Zuschreibungen an Gesprächsteilnehmer (z.B. als uneinsichtig, unkooperativ oder dumm), Wiederholung von überwundenen Konflikten, Verlust von zwischenzeitlich erreichten Gesprächsresultaten, Mißverständnisse über Bezüge und Funktion von Rekontextualisierungen, Digressionen mit Verselbständigungstendenz, die von Gesprächsaufgaben abführen. Im Extremfall muß das Gespräch ergebnislos abgebrochen werden, da aufgrund von dissoziierter Hyperkomplexität (i.e. einer übergroßen Vielfalt nicht mehr integrierbarer Aspekte und ihrer jeweiligen Kohärenzbeziehungen) und/oder mangelndem Konsens über adäquate Transformationen keine erfolgreiche Bearbeitung von aufeinander aufbauenden Gesprächsaufgaben möglich ist.

Wiewohl diese Probleme oft zu Teilen auf (divergierende) Handlungsorientierungen und (strategische) Interpretationspraktiken der Beteiligten zurückzuführen sind, entspringen sie jedoch ihrer Möglichkeit und oftmals auch ihrer faktischen Form nach der *Zeitlichkeit und Interaktivität* als Grundcharakteristika von Interaktionen, die *immanentes Dilemmapotential* in sich bergen. Im Kontext des hier diskutierten Verhältnisses von Expansion und Reduktion/Transformation lassen sich folgende potentiell dilemmatische Aspekte ausmachen:

- Expansionen von Sachverhalten sind notwendig zur fundierten Bewältigung aufbauender Aufgaben. *Dilemma:* Je mehr expandiert wird, desto mehr Komplexität akkumuliert, und potentiell relevante Kohärenzen zwischen Teilkomponenten wachsen exponentiell an.
- Zur pragmatischen, kognitiven und zeitökonomischen Bewältigung von Komplexität ist es nötig, die Menge relevanter Sachverhalte einzugrenzen und sie in reduzierender Weise zu reformulieren. *Dilemma:* Jede Eingrenzung bzw. Reduktion trägt die Gefahr in sich, daß ausgegrenzte Gesichtspunkte im weiteren Gesprächsverlauf revitalisiert werden, aufgabenbewältigungsrelevante Aspekte ignoriert werden, Wiederaufnahmen der Sachverhaltsaushandlung notwendig werden oder rituelle, emotionale und normative Relevanzen von Gesprächsbeteiligten übergangen werden.
- Transformationen sind Voraussetzung für die Bewältigung aufbauender Handlungsschritte. *Dilemma:* Im Vollzug aufbauender Handlungskomplexe werden in vielen Fällen erst Konsequenzen reduktiver Formulierungen, Anforderungen an Transformationen oder Relevanzen reduzierter Aspekte erkennbar.
- Reduktionen sind formulatorische Lösungen für aufgeschichtete Komplexität. *Dilemma:* Da jede Gesprächsaktivität die Gegenwartsschwelle vorantreibt und weitere Gesprächsvergangenheit produziert, konstituieren sie selbst weitere Komplexität: Sie bestehen aus dem gleichen "Stoff" wie das Problem, zu dessen Lösung sie vollzogen werden.[21]

---

[21] So bieten beispielsweise Konfliktdefinitionen Anlaß zu unerwarteten interpretierenden Aufgriffen und können selbst zum Gegenstand von Auseinandersetzungen werden (vgl. Spranz-Fogasy 1986).

## 5. Fazit und Ausblick

Die Analysen unseres Beitrags zeigen Problempotentiale, die sich für Gesprächsteilnehmer aus der grundlegenden Zeitlichkeit kommunikativen Geschehens und insbesondere der damit verbundenen Komplexierung und Reduzierung von Sachverhaltsdarstellungen für anstehende Handlungsaufgaben ergeben. Diese Probleme können strategisch provoziert und genutzt werden. Sie führen besonders in kompetitiven Interaktionszusammenhängen zu manifesten Kommunikationsstörungen, die die Fortführung und erfolgreiche Beendigung der Interaktion gefährden. Interaktanten verfügen zwar über verschiedene, oftmals sehr kontextspezifische Methoden der Störungsprävention und -bewältigung. Ihr Einsatz garantiert jedoch nicht, daß die entsprechenden Probleme vermieden und auftretende Störungen bereinigt werden. Dies liegt zum einen daran, daß Kontrollversuche selbst zum Gegenstand von Konflikten werden können. Zum anderen konstituiert das Spannungsverhältnis von zeitlicher Komplexierung und Reduktion ein Dilemmapotential, das auch die kontrollierenden Aktivitäten selbst betrifft und prinzipiell nicht abschließend aufgelöst, sondern stets nur momentan gebändigt werden kann.

An die hier entwickelten Überlegungen lassen sich weitere analytische Fragestellungen anknüpfen. So stellt sich z.B. die Frage danach, in welcher Weise Störungen, die sich aus Rückgriffen auf bereits als abgeschlossen geltende Kontexte ergeben, vom bisherigen Bearbeitungsschicksal dieser Kontexte abhängen; ob also beispielsweise charakteristisch unvollständige Bearbeitungen vorliegen: nicht ratifiziert, nicht behandelt, nur andeutungsweise ausgeführt, unterbrochen, widersprochen ohne Replik, nachträglich umgerahmt etc. Hier ist es hilfreich, zu prüfen, inwieweit idealtypische Sequenzen der Themenbehandlung abgearbeitet wurden. Weiterhin kann die Typik von Rekontextualisierungen untersucht werden und dabei insbesondere in zweierlei Hinsicht auch die Typik von Reduktionen: als formale Charakteristik (beispielsweise Abstrahieren, Suspendieren, Verschieben, Relevanzsetzung etc.) und als funktionale (also z.B. (handlungs-)aufgabenbezogen, beteiligungsrollenrelativ etc.). Schließlich wäre es wünschenswert, die Behandlung von Kommunikationsstörungen qua Rekontextualisierung durch die Interaktanten zu untersuchen und daraus eine Typik von Störungsbewältigungen zu gewinnen, die Hinweise auf Lösungsmöglichkeiten für komplexitätsinduzierte Störungen gibt und auch für praktisches interaktives Handeln nutzbar gemacht werden kann.

Genereller aber zeigt sich, daß dem Aspekt der Prozessualität von Kommunikation mehr Aufmerksamkeit gebührt: Prozessualität ermöglicht und erzwingt Rückgriffe, sie ist konstitutiv für Interpunktion, Synchronisierung oder Linearisierung des Geschehens, für Beschleunigung und Verzögerung und damit im einzelnen bestimmend für die Herausbildung, die Emergenz von Strukturen und die Objektivierung interaktiven Handelns. Und dies aus strukturellen Gründen im Guten wie im Schlechten.

## Literatur

Beaugrande, R.-A. de & Dressler, W. U. (1981). *Einführung in die Textlinguistik*. Tübingen: Niemeyer.

Heritage, J. & Watson, D. (1979). Formulations as conversational objects. In: Psathas, G. (ed.), *Everyday language: Studies in ethnomethodology*. New York: Irvington, 123-162.

Holly, W. & Schwitalla, J. (1995). Explosiv - Der heiße Stuhl - Streitkultur im kommerziellen Fernsehen. In: Müller-Doohm, S. & Neumann-Braun, K. (Hrsg.), *Kulturinszenierungen*. Frankfurt a.M.: Suhrkamp, 59-88.

Kallmeyer, W. (1988). Konversationsanalytische Beschreibung. In: Ammon, U., Dittmar, N. & Mattheier, K. (Hrsg.), *Handbuch Soziolinguistik. Ein internationales Handbuch zur Wissenschaft von Sprache und Gesellschaft*. Berlin/New York: de Gruyter, Bd. 2, 1095-1108.

Kallmeyer, W. & Schütze, F. (1976). Konversationsanalyse. In: *Studium Linguistik 1*, 1-28.

Kallmeyer, W., Klein, W., Meyer-Herrmann, R., Netzer, K. & Siebert, H.J. (Hrsg.) (1977). *Lektürekolleg zur Textlinguistik*, Bd. 2. Frankfurt a.M.: Athenäum.

Nothdurft, W. (i.Dr.a). *Subjektive Konfliktorganisation. Eine systematische Darstellung gesprächsanalytischer Beobachtungen zur Konfliktsicht von Streitparteien in Schlichtungsgesprächen*. Wiesbaden.

Nothdurft, W. & Spranz-Fogasy, Th. (1991). Gesprächsanalyse von Schlichtungs-Interaktion. Methodische Probleme und ihre Hintergründe. In: Flader, D. (Hrsg.), *Verbale Interaktion: Studien zur Empirie und Methodologie der Pragmatik*. Stuttgart: Metzler, 222-240.

Pomerantz, A. (1984). Agreeing and disagreeing with assessments: some features of preferred/dispreferred turn shapes. In: Atkinson, J.M. & Heritage, J. (eds.), *Structures of social action. Studies in conversation analysis*. Cambridge: 57-101.

Prigogine, I. & Stengers, I. (1993). *Das Paradox der Zeit*. München: Piper.

Schegloff, E. & Sacks, H. (1973). Opening up closings. In: *Semiotica 8*, 289-327.

Spranz-Fogasy, Th. (1986). *'widersprechen' - Zu Form und Funktion eines Aktivitätstyps in Schlichtungsgesprächen. Eine gesprächsanalytische Untersuchung*. Tübingen: Narr.

Spranz-Fogasy, Th. (i.V.a). *Interaktionsprofile - Gesprächsanalytische Untersuchungen zum Teilnehmerhandeln in Gesprächen*. Habilitationsschrift. Heidelberg/Mannheim.

Spranz-Fogasy, Th. (i.V.b). Gesprächsteilnahme im Gesprächsprozeß - Strukturbildung im Prozeß und als Prozeß. Eine Fallstudie. In: Nothdurft, W. (Hrsg.), *Das Kommunikationsereignis*.

## Transkriptionszeichen

| | |
|---|---|
| GROSSBUCHSTABEN | Kommentare |
| # # | Extension eines Kommentars |
| K | (zugehörige) Kommentarzeile |
| [...] | Auslassung des Autors |
| (...) | unverständliche Passagen |
| Unterstreichung Unterstreichung | Simultanpassagen |
| (schon mal) | fragwürdiges Wortverständnis |
| *, ** | Mikropause (unter 1 Sekunde) |
| *2,5* | Pause mit Sekundenangabe |
| - | Wortabbruch |
| " | Betonung |
| : | Dehnung |
| = | Verschleifung |

# Perspektiven-Divergenzen als Verständigungsproblem

*Wolfdietrich Hartung*


Obwohl Perspektivität zu den Grundbedingungen unseres Kommunizierens gehört und wir uns als Kommunizierende immer wieder mit Perspektiven-Divergenzen konfrontiert finden, die sowohl in interindividuellen Alltagssituationen wie im Bereich gesellschaftlicher Kommunikation ein beträchtliches Störungspotential entwickeln können, hat dies bisher relativ wenig Beachtung gefunden (zum Problem der Perspektivität vgl. etwa Hartung erscheint, Sandig erscheint, Graumann 1990, Shea 1994). Ich will mit einigen Begriffsklärungen beginnen.

Mit dem Begriff *Perspektivität* nehmen wir auf den Umstand Bezug, daß Menschen ihre Umgebung stets von bestimmten "Standorten" aus wahrnehmen, erleben und erkennen. Diese Standorte entscheiden darüber, wie uns unsere Umgebung erscheint, was wir an ihr wichtig oder interessant finden, sie bestimmen das Bild, das wir uns von der Umgebung machen, und sie organisieren über dieses spezifische Bild unser Handeln. Je nach der Art solcher Standorte lassen sich bestimmte Dimensionen von Perspektivität unterscheiden oder, besser noch, aktuelle Welten, in denen sich die Menschen jeweils befinden, wenn sie beispielsweise kommunizieren: eine Raumwelt, eine Zeitwelt und eine personale (Teilnehmer-)Welt. Diese drei Welten definieren eine Grundschicht von standortgebundenen Befindlichkeiten. Wie, mit welchen Mitteln, Kommunizierende diese Befindlichkeiten ausdrücken können, um so ihren Partnern entsprechende Orientierungen für deren Verhalten zu geben, ist für die einzelnen Sprachen in jener Struktur, die man das Zeigfeld einer Sprache genannt hat, und in den als Deixis begriffenen systematischen Eigenschaften sprachlicher Ausdrücke relativ festgelegt.

Darüber hinaus befinden sich Kommunizierende aber in noch weiteren Welten. Sie erleben eine kommunikative Situation stets auch vom Standort oder aus der *Perspektive* der Zugehörigkeit zu einer bestimmten sozialen Gruppe, aus der Perspektive des Sich-Verpflichtet-Fühlens gegenüber einer aktuell verwirklichten Rolle oder einer durchzuführenden Aufgabe oder auch - weniger spezifiziert - aus der Perspektive einer beliebigen, nicht unbedingt an die Sozialstruktur gebundenen, in der gegebenen Gemeinschaft aber typisierten oder ad hoc typisierbaren individuellen Befindlichkeit in bezug auf andere Teilnehmer. Es gibt also auch so etwas wie eine *soziale Perspektivität*. Um sie geht es mir im folgenden. Auch diese weiteren, sozial charakterisierbaren "Standorte" entscheiden darüber mit, wie wir unsere Umgebung sehen und was wir an ihr für mitteilenswert halten bzw. was uns an den Mitteilungen anderer interessiert. Genau genommen ist es natürlich nicht eine Befindlichkeit an sich, die etwas bewirkt, sondern die spezifische geistige Verarbeitung des Ortes, an dem sich jemand befindet, das Wissen um den Ort und über ihn. Davon werden auch die "Bewegungen" in den verschiedenen Welten gesteuert.

Die zunächst räumlich begriffene Perspektive hat mit dem Wechsel in "kognitive Räume", über die wir uns anders nur schwer verständigen können, eine weitere Metaphorisierung erfahren. Allerdings sind die Bedingungen hier nicht mehr genau die gleichen. So "bewegen" wir uns, was immer das bedeuten mag, in ihnen anders. Die Veränderbarkeit von Perspektiven oder ihre Gleichzeitigkeit bekommen infolgedessen einen etwas anderen Sinn als in der räumlichen Welt. In mindestens diesem Punkt trifft die Metapher aber: Perspektivischer Wahrnehmung in dem umfassenden Sinn und der daraus folgenden Notwendigkeit, unsere Handlungen entsprechend zu organisieren, sind wir stets und unausweichlich unterworfen. Perspektivität ist eine Form der individuellen Angepaßtheit an die Umgebung. Ohne spezifische Perspektiven auf unsere Umgebung würden wir uns ziemlich hilflos, eben unangepaßt, und damit letztlich als wenig lebensfähig, in ihr bewegen. Perspektivität bewirkt also nicht unbedingt nur eine Begrenzung unseres Wahrnehmungshorizonts, sie verschafft auch Vorteile, indem sie eine gewisse Beweglichkeit der Individuen erst ermöglicht.

Zwei Individuen nehmen niemals völlig identische Plätze in den verschiedenen Welten ein. In der Interaktion können deshalb *Perspektiven-Divergenzen* deutlich werden. Natürlich gibt es in den Befindlichkeiten der Individuen sehr viele Ähnlichkeiten, weil sie mit ihren Umgebungen ähnliche Erfahrungen machen und auch aus den Erfahrungen anderer lernen. Dennoch bleibt ein unaufhebbarer Rest von Divergenzen. Diese können bewirken, daß ein Sachverhalt in einer gemeinsamen Umgebung von verschiedenen Beteiligten unterschiedlich gesehen und dann auch sprachlich dargestellt wird. So kann - um ein bekanntes Beispiel anzuführen - für einen Optimisten (d.h., in optimistischer Perspektive) dasselbe Glas *halb voll* sein, das für einen Pessimisten (d.h., in pessimistischer Perspektive) *halb leer* ist. Solche Unterschiede bleiben sehr oft unbeachtet, weil sie z.B. für eine laufende Kommunikation nicht relevant sind oder für relevant gehalten werden, weil die vorhandenen Ähnlichkeiten für eine aktuelle Verständigung allemal ausreichen. Oft sind wir alle, jeder für sich, der Überzeugung, es gäbe nur die eine Sicht auf die Welt, die wir haben, oder dies sei zumindest die richtigere oder bessere. Perspektiven-Divergenzen müssen uns dann in einem bestimmten Umfang unbewußt bleiben, oder wir spielen ihre Bedeutung herunter, wollen sie beispielsweise nicht als Perspektiven wahrnehmen, sondern nur als Unterschiede in der Kompetenz oder im Bildungsgrad, wobei wir uns natürlich selbst immer auf der überlegenen Seite sehen. Vielleicht sind wir auch einem System sozialer Kontrolle über die Kommunikation unterworfen, in dem nicht nur festgelegt ist, was "richtige" sprachliche Ausdrücke sind, sondern auch, wie sie "richtig" zu verstehen sind; auch dann kommt gar nicht erst der Gedanken auf, daß es *verschiedene* Perspektiven geben könnte.

Auf der anderen Seite gibt es aber auch viele Fälle, in denen Perspektiven-Divergenzen durchaus erwünscht sein können, etwa dann, wenn Kommunizierende von der Unterschiedlichkeit ihrer Sichten auf die Dinge gegenseitig profitieren wollen (wie in Beratungsgesprächen oder in bestimmten Situationen einer kollektiven Meinungsbildung). Oft genug werden Perspektiven-Divergenzen aber auch dann bewußt, wenn sie den Ablauf der Kommunikation stören oder wenn befürchtet wird, daß sie ihn stören könnten, weil eine erwünschte Gemeinsamkeit nicht mehr besteht oder zu zerfallen droht. Sobald tatsächliche, vermeintliche oder auch nur befürchtete Perspektiven-Divergenzen auf diese Weise zu einem Verständigungsproblem geworden sind, werden die Teilnehmer bestrebt sein, sie in irgendeiner Form zu bearbeiten, sie abzubauen, wenn sie bereits aufgetreten sind, oder ihnen von vornherein entgegenzuwirken, damit sie gar nicht erst auftreten.

*Verständigung* schließt *drei Arten von Leistungen* ein. Dementsprechend können wir drei Arten von Verständigungsproblemen unterscheiden:
1. Zuallererst müssen wir bestimmte Wahrnehmungen als "bedeutungtragende" Zeichen *identifizieren* können. D.h., wir müssen auditiven oder visuellen Sinneseindrücken "Bedeutungen" (oder jedenfalls irgendwelche "Inhalte") zuordnen können, die ihnen in der Gemeinschaft, der wir und/oder unser Kommunikationspartner angehören, üblicherweise zugeordnet werden. Dazu müssen in unserem Wissen entsprechende Zeichen-Muster gespeichert sein, und es muß uns gelingen, die Wahrnehmungen auf diese Muster zu beziehen; das Wahrgenommene muß für uns also eine bestimmte Struktur und eine bestimmte Quantität deutlich werden lassen. Gelingt uns dieses In-Beziehung-Setzen, ist die entscheidende Voraussetzung für eine Verständigung geschaffen: Wir sind zumindest *im Prinzip* in der Lage, mit gegebenen Äußerungen oder mit einem Text etwas anzufangen. Können wir dagegen keine oder keine sicheren Beziehungen herstellen, werden die Sinneseindrücke für uns nicht zu Zeichen. Wir können sie in diesem elementaren Sinn (noch) nicht verstehen. Zu Problemen führt dies insbesondere dann, wenn bestimmte relevante Zeichen oder einfach eine größere Zahl von Zeichen unidentifiziert bleiben, wie es etwa vorkommen kann, wenn wir in einer Fremdsprache kommunizieren wollen, die wir nur unzureichend beherrschen, oder wenn verschiedene situative Störungen (etwa Geräusche) die Wahrnehmung beeinträchtigen.
2. In diesem Fall sind wir zunehmend auf eine zweite Leistungsart des Suchens nach Verständigung angewiesen: Wir müssen weiteres Wissen einsetzen können, um die Identifizierung von Zeichen zu optimieren, also Wahrnehmungslücken zu schließen und Unsicherheiten ihren störenden Charakter zu nehmen. Genau genommen machen wir auch sonst ständig von diesem Rückgriff auf bereits vorhandenes Wissen Gebrauch, schon deshalb, weil wir uns so den Vorteil verschaffen können, dem anderen ein Stück voraus zu sein. Wir ergänzen, was wir (noch) nicht wahrgenommen haben, und wir geben uns mit ungefähren, gewissermaßen vorläufigen und schnell zu bewerkstelligenden Bedeutungszuordnungen zufrieden, wir "erraten" sie und prüfen, ob sie einen Sinn ergeben. Besonders nachhaltig tun wir dies aber immer dann, wenn uns das Identifizieren von Zeichen nicht gelingt oder Schwierigkeiten bereitet. Wir müssen also über das Wahrgenommene hinaus mögliche(!) Mitteilungen *konstruieren* können. Dazu brauchen wir vor allem kommunikative Erfahrung und ein entsprechendes auf die Situation bezogenes Hintergrundwissen und Sachwissen. Fehlt uns dies, verstehen wir zwar Teile der Äußerung - im Idealfall verstehen wir sie (im Sinne der ersten Leistung) sogar vollständig -, aber wir können damit kaum etwas anfangen. Oder, was noch schlimmer sein kann,

unsere Konstruktionen entfernen sich immer mehr von den eigentlich notwendigen oder wünschenswerten Bedeutungszuordnungen, also von dem, was der andere uns sagen wollte. Das Ergebnis ist, daß wir eine Äußerung nicht mehr verstehen oder sie mißverstehen.

3. Um verstehen zu können, welchen Sinn die Äußerung eines anderen für diesen hat, was sie *ihm bedeutet*, was er also auch "eigentlich" meint, reicht es in der Regel noch nicht aus, bestimmte Wahrnehmungen als Zeichen zu identifizieren und daraus wie aus unseren Ergänzungen mögliche Mitteilungen konstruieren zu können. Wir müssen vielmehr imstande sein, das Identifizierte wie auch das Konstruierte, Äußerungen wie auch Interpretationen auf die konkreten Lebensumstände der jeweils Beteiligten zu beziehen. Wir müssen das Ergebnis unseres Bemühens um Verständigung *einordnen* und *relativieren* können. Was jemand mitteilt, ist genausowenig wie das, was ich konstruierend dazutue, Aussage über einen "objektiv" existierenden Sachverhalt. Vielmehr teilt der andere mit, wie *er* die Welt, bzw. den betreffenden Sachverhalt in ihr, sieht. Und *ich* versuche, diese Sicht auf *meine* Sicht der Dinge zu beziehen. Der andere teilt nicht mit, wie die Welt - unabhängig von ihm - "tatsächlich" ist, und ich weiß es selbstverständlich auch nicht, wenngleich wir beide meistens davon überzeugt sind. Mit anderen Worten: Wir haben beide - notwendigerweise! - *verschiedene Perspektiven* auf die Welt. Daß wir uns überhaupt verständigen können, liegt daran, daß wir in Gemeinschaften leben, deren Mitglieder über gemeinsam geteilte Erfahrungen und konventionalisierte Verfahren der sprachlichen Bezugnahme auf diese Erfahrungen verfügen, und daß wir uns in einer aktuellen Situation befinden, die wir beide kommunikativ bewältigen *wollen*. Dennoch bleibt die Verschiedenheit der Perspektiven eine unaufhebbare Ausgangslage, die wir zu berücksichtigen und gegebenenfalls zu kontrollieren haben.

Äußerungen und Äußerungsinterpretationen einordnen und relativieren heißt also: sie auf Perspektiven zu beziehen, ihren Wirklichkeitsbezug zu differenzieren, sie gewissermaßen verschiedenen Welten zuzuordnen. Für die Beurteilung des Geäußerten ist es von grundlegender Bedeutung, ob man annimmt, daß Worte einen Inhalt (nur) *repräsentieren* oder daß sie ihn auch *konstruieren* bzw. *konstituieren*. Im ersten Fall wäre eine Äußerung nach ihrer *Angemessenheit* zu beurteilen, nach der Annäherung an das, was vermeintlich "tatsächlich" ist. Im zweiten Fall wären die Beurteilungskriterien weiter, relativer. Nicht selten allerdings wird das (naive) Repräsentationskonzept bemüht, um die Machtabhängigkeit einer Äußerungsinterpretation zu verschleiern: Wenn es in einer Gemeinschaft Normen dafür gibt, wie etwas sprachlich auszudrücken und wie dieser Ausdruck wiederum auf Inhalte zu beziehen ist, dann ist damit im allgemeinen ein "richtiger" Sprachgebrauch festgelegt, gegen den ein anderer Sprachgebrauch (eine andere Perspektive) sich kaum ohne den Nachweis der eigenen "Richtigkeit" behaupten kann.

*Störungen der Verständigung durch Perspektiven-Divergenzen* können in zwei Fällen auftreten (vielleicht sollte man statt von "Störungen" eher von "kritischen

Situationen" sprechen, in denen Mißerfolge, zumindest für eine der Seiten, drohen, so daß besondere Anstrengungen oder eine gesteigerte Aufmerksamkeit erforderlich werden):
- Erster Fall: Eine Perspektiven-Divergenz wird nicht wahrgenommen und damit auch nicht die Andersartigkeit der Sicht des anderen. Wir verstehen die aktuelle Mitteilung über einen Kommunikationsgegenstand so, wie *wir* diesen sehen, als hätten wir die Mitteilung selbst gemacht, nicht aber so, wie der *andere,* der uns etwas mitteilen will, ihn sieht. Und in diesem Sinne verstehen wir ihn nicht oder falsch oder jedenfalls anders, weniger angemessen, denn es kann ja keinen unabhängigen Wahrheitswert für richtiges oder falsches Verstehen geben. In dieser unbemerkten Diskrepanz zur Sicht des anderen liegt eine Gefahr für die Verständigung: Weil ich *nicht* sehe, daß der andere, auf Grund seiner ganzen Lebensumstände, eine *andere* Perspektive hat als ich, verstehe ich ihn nur partiell, bis zu einem bestimmten Punkt, auf einer bestimmten allgemeinen, nicht sehr tiefen Ebene. Und je mehr ich gleichzeitig gewohnt bin, meine eigene Sicht für die einzig mögliche zu halten, nehme ich auch sie gar nicht mehr als eine *besondere*, eben (nur) *eigene* wahr. Damit unterliege ich der Illusion eines tieferen Verstehens, entferne mich tatsächlich aber immer weiter von dem, was mir der andere eigentlich mitteilt.
- Zweiter Fall: Eine Perspektiven-Divergenz wird zwar wahrgenommen oder vermutet, aber nicht weiter berücksichtigt. Der sie wahrnehmende oder vermutende Teilnehmer setzt sich über die abweichende Perspektive des anderen hinweg. Um das tun zu können, ist häufig das Verfügen über Macht eine Voraussetzung. Man muß nicht nur von der Überlegenheit oder alleinigen "Richtigkeit" der eigenen Perspektive überzeugt sein, sondern diese Überzeugung in der kommunizierenden Gruppe auch durchgesetzt haben oder widerspruchslos durchsetzen können. Die schwächere Variante ist eine gewisse Isolierung desjenigen, der eine Perspektiven-Divergenz unberücksichtigt läßt, von der Welt des anderen, das Fehlen der Notwendigkeit, gemeinsam Perspektivität zu bearbeiten oder auszuhandeln. In beiden Fällen kommt es nicht zu einem Gespräch, in dem ein kognitiver Austausch stattfindet. Wie etwas zu verstehen ist, ist von vornherein festgelegt. Oder ein tieferes Verständnis wird gar nicht erst gesucht. Solange ich nur die eigene Perspektive gelten lasse, erreiche ich nur "mein eigenes" Verständnis.

Zur tieferen Stufe der Verständigung gehört also nicht nur das Wissen um Perspektivität, sondern auch ein gewisses Ausloten der Perspektive des anderen. Natürlich ist dies immer nur begrenzt möglich. Es sollte aber doch wenigstens angestrebt werden. Erfolgreiche Kommunikation setzt keinesfalls voraus, daß Perspektiven übernommen oder wenigstens einander angenähert werden müssen. Die Qualität des Verstehens hängt aber zweifellos davon ab, ob ich eine andere Perspektive überhaupt wahrnehme und sie möglicherweise auch gelten lasse - ohne sie deshalb auch für mich zu übernehmen. - Übrigens: Das Nichtbeachten der Perspektivität kann auch zur Entstehung sogenannter Scheinprobleme führen, die wohl oft einen speziellen Fall von Verständigungsproblemen darstellen. Max Planck hat als Musterbeispiel für ein Scheinproblem das der Willensfreiheit angeführt: Von *außen* betrachtet, sei der Wille kausal determiniert, von *innen* dagegen sei er frei; das Problem der Willensfreiheit entstehe nur dann, wenn der Standort der Betrachtung nicht ausdrücklich festgelegt und eingehalten werde.

Störungen dieser Art sind in jeder Kommunikation möglich. Ein besonderes Gewicht bekommen sie allerdings immer dort, wo Erfahrungshorizonte nicht allein auf individuellen Biographien beruhen, sondern gleichzeitig gruppenbezogenen oder auch allgemein-gesellschaftlichen Bewertungen unterliegen, in der Kommunikation zwischen Gruppen etwa, die in der sozialen Stellung und/oder in ihren Interessen divergieren, in der Kommunikation im Arbeitsbereich beim Vorliegen von Rangunterschieden oder wenn möglicherweise konfligierende Aufgaben (Diskussionsleiter und Diskussionsteilnehmer) wahrgenommen werden usw.

\* \* \*

Weil Perspektiven-Divergenzen also Störungen hervorrufen können - und allgemeiner: weil es gut ist, Perspektiven-Divergenzen unter Kontrolle zu haben, ihnen entgegenzuwirken, sie abzubauen, die eigene Perspektive gegen eine fremde zu behaupten, die Divergenz gegebenenfalls aber auch nutzen zu können -, gibt es verschiedene Verfahren, mit denen Kommunizierende Perspektivität bearbeiten können. Ich will einige davon kurz nennen.

Zunächst einmal ist es möglich, Perspektivität explizit zu machen. Primär ist sie immer implizit. Für ihre Explizierung müssen die Sprecher einen besonderen Grund haben. Sie können die *eigene Perspektive anzeigen*, indem sie sagen, daß sie das, was sie mitteilen wollen (einen Sachverhalt, oder die Welt, der dieser Sachverhalt zugeordnet ist), auf eine bestimmte Weise *sehen* und daß sie sich dadurch möglicherweise von anderen Teilnehmern unterscheiden. Man kann die eigene Perspektive auf diese Art mit Nachdruck versehen, sie beispielsweise als die bessere hinstellen; man kann sie mehr oder weniger nachhaltig und bewertend von der Fremdperspektive abgrenzen; man kann den Umstand, daß man eine Perspektive hat, die von der anderer Teilnehmer abweicht, aber auch relativieren. Eine Perspektive explizit zu machen, muß noch nicht heißen, auch deutlich zu machen, was ihr "Inhalt" ist. Es wird vielmehr nur ein Stück des Inhalts angezeigt, so viel, wie es zweckmäßig erscheint. Das stückweise Offenbaren von Inhalt kann aber natürlich auch vorgetäuscht oder inszeniert sein; es muß auch nicht dem entsprechen, was andere Teilnehmer an Perspektivität unterstellen zu können glauben. Daraus folgt, daß es mehrere Stufen des Explizitmachens geben kann.

Einfache Beispiele sind etwa die folgenden (ich muß hier darauf verzichten, die Transkripte, aus denen die angeführten Ausschnitte genommen sind, näher zu charakterisieren; ich lasse auch die Zeilen-Zählung weg; als Hinweise auf Bearbeitungsmöglichkeiten von Perspektivität mögen die Beispiele genügen; perspektivenrelevante Ausdrücke sind kursiv gesetzt):

D:                    ...das hat doch vor allem
   die funktion äh na pri"nzipielle unterschiede klarzumachen
   aber ni"cht * äh *so sehe ich das zumindest* zu sagen
   nu"r so" darf man vorgehen und nicht anders ...

("Bemerkungen zu verschiedenen Fragen")

DH: ...sicher * sehe ich das heute anders als/ vor fünfzehn jahren war es
    also *mindestens aus meiner sicht* wichtig äh naja so=ne ich hab es
    dann leitidee genannt also so=ne neue leitidee zu entwickeln oder zu
    finden...

("Bereichsweiterbildung")

BK: ... *in meiner sicht ist es wirklich so* daß ein rahmenkonzept entwickelt
    worden ist anfang der siebziger jahre...

("Bereichsweiterbildung")

Oder mit äquivalenten Ausdrücken:

ES: ... das sind doch alles irgendwie * *für meinen geschmack* völlig
    willkürlich äh * auf der basis von erfahrungen die man hat oder gemacht
    hat * herausgegriffene ausschnitte↓

("Diskussion zum Regelbegriff")

DH: ... der rückgriff auf solche regeln ist äh also *in meinem verständnis*
    äh der äh versuch * eine höhere ordnungsstufe für für das
    gesa"mtsystem von aussagen zu finden...

("Diskussion zum Regelbegriff")

BK: ... wenn man das sich jetzt mal n=bißchen praktisch vorstellt auf dem
    methodischen weg der da eingeschlagen worden ist * dann würde das
    heißen * *so fasse ich=s jetzt auf* * daß...

("Diskussion zum Regelbegriff")

In allen Beispielen wird auf einen Perspektiven-Pluralismus verwiesen, auf die Möglichkeit, daß andere Teilnehmer den besprochenen Sachverhalt auch anders sehen können. Und wegen der anderen Sicht anderer Teilnehmer könnte von diesen Widerspruch gegen die eigene Sicht kommen. Dem soll vorgebaut werden. Die eigene Sicht kann man nun relativieren, indem man sich gewissermaßen für sie entschuldigt oder einschränkend auf eine Minderheitenposition (*ich zumindest*) verweist:

D:                              nein äh
   s=is mir klar daß da widerspruch kommt aber *ich ka"nn=s
   nich anders sehen*

("wir haben so etwas wie einen Gesamtrahmen")

Man kann die eigene Perspektive aber auch durchzusetzen versuchen, indem man sie als die bessere, überlegene, einzig akzeptable usw. hinstellt:

```
DH:  ...also ich glaube man kann das so oder so sehen * bloß der bessere
     weg ist eigentlich der daß man...
```

("Diskussion zu den sprachlichen Existenzformen")

In den bisher angeführten Beispielen beschränken sich die Sprecher darauf, das Vorhandensein einer Perspektive anzuzeigen, einen bestimmten Kontrast hervorzuheben und allenfalls eine ganz allgemeine Wertung mit Bezug auf eine Besser-Schlechter-Skala zu geben. Weitere Schritte können darin bestehen, kurze Charakterisierungen der selbst eingenommenen oder der anderen zugeschriebenen Perspektive zu geben oder auf perspektivische Ordnungen zu verweisen. In vielen Fällen verbinden sich Perspektiven mit einer sozialen Rolle, mit einer aktuell ausgeführten Art von Aufgabe oder mit bestimmten in der Gemeinschaft als relevant angesehenen persönlichen Befindlichkeiten. Genauer: Kommunizierende haben Vorstellungen davon, wie sie sich bei der Wahrnehmung einer Rolle oder Eigenschaft oder bei der Ausführung einer Aufgabe verhalten sollen oder möchten, und die anderen Teilnehmer erwarten auf Grund ihres ähnlichen, sozial erworbenen Wissens eine solche Art des Verhaltens. Der Hinweis auf eine so bedingte Perspektive kann insbesondere dann zweckmäßig sein, wenn damit Vorteile in Anspruch genommen werden können und die eigene Stellung gestärkt oder um Nachsicht für sie gebeten werden kann. Hier wird also nicht nur die Tatsache einer *eigenen* Sicht hervorgehoben, sondern gleichzeitig eine bestimmte Qualität dieser Sicht (*ich als Laie*). So kann jemand, der an fortgesetzten Diskussionsrunden einer Gruppe zum erstenmal teilnimmt, der auf diese Gruppe also die *Perspektive des Neulings* hat, den bisherigen Konsens der Runde leichter in Frage stellen als jemand, der immer schon dabei war. Aus der Explizierung der Perspektive ergibt sich also ein kommunikativer Vorteil:

```
U:  na äh ich fürchte bloß daß meine frage als provokativ aufgefaßt
    wird aber äh ich äh bin eigentlich hier das erste mal und kenne nicht
    die untersuchung die in beiden gruppen gemacht wird↓ und ich muß
    mich eigentlich jetzt fragen also ich sehe nicht also wenn mir das jetzt
    nicht erklärt wird weiß ich eigentlich nicht was es soll↓ ich äh bin
    n=bißchen irritiert ähm * mit welchem ziel machen wir diese
    untersuchungen und wo liegt die anwendung dafür↓ äh ich finde ich
    bin/ also wenn mir völlig klar wird äh * warum und weshalb versteh ich
    dann vielleicht auch besser ihre ausführungen↓ aber so hängt=s für
    mich also ziemlich frei und ich weiß nicht so richtig was ich damit
    anfangen soll↓
```

("Diskussion zu den sprachlichen Existenzformen")

Auch die *Hörer-Perspektive* auf eine Diskussion erweitert den Handlungsraum. Als *vorwiegender Hörer* stellt man sich als unparteiisch in bezug auf vorangegangenen Meinungsstreit dar und schafft sich damit Raum für einen vielleicht ausgleichenden Neuansatz in der Diskussion:

B:  ich stelle hier *als vorwiegender* * *hörer der diskussion* fest * daß es
    also ne heftige n=heftigen widerstand gegen den begriff
    alltagsliteratursprache * gibt und daß dagegen sehr heftig diskutiert
    worden ist↓ ... und ich glaube daß LACHEND die heftigkeit der
    diskussion äh da vor allen dingen * gar nich * so * * in erster linie
    durch sachliche * äh * gründe bedingt ist sondern * dadurch daß da
    bewertung * äh ne: * n=bewertungssystem dahintersteckt↓

("Diskussion zu den sprachlichen Existenzformen")

Natürlich muß eine Perspektive nicht immer so explizit angezeigt werden. Eine ähnliche Wirkung kann erreicht werden, wenn man die Situation schildert, in der man sich als Sprechender befindet, aus der heraus man etwas ganz Bestimmtes sagt. Man will damit die anderen Teilnehmer veranlassen, diese besondere Situation möglichst zu berücksichtigen. Man glaubt, daß sie das zu Sagende besser ("richtiger") verstehen können, wenn sie bestimmte Lebensumstände kennen:

W2: na ick möcht ma erst ma dazu sagen * also ick war schon zwei
    jahre mit meiner mutter auf=n internat von=ner hochschule *
    als meine mutter studierte war ick sechste siemte klasse *
    und ick hab schon jesehn wie dit is ick mein bei frauen die
    alleinstehend sind die=n kind haben für die hat sich dit
    sehr zum nachteil ausjewirkt ...
    ....anderersetis find ick aber auch wenn man jemand
    hat und den liebt * und daß dit dann noch zu bewältigen is aber
    * naja hm * aber heiraten oder so würd ich nich in de
    studienzeit ...

("Prenzlau 2")

*Fremde Perspektiven* kann man *ansprechen* und beispielsweise mit Bezug auf die eigene (oder auch eine ideale) Perspektive bewerten. Dies geschieht natürlich ebenfalls durch Benennungen (oder auch Unterstellungen), stärker dann aber durch das Explizieren von Verträglichkeiten bzw. Unverträglichkeiten mit der jeweils eigenen Perspektive. Schon jedes Anzeigen der eigenen Perspektive schließt ja auf irgendeine Weise den Blick auf eine Fremdperspektive ein. Erst Wahrnehmungen oder wenigstens Vermutungen über Fremdperspektiven machen das Anzeigen der eigenen Perspektive sinnvoll und geben ihm bestimmte Ausprägungen. Schließlich interessieren Fremdperspektiven kaum als solche, sondern vor allem als Hindernisse für den Bestand und die Durchsetzbarkeit eigener Perspektiven. Fremdperspektiven sind also indirekt oft schon dadurch angesprochen, daß die eigene Perspektive kontrastiv betont wird:

D:  ...wenn man merkt ... daß da nachher erst mal viele schi"chten
    innerhalb der existenzformen sind dann übersieht man doch das
    nicht deshalb weil man=s in der hypothese vorher hatte sondern
    sondern man sagt die wirklichkeit ist ganz anders als du dir das
    vorher gedacht hast also baust=e dein ganzes hypothesenprogramm
    und stellst die theorie dem äh forscher der den forschungsstand
    den man da hat/ muss man die theorie in der richtung umarbeiten
    *also so starr seh ich das nicht* man kommt auf diesem weg doch
    auch zu vielen neuen erkenntnissen...

("Bereichsweiterbildung")

W2:  ...kinder während des studiums da würde
ich tota"l verneinen weil ich der meinung bin daß das doch das
studium zu sehr belasten würde >die arbeit mit dem kind dann<

W3:  ich möchte meine meinung dazu *daß man das nicht so absolut
sehen darf* denn äh die situat/ situation ändert sich ja doch
noch und äh da würd ich meinen daß äh man nicht total oder
daß i"ch speziell nicht so total dagegen bin ne heirat
während des studiums * ...

("Prenzlau 1")

Genauso wie man die eigene Perspektive zu einer idealen Norm erheben kann (*man muß das so sehen*), kann man die Fremdperspektive unpersönlich verallgemeinern (*man darf das nicht so sehen*). Wenn eine Fremdperspektive angesprochen wird, will man dadurch etwas für sich erreichen. Beispielsweise kann man sie als normativ oder sachlich unangemessen erklären, oder man kann darauf hinweisen, daß das aktuelle kommunikative Verhalten des Partners von einer sonst in der Gemeinschaft akzeptierten, also auch aus eigener Sicht angemessenen Perspektive abweicht.

Im folgenden Beispiel geht es nicht um elementare Verständigungsprobleme, sondern um solche, die aus Perspektiven-Divergenzen resultieren: B hat eine andere Perspektive auf den Inhalt von *Zielen* und das Verhältnis zwischen ihnen als der hier angesprochene Diskussionspartner:

B:  *also ich hab* probleme mit dein=m zielverständnis *
verständigungsprobleme * ganz echte * *das geht los bei* dieser
unterscheidung produktionsziele * verwendungsziele * äh
produktionsziele instanzen die regeln dass irgendetwas gestaltet
wird verwendungsziele mit der bedeutung wird irgendetwas
gemacht * dann * bindest=e aber an verwendungsziele so den
traditionellen zielbegriff und an die produktion den motivbegriff an
äh * was mir zum beispiel schon gar nich klar is *

("Diskussion zum Zielbegriff")

Oder:

B:  ...da bin ich auch peters meinung ... aber all das was jetzt jenseits
dieser bereiche liegt *da krieg ich die schwierigkeiten* mit diesen
abgrenzungen und wertungen und und so weiter↓ äh da äh komme
ich dann nicht mehr klar * zum beispiel wenn ich die ganze
mündliche variante der literatursprache den rest in beziehung
setze zu dem was so die unteren schichten * oder die alltags/ äh
spezifischen dinge der funktionalstile anbetrifft * ja stil der
alltagsrede äh wie komm ich da klar jetzt mit der literatursprache
was vermittel ich was ist umgangssprache und literatur/ * das *das
sind genau die punkte*

("Diskussion zu den sprachlichen Existenzformen")

Wenn ein Verstehensproblem signalisiert wird, wird der wichtigere Teil der Verantwortung auf den Partner übertragen; dieser ist nun aufgefordert, das Problem zu lösen. Zugleich aber ergibt sich für den Nicht-Verstehenden die Möglichkeit, sein

Nicht-Verstehen zu detaillieren, also im einzelnen aufzuführen, *was* er alles nicht versteht. Dadurch wird nicht nur der Erklärungsdruck erhöht, es wird auch möglich, eine eigene thematische Strukturierung (thematische Punkte), also ein Stück eigener Perspektive einzubringen, ohne daß diese als solche, geschweige denn als Gegenperspektive charakterisiert zu werden braucht.

In beiden Fällen will man Rechte, die sich der Partner unter Beeinträchtigung der eigenen Interessen nimmt oder zu nehmen droht, zurückdrängen. In anderen Fällen möchte man die Wahrnehmung von Pflichten, denen der Partner eigentlich nachzukommen hätte, einklagen:

```
T2:                         ja könnten sie als
     gesprächsleitung noch mal fe"ststelln worüber wir jetzt

T2:  eigentlich re"dn ↑           über die modalitäten ↑ *
M1:                     ja ich hab es grade              ja

T2:  unserer weiteren arbeit * über die ta"gesordnung oder sind

T2:  wa schon in der diskussion über einzelpunkte mir is det
M1:                                                   genau

T2:  nich mehr janz klar wat sich hier abspielt-
```

("Diskussion zur Tagesordnung")

Hier wird der Moderator (M1) daran erinnert, daß er *als Gesprächsleitung* auf die laufende Diskussion eine Perspektive haben müßte, die es gestattet, Ordnungen zu formulieren und durchzusetzen. Bei den Teilnehmern bestehen also auch Erwartungen in bezug auf bestimmte Perspektiven.

Anspruch auf die Geltung von Perspektiven zu erheben und ihre Berücksichtigung durch andere Teilnehmer zu sichern, bedeutet ganz wesentlich, daß *bestimmte* thematische Punkte, Sachverhalte, Meinungen zum Gegenstand einer Kommunikation werden, andere dagegen nicht. Unter einer gegebenen Perspektive erscheinen bestimmte Sachverhalte relevanter als andere. Kommunizierende sind deshalb bestrebt, die von ihnen jeweils für relevant gehaltenen Sachverhalte ins Gespräch zu bringen. Das Relevantsetzen macht einen wichtigen Teil des Durchsetzens einer Perspektive aus, und umgekehrt macht das Zurückstufen einen wichtigen Teil des Zurückweisens von Fremdperspektiven aus. Dabei geht es noch nicht um entfaltete Argumentationen, vielmehr werden allgemeine Orientierungen gesetzt, worüber denn überhaupt gesprochen werden sollte oder müßte bzw. worüber im gegebenen Zusammenhang nicht zu sprechen ist. Auf diese Weise werden perspektivisch bedeutsame Felder abgesteckt, die dann später mit einzelnen Positionen und Argumentationen gefüllt werden können. Die Teilnehmer versuchen mit dem Relevantsetzen bestimmter Fragestellungen, sich selbst argumentative Vorteile zu verschaffen und die Möglichkeiten des Partners einzuengen. Ein wichtiges Verfahren dazu ist, etwas als (*den, entscheidenden, Knack*- usw.) *Punkt*, als (*die, zentrale, Kern*- usw.) *Frage* zu benennen oder als das, *worum es geht*. Auf diese Weise wird eine gewichtende Ordnung eingeführt, die von den anderen Teilnehmern übernommen oder zurückgewiesen werden kann:

B: ...* * für mich ist die hauptfrage je"tzt (SCHLUCKT) nicht so sehr
die ganze krie"gsgeschichte ←wie verhindern wir * und zwar je"tzt daß
tausende von menschen sterben→...

("Kurden")

B: .... * aus meiner sicht ist es viel wi"chtiger ...

("Kurden")

B: ...und da"s ist jetzt des thema ...

("Kurden")

W9: ...ja sicher ick mein s=is ja o:ch nich dit hauptproblem äh
dit=it nun darum geht äh um die ansichten von alten eltern
eben in anführungsstrichen ick mein das wichtigste is dit dit
kind eben gesund is ...

("Prenzlau 2")

Wenn es Erwartungen in bezug auf Perspektiven gibt, Perspektivität aber zugleich eine dem Individuum eigene Lebensäußerung ist, dann muß es Diskrepanzen geben können zwischen innerer und äußerer oder gewollter und geforderter/erwarteter Perspektive. Sie können insbesondere dann auftreten, wenn die in institutioneller Kommunikation wahrgenommenen Rollen mit perspektivischen Vorgaben verbunden sind, aber gleichzeitig gewisse Freiheiten der Ausgestaltung zulassen. Die Bearbeitung solcher Diskrepanzen kann durch Rechtfertigungen, Adaptionen und individuelle Nutzungen der gegebenen Freiräume erfolgen.

Bei der Verteidigung einer Projekt-Konzeption begann einer der Teilnehmer seinen Redebeitrag so:

PH: naja ich komm natürlich jetzt wieder auf n paar fragen zurück↓
* ich muß zu anfang betonen daß ich das ganze projekt für
wichtig und interessant halte * und daß ich au"ch meine daß
in der hier angedeuteten form im prinzip machen kann↓
wenngleich ich äh * wie mehrere andere unsicherh/ unsicher bin
ob das eine person machen kann↓ also das äh * so aber trotzdem
bleiben für mich n=paar fragen die ich hier noch mal * anspre/
äh sprechen will und zur diskussion stellen will↓ ...

("Institutsrat")

Der markante Wechsel von bestätigenden und kritischen Punkten soll einerseits die Erwartung einer *kooperativen Perspektive* befriedigen, andererseits soll aber auch die *kritische Sicht* des Teilnehmers als Fachmann zum Tragen kommen. Indem er die kritischen Punkte als *Fragen* herunterstuft, schafft er sich eine günstige Gelegenheit des Intervenierens.

Perspektiven sind Filter, durch die wir die Welt um uns wahrnehmen, Grundhaltungen, von denen wir uns bei der Verarbeitung der Wahrnehmungen leiten lassen. Wir können solche Grundhaltungen bei uns und bei anderen identifizieren, und wir können sie nach bestimmten Merkmalen benennen. Insofern können Perspektiven auch an geäußerten *Meinungen, Positionen* oder *Standpunkten* erkennbar sein, in denen jemand mit anderen übereinstimmt oder von ihnen abweicht. Es wäre jedoch nicht sinnvoll, wenngleich grundsätzlich möglich, jede solche Meinung oder jedes Urteil schon als unmittelbare verbale Umsetzung einer Perspektive zu betrachten, die Begriffe *Meinung* und *Perspektive* also gewissermaßen zusammenfallen zu lassen. Für die Interagierenden ist in der Regel noch nicht das *einzelne* Urteil relevant, sondern erst die Gleichgerichtetheit mehrerer Urteile, jene Grundhaltung also, die *hinter* einem aktuellen Urteil und anderen, bereits ausgesprochenen oder zumindest erwartbaren Urteilen steht. Als störend wird weit weniger die Tatsache empfunden, daß ein anderer zu einem bestimmten Punkt eine andere Meinung äußert, als vielmehr der Umstand, daß er *immer wieder* zu dieser oder zu ähnlichen Meinungsäußerungen zurückkehrt oder zurückkehren wird, eben weil er eine bestimmte Perspektive auf den betreffenden Gegenstand hat. Es geht also nicht um ein ad hoc gebildetes Urteil, dem auch ad hoc begegnet werden kann, sondern um eine dahinterstehende Grundhaltung oder Überzeugung.

Diese Grundhaltungen können natürlich auch unmittelbar verbalisiert werden. Formal handelt es sich dann wieder um einzelne Urteile, um das Mitteilen von *Meinungen* oder *Standpunkten*. Aber diese Urteile haben einen Schlüssel-Charakter, sie öffnen den Weg zu dahinterliegenden Perspektiven. Teilnehmer erkennen an ihnen, worauf jemand hinauswill. Solche oft formelhaft werdenden (d.h. immer wieder ähnlich formulierten oder von anderen aufgegriffenen und zitierten und sich so festigenden) Äußerungen können Grundlage und Bezugspunkt für nachfolgende Argumentationen werden. Sie dienen den Teilnehmern zur Identifizierung oder zur Abgrenzung. In einer Fernsehdiskussion zwischen Rauchern und Nichtrauchern (das Transkript "Raucher" gehört zum Korpus des IDS Mannheim) werden mehrmals solche Kernpunkte der Grundhaltung eines Rauchers bzw. eines Nichtrauchers expliziert. Für die Raucher etwa:

```
WI:                    ...* <wir stellen uns dieser

WI:       auseinandersetzung> * aber wir haben dabei  kein >schlechtes
XM:                            ....RÄUSPERT SICH

WI:       gewissen↓< * und jeder soll für sich entscheiden↓ *

FU:               >herr krause da"s der punkt< * * diese frage
WI:       was er tut↓
```

oder, vom Moderator eingebracht:

```
FU:       philip morris- * dessen * geschäftsführung sie auch angehören↓

FU:       * sagt rauchen is menschlich  #und wenn#   der genuß des
K                                       #RASCHELN#

FU:       rauchens verboten wird↓ stirbt ein stück menschlichkeit!←
```

Und für die Nichtraucher:

```
KR:                         nein * * jeder raucher
KR: * soll rauchen können * dort wo er will * aber nicht dort wo
KR: sich ni"chtraucher aufhalten * der herr wille hat >um das *
KR: vielleicht bißchen zurückzugreifen< etwas falsch *
KR: beschrieben * rauchen ist a"bsolut gesundheitsschädlich * ...

WE: wenn sie vor allen dingen ni"cht in der nähe eines

FU:                akzeptiert wird↓
WE: nichtraucher rauchen     das ist die gru"ndforderung

WE: die wir haben * wir wo"llen ni"cht beraucht werden * äh
WE: sei es gesundheitsschaden oder sei es belä"stigung * das
WE: wo"llen wir nicht das muß doch akzeptie"rt werden...
```

In einem anderen Fall, einer Diskussion unter Linguisten, unterstellt einer der Teilnehmer der Gegenseite eine Perspektive der Ignoranz auf die Arbeiten seiner Gruppe. Er charakterisiert diese Perspektive mit fiktiven (und karikierenden) Äußerungen, die er den anderen in den Mund legt:

```
S4:                            nein das
    hab ich doch nicht richtig verstanden

S2:                               ja ja das glaub ich *
    aber äh * das hab ich nicht (...) also es is ja auch so
    wenn ihr also dis ist kein Angriff also wenn ihr sprecht
    genauso wie wir * (MEHRERE LACHEN) nur auf unserer Basis
    wir kennen unsere Sachen primär ihr kennt eure Sachen
    primär # das hab ich nich gelesen # kommt dann so als
K          #    GERINGSCHÄTZIG    #
    Antwort aus eurem Bereich # das kenn ich nich ja na is für
    uns nicht wichtig und so # ...
K   # GERINGSCHÄTZIG #
```

* * *

Verständigungsprobleme, die aus Perspektiven-Divergenzen resultieren, sind im Idealfall dadurch lösbar, daß auf sie hingewiesen und die aktuelle Gültigkeit oder Überlegenheit *einer* Perspektive gegebenenfalls argumentativ ausgehandelt wird. Man sagt, daß man eine bestimmte Perspektive hat oder die des Partners nicht akzeptiert. Man kann dies begründen. Die Gegenseite kann sich mit der Existenz einer anderen Perspektive gleich oder nach Anhören der Begründung zufriedengeben, sie kann aber natürlich auch eine Gegenbegründung entwickeln, bis irgendwann die störende Wirkung der Perspektiven-Divergenz ausgeräumt ist. In vielen Fällen funktioniert dieser ideale Entschärfungsmechanismus durchaus. Das setzt aber eine entsprechende Bereitschaft voraus, mindestens auf einer Seite. Und die kann durch die sozialen Stellungen der Kommunizierenden gefördert, aber auch beoder verhindert werden. Mehr noch: Die Bereitschaft schließt die Abkehr von der Vorstellung ein, daß es nur eine einzige "richtige" Perspektive gibt und daß dies immer die ist, die man selbst hat.

Eine Konsequenz des Nachdenkens über Perspektivität besteht in der Tat in einer Relativierung dessen, was für gültig gehalten wird, in der Relativierung gültiger Sichten, und da diese gewöhnlich für unabhängige Wahrheiten gehalten werden: in der Relativierung von (angeblichen) Wahrheiten. Wir können eben nicht sagen, daß etwas immer, unter allen Umständen und für alle so ist, wie wir es gerade sehen. Wir können nur *unsere gegenwärtige* Sicht der Dinge mitteilen. Natürlich gibt es sehr viele Übereinstimmungen der Individuen, die sowohl in der biologischen Ausstattung, also der Erkenntnisfähigkeit, wie auch in der Möglichkeit, soziale Erfahrungen zu machen, begründet sind, so daß wir uns auf eine Ähnlichkeit der Perspektiven verlassen können. Deshalb können wir die Perspektiven der anderen bis zu einem bestimmten Punkt auch verstehen, und unser Streben nach einer Perspektiven-Konvergenz muß keine bloße Illusion bleiben. Dennoch bleibt das Problem der Relativität des als gültig Akzeptierten bestehen. Wir können uns nicht mehr auf eine "objektive", von allem menschlichen Wirken unabhängige Instanz berufen. An ihre Stelle treten vom Menschen geschaffene Instanzen, die Gültigkeiten festlegen.

Was ist, so gesehen, eigentlich ein Lügner? Wir sind geneigt zu sagen: jemand, der etwas behauptet, von dem er weiß, daß es nicht zutrifft. Vielleicht würden wir noch hinzufügen, daß dies zu seinem eigenen Vorteil und möglicherweise zum Nachteil anderer geschieht. Damit wirkt eine Behauptung aber noch nicht als Lüge. Es kommt vor allem darauf an, eine Behauptung, die als Lüge verstanden werden soll, *glaubhaft* zu machen. Und das heißt: Ein geschickter Lügner sollte seine Behauptung so gestalten, daß sie *aus der Perspektive der anderen* zutreffen könnte. Auch dazu ist Perspektiven-Arbeit notwendig. Die Person des Lügners und die Situation, in der er sich befindet, müssen so dargestellt werden, daß man die Lüge vor diesem Hintergrund glaubt. Natürlich geschieht dies nicht einfach aus der Perspektive desjenigen, der lügt. Wäre es so, dann würde er seine Lüge selbst glauben und kein Lügner mehr sein. Es geht vielmehr um die *Kontrolle der Perspektiven der anderen*. Die gemeinhin zu vermutende Perspektive der anderen muß ein bestimmtes Verständnis des Gesagten suggerieren. Tut sie dies nicht, muß sie der Lügner entsprechend beeinflussen. Generell läßt sich sagen, daß es nicht möglich ist, in beliebiger Weise und für einen längeren Zeitraum "falsche" Informationen zu geben, sondern nur solche, die aus der Perspektive des Adressaten "richtig" sein könnten - solange er nicht selbst seine eigene Perspektive kritisch hinterfragt.

In den 60er und 70er Jahren war es üblich, von "Manipulation" zu sprechen. Wenn das heute kaum noch der Fall ist, liegt es sicher weniger daran, daß die kommunikativen Techniken in der Werbung oder in der Politik inzwischen ganz andere sind. Eher liegt es daran, daß die damals leitende Vorstellung zu eng und zu direkt war: daß nämlich ein Akteur auf ein mehr oder weniger passives und hilfloses Objekt einwirkt und es bewußt zu einem Handeln oder Nicht-Handeln verleitet, das möglichst auch noch seinen "eigentlichen" Interessen (wer sollte die bestimmen?) zuwiderläuft. Eine angemessenere Vorstellung könnte sein, daß mit Hilfe von Kommunikationstechniken, etwa in der Werbung, *Perspektiven geschaffen* und *kontrolliert* werden. Erwünschte Sichten auf die Welt, etwa an einem Sicherheits-

oder einem Gesundheitsbedürfnis orientiert, werden als verbreitet, vorbildlich und jedenfalls positiv bewertet dargestellt, so daß sie (oder bestimmte Elemente) übernommen und künftigen Handlungsentscheidungen zugrunde gelegt werden, die dann als selbstbestimmt erfahren werden. Gerade deshalb werden die in einer Gemeinschaft dominierenden Perspektiven (bzw. die Kriterien für zulässige Perspektiven) in der Regel als eigene empfunden. Das hat zur Folge, daß es sehr schwer werden kann, im öffentlichen Diskurs mit einer eigenen Perspektive aufzutreten, die von der dominierenden abweicht. Je schwerer dies wird, desto stärker kann die Kommunikation etwa mit Minderheiten oder zwischen bestimmten Gruppen erschwert sein oder unter Umständen sogar unmöglich werden.

Auch in der Kommunikation zwischen politischen Parteien oder in der zwischen Parteien und ihren Wählern - um ein anderes Feld gesellschaftlich bedeutsamer Kommunikation zu nennen - nimmt der Transport von Perspektiven einen herausragenden Platz ein. Die hier produzierten Texte leben von den Formeln, um die herum sich die verschiedenen Perspektiven auf eine aktuelle "Lage der Dinge" organisieren. Sachdiskussionen mit ihrer detaillierten Argumentstruktur treten dahinter oft zurück. In der Kommunikation zwischen den Parteien geht es in erster Linie um die *Konkurrenz der Perspektiven*, um das Durchsetzen der eigenen und das Zurückdrängen einer fremden Perspektive. Wähler sind vor allem aufgerufen, Perspektiven zu übernehmen, die Perspektive "ihrer" Partei zur eigenen zu machen und künftige Handlungsentscheidungen dementsprechend zu treffen. Dies wird erleichtert, wenn eher Personen als Inhalte gewählt werden. Mit den Perspektiven der Parteien übernehmen die Wähler weniger eine bestimmte Menge abgeklärter Positionen oder einen Vorrat an Wissen über herangereifte Problemlösungen als vielmehr eine bestimmte Art, ihre Umgebung zu sehen, Veränderungen einzuordnen und zu bewerten und gemeinschaftsfördernde Strategien zu entwickeln. So erklärt es sich, daß bei Meinungsumfragen zu beinahe beliebigen Themen die Wähler bestimmter Parteien konvergierende Auffassungen haben. Die parteienübergreifende Kommunikation aber stößt oft auf sehr beachtliche Schwierigkeiten. Nicht wahrgenommene oder für unzulässig und "falsch" gehaltene Perspektiven-Divergenzen verhindern ein tieferes gegenseitiges Verstehen. Mehr noch: Sie erzeugen und festigen die kommunikationsfeindliche Illusion, selbst immer recht zu haben. Die manchmal euphorisch gefeierte Kommunikationsgesellschaft mit ihrer scheinbaren Fähigkeit, alle Gesellschafts- und Lebensbereiche vollständig kommunikativ zu durchdringen, erreicht in vielen Punkten offensichtlich (noch?) nicht das gerade in einer zusammenwachsenden und immer komplexer werdenden Welt erforderliche Niveau der Verständigung. Ist Parteien- und Politikverdrossenheit nicht auch - und vielleicht sogar in erster Linie? - ein Unbefriedigtsein über das Mißlingen von Kommunikation mit einem ausreichenden Grad an Verständigung?

Was ich zeigen wollte, war dies: Unter den äußerungsgestaltenden Aktivitäten gibt es solche, die als Bearbeiten einer grundsätzlich vorhandenen Perspektivität charakterisiert werden können. Auf diesem Weg versuchen die Kommunizierenden, Perspektiven-Divergenzen unter Kontrolle zu bekommen, ohne sie allerdings total aufheben zu können. Unter bestimmten Bedingungen kann dies erschwert sein. Das gilt für die Alltagskommunikation ebenso wie für die zwischen Teilen der Gesellschaft. Beeinträchtigungen im gegenseitigen Verstehen sind die Folge. Deshalb lohnt es sich, über Perspektivität nachzudenken und daraus neue Untersuchungsfragen abzuleiten.

## Literatur

Graumann, Carl F. (1990). Perspectival structure and dynamics in dialogues. In: Marková, Ivana & Foppa, Klaus (eds.), *The Dynamics of Dialogue*. New York et al.: Harvester Wheatsheaf, 105-126.

Hartung, Wolfdietrich (erscheint). Perspektivität im Gespräch. Erscheint in: Sitzungsberichte der Leibniz-Sozietät.

Sandig, Barbara (erscheint). Sprachliche Perspektivierung und perspektivierende Stile. Erscheint in: *Zeitschrift für Literaturwissenschaft und Linguistik*.

Shea, David (1994). Perspective and production: structuring conversational participation across cultural borders. In: *Pragmatics 4.3*, 357-389.

# Gibt es Alternativen zum Modell "Therapie" bei der Behandlung von Verständigungs- und Kommunikationsstörungen?

*Elmar Bartsch*

**Vorbemerkungen**

1. Der Artikel will keinesfalls so verstanden werden, als solle das Therapiemodell überhaupt in Frage gestellt werden. Das kann schon deswegen nicht geschehen, weil der Autor selbst auch sprechtherapeutisch tätig ist. Der Artikel möchte aber die Grenzen dieses Modells besprechen und zu einer Reflexion bei jenen anregen, die die Problematik offen und kreativ angehen möchten, nicht nur Positionen verteidigen wollen.
2. Die vorliegende Gedanken wurden erstmals Ende September 1995 auf der Jahrestagung der Gesellschaft für Angewandte Linguistik (GAL) vorgetragen und dann im GAL-Bulletin 1996/I veröffentlicht. Hinweise von Reinhard Fiehler veranlaßten dann eine Erweiterung unter dem Aspekt der "Lehre" im zweiten Teil.
3. Die juristischen Informationen verdanke ich Frau Brigitte Lagemann (Sprecherzieherin DGSS) und ihrem Mann Hartmut Lagemann (Jurist), Ratingen.
4. In der Genuswahl wird - wie so oft - das masculinum überwiegen, damit primär der Lesbarkeit und damit der Verständlichkeit gedient wird. Ich bitte die Leserinnen, die eine andere Wertordnung für richtiger halten, um Entschuldigung.

## 1. Wer beschäftigt sich mit "gestörter Kommunikation" und definiert das Paradigma?

Wenn heutzutage Verständigungs- und Kommunikationstörungen auftreten, gibt es eine große Zahl von Leuten, die sich damit beschäftigen. Dazu gehören auch wir - als Fachleute der Linguistik und Sprechwissenschaft. Wer steht neben uns in der Reihe derer, die sich mit diesem Bereich befassen? Da sind vorab die Psychologen und Psychologinnen. Wir wissen, daß sie sowohl die persönliche Beratung als auch die Partnerschaftsberatung in unserer Gesellschaft weitgehend beherrschen und damit praktisch die Seelsorger, aber auch teilweise die Ärzte verdrängt haben. Andererseits gaben die Ärzte das Begriffsmuster und Denkmuster ab, unter dem die Behandlung in diesem persönlichen Bereich erfolgt: "Therapie". Man kann also sagen, daß Störungen der Kommunikation und Störungen der Verständigung in unserer Gesellschaft sehr häufig in einer Metakommunikation "behandelt" werden, die ihrerseits definiert ist durch das Gegensatzpaar "gesund - krank", einer Konnotation zu "gestört - ungestört", eine Metakommunikation, die den Namen "Therapie" trägt.

## 1.1 Die Therapie-Arbeit mit einzelnen Menschen

Auf der Basis dieses Paradigma "Therapie" arbeiten - mehr oder weniger - die Sprachheillehrer, die Patholinguisten, die Sprechtherapeuten, die klinischen Sprecherzieher, die Atem- und Stimmlehrer und die Logopäden, die Psychotherapeuten und Psychologen, die Verhaltenstherapeuten, Ergotherapeuten, Chiropraktiker und die Naturheilpraktiker. Unter den Psychologenschulen gibt es eine große Zahl je eigener Therapieansätze, so die Gesprächstherapie, Logotherapie, Individualpsychotherapie, systemische Therapie, Gestalttherapie und Psychodrama. Einen erheblichen Einfluß übt das Therapie-Paradigma ebenfalls aus auf die "Methode des lauten Denkens" bei Milton Ericsson und auf andere Väter einer kognitiven Psychologie (Mandl/Spada 1988, 363f.), des weiteren auf die Transaktionsanalyse und das sogenannte Neurolinguistische Programmieren (NLP). Letzteres beruft sich ja ausdrücklich auf die instinktiven Methoden berühmter erfolgreicher Therapeuten. Es gibt noch eine Unmenge solcher Therapieschulen, angefangen von der Urschreitherapie bis hin zur Suggestopädie. Sie können nicht alle aufgezählt werden. Sie haben jedoch das Feld der individuellen Kommunikations- und Verständigungsprobleme in unserer Gesellschaft inzwischen weitgehend definiert.

Ich sage nicht, daß das falsch ist. Kann man mit Aphasikern anders umgehen als in einem so definierten Feld, nämlich dem der Therapie? Oder mit Sprachentwicklungsstörungen bei Kindern? Anscheinend doch nur in diesem bewährten Paradigma. Die Frage ist aber, wie weit nun auch die Sprach- und Sprechwissenschaftler sich auf eine Übernahme dieses Paradigmas hin bewegen - zunächst immer dann, wenn sie mit Einzelpersonen und deren Kommunikationsproblemen zu tun haben.

Besteht nicht unsererseits der Wunsch und die Hoffnung, an dem Therapie-Kosmos teilzuhaben? Notwendigerweise? Wie nennen wir diese Arbeit am einzelnen Menschen - oder sollen wir sagen am einzelnen "Gestörten"? Nennen wir sie "Behandlung"? Was schwingt da mit? "Intervention"? "Beratung"? Ist mit Beratung auch die Transferarbeit in die Fertigkeit hinein hinreichend ausgedrückt? Die Begriffe des Coachings und der Supervision sind zwar nicht ausschließlich therapeutisch bestimmt, haben aber starke Wurzeln im therapeutischen Bereich. Und schließlich wirken sie moderner und auch kompetenter, als wenn man sich vielleicht als Sprech-Lehrer oder als Sprach-Trainer oder gar als Kommunikations-Philologe bezeichnet. Die Frage bleibt: Ist das Therapie-Paradigma angemessen für unsere Arbeit? Wenn nein, welches Muster dann? Wenn ja, wie ist dessen Sonderheit gegenüber Medizinern, Psychologen und ähnlichen Berufen zu fokussieren? Das ist ja auch für die gesellschaftliche Akzeptanz der Berufsgruppen von Sprech- und Sprachwissenschaftlern erheblich - es sei denn, sie wollen nur im erkenntnistheoretischen Elfenbeinturm leben.

## 1.2 Die Gruppentherapie

Die Frage nach dem Therapie-Modell stellt sich aber nicht nur für den Bereich der Einzelbehandlung. Auch in der Arbeit mit Gruppen ist sie relevant. Die Gruppendynamik ist letztlich auf die Gruppentherapie zurückzuführen, ähnlich die Familientherapie und die Balintgruppen. Die Teamentwicklung hat sich über "Themenzentrierte Interaktion" und ähnliche Ansätze der humanistischen Psychologie daraus "emanzipiert", aber selbst in der Team-Moderation sind Wurzeln der Familientherapie und der Gesprächstherapie mit Gruppen vorhanden. Das wird hier keineswegs beklagt, denn es haben sich viele kooperative Arbeitsformen so erst entwickeln können. Wer das heutige gesellschaftliche Leben konstruktiv mitgestalten will, in Wirtschaft, Verwaltung, Sozialarbeit und Politik, kommt an diesen Methoden oder deren Spielformen nicht vorbei. Wieweit nun linguistische und sprechkommunikative Zugriffe hier eine eigene gesellschaftliche Aufgabe und Relevanz haben - Therapie her oder hin -, ist gerade in einem Kreis zu diskutieren, der auch sprach- und parole-bedingte Störungen der "Kommunikationsgesellschaft" beruflich bearbeitet.

Die Frage bleibt also unter beiden Aspekten - dem der Arbeit mit einzelnen als auch dem der Arbeit mit Gruppen - bestehen: Wie definieren Fachleute der Sprache und des Sprechens angesichts derzeitiger Kommunikations- und Verständigungsprobleme ihr eigenes Handlungs-Paradigma? Wie weit müssen oder sollten sie am Therapie-Paradigma teilhaben und damit an den Wertungspolen "gestört - nicht gestört" (funktionierend?)? Oder gibt es andere Ansätze, wie etwa die immer vorhandene Notwendigkeit, Kommunikationsprozesse bei allen menschlichen Kontakten erst in gemeinsamer Mühe aufzubauen, manchmal sogar in gemeinsamer "Leidens-" oder gar "Widerstands-Arbeit", damit gemeinsame Sinnentwürfe entwickelt werden können? Andererseits: Muß die Sinnentwicklung immer "ab ovo" geschehen? Kann man sich nicht auf Konventionen verlassen dürfen und - falls diese nicht beherrscht werden - eben dann doch von "Störungen" sprechen? Oder gibt es noch andere Paradigmen? Ehe darauf eingegangen wird, muß das angeschnittene Problem aber noch verdeutlicht und vertieft werden.

## 2. Wie geht unsere Kommunikations-Gesellschaft mit dem "Heiler"-Paradigma um?

### 2.1 Die Privilegien der Mediziner

Nach wie vor ist in unserer Gesellschaft die Medizin die angesehenste Wissenschaft und zugleich angesehenste Praxis, da sachlich hocheffizient und letztendlich doch persönlich. An dieser Reputation partizipieren die Mediziner - trotz mancher sachlicher Kunstfehler und trotz der Schwachstellen im Beziehungsbereich, die noch zu thematisieren sind.

Aber auch die berufspolitische Macht der Mediziner ist von größtem Gewicht - trotz (wiederum trotz) aller staatlichen Gesundheitsreformen, ja vielleicht sogar wegen ihnen; denn das Gesundheitsbewußtsein der Öffentlichkeit wurde gerade durch die Einsicht gesteigert, daß das Gesundheitsparadigma den Staat bis zur Pleite treiben könnte, wenn es keine Selbstbeschränkung gibt. Dadurch ist die beherrschende Größe dieses Aspektes erst allen zum Bewußtsein gekommen.

Die politische Manifestation dieser "Großherrschaft" wird besonders deutlich durch die vorherrschende Praxis der Krankenkassen, daß die Abrechenbarkeit therapeutischer Handlungen letztendlich von Medizinern abhängig gemacht wird. Das gilt sowohl für die Rahmen setzenden "Begutachtungsanleitungen des vertrauensärztlichen Dienstes" (1978 ff.), der sich u.a. aus Landesvertrauensärzten der Krankenkassen zusammensetzt, das gilt aber auch für alle Einzelfälle, denn ohne Zuweisung eines Arztes kann kein Logopäde oder Patholinguist oder Sprecherzieher oder sonst wer mit Krankenkassen abrechnen. (Inzwischen soll für Sprech- und Sprachtherapie dieses Überweisungsprivileg allerdings auf die Phoniater eingeschränkt werden, aber es ist höchst fraglich, ob das praktikabel ist.) Ausgenommen sind die Heilpraktiker und einige wenige, für den Einzelpatienten genehmigte Ausnahmen. Man kann also hier von einem *Abrechnungsprivileg* der Ärzte sprechen. Was das z.B. für andere Berufe bedeutet, die sich mit "Störungen" menschlichen Verhaltens befassen, zeigt das Saarländische Ärzteblatt 67, S. 535, hier zitiert nach Schumacher 1970 (S.1945). Er schreibt: "Bemerkenswert ist, daß in der zwischen den Bundesverbänden der Orts-, Land-, Betriebs- und Innungskrankenkassen und der Kassenärztlichen Bundesvereinigung getroffenen 'Vereinbarung über die Ausübung von tiefenpsychologisch fundierter und analytischer Psychotherapie in der kassenärztlichen Vereinigung (Psychotherapie-Vereinbarung)' in § 1 festgelegt ist, daß in der kassenärztlichen Versorgung tiefenpsychologisch fundierte und analytische Psychotherapie *nur* Ärzte ausüben dürfen."

Natürlich wurde und wird diese Regelung als veraltet und umstritten kritisiert, aber sie stützt sich auf ein zweites, weiter greifendes, gültiges Privileg, daß auch die Behandlung von Sprech-, Sprach- und Kommunikationsstörungen tangieren kann: das *Therapieprivileg*. Dieses ist staatlichen Rechtes und wird durch die Rechtsprechung immer wieder sanktioniert. Am deutlichsten wird es im gültigen Heilpraktikergesetz vom 17.2.1939 (RGBl. I, 251). Dort heißt es in § 1: " (1) Wer die Heilkunde, ohne als Arzt bestallt zu sein, ausüben will, bedarf dazu der Erlaubnis. (2) Ausübung der Heilkunde im Sinne des Gesetzes ist jede berufs- oder gewerbsmäßig vorgenommene Tätigkeit zur Feststellung, Heilung oder Linderung von Krankheiten, Leiden oder Körperschäden von Menschen, auch wenn sie im Dienste von anderen ausgeübt wird." (Das Gesetz gilt mit einigen - für unser Grundgesetz durch das Bundesverwaltungsgericht erfolgten - Modifikationen als Bundesrecht fort. BVG 1,71 = NJW [Neue Juristische Wochenschrift] 54, 773 L und BVG 4,250 und 363 = NJW 57, 1132 L. Vgl. Schumacher 1970.)

## 2.2 Partizipation am ärztlichen Therapieprivileg durch staatliche Regelung

Wer gibt diese Erlaubnis? Das jeweilige Gesundheitsamt, das natürlich von Ärzten geleitet wird, aber nun noch zusätzlich die staatliche, beamtete Hoheitsgewalt hat. Was das auch für uns bedeutet, wird an Fällen der Rechtsprechung deutlich, die sich z.B. mit Psychotherapie befassen. Das Oberlandesgericht München urteilte am 29.2.1984 (20 U 3369/83) über eine Klage, daß eine Klientin 8 Monate vergeblich, ja sogar mit Schaden von einem Diplompsychologen behandelt worden sei. Das

Urteil stellte fest, daß der Psychologe nicht wenigstens als Heilpraktiker registriert gewesen sei, also keine Therapieerlaubnis hatte. Deswegen sei das Behandlungsverhältnis mit der Klientin laut BGB § 134 unrechtmäßig gewesen, das Honorar von 3415 DM zurückzuerstatten (Hahn 1984). Ein ähnliches Urteil fällte das Landgericht Saarbrücken 1981 (Versicherungsrecht 1981; Eberhardt 1985).

Man muß sich klar machen, daß jeder Mensch, der von uns wegen Kommunikations- oder Verständigungsproblemen beraten wurde, behaupten kann, seine "Störungen" seien durch unsere Arbeit mit ihm nur noch größer geworden. Damit griffe das Heilpraktikergesetz. Es griffe auch gegenüber Linguisten, denn die gängige Rechtsprechung sieht einen Verstoß gegen das Therapieprivileg vor allem dann, wenn ein Schaden bei der Behandlung entstehen kann. Deswegen die Oberaufsicht des Staates aus dem Prinzip: Schutz der Volksgesundheit vor Quacksalbern und Scharlatanen. Nur Ärzte und deren Personal, Heilpraktiker und seit ca. 10 Jahren auch Logopäden sind per Gesetz geeignet, verantwortliche Verwalter der "Volksgesundheit" (so wörtliche Terminologie in juristischen Kommentaren) zu sein. Alle anderen nicht. Das ist die Hypothek des Therapie-Paradigmas. Letztlich ist das eine Hypothek des Schwarz-Weiß-Denkschemas: gesund/krank, gestört/funktionierend, gut/schlecht. Steht dahinter nicht letztlich ein Maschinenmodell von Kommunikation?

### 2.3 Das gesellschaftliche Prinzip der Sicherheit von Heilkompetenz und Heilungsrecht und seine Bürokratisierung bzw. Vermarktung

Wenn man dieses Modell der Therapie angreifen würde, müßte man mit dem Aufstand von Urängsten rechnen, die in unserer Gesellschaft vorhanden sind. Sie würden vor allem dann ausbrechen, nähme man den Menschen - auch uns - die Sicherheit, die "Versicherung", in diesem Fall die "Krankenversicherung". Sie entstammt dem Urbedürfnis des Menschen nach Sicherheit. Deswegen sucht man ja die ausgewiesene "Expertenkompetenz", weil man sicher sein will, daß kompetent repariert werden kann. Die Idee einer idealen Körpermaschine lebt auch in jedem von uns, und "Kunstfehler der Ärzte" sind Funktionsfehler. Wir müssen uns klar sein, daß auch trainierende Linguisten mit diesem Maß gemessen werden, ja sogar ihre eigenen Kommunikationsanalysen meist unbewußt auf dieser Folie anlegen. Ich spreche nicht gegen diesen Aspekt, denn oft ist er unumgänglich. Aber oft zeigt er auch seine Grenzen.

Im Institutionellen - als typisch gesellschaftlichem Phänomen - zeigt sich diese Grenze in der eben genannten Bürokratisierung. Ihre Paradoxie enthüllt sich in der Forderung, daß akademisch ausgebildete Fachleute für Sprechkommunikation eigentlich ein Laienexamen machen müßten - als Heilpraktiker -, um ihr Wissen gesellschaftlich fruchtbar einbringen zu können. Sieht man diese Medaille - unter Beibehaltung des Therapie-Paradigmas - einmal von der anderen Seite, nämlich jener der Praxis, könnte man auch behaupten, daß diese Wissenschaftler eben rein kognitiv und fern von jeder Praxis aufgezogen wurden. Die soziale Ferne ihrer Wissenschaft räche sich nun und sie müssen halt das nachholen, was jeder Arzt am Krankenbett und jeder Referendar lernen muß und was diese beiden "Artes" schon immer ausgezeichnet hat: ein eigenes "Wissenschaftsparadigma der Vermittlung", letztlich der Metakommunikation.

Aber trotz der Unmöglichkeit, das Therapiemuster einfach abzuschaffen, zeigt unsere Gesellschaft dessen Grenzen auch auf eine zweite Weise neben der Bürokratisierung: durch die Nichtbezahlbarkeit einer umfassenden Therapiewelt. Dahinter steht das Paradigma des Verkaufens. Das Paradigma gestört/ungestört muß wegen seiner Mechanisierung in unserer Welt notwendig auch den Charakter der Vermarktung anziehen. Auch das dürfte kaum völlig zu vermeiden sein. Solange aber in den Köpfen - auch unseren - noch das unbewußte Modell einer kapitalistischen Versorgungsfabrik "Staat" bzw. einer sozialistischen Übermutter "Staat" vorherrscht, haben dritte und vierte ergänzende Paradigmen kaum eine Chance, z.B. das der Verständigung verschiedener Kulturen. Bürokratisierung und finanzielle Überschuldung des Apparates zur Pflege des Paradigmas heil/unheil (mit dem semantischen Hof von richtig/falsch) hängen miteinander zusammen.

### 2.4 Zwischen dem Mythos des Heilens und dem Management der Verständigung

Tatsächlich hat ein Teil unserer Gesellschaft die Notwendigkeit von ergänzenden Modellen schon instinktiv erkannt und praktiziert sie - auch ganz unabhängig von idealen Diskursmodellen der Theoretiker. Daher wird die Anerkennung als Heilpraktiker oder Logopäde schon in vielen Fällen nicht mehr urgiert, obwohl diese Falle juristisch immer noch offen steht. Dazu gehört auch der Aspekt möglicher Schadensersatzforderungen (Schumacher 1970, S.1949). Trotz dieses gesellschaftlich manifesten, juristischen Aspektes entwickelten und entwickeln sich massenweise Ausweichphänomene.

Diese Ausweichphänomene orientieren sich oft noch an den vorherrschenden Paradigmen des Heilens einerseits und des Verkaufens andererseits, obwohl instinktiv oft damit etwas anderes angestrebt wird: nämlich persönliche Nähe und inhaltlich sinngefüllte Kommunikation.

Die Entwicklung der Psychologie ist ein deutliches Symptom für ausweichende Entwicklungen. Immerhin unterscheiden schon 1967 die Richtlinien des Bundesausschusses der Ärzte und der Krankenkassen (BAnz Nr. 180 v. 23.9.67, A 3 und 4, zitiert nach Schumacher 1970, S.1948) "zwischen Psychotherapie, die ausschließlich der sozialen Anpassung, der Berufsförderung, der Erziehungsberatung oder zur Abwendung der Erwerbsunfähigkeit dienen soll, und der Psychotherapie, die bestimmt ist zur Abwendung psychoreaktiver, seelischer Störungen von aktuellem Krankheitswert, von Konversions- und Organneurose sowie von vegetativ funktionellen Störungen mit gesicherter psychischer Ätiologie." Es entsteht also neben dem Therapie-Paradigma auch ein soziales. Inzwischen hat sich die Psychologie als eigener Beruf durchgesetzt, dem freilich noch ein eigenes Gesetz fehlt, um Interventionen seitens des Therapie-Paradigmas aufzufangen.

Wäre es denkbar, daß für Berufe, die sich mit sprachlichen und sprecherischen Kommunikationsproblemen befassen, eine ähnliche Entwicklung beginnt? Offenbar ist ja der Bedarf in der Gesellschaft deutlich, denn sonst wäre der Trainermarkt - allerdings immer noch im Verkaufsparadigma - nicht so gefragt.

Ohne Zweifel herrscht ein Bedürfnis nach menschlicher Nähe und nach Anerkennung gewachsener persönlicher Kultur sowie der Kulturen von Minderheiten. So ist auch der Boom der vielen Trainingskonzepte wie etwa Transaktionsanalyse oder NLP zu erklären, die nicht mehr einem mechanistischen Therapiemodell verhaftet sein wollen, sondern eher schon mystische Züge tragen: durch den Stellenwert der Intuition und der Einführung in verschiedene Weihegrade der Meisterschaft. Eine gewisse Sehnsucht nach Magie und Ersatzreligion verstärkt sich gerade im Umgang mit "verdünnten" Therapiemodellen in unserer Gesellschaft. (Vgl. die ersten Buchtitel von Bandler/Grinder 1981/82, Begründer von NLP: Metasprache und Psychotherapie = Struktur der Magie I; Kommunikation und Veränderung = Struktur der Magie II).

Dies einfach abzulehnen, ist leicht. Jedoch kommunikationssoziologisch zu entschlüsseln, welche Bedürfnisse dahinter liegen, wäre wichtig, um diese Trends bei einem anderen Paradigma vielleicht auf verantwortliche Weise zu berücksichtigen. Ich formulierte schon die Annahme, es gehe um persönliche Nähe. Hinzu tritt vermutlich noch das Bedürfnis nach ästhetischem Erleben (vgl. Schulze 1992). Auch die in der Wirtschaft sich durchsetzende Redeweise von "Unternehmenskulturen" und deren begleitende Beratung - oft noch von Fachleuten der Familientherapie oder Gruppendynamik - zeigt die Mischung von überlieferten Paradigmen mit neuen, zum Teil auch ästhetischen Ansätzen. Ich nannte diese neuen Ansätze eben noch zu pauschal "Ausweichphänomene".

Eine nähere Betrachtung zeigt aber, daß zugleich damit ein neuer Typ von externen Experten gewünscht wird, die teilweise das Training oder die überlieferte Form von Unternehmensberatung ablösen. Der Terminus heißt oft "begleitende Beratung". Tatsächlich steht dahinter oft der Wunsch nach Entschlüsselung unbewußt gewachsener Zeichenwelten und semiotischer Phänomene, insbesondere auch der Vokal- und Schriftsprache, darüber hinaus der weiteren kulturellen Gestaltung derselben. Allerdings ist von uns als den vermeintlichen Experten für diese Arbeit auch die "Kehrseite der Medaille" zu beachten. Die auf dieser Kehrseite an uns mitgesandte Botschaft meint auch: die analytische Entschlüsselung z.B. von Verständigungsproblemen reicht nicht aus. Sie ist eine notwendige, aber keine hinreichende Bedingung für den Umgang mit diesem Komplex. Die Gesellschaft erwartet auch eine Kompetenz im Handeln, ein gekonntes Umgehen mit Kommunikationsdivergenzen, insbesondere eine Vermittlungsarbeit zwischen andersartigen Verstehenskulturen. Das wird heute noch gerne Management genannt. Das Scheitern reinen Managens hängt zwar oft an fehlender Analysekompetenz gegenüber kulturellen Zeichen, umgekehrt ist der reine Analytiker ebenfalls hilflos. Die Wechselbäder bei den Friedensprozessen gegenwärtiger Krisenherde (z.B. Balkan, naher Osten, Nordirland) zeigen das deutlich.

## 3. Andere Paradigmen der Arbeit mit Verständigungs- und Kommunikationsproblemen

Ob andere Paradigmen die bisherigen ablösen sollen oder können oder ob sie ihnen eher eine neue Basis im Sinne einer systemischen Sicht geben - ohne sie als Spezialfälle abzulösen -, das bleibe der Diskussion überlassen. Eine zu radikale Ablösung des Bisherigen dürfte kaum gelingen und wäre eventuell selbst eine Unterwerfung unter die Alternative gut/schlecht.

### 3.1 Das Paradigma der Lehre und der Lehrkompetenz

Hier bietet sich zunächst das bewährte Paradigma der Lehre an. Tatsächlich bearbeiten viele aufmerksame Lehrer die auffälligsten Sprach-, Sprech- und Stimmstörungen so lange, als sie nicht eine zeitaufwendige und den normalen Unterricht störende Zuwendung benötigen. Wenn auch das Wissen darüber und über die Verortung derselben, auch für die richtige Überweisung an Fachleute, noch zu niedrig ist, es geschieht hier viel. Und jener Bereich, der eher Kommunikations- und Verständigungsstörung ist, wird - mindestens seit der pragmatischen Wende - von jenen Deutschlehrern bearbeitet, die sich als ganzheitliche Erzieher verstehen und nicht nur als Spezialisten, z.B. nur für Literaturgeschichte. Analoges gilt auch für Hochschullehrer. (Allerdings ist dort die Flucht vor pädagogischer Verantwortung durch rein sachliche Spezialisierung häufiger, denn die ursprünglich anders gedachte Qualifikation der "Lehre" namens "Habilitation" ist ins versachlichte Überspezialisieren abgerutscht.)

Kann man auf dieser Basis gegenwärtiger pädagogischer bzw. andragogischer Praxis einfach die Forderung aufstellen: Lehrern und Hochschullehrern muß eo ipso die Kompetenz zur Behandlung der üblichen Kommunikations- und Verständigungsstörungen zugebilligt werden? (Das meint: auch persönlich, nicht nur im Rahmen ihrer Institution und unabhängig von einem bürokratisierten Nebentätigkeitsrecht.)

Damit sich ein solches "Modell der persönlichen Lehrkompetenz" gesellschaftlich durchsetzen kann, müßten mehrere Bedingungen berücksichtigt werden, vermutlich folgende:

a) Rein formal bedürfte es juristischer Legitimationen, Definitionen, evtl. Gesetze, daß solche persönliche Arbeit auch außerhalb der Institutionen Schule bzw. Hochschule usw. rechtens ist, öffentlich anerkannt ist und nicht in Konflikte mit der therapeutischen Gesetzeslage gerät. Man könnte hier denken an Legitimation etwa durch erstes Staatsexamen, Magisterexamen oder Ernennung zum Dozenten. (Allerdings dürfte damit anderen freien Berufen wie Kommunikationstrainern, Sprecherziehern mit Verbandsprüfung usw. nicht durch bürokratische Ausgrenzung das Leben erschwert werden. Nicht Privilegierung, sondern Abwehr von Bevorzugung ist das Ziel, letztlich also gleichberechtigter Wettbewerb innerhalb der jeweiligen Kompetenzfelder. Das Modell "Lehrer" dürfte also nur prototypisch und stellvertretend für andere Modelle spezieller formaler Qualifikation stehen.)

b) Es bedürfte vertraglicher Regelungen mit Krankenkassen oder ähnlichen Institutionen, daß bei Überweisungen von Sonderfällen, die im Bereich "Lehre" nicht mehr bearbeitbar sind, diese sofort als behandlungswürdig anerkannt werden und bürokratisch nicht am Nullpunkt angefangen wird. Als Adressaten solcher Überweisungen kämen in Frage: Behindertenpädagogen (Sprachheillehrer), Psychologen, Klinische Sprecherzieher bzw. Klinische Linguisten (Patholinguisten), Atem- und Stimmlehrer, Ärzte des phoniatrischen Bereichs und ihre Hilfsberufe wie z.b. Logopäden.

c) Eine Umorientierung der Studienordnungen wäre erforderlich. Mindestanteile einer (sich neu orientierenden) Pädagogik bzw. Andragogik und der Psychologie wären zu studieren. Insbesondere aber wären von der rein analytischen Linguistik große Teile an eine Sprechwissenschaft abzutreten. Letzterer müßten - ausgenommen in Halle, Berlin und Regensburg - bessere formale Qualifikationen ermöglicht werden; sie müßte aber auch mehr Stellen bekommen. (Solche Stellen sind zur Zeit häufig eingespart oder nur mit Lehrbeauftragten besetzt, weil die Ministerien falsch informiert sind - nicht zuletzt aufgrund eines rückwärts gerichteten Berufsbildes vieler Germanisten und ihrer berufspolitischen Macht. Allerdings gibt es inzwischen hoffnungsvolle interdisziplinäre Ansätze, z.B. in der Gesellschaft für Angewandte Linguistik (GAL) oder im Arbeitskreis Angewandte Gesprächsforschung.) Neben einer Veränderung der Studienordnungen wäre zu überlegen, ob nur Sprach- und Sprechlehrer an diesem "Modell der Lehrkompetenz" für Kommunikations- und Verständigungsstörungen teilnehmen können oder auch Literaturlehrer oder gar andere, wie Sportlehrer, Mathematiklehrer usw. Entsprechende Zusatzqualifikationen wären einzurichten.

d) Eine innere Umorientierung des Berufsbildes wäre das Wichtigste und Primäre. Das überlieferte Bild des Lehrers assoziiert eine hierarchische Position. Es gibt hier zwar immer mehr Ausnahmen, d.h. Lehrerinnen und Lehrer, die ihre Arbeit als subsidiäre Hilfestellung gegenüber autonomen Menschen (oder solchen, die es gerade werden) sehen und auch ausüben. Aber die Verhaltenskultur von Lehrern und insbesondere Hochschullehrern ist doch noch weitgehend die von "Führern". Das ist gegenüber kindlichen, pubertären und identitätssuchenden "Schülern" auch erforderlich - je nach Maß der erreichten Emanzipation. Aber auch gegenüber Erwachsenen ist das Verhalten von Lehrern - oft entgegen der Einsicht - häufig noch das des Wissensbesitzes oder des Besserwissens, also eine traditionelle Verhaltenskultur. (Das zeigt sich u.a. bei Kommunikationstrainings mit Lehrern bzw. Hochschullehrern.) Das Modell des gemeinsamen Suchens nach Art des Sokrates wird selten beherrscht. Das tradierte hierarchische Lehrerbild und seine Verhaltenskultur zeigt vielmehr erhebliche Verwandtschaft zum überlieferten Bild des Therapeuten: privilegierte Sachkompetenz von fast mystischem Wissen mit gnädig gewährtem, aber homöopathisch dosiertem Personbezug - und zwar in einem gesellschaftlich traditionell gestalteten Zeichenfeld.

*Gibt es Alternativen zum Modell "Therapie" ...?*

Bei einer traditionellen inneren Orientierung des Berufsbildes "Lehre" dürfte die hier erhobene Forderung nach "Anerkennung von Lehrkompetenz für Verständigungsprobleme außerhalb der Schule" nur auf einen Wettbewerb mit "Therapeuten" hinaus laufen - aussichtslos, da nicht auf eigener Legitimierung basierend. Tatsächlich hat nämlich in der "Therapie" bereits eine Reflexion und Veränderung der überlieferten Muster schon gute Fortschritte gemacht (neben der humanistischen Psychologie paradoxerweise auch mit Hilfe mancher Studien in Sprach- und Sprechwissenschaft). Tatsächlich ist es erforderlich, für die Lehre im Bereich der Kommunikations- und Verständigungsstörungen ein Zielmuster der Selbststeuerung zu entwickeln, das einen organischen Übergang vom "an der Hand nehmen in Geborgenheit" zur "Selbstorganisation in offener Einsamkeit" ermöglicht. Das impliziert eine Unterscheidung von Kindern, Jugendlichen und Erwachsenen (nicht rein altersmäßig, sondern mental), also eine neue Pädagogik, die sich an der Andragogik orientiert. Das impliziert die Verbindung von Sachkompetenz, personaler und emotionaler Bindungsmöglichkeit und die Kompetenz zum Tun, zum Handeln - inklusive jener zur semiotischen Gestaltung gesellschaftlicher Felder. Das impliziert aber vor allem das Entbergen aus allem mystisch-priesterlichem Geheimwissen bzw. besitzhaftem Gehabe in die Offenheit der je neuen Diskussion mit anderen "Einsamen", aber grundsätzlich Koalitionsfähigen.

Das Paradigma "Lehrer und Lehrerin zur Bewältigung von Kommunikations- und Verständigungsstörungen" kann gesellschaftlich durchaus eigene Kompetenz gewinnen, auch unabhängig von Schule, wenn es sich reformiert und weiter entwickelt. Dazu gehört auch, daß es nicht der Versuchung von Bürokratisierung und ethikfreier Vermarktung erliegt. Allerdings sind dabei Lernprozesse von anderen Paradigmen - auch Komponenten neuerer Therapie im weiten Sinn - erforderlich. Diese Lernprozesse können aus negativen wie auch positiven Aspekten gewonnen werden. Insbesondere kommen wohl die unten folgenden "Diskurswelten" in Frage.

### 3.2 Beratung oder Training

Der Begriff der Beratung bietet sich ebenfalls als Alternative zum expansiven Muster "Therapie" an. Er ist zur Zeit gut eingeführt, läßt Kompetenz erwarten, und er ist frei von jeder Assoziation an Bevormundung, die bei "Therapie" mitschwingt.

Eine erhebliche Vorarbeit hat hier C. Rogers und seine Schule geleistet. Das Konzept der "Selbst-Therapie unter Beratung" war ja der Anstoß, ein enges Therapiekonzept immer mehr zu verlassen und die "Identitätsfindung mittels Reflexionshilfe von außen" als neues Paradigma aufzubauen. Nur muß man sich klar sein, daß hier zwei verschiedene Konnotationen von "Beratung" vorliegen können: das der sachlichen Kompetenz mit Informationseingaben und das andere der Hilfe zur Persönlichkeitsfindung durch Spiegelung.

Die Divergenz der beiden Konzepte hat den Nachteil, daß der Begriff nicht mehr eindeutig verstanden wird, wenn er keinen Zusatz bekommt. Die non-direktive Beratung wird auch oft als Therapie bezeichnet. Die direktive Beratung, die ihre eigene Berechtigung hat, wird durch das neue, leider erforderliche Beiwort diskreditiert. Besser hieße sie "direkte Beratung", denn es geht meistens um die Information über verschiedene Modelle der Problemlösung und um deren Einschätzung bezüglich der vorliegenden Situation. Sie ist der Normalfall, z.B. in der Unternehmensberatung.

Eine generelle Schwäche aller Beratung liegt darin: Sie bleibt rein gedanklich. Eine Einübung in Fähigkeiten, die ja zur Vermittlungswissenschaft essentiell dazugehört, fehlt. Das wäre beim Begriff "Training" vorhanden. Letzteres erinnert aber doch sehr stark an rein sportliches Training und läßt die geistigen Leistungen zu sehr im Hintergrund. Trotzdem hat sich der Begriff durchgesetzt, bis hin zur Empfehlung der Psychologen nach "mentalem Training". Die gesellschaftlich breite Akzeptanz dieses Begriffs und der sich damit schmückenden Berufe scheint doch deutlich darauf hinzuweisen, daß mehr Handlungskompetenz verlangt wird als bisher. Da herrscht in der Lehre die rein analytische "Klärungs"-Kompetenz vor. Natürlich ist diese vorauszusetzen, da sonst das Training zur rein methodischen Anwendung von Rezepten verkommt. Andererseits ist die Diffamierung jedes Textes, der das Wort "Training" verwendet, als eines "rein" anwendungsbezogenen und also rezeptologischen nicht fair, ja geradezu widersinnig. Denn ein solche Killerphrasen verwendender Autor beweist, daß es auch ihm um Wirkung geht und daß er auf Handlung aus ist, freilich herabsetzende. Er sitzt also im gleichen Boot.

Tatsächlich kommt es bei "trainierender" Handlungskompetenz eben auf die Einheit von erhellender Reflexion, argumentierender Interpretation und die Anwendung geeigneter Methoden an. Das zusammen kann man auch Didaktik nennen. Die Bedeutung dieser Art Training in unserer Gesellschaft ist erheblich, wie die verschiedensten derartigen Berufsbezeichnungen, auch Trainerverbände und Zeitschriften zeigen. Es scheint erforderlich zu sein, daß Berater, Trainer, Lehrer, Therapeuten interdisziplinär voneinander lernen. Das geschieht ja auch schon. Allerdings fehlt im Gegensatz zu den "Therapeuten" im engen Sinn den meisten noch ein gesellschaftlich privilegierendes Qualifikationsgesetz. (Man kann natürlich auch auf den ketzerischen Gedanken kommen, ob es überhaupt eines solchen privilegierenden juristischen Zaunes, auch für Therapeuten, bedarf.)

Keines der bisher angeführten Paradigmen kann zur Bewältigung des "Therapietrends" in unserer Gesellschaft bzw. für eine Reduzierung desselben durch zusätzliche Wege befriedigen, auch wenn alle diese Ansätze ersatzweise von Sprech- und Sprachexperten sinnvoll gebraucht werden können und tatsächlich bei der Arbeit mit Verständigungs- und Kommunikationsstörungen auch gebraucht werden.

### 3.3 Ein systemisch-semiotischer Ansatz: Mediation

Es kommt offensichtlich darauf an, ein rein intellektuelles Modell ebenso zu vermeiden wie ein mystisches. Ziel ist letztlich Handlungsfähigkeit, genauer, Kommunikationsfähigkeit als Verständigung. Ausgangslage der Nichtverständigung sind scheinbar gegensätzliche, nicht relationierte Zeichenwelten, die aber in der Auseinandersetzung die Chance haben, Beziehungen aufzubauen und so gemeinsam neue Zeichen sowohl formal (signifiant) wie inhaltlich (signifié) zu entwickeln.

Ein Beispiel. Am 15. Februar 1996 meldete der Westdeutsche Rundfunk (Fernsehprogramm WDR 3) einen kommunalen Konfliktfall in Ahlen, Westfalen. Die dort seit einigen Jahren existierende Moschee für islamischen Gottesdienst stellt an die Stadtverwaltung den Antrag, daß zu bestimmten, eingeschränkten Zeiten der Muezzin auch über das Minarett laut zum Gebet rufen dürfe. Die Glocken der christlichen Kirche täten das ja auch. Die Stadt hatte aber den Bau des Minaretts ursprünglich nur erlaubt, wenn solche Rufe unterblieben. Lediglich innerhalb der Moschee seien sie gestattet.

Hier stoßen also zwei verschiedene Kulturen zusammen. Jede erhebt den gleichen Anspruch auf öffentliche Zeichenhaftigkeit der Gebetseinladung. Die eine hat das Gewohnheitsrecht auf ihrer Seite, die andere die Gleichberechtigung. Ist das nun ein Fall für Therapie? Oder einer der Politik? Oder einer für sozialpsychologische Konfliktberatung - oder für ein Training beider Parteien im Konfliktlösen? Was kann ein Linguist hier tun, was ein Sprechwissenschaftler? Ist das überhaupt sein Gebiet und nicht einfach das des Stadtrates?

Natürlich ist es zunächst Sache des Stadtrates. Aber er könnte Experten für Gesprächskommunikation heranziehen, wenn diese Experten sich auf Methoden der Bearbeitung von Verständigungsproblemen verstehen. Allerdings müßten sie sich nicht nur als "sprachbezogene" Experten verstehen, sondern Sprache und Sprechen als Zentrum und damit "Brennglas" für symbolische Interaktion. Um das deutlich zu machen, wurde hier dieses extrem weite Beispiel für ein Kommunikationsproblem gewählt. Es geht um Vermittlung in jeder Beziehung, also auch um Kulturvermittlung, Zeichenvermittlung, semiotische und semantische Vermittlung der Repräsentationen, schlichtweg um kompetente Gestaltung des "Medialen".

Eine Orientierung, was hier gemeint ist, kann Jerome Bruner (1971) geben, der im Gefolge von Piaget steht. Bruner zeigt, daß die Autopoiesis des Kindes, die systemische Selbstorganisation, nicht möglich wäre, wenn nicht Repräsentationsmodelle der jeweiligen Weltvorstellung entwickelt bzw. übernommen würden. Repräsentationsmodelle aber sind Zeichen, zu denen ab einer bestimmten Entwicklungsstufe auch die Sprache gehört.

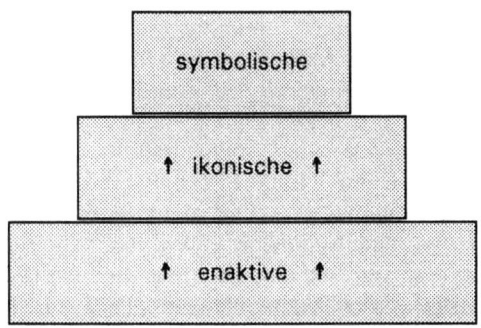

Ausbildung von Repräsentationen

Repräsentationen und damit Bedeutungen entwickeln sich zunächst enaktiv, gleichsam körpersprachlich. Wenn diese nicht mehr ausreichen, erfolgt eine Abstraktion aus dem Dreidimensionalen in das komplexere Zweidimensionale der ikonischen Repräsentationen. Darunter sind nicht nur Bilder zu verstehen, sondern auch Beispiele, Metaphern, Vergleiche. Als Sprechwissenschaftler rechne ich auch die Suprasegmentalia, also die sogenannten sprecherischen Ausdrucksmittel der Prosodie zu dieser Stufe. Sind auch die ikonischen Repräsentationen überfließend und in ihrer Genauigkeit nicht mehr ausreichend, wird nochmals abstrahiert, und die arbiträren Symbole werden als Repräsentationen gewählt. Letztere sind dann die komplexen Zeichen, die auch dem Außenbetrachter eines Individuums seine formalen und inhaltlichen Phänomene signalisieren, - allerdings nochmals gebrochen durch dessen Interpretation mittels der eigenen Repräsentationen. (Vgl. Bartsch 1983.)

Diese Entwicklung gilt nun nicht nur ontogenetisch, sondern man kann sie auch bei Gruppen und in der Autopoiesis von Organisationen finden. Man vergleiche hierzu etwa die Literatur zur Organisationsentwicklung (z.B. Management Center Vorarlberg 1992; Häfele 1993; Bartsch 1994).

Die vice-versa-Interpretanten kommen unweigerlich in Kommunikations- bzw. Verständigungsprobleme, es sei denn, sie lassen sich auf eine neue gemeinsame Semiose ein, in der aus zweierlei Kulturen wenigstens teilweise eine gemeinsame Verständigungskultur entsteht.

Hier liegt nun die Chance für ein neues Paradigma des Vermittelns, das ich "Mediation" nennen möchte, da Medien als Zeichenträger immer mit im Spiel sind. Die komplexe Arbeit des Mediators wäre also nicht mehr Therapie, auch nicht Verkauf, sondern tatsächlich interaktive Herstellung verstehbarer Zeichen, also auch inhaltliche Kommunikation.

Denken wir uns ein Kommunikationsszenario für das obige Beispiel. Vorgesehen ist laut WDR eine Verhandlung zwischen je 6 Personen Ahlener Christen bzw. Ahlener Mohammedaner. Vermutlich wird es erst um Statusfragen gehen, um frühere Versprechungen, um Forderungen und Besitzstandsverteidigung. Ein Kompromiß käme heraus, bei dem jede Seite das Gefühl hat, zu viel nachgegeben zu haben. Wären hier zwei "angewandte Linguisten" bzw. Sprechwissenschaftler als Moderatoren - besser "Mediatoren" - tätig, könnte folgendes geschehen:

Jeder Mediator spricht die Muttersprache seiner Gruppe, kann aber dolmetschen. Gemeinsam werden die Wunschassoziationen der Fordernden in Leitbegriffen erhoben und in beiden Sprachen visualisiert. Ebenso werden die Befürchtungen und emotionalen Abwehrgefühle der "christlichen" Gruppe behandelt. Damit wäre eine Verstehensarbeit ermöglicht, weil die hinter allen späteren, verbalen Argumenten schlummernden Felder konnotativer Semanteme bearbeitbar würden. Nach einer Pause von mehreren Tagen könnte das so reflektierte emotionale Feld durch Gegenfragen der je anderen Seite interpretiert und ergänzt werden. Nach einer weiteren Pause wäre eine Liste dessen möglich, was man sich gegenseitig an Gefühlen konzediert und was nicht (Konsens - Dissens). Ein entscheidender Fortschritt wäre nach weiteren

*Gibt es Alternativen zum Modell "Therapie" ...?* 93

Zwischenschritte die Suche nach einem "dritten" Weg von Gemeinsamkeiten. Das würde eine gemeinsame Sinnkonstitution ermöglichen statt eines "Nachgebens" jeder Gruppe. Konkret: hier wäre eventuell ein Vorschlag denkbar, daß man jedes Jahr eine "Woche der Brüderlichkeit" in der Stadthalle veranstaltet, um den je anderen Glauben und auch die andere Kultur einfach besser kennenzulernen und dadurch auch persönliche Kontakte aufzubauen. Dann könnte in Zukunft die Erlaubnis zum lauten Gebetsruf nicht nur als Nachgeben, sondern als öffentliches Zeichen der gegenseitigen Achtung und des Respektes erfahren werden.

Mit dem Beispiel und seiner konstruierten Lösung soll verdeutlicht werden, daß eine reale "Mediation" - mit formalen und inhaltlichen Elementen - ein günstigeres Modell der Störungsbearbeitung ist als das der "Heilung" oder gar das des "do ut des"-Kompromisses (der trotzdem oft genug letzte Alternative sein wird).

### 3.4 Die Kompetenz von Mediator und Mediatrix: persönlich und gesellschaftlich

Oben wurde schon angedeutet, daß zu einem solchen Verfahren die Fähigkeit des Analysierens zugleich mit der des Gestaltens neuer Zeichen gehört. Die beobachtbaren gesellschaftlichen Trends bei der Rezeption von "Therapiewelten" lassen sich auf die Forderung eines solchen Vorgehens hin entschlüsseln: Die Fähigkeit geduldiger kooperativer Interpretation von Phänomenen ohne vorschnellem Urteil soll verbunden werden mit der Fähigkeit des Gestaltens, wie sie heute in der Öffentlichkeit von Kunst, Wirtschaft und Politik von sogenannten "Führungspersönlichkeiten" erwartet wird. Nun trägt ja der Begriff des "Führens" in Deutschland eine gewaltige Hypothek. Das soll nicht vergessen werden. Tatsächlich kann es in unserer Zeit nicht mehr um paternalistisches Führen gehen. Alle, die dies fördern, machen auch wieder unmündig. Gehen muß es aber wohl um Innovationskraft und Initialzündung. Sie bedarf zugleich immer der Zivilcourage, denn "Mediation" im Sinne von Überwindung kultureller Fronten und Konflikte bedarf immer des Ungewöhnlichen und wird zunächst oft angefeindet.

Allerdings muß eine dritte Qualität mit der Mediation verbunden sein: Sachkompetenz und -ausbildung des Mediators und der Mediatrix. Ausbildung vor allem in der Deutung und Verwaltung von Zeichen. Freilich hat die Rechtsprechung dieses Paradigma noch nicht hinreichend sanktioniert, sondern eben nur das der Therapie. Nun, Jurisprudenz folgt ja auch nur den jeweiligen gesellschaftlichen Trends nach, geht ihnen nicht voran. Daß aber der Trend in die Richtung der fachlichen Ausbildung geht, zeigen die jüngeren Entwicklungen bei Begründungen von Urteilen und den juristischen Kommentaren dazu. Dort wird die bisherige "Eindruckstheorie" zunehmend von der "Fachwissenstheorie" abgelöst.

Ein Beispiel für die "Eindrucks-Begründung" lieferte 1956 der Bundesgerichtshof, wenn er sagt, es sei: "... unter einer Tätigkeit zur Feststellung, Heilung oder Linderung von Krankheiten, Leiden oder Körperschäden im Sinne des § 1 Abs.2 des HeilpraktikerG[esetzes] jedes Tun zu verstehen, das bei den Behandelten den

*Eindruck* erweckte, es ziele darauf ab, sie zu heilen oder ihnen Erleichterung zu verschaffen." (BGHSt. 8,237 = NJW 56, 313, zitiert nach Schumacher 1970, S. 1946, Hervorhebung E.B.) Wer einen solchen Eindruck erweckt, müsse eben zugelassener Heiler sein.

Dagegen schreibt Schumacher 1970 (S. 1947): "Richtig ist vielmehr für die Auslegung des § 1 Abs. 2 HeilpraktG die vom BVerwG in Anschluß an traditionelles deutsches Richterrecht vertretene "Fachwissenstheorie", die auch Eingang in § 1 Abs. 2 des ZahnheilkundeG gefunden hat. Hier heißt es: 'Ausübung der Zahnheilkunde ist die berufsmäßige auf *zahnärztlich-wissenschaftliche* Erkenntnisse gegründete Feststellung und Behandlung von Zahn-, Mund- und Kieferkrankheiten.' Diese gesetzliche Formulierung entspricht deutscher Rechtstradition." (Schumacher 1970, S. 1947, auch Anm. 28, ZahnheilkundeG vom 31.3.1952 (BGBl I 221) in der Fassung des Ges. v. 29.7.64 BGBl. I 560) Etwas später deutet Schumacher an, daß ähnliches nun auch für Psychologen fällig sei, sie also nicht dem Heilpraktikergesetz zu unterwerfen wären, wenn entsprechende Studiengänge absolviert sind. Allerdings fehlen noch entsprechende Urteile.

Ich meine, ähnliche Entwicklungen hin zu einer gesellschaftlichen und juristischen Anerkennung des Fachwissens sind nun auch für Lehrer der Sprachwissenschaft und der Sprechwissenschaft - da kompetente Zeichenwissenschaftler - durchzusetzen. Allerdings sind gegenüber dem augenblicklichen Berufsbild zwei wesentliche Zusätze erforderlich, damit auch eine entsprechende gesellschaftliche und dann auch juristische Anerkennung möglich wird:
1. Die Vermittlungspraxis und ihre Kompetenz muß neben der analytisch-theoretischen Kompetenz erlernt und nachgewiesen werden. (Für die Sprecherzieher mit entsprechender Prüfung gilt das bereits. Übrigens fordert schon Freud eine in diese Richtung weisende Allgemeinbildung der nicht unbedingt ärztlichen Psychotherapeuten. Vgl. seine Untersuchung über die Frage der Laienanalyse, Ges. Werke Bd. XIV, London 1948, S.267, zit. nach Schumacher 1970, S. 1947.)
2. Es muß der Wille zu einer gesellschaftlichen Tätigkeit, letztlich also auch zur Berufspolitik vorhanden sein. Das ist nicht nur ein Gebot der Klugheit, sondern auch ein Bedürfnis der uns umgebenden Gesellschaft (nämlich nach Gestaltern), letztlich ist Berufspolitik sogar eine Forderung aus dem Konzept der Mediation wie auch der Andragogik. Übrigens sind nicht umsonst gerade jene Berufsgruppen juristisch anerkannt, die auch berufspolitisch aktiv waren und sind: Ärzte, Zahnärzte, Heilpraktiker, Logopäden. An einem entsprechenden Willen der Linguisten und Sprechwissenschaftler mangelt es noch. Aber das kann sich ja ändern?

## Literatur

Arnold, Wilhelm, Eysenck, Jürgen & Meili, Richard (1980). *Lexikon der Psychologie*. Freiburg: Herder.
Bandler, Richard & Grinder, John (1981). *Metasprache und Psychotherapie. Struktur der Magie I*. Paderborn: Junfermann.

Bandler, Richard & Grinder, John (1982). *Kommunikation und Veränderung. Struktur der Magie II*. Paderborn: Junfermann.

Bartsch, Elmar (1983). Entwurf einer handlungsorientierten Sprechtherapie. In: Allhoff, D.-W. (Hrsg.), *Mündliche Kommunikation: Störungen und Therapie*. Frankfurt/M.: Scriptor, 21-41.

Bartsch, Elmar (1988). Sprechtherapie durch Entwicklung von Gestik und Prosodie. In: Kühlwein, W. & Spillner, B. (Hrsg.), *Sprache und Individuum*. Tübingen: Narr, 164-165.

Bartsch, Elmar (Hrsg.) (1994). *Sprechen, Führen, Kooperieren in Betrieb und Verwaltung. Kommunikation in Unternehmen*. München: Ernst Reinhardt.

Bruner, J. S., Olver, R. R. & Greenfild, P. M. (1971). *Studien zur kognitiven Entwicklung*. Stuttgart: S. Fischer.

Eberhardt, Lothar (1985). Zur Ausübung psychotherapeutischer Behandlung ohne Erlaubnis. In: *Neue Juristische Wochenschrift 38*, 664-666.

Fernau-Horn, Helene (1969). *Die Sprechneurosen*. Stuttgart: Hippokrates.

Freud, Sigmund (1948). Über die Frage der Laienanalyse. In: *Gesammelte Werke*, Bd. XIV. London: Imago, 207-296.

Häfele, Walter (1993). *Systemische Organisationsentwicklung. Eine evolutionäre Strategie für kleine und mittlere Organisationen*. 2., veränderte Auflage. Frankfurt/M.: Lang.

Hahn, Bernhard (1984). In: *Neue Juristische Wochenschrift 37*, 1826-1828.

Hüttemann, Joachim (1990). *Sprachstörung und Kommunikation aus handlungstheoretischer Sicht*. Tübingen: Narr.

Management Center Vorarlberg (1992). *OE-Prozesse systemisch initiieren und gestalten*. 2., überarbeitete Auflage. Dornbirn: Management Center Vorarlberg.

Mandl, Heinz & Spada, Hans (Hrsg.) (1988). *Wissenspsychologie*. München/Weinheim: Psychologie Verlags Union.

Maturana, Humberto R. (1985). *Erkennen: Die Organisation und Verkörperung von Wirklichkeit*. Braunschweig: Vieweg.

Schulze, Gerhard (1992). *Die Erlebnisgesellschaft. Kultursoziologie der Gegenwart*. Frankfurt/M./ New York: Campus.

Schumacher, Detlef (1970). Psychotherapie und Heilbehandlung aus rechtlicher Sicht. In: *Neue Juristische Wochenschrift 23*, 1945-1949.

*Versicherungsrecht 32* (1981), S. 585.

Wygotski, L. S. (1972). *Denken und Sprechen*. Stuttgart: S. Fischer.

# II.

# Verständigungsprobleme und gestörte Kommunikation in verschiedenen Bereichen und Institutionen

# "Hypertonie?" - oder das Gespräch mit PatientInnen als Störung ärztlichen Tuns

*Johanna Lalouschek*

## 1. Einleitung

Personen, die sich für den Arztberuf entscheiden, sind einem langjährigen Prozeß der Ausbildung unterworfen, durch die sie sich "spezifische, sozial relevante Verhaltensweisen und Erfahrungen aneignen, die sie benötigen, um sich als adäquate Institutionsmitglieder behaupten zu können" (Basler et al. 1978), um also den Beruf des Arztes/der Ärztin entsprechend den gesellschaftlichen Erwartungen ausüben zu können. Dies beginnt im Studium durch Erwerb von Fachwissen und Fachvokabular, geht weiter in Praktika und Famulaturen, in denen die angehenden ÄrztInnen unter Anleitung von KollegInnen ihre ersten Erfahrungen mit der Berufspraxis machen, schließlich durch Turnus-[1] und Facharztausbildung in den Krankenhäusern, in denen die praktische Ausbildung vor allem auch direkt "am Krankenbett" z.B. während der Visite oder während der Durchführung von Untersuchungen weitergeführt wird.

Daß eine Fachausbildung an sich unbedingte Notwendigkeit ist, steht hier außer Frage; was aufgezeigt werden soll, ist das paradox anmutende Faktum, daß gerade die Art der herkömmlichen theoretischen und praktischen medizinischen Ausbildung in ganz komplexer Weise Auslöser für vielfältige Kommunikationsstörungen in den Gesprächen mit Patienten und Patientinnen ist.

## 2. Die berufliche Sozialisation von MedizinstudentInnen und ÄrztInnen

Im Medizinstudium, so wie es sich traditionellerweise darstellt, geht es erstens um die *Aneignung von "Experten-Wissen"*, d.h. also um die theoretische und praktische Ausbildung zum Erwerb von medizinischem Fachwissen und zum Ausüben von professionellen ärztlichen Tätigkeiten. Diese Ausbildung ist geprägt von einem somatisch-technisch orientierten Verständnis von Krankheit, das das erkrankte Organ bzw. das Symptom in den Mittelpunkt der Aufmerksamkeit stellt und nicht das erkrankte Individuum in einem ganzheitlichen Sinne. Was den sozialisatorischen Aspekt der ärztlichen Tätigkeiten betrifft, so werden darunter deshalb Diagnoseerstellung, Behandlung und therapeutische Tätigkeiten verstanden, nicht aber das ärztliche Gespräch an sich. In der Ausbildung und Praxis, so wie sie sich heute darstellt, hat das Gespräch mit den PatientInnen eher den Status eines "Rahmens",

---

[1] Der *Turnus* bedeutet in der österreichischen Medizinerausbildung eine dreijährige allgemeinärztliche Ausbildung, die an das Studium anschließt und mit der das ius practicandi erworben wird; die angehenden ÄrztInnen heißen während dieses Ausbildungsschritts TurnusärztInnen.

innerhalb dessen die "eigentlichen" ärztlichen Tätigkeiten stattfinden. Die Fähigkeit, Gespräche mit PatientInnen zu führen, wird als unspezifische kommunikative Fähigkeit vorausgesetzt.

Zweitens geht es in der medizinischen Berufsausbildung um die sukzessive Internalisierung von Einstellungen, Erwartungen und Werten im Zusammenhang mit der Ausgestaltung der *Arzt-Rolle* (Tewes et al. 1978). Die Einstellungen werden einerseits durch die Art der Ausbildung im Studium mitvermittelt, üblicherweise also durch eine primär somatisch-technisch ausgerichtete, und andererseits über die gesamte weitere berufliche Praxis erworben. Diese Prägungen führen dazu, daß die angehenden ÄrztInnen die Rolle des Arztes/der Ärztin entsprechend den gesellschaftlichen und institutionellen Erwartungen auszufüllen lernen. Klassische Anforderungen und Erwartungen an die Rolle des "Arztes" sind nach Parsons (1958) Universalität, also Gleichbehandlung aller Kranken, Uneigennützigkeit, fachliche Kompetenz und affektive Neutralität. An dieser Stelle möchte ich lediglich auf die beiden letztgenannten Begriffe "fachliche Kompetenz" und "affektive Neutralität" näher eingehen.

*Affektive Neutralität* meint, daß ÄrztInnen die Qualität der Behandlung nicht von ihren persönlichen Gefühlen den Kranken gegenüber abhängig machen dürfen. Ärztliches Handeln muß sachlich begründet sein und nicht von individueller Sympathie oder Antipathie geleitet. Im Zusammenhang mit der Forderung, nicht das erkrankte Individuum, sondern das objektivierbare Symptom in den Mittelpunkt der Aufmerksamkeit zu stellen, bekommt die Forderung nach affektiver Neutralität für ÄrztInnen jedoch den Charakter eines Gebotes, Gefühle nicht haben oder nicht wahrnehmen zu dürfen.

Nun zur *"fachlichen Kompetenz"*: damit ist vor dem Hintergrund eines rein somatisch orientierten Verständnisansatzes von Krankheit die Diagnose und Therapie von pathologisch veränderten Organstrukturen und gestörten Organfunktionen gemeint. Die Vorbereitung dafür findet nach Basler (1978, 88) in den ersten Semestern des Medizinstudiums statt, in denen die StudentInnen von den PatientInnen ferngehalten werden, stattdessen Leichen sezieren und histologisch untersuchen und erfahren, daß die Gegenstände ihres Faches der menschliche Körper, Organe und Zellverbände sind, die bestimmte Strukturen haben und die richtig oder falsch funktionieren können. Die Untersuchung der Kranken ist eine Untersuchung einzelner Subsysteme, die sowohl aus ihrer Interaktion als auch aus den Funktionen, die sie für das Gesamtsystem haben, herausgelöst werden. Diese Schritte der Teilung, Herauslösung und biomedizinischen Reduktion können als Prozeß der *Fragmentierung* bezeichnet werden, ein Vorgang, den Köhle & Joraschky (1990, 415) als einen die Sicht verzerrenden Eingriff in das untersuchte Objekt bezeichnen und der sich - wie alle Formen des Handelns an sich - auch im sprachlichen Handeln widerspiegelt.

Was in der heutigen Ausbildung nicht systematisch gelehrt und daher nicht zum eigentlichen medizinischen Expertenwissen gezählt wird, sind Techniken einer patientenzentrierten Gesprächsführung, ist das Wissen über die Dynamiken in der Arzt-Patienten-Beziehung, der reflektierende Umgang mit Betroffenheit und Gefühlen, den eigenen wie denen der PatientInnen, und der Umgang mit nicht rein medizinischen, also gesamtheitlichen, psychosozialen Informationen und deren produktiver Einsatz für die Diagnostik.

Aus diesen Gründen kommen innerhalb des somatisch-technischen Verständnisansatzes von Krankheit Fragen zum subjektiven Erleben und zur individuellen Geschichte des/der Kranken oder Fragen nach Problemen in der Interaktion zwischen PatientInnen und ÄrztInnen nicht vor. Derartige Informationen können über die fachsprachliche Begrifflichkeit nicht zugeordnet und daher nicht verarbeitet werden. Sie sind sozusagen *sinnlos*, da sie aus einem anderen, nämlich gesamtheitlichpatientenzentrierten medizinischen Ansatz stammen (vgl. dazu Adler et al. 1990).

## 3. Medizinischer Diskurs: die Fragmentierung von Beschwerden

In den herkömmlichen Arzt-Patienten-Gesprächen stehen sich ÄrztInnen und PatientInnen aufgrund der spezifischen Sozialisation mit je unterschiedlichen Realitätsorientierungen gegenüber: die der ÄrztInnen leitet sich aus dem, wie oben ausgeführt, somatisch orientierten Krankheitsmodell ab, die der PatientInnen stammt aus dem je individuell erlebten Zusammenhang von Krankheit und persönlichen Lebensumständen (Fehlenberg, Simons & Köhle 1990). ÄrztInnen haben zur Beschreibung von Krankheiten und Krankheitsbildern das Repertoire der medizinischen Fachsprache zur Verfügung, PatientInnen verwenden umgangssprachliche Beschreibungen für ihre individuellen Beschwerden (die je nach dem Ausmaß der Erfahrungen mit dem Gesundheitswesen mehr oder weniger von fachsprachlichen Äußerungen und Begriffen durchdrungen oder abgelöst werden).

Im herkömmlichen ärztlichen Gespräch findet aufgrund dieser Bedingungen ein Übersetzungsprozeß statt, den ich, in Anlehnung an die Beschreibung des "fachlich kompetenten ärztlichen Handelns", als *"Prozeß der Fragmentierung"* bezeichnen möchte (Lalouschek 1995). Um eine fachlich korrekte Diagnose stellen zu können, müssen die Beschwerdenschilderungen der PatientInnen, die vorwiegend der Umgangssprache entstammen und gesamtheitliche Bedeutungsinhalte transportieren, in die institutionell vorhandene Begrifflichkeit, also in Symptome, übersetzt werden. D.h., mittels des Einsatzes professioneller sprachlicher Handlungen unterziehen die ÄrztInnen die Äußerungen der PatientInnen einem Prozeß der Fragmentierung: sie zerteilen die Darstellungen, selektieren jene "Beschwerden" heraus, für die eine Symptomatik existiert, und reduzieren so den gesamtheitlichen Bedeutungsumfang der jeweiligen Äußerungen auf die biomedizinisch relevante Bedeutung des selektierten Begriffs. Über die Kategorisierung der Beschwerden als Symptome werden diese institutionell wahrgenommen und können entsprechend verarbeitet werden. Dieser Vorgang wird dementsprechend auch als *"Institutionalisierung von Krankheit"* (Rehbein 1986) oder als "*context-stripping*" (Mishler 1984) bezeichnet.

Anhand von Textausschnitten aus einem Anamnesegespräch (Aufnahmegespräch) zwischen einem Arzt und einem Patienten möchte ich diesen Prozeß der

Fragmentierung und die dadurch entstehenden Kommunikationsprobleme aufzeigen.[2] Der 62-jährige Patient ist wegen Herzbeschwerden ins Krankenhaus aufgenommen worden.

**TEXT 1**

Am: Turnusarzt, männl.
Pm: Patient, 62, männl., Herzbeschwerden

```
015 Am:                   mhm - nja und was ham Sie jetzt mitn Herz

    Am: für Beschwerden?
016 Pm:           und jetza hab i -i kann mi net derfanga, i kann

017 Pm: net schlafen, i hab auf da linken Seiten - so a Brennen,

    Am:            also nicht anfallsartig? des is dauernd.
018 Pm: und wia - -                                          des is

    Am:          (   )                   und: Sie ham gsagt
019 Pm: jetzt dauernd - i kann net schlafn.- -

    Am: seit Ostern wars ab/ob und zu.                     und
020 Pm:                                  ab und zu - und jetz -jetz

    Am: seit wann is dauernd?
021 Pm: is                      des is erst seit i ausm Spital

022 Pm: kommen bin.
```

Der Arzt eröffnet das Gespräch mit einer Aufforderung an den Patienten, seine Herzbeschwerden zu schildern. Der Patient beginnt die Darstellung mit der umgangssprachlichen Formulierung "*i kann mi net derfanga*" (016)[3], die ein insgesamt mangelndes Wohlbefinden beschreibt, anschließend nennt er Schlafprobleme. Erst seine dritte Zustandsbeschreibung ("*so a Brennen*" (017)) bezieht sich direkt auf die vom Arzt angesprochenen Herzbeschwerden. Der Arzt unterbricht an diesem Punkt die Folgeäußerung des Patienten und stellt eine Entscheidungsfrage, die die Qualität dieses "Brennens" spezifizieren soll. Indem der Arzt sich mit dieser Frage ausschließlich auf den einen Äußerungsteil bezieht, *fragmentiert* er die Beschwerdendarstellung: Er zerteilt die Darstellung, selektiert die medizinnahe Beschreibung heraus und reduziert die Gesamtäußerung auf diesen Begriff. Der Patient beantwortet diese Frage und nimmt seine unterbrochene Darstellung wieder auf, indem er seine Schlafprobleme wiederholt (019). Wieder überlappt der Arzt diesen Hinweis mit einer das Brennen weiter abklärenden Frage (019), ein Vorgang, der sich gleich anschließend nochmals wiederholt (020).

---

[2] Alle in diesem Artikel zitierten Textausschnitte stammen aus den Wiener Forschungsprojekten zur Arzt-Patienten-Kommunikation (vgl. Hein et al. 1985, Lalouschek, Menz & Wodak 1990, Lalouschek 1995).

[3] Österreichisch "sich erfangen" (umgangsspr. "derfangen") bedeutet im Binnendeutschen etwa "wieder auf die Beine kommen", "sich von etwas erholen".

Im Hinblick auf die eingangs formulierten Überlegungen zur medizinischen Sozialisation läßt sich dieser kurze Textausschnitt folgendermaßen beschreiben: Der Arzt "zerlegt" ("seziert") im Dienste der Symptomerhebung und Diagnosestellung die individuelle, ganzheitliche Beschwerdenschilderung des Patienten in voneinander isolierte Einzelbeschwerden, um den Patienten institutionell wahrnehmbar zu machen. Er übersetzt die umgangssprachlichen Formulierungen selektiv in medizinnahe Einzelbegriffe und verhindert durch Unterbrechungen, Entscheidungsfragen zum "medizinischen" Thema und Themenwechsel, die nur mit entsprechendem Fachwissen nachvollziehbar sind, zusätzliche Äußerungen oder Erzählversuche des Patienten. Damit werden erstens die vom Patienten erlebten Zusammenhänge und individuellen Bedeutungen sukzessive aus dem Gespräch ausgeblendet, zweitens wird seine Möglichkeit der aktiven Beteiligung am Gesprächsverlauf auf die Beantwortung der ärztlichen Fragen eingeschränkt.

Eine Konsequenz, die sich aus dieser typischen Form der ärztlichen Gesprächsführung ergibt, ist, daß PatientInnen, die in den für sie relevanten Darstellungen unterbrochen werden, immer wieder versuchen, diese neuerlich einzubringen oder weiterzuführen, was zu wiederholten Unterbrechungen von Seiten der ÄrztInnen führt (vgl. die Flächen (018-021) und - in einem circulus vitiosus - ihren schon bestehenden Eindruck verstärkt, PatientInnen würden ohne entsprechende "Zügelung" weit abschweifen und nicht zu erzählen aufhören, was sie zu einer noch strafferen Gesprächsführung veranlaßt. Helmich et al. (1991, 275) bezeichnen diesen Prozeß als "das Ergebnis der Eskalation im Scheitern des Versuchs, sich den ÄrztInnen verständlich zu machen". Wie sich im weiteren Verlauf der Anamnese herausstellt, sind gerade die ausgeblendeten umgangssprachlichen Zustandsschilderungen für den Patienten und sein tatsächliches Befinden hoch bedeutsam:

**TEXT 2**

|      | Am: Und zu Ostern hams eine Lungenentzündung gehabt? |
|------|------|
| 050  | Pm:                                                                Des hab i |

|      | Am:                        Und des is gut worden? |
|------|------|
| 051  | Pm: heuer schon des zweite Mal.                  Des |

| 052 | Pm: erste Mal is gut wordn - und des zweite Mal - seit dem |
|------|------|

|      | Am:                       Na was san für Beschwerdn? |
|------|------|
| 053  | Pm: zweitn Mal kann i mi net derfangen. |

|      | Am:            Kreuzschmerzen. -- Ja - und sind die seit |
|------|------|
| 054  | Pm: Kreuzschmerzen. |

|      | Am: Ostern - haben Sie da auch die Herzbeschwerdn? |
|------|------|
| 055  | Pm:                                                      Herzbeschwerdn. |

\* \* \*

|      | Am:                  Schmerzen nachm Essen oder vorm? |
|------|------|
| 065  | Pm: Magenschmerzen auch. |

| | |
|---|---|
| Am: | Ham Sie a Brennen oder was sind das für |
| 066 Pm: | I hab nix gessen. |

| | |
|---|---|
| Am: Schmerzen? | Aber |
| 067 Pm: | Brennen - Stechen - do in dera Gegend. |

| | |
|---|---|
| Am: zusätzlich zu den Schmerzen in der Brust. | |
| 068 Pm: | In da Brust. |

Schritt für Schritt und eher zufällig klärt sich auf, daß hinter der umgangssprachlichen und mehrmals wiederkehrenden Äußerung "*i kann mi net derfanga*" (016, 053) eine zweimalige Lungenentzündung, beträchtliche Magenbeschwerden, Kreuzschmerzen und auch die Herzbeschwerden stecken. Mit dieser Äußerung bezeichnet der Patient sein zentrales Problem. Sie erfaßt in ihrer gesamtheitlichen Bedeutung alle seine Einzelbeschwerden und sein insgesamt schlechtes körperliches Befinden. Darum ist sie für den Patienten von wesentlich größerer individueller Erlebensrelevanz als die Herzschmerzen alleine. Aus diesem Grund steht sie bei der Schilderung seiner Beschwerden (016) an erster Stelle, und aus diesem Grund kann der Patient seine Herzbeschwerden auch nicht einfach isoliert wahrnehmen und schildern.

Eine Wirkung des Gesprächsverhaltens des Arztes zeigt sich darin, daß sich der Patient an diesem Punkt des Gesprächs auf eine fast ausschließlich reaktive Position zurückgezogen hat und er in seinen Antworten den Prozeß der Fragmentierung sozusagen schon vorwegnimmt: er geht auf die Fragen des Arztes nur mehr telegrammstilartig ("*Kreuzschmerzen*" (54), "*Magenschmerzen auch*" (65)) oder echoartig ein und fügt keine zusätzlichen Informationen mehr hinzu.

Es zeigt sich also, daß dieses somatisch orientierte Gesprächsverhalten des Arztes einen starken Einfluß auf das Sprachverhalten des Patienten ausübt, oder allgemeiner gesprochen, daß auch PatientInnen im Kontakt mit der Institution Gesundheitswesen im Sinne der Institution "ausgebildet" werden und speziell in Gesprächen mit ÄrztInnen einen Prozeß der Einsozialisation in den medizinischen Diskurs erfahren.

### 4. "Do you speak doctor's language?" - Die Sozialisierung von PatientInnen in den medizinischen Diskurs

Je mehr Erfahrungen Patienten und Patientinnen mit Krankenhausaufenthalten und ärztlichen Konsultationen haben, desto geläufiger sind ihnen die Regularitäten von herkömmlichen ärztlichen Gesprächen und natürlich auch die Erwartungen, die ÄrztInnen an PatientInnen haben. PatientInnen wissen also im Normalfall, daß ÄrztInnen eine knappe, somatisch orientierte Leidensdarstellung in "Berichtform" bevorzugen. Brucks, v. Salisch & Wahl (1984, 29) stellten fest, daß ÄrztInnen umso spezifischer auf Beschwerdenschilderungen eingehen, je "medizinnaher" sie vorgebracht werden. Cicourel (1985) konnte zeigen, daß PatientInnen medizinnahe Äußerungen und Fachvokabular zur Beschwerdenbeschreibung verwenden, in der

Meinung, so von den ÄrztInnen eher verstanden zu werden. Der Gebrauch dieser "*doctor's language*" (Cicourel 1985, 195) hat jedoch seine Tücken. Ein routinierter Patient ist wegen eines akuten Asthmaanfalles eingeliefert worden. Er beherrscht das seine Krankheit betreffende Fachvokabular, er kennt sich aufgrund seiner Erfahrung mit den Krankenhausroutinen aus, und er kann sich im Aufnahmegespräch schnell mit dem gesprächsführenden Arzt "verständigen". Diese scheinbar problemlose Verständigung mit PatientInnen, die ausreichend und gut informiert wirken, kann jedoch trügen:

**TEXT 3**

Am: Arzt
Pm: Patient, 65 Jahre

```
        Am: Scharlach hamS ghabt?                     ja. Diabetiker oder so
095 Pm:            nein Mumps' sonst weiß ich nicht.

        Am: sind Sie nix zufälligerweise.      gut. - Hypertonie?
096 Pm:                               nein'nein.              nein. --

097 Pm: ah moment daß i ja net lüg' des bittschön des müßte irgendwie (   )

        Am:                                                               ja.
098 Pm: es is aber da, es is da no irgend a Befund dabei mit genauen ---

        Am: --- wir wern das dann schon anschaun noch.
099 Pm:                                              EKGs sind ja auch alle

        Am:              ja'ja.
100 Pm: Streifen da.
```

Der Arzt fragt den Bereich "Kinderkrankheiten und chronische Krankheiten" ab. Der etwas unklare thematische Wechsel des Patienten von Hypertonie (Bluthochdruck) zu den EKGs klärt sich im Interview, das mit dem Patienten anschließend an das ärztliche Gespräch geführt wurde, in unerwarteter Weise auf:

```
078 Im: ah da is im Lauf des Gesprächs mit dem Arzt ah ein medizinisches
079     Fachwort gefalln, - Hypertonie. - wissen Sie was das auf deutsch is?
080 Pm: ja, das is eine Herzüberlastung. weiß aber nicht genau, weil ich es
081     nicht habe. ja' weiß ich es nicht. - ich kann Ihnen schon sagen weil
082     ichs von anderen weiß, das is eine Herzrhythmusstörung.
```

Deutlich zeigt sich, daß der Patient, der das Fachvokabular zu seiner Krankheit beherrscht und gut informiert zu sein scheint, den Arzt dazu verleitet, vermehrt Fachausdrücke zu verwenden, und zwar auch aus nicht unmittelbar krankheitsrelevanten Bereichen. Der langjährige Patient, der sich als Folge seiner Kooperationsbereitschaft und Gutinformiertheit ja auch eine wohlwollende Behandlung von Ärzteseite erwartet, kann sein medizinisches Unwissen deshalb nicht so einfach zugeben. Mißverständnisse, die dadurch entstehen, bleiben im Normalfall jedoch unerkannt.[4]

---

[4] Das Interview mit dem Patienten, in dem sich das Mißverständnis zeigte, war ja Teil des Forschungsprojektes, nicht der medizinischen Untersuchung.

Es scheint, daß PatientInnen ihr mangelndes Wissen dennoch indirekt markieren, und zwar durch den Einsatz von abschwächenden Routineformeln (Coulmas 1981) wie "*daß i ja net lüg* (097)" oder "*könnt ich nicht sagen*" ((187) im folgenden Textbeispiel).

Der ebenfalls erfahrene Patient ist ins Spital eingeliefert worden, weil sein Blutzuckerspiegel aufgrund einer Cortisonbehandlung gegen seinen Ischiasanfall massiv gestiegen ist. Gegen Ende des Gesprächs fragt der Arzt den Bereich "Allergien" ab:

**TEXT 4**

Am: Arzt
Pm: Patient, 66 Jahre

```
        Am: ham Sie irgendeine Allergie?      Allergie?
187 Pm:                                ---              -- könnt ich nicht sagen.

        Am: mhm.'                                                  na'na. das hat
188 Pm:          nur der Ischias wiederholt sich alle zwei Jahre.

189 Am: mit Allergie nix zu tun. ham Sie irgendeine Überempfindlichkeit auf

        Am: Medikamente' - Röntgenkontrastmittl' oda
190 Pm:                                              nein. - außa wiegesagt das

191 Pm: Cortison' - cortisonhåltige Präparate, net' - die wirkn sich für

        Am:     ja aba das hat mit Allergie nix zu tun. -- so Penicillinallergie?
192 Pm: mich

193 Pm: na. hob i net.
```

Der Patient ist sich über die medizinische Gesamtbedeutung des Begriffs "Allergie" im unklaren, auf die umgangssprachliche Reformulierung des Arztes "*Überempfindlichkeit gegen Medikamente ...* (189)" kann er jedoch sehr wohl antworten. Zu dieser Reformulierungshandlung kommt es allerdings nur, weil der Patient in (188) auf seine regelmäßigen Ischiasanfälle hingewiesen hat. Dies und sein weiterer Hinweis, daß sich cortisonhaltige Präparate bei ihm schlecht auswirkten, machen transparent, daß der Patient mit "Allergie" eine umgangssprachliche Gesamtbedeutung wie "schlecht auf etwas reagieren" verbindet bzw. sich trotz seiner bisherigen Erfahrung nicht (mehr) sicher ist, ob seine körperlichen Beschwerden wie Ischias und die Reaktion auf Cortison aus medizinischer Perspektive nicht auch unter dem Begriff "Allergie" subsumiert werden müssen. Im nachfolgenden Interview meint dieser Patient übrigens, daß er alle Ausdrücke, die der Arzt verwendet hat, gut verstanden hat.[5]

---

[5] Da diese Interviews so wie die vorangegangenen ärztlichen Gespräche in den Krankenzimmern durchgeführt wurden und die UntersucherInnen während ihres Aufenthalts im Krankenhaus weiße Mäntel tragen mußten, ist anzunehmen, daß die PatientInnen sie trotz Vorinformationen ebenfalls für medizinisches Personal hielten und sie deshalb zu betont positiven ("sozial erwünschten") Antworten neigten (vgl. Hein et al. 1985).

Daß ÄrztInnen gut vorbereitete, kooperationswillige PatientInnen tatsächlich bevorzugen, zeigt ein Interview mit einer Turnusärztin:

```
Im: Wie sieht für Sie das ideale Anamnesegespräch aus?
Aw: Naja - es is sicher recht gut und recht angenehm - wenn der Patient schon
    drauf vorbereitet is daß ma ihn also ausfragen wird über seine verschie=
    denen früheren Krankheitn und Operationen. Und so weiter. Also es gibt
    zum Beispiel Leute - die kommen schon ins Krankenhaus mit einer wunder=
    vollen zusammengestellten Liste - wo also in chronologischer Reihenfolge
    vom Bruch der kleinen Zehe bis zur Blinddarmoperation und zur Gallen=
    operation alles schön aufgeschriebm is. Das is sehr praktisch - spart
    viel Zeit. Aba - mein Gott - man kanns halt nicht von jedn Patientn
    erwartn.
```

"Gute" PatientInnen sollen also nicht nur gut über ihre Krankheit Bescheid wissen, sondern auch gut vorbereitet sein auf das, was sie erwartet, sprich, mit den ärztlichen Routinen so vertraut sein, daß diese zügig und ungestört ablaufen können.

## 5. Ärztliche Routinehandlungen

Medizinische Ausbildung beinhaltet auch den Erwerb von ärztlichen Routinehandlungen. Diese können einerseits dem medizinischen Fachwissen zugeordnet werden, wie z.b. die Internalisierung des inhaltlichen Ablaufschemas von Anamnesegesprächen, andererseits betreffen sie das gesamte Insiderwissen über die üblichen organisatorischen Arbeitsabläufe in Krankenhäusern und deren jeweilige Funktionen im Gesamtzusammenhang, also z.b. Aufnahme- und Entlassungsprozeduren, Spezialuntersuchungen, Visiten etc.

Im Rahmen des Forschungsprojekts "Kommunikation zwischen Arzt und Patient" (Hein et al. 1985) wurden TurnusärztInnen befragt, wie und wo sie die Durchführung von Anamnesegesprächen gelernt hätten. Die Befragten gaben recht übereinstimmend zwei Quellen an: zum einen gibt es Lehrbücher zur Anamneseerhebung, in denen man sich sozusagen "*autodidaktisch*" (Zitat einer Turnusärztin) informieren kann; zum anderen lernt man es im Rahmen der praktischen Ausbildung, also Praktikum und Turnus, durch Zuhören und selbstgeführte Gespräche unter der Anleitung von ÄrztInnen in Ausbildung.

*Turnusärztin*: "Naja - des lernt ma entweder schon beim Famuliern während des Studiums oder ebm aber beim Beginn des Turnus auf der erstn Station wo ma ebm hinge/zugeteilt wird. Do is oiso dann irgendjemand meistns - der einem unter die Fittiche nimmt - meistns sinds wieder Turnusärzte die halt dann den Famulantn oder den neuen Kollegen unter die Fittiche nehmen - sich seiner annehmen und ihm das beibringen."

Menz (1991) untersuchte, welche Inhalte und Fertigkeiten den angehenden ÄrztInnen bei dieser "praktischen Gesprächsausbildung" vermittelt werden. Von großer Bedeutung ist das Erfüllen der formalen Kriterien entsprechend den Verwaltungsvorschriften. Es wird ihnen beigebracht, das Anamneseblatt korrekt auszufüllen; hierbei werden sie speziell über die Verwendung von Jargonausdrücken und zeitsparenden Abkürzungen instruiert. Zugleich wird ihnen die Reihenfolge der verschiedenen Fragen und Fragenkomplexe beigebracht. Besonders deutlich wird die sozialisatorische Funktion beim Einsatz der medizinischen Fachsprache: die umgangssprachlichen Äußerungen der PatientInnen werden von den anleitenden ÄrztInnen explizit und mit entsprechenden Kommentaren versehen, in die medizinische Fachsprache übersetzt und von den angehenden ÄrztInnen in das Anamneseblatt eingetragen. Worauf wenig Bedacht genommen wird, ist, die PatientInnen in diesen Gesprächen nicht lediglich als Objekte des Lernens wahrzunehmen, sondern als Subjekte und eine Beziehung zu ihnen herzustellen.

Das so erlernte Ablaufmuster eines Anamnesegesprächs umfaßt die Schritte Kinderkrankheiten, frühere Erkrankungen und Krankenhausaufenthalte, Familienanamnese, aktuelle Beschwerden, chronische Erkrankungen (Diabetes, Hochdruck etc.), aktueller Gesundheitszustand (Appetit, Verdauung und Schlaf), Allergien sowie die Adresse des Hausarztes; wobei die Abfolge der Schritte variabel gehalten werden kann. Dieses internalisierte Ablaufschema ermöglicht es den ÄrztInnen, den thematischen Verlauf der Anamnesegespräche zu kontrollieren. In Text 3 (s.o.) wechselt der Arzt ohne Markierung der Übergänge vom Ablaufschritt "Kinderkrankheiten" (095) zum Ablaufschritt "chronische Erkrankungen" (095, 096).

```
Am: Arzt
Pm: Patient, 65 Jahre

         Am: Scharlach hamS ghabt?              ja. Diabetiker oder so
 095 Pm:             nein Mumps' sonst weiß ich nicht.

         Am: sind Sie nix zufälligerweise.      gut. - Hypertonie?
 096 Pm:                            nein'nein.                  nein. --
```

Diese inhaltlich vermeintlich unzusammenhängende Sequenz von Fragen ist für die ÄrztInnen aufgrund ihres Routinewissens durchaus zusammenhängend und funktional. Für die PatientInnen ist dieser Zusammenhang ohne dieses interne Wissen oft wenig nachvollziehbar, was ihre Möglichkeiten, aktiv und eigenständig zum Gespräch beizutragen, massiv einschränkt, selbst wenn sie Erfahrung mit dem Gesprächstyp "Anamnesegespräch" haben.

Deutlich tritt dies auch im eingangs schon analysierten Gespräch (Text 1 und Text 2) hervor: Der Patient hat mehrmals auf seine Schlafprobleme hingewiesen. Am Ende des Gesprächs geht der Arzt, entsprechend *seinem* internen Ablaufschema einer Anamnese, den Schritt "Appetit, Verdauung, Schlaf" durch:

**TEXT 5**

```
         Am: wie schlafen Sie?          weswegen? können Sie nicht
 090 Pm:               sehr schlecht.

         Am: einschlafen oder hams Schmerzen?
 091 Pm:                              i kann net einschlafen.

         Am:                          wegen Kreuzschmerzen.
 092 Pm: i kann überhaupt net liegn.                    wegen de

 093 Pm: Kreuzschmerzen und wegen dem Ding da - wegn dera Seitn.
```

*"Hypertonie?" - oder das Gespräch mit PatientInnen als Störung ärztlichen Tuns*

Die Frage des Arztes "*wie schlafen Sie?*" (90) macht deutlich, daß er die dazu erfolgten Hinweise des Patienten beim Ablaufschritt "aktuelle Beschwerden" nicht wahrgenommen hat. Da es nun aber um den Ablaufschritt "Appetit etc." geht, wären zusammenhängendere Beschwerdenschilderungen von seiten des Patienten thematisch unangebrachte Informationen.

ÄrztInnen haben durch ihr Fachwissen und ihre Berufsroutine ein klares Konzept, wie die jeweiligen Gespräche und Untersuchungen, die sie mit den PatientInnen führen, ablaufen sollen, welche Funktion sie in der Behandlung erfüllen, welche Informationen deshalb jeweils wichtig sind und welche nicht. Dieses Routinewissen kann für die PatientInnen natürlich nicht generell vorausgesetzt werden. Trotzdem sind patientenorientierte, also nachvollziehbare Informationen über Zweck und Verlauf von Gesprächen und Untersuchungen nicht selbstverständlicher Bestandteil von Arzt-Patient-Interaktionen. Solche Orientierungshinweise sind jedoch notwendig, um PatientInnen angemessen handlungsfähig zu machen, so daß sie z.B. einschätzen können, welche Informationen und Darstellungen in welchem Ausmaß für das jeweilige Gesprächs- oder Untersuchungsziel relevant sind. Dies betrifft vor allem Spezialuntersuchungen, zu denen auch routinierteren PatientInnen oft das Erfahrungswissen fehlt.

Ein eindrucksvolles Beispiel für eine Spezialuntersuchung ist die sogenannte "Operationsfreigabe". PatientInnen, die vor einem operativen Eingriff stehen, müssen, sofern sie nicht auf der internistischen Abteilung liegen, auf der internen Ambulanz des Krankenhauses routinemäßig daraufhin untersucht werden, ob die Operation stattfinden kann oder ob Befunde dagegen sprechen. Die Untersuchung besteht aus den Schritten EKG anlegen, Blutdruck messen, Abhorchen und Abklopfen von Herz, Lunge und anderen inneren Organen, Feststellung der derzeitigen medikamentösen Therapie und des Alkohol- und Nikotinkonsums. Eine Operationsfreigabe ist für die ÄrztInnen eine Routinesituation mit klar geregeltem Ablauf und sogenannten "Standardfragen". Für die ÄrztInnen ist dieses Konzept klar, nicht so für die PatientInnen.

Während des folgenden kurzen Gesprächsausschnittes trägt die Ambulanzärztin die Informationen des Patienten in seine Befundmappe ein und blättert auch in seiner Krankengeschichte.

```
Text 6
Aw: Turnusärztin
Pm: Patient, 57 Jahre

        Aw: was wird bei Ihnen operiert?                    (      ) -
   027  Pm:                                   ah - de - Carotis.

        Aw: links' mhm.' - ham Sie schon Operationen ghabt?
   028  Pm:                                                  nein. - na.

        Aw: noch gar keine?                                    schwerere
   029  Pm:            noch gor kane. - is des a Fehler?
```

```
      Aw: Erkrankungen mit Herz - Lunge?          Herzinfarkt- wann
030   Pm:                                Herzinfarkt
```

```
      Aw: war das?            und ham Sie seither mit dem Herzen
031   Pm:           78 im Mai. - -
```

```
      Aw: Beschwerden?-
032   Pm:              na - fallweise hab ich - aber ich bin - sehr

033   Pm: gut belastbar gewesen - (letzte Zeit) also a hohe
```

```
      Aw:                                  mhm.'           mhm.'
034   Pm: Belastbarkeit ghabt. - - und - relativ alles in Ordnung.
```

Dieser erfahrene Patient beherrscht die medizinischen Fachausdrücke seiner Krankheiten, spricht also "doctor's language". In seinen Antworten beschränkt er sich auf die schlagwortartige Verwendung fachlicher Termini ("*Carotis*" (027), "*Herzinfarkt*" (030)), auf eine objektive Datenwidergabe ("*78 im Mai*" (031)), auf die Frage nach seiner persönlichen Befindlichkeit reagiert er mit medizinnahen Formulierungen wie "*a hohe Belastbarkeit gehabt*" (033/4).

Der eigentliche Zweck der ärztlichen Fragen ist nur im Rahmen der speziellen Untersuchungsaufgabe zu verstehen: es geht um eine Freigabe für eine Operation. Die Frage nach den früheren Operationen (028) bezieht sich v.a. auch auf die Erfassung von etwaigen Narkosezwischenfällen oder anderen Operationskomplikationen. Da es für Patienten in seinem Alter und mit einer Reihe von früheren Krankenhausaufenthalten eher ungewöhnlich ist, noch keine Operationen hinter sich zu haben, klärt die Ärztin diesen untersuchungstechnisch wichtigen Punkt nachfragend nochmals ab (029). Daß der Patient den Sinn dieser Nachfrage nicht beurteilen kann, zeigt seine "joviale" Äußerung "*noch gor kane.- is des a Fehler?*" (029), als ginge es der Ärztin nur um eine möglichst interessante Patientenkarriere. Es ist ihm also nicht klar, worauf die Ärztin hinaus will. Mit dieser Äußerung markiert der Patient "Nicht-Verstehen": sie ist als allgemeine Frage formuliert ein indirektes Klärungsansuchen an die Ärztin; die Jovialität dient der weiteren Abschwächung, da klärende Nachfragen von Patientenseite unüblich sind, sie als Kritik am ärztlichen Handeln aufgefaßt werden können und den Patienten in seiner Abhängigkeit vom ärztlichen Wohlwollen damit in eine problematische Position bringen können.

Die Ärztin geht darauf nicht ein. Sie stellt die nächste Frage (029/030), die routinemäßig auf die vorherige folgt. Für die Ärztin ist der Ablauf also durchaus zusammenhängend. Der Patient reduziert seine Antwort auf ein Minimum "*Herzinfarkt*" (030). Auffallend ist seine Antwort auf die vertiefende Nachfrage der Ärztin, ob er seitdem mit dem Herzen Beschwerden hätte (031/032), eine Frage, die für die bevorstehende Operation natürlich höchst relevant ist. Der Patient beginnt mit einer umgangssprachlich formulierten, möglicherweise bedeutsamen Äußerung "*na - fallweise hab ich*" (032), die eine Schilderung von aktuellen Beschwerden erwarten läßt. Er unterbricht sich jedoch selbst und führt mit einer fachsprachlichen Formulierung eines positiven medizinischen Befundes fort "*aber ich bin - sehr gut belastbar gewesen*" (032/033), die er in der Wiederholung durch Substantivierung noch stärker fachsprachlich reformuliert ("*a hohe Belastbarkeit gehabt*" (034)). Die

Folgeäußerung "*und - relativ alles in Ordnung*" (034) verstärkt die Vermutung, daß die Belastbarkeit fallweise doch nicht so gut ist. Die Ärztin fragt nicht weiter nach: der Hinweis auf den positiven medizinischen Befund der Belastbarkeit ist für die Operationsfreigabe vermutlich ausreichend, ein näheres Eingehen auf die Befindlichkeit des Patienten ist nicht Zweck dieser Untersuchung. Da sie nicht seine behandelnde Ärztin ist, könnte sie dies auch gar nicht leisten.

Aufgrund seines zu geringen Informationsstandes kann der Patient den inneren Zusammenhang und die eigentliche Bedeutung der ärztlichen Fragen nicht wirklich nachvollziehen. Dadurch kann er auch nicht eindeutig abschätzen, welche Antworten von ihm erwartet werden. So wechselt er zwischen rein fachlichen Informationen und kurzen Erzählansätzen. Sein indirekter Klärungsversuch wird von der Ärztin nicht wahrgenommen. Ganz allgemein erschwert PatientInnen diese mangelnde Gesamtorientierung, sich aktiv am Gespräch zu beteiligen und z.b. günstige Momente zu erkennen, um für sie relevante Fragen zu stellen, aber auch einschätzen zu können, in welcher für sie relevanten Funktion sie die jeweils betreffenden ÄrztInnen wahrnehmen sollen.

Diese stark routinisierten Spezialuntersuchungen der internen Ambulanz weisen ein besonders hohes Störpotential im Kommunikations- und Untersuchungsablauf auf. Durch die Vielzahl der PatientInnen, die im Lauf eines Vormittages untersucht werden müssen, stehen die ÄrztInnen prinzipiell unter Druck. Ihre Störungstoleranz ist denkbar gering, und es ist ihnen sehr viel an der Kooperativität und interaktiven Zurückhaltung der PatientInnen gelegen. Sie erwarten dieses Verhalten von den PatientInnen sozusagen als deren Beitrag zu einem ungestörten Untersuchungsablauf. Dieses "Arbeitsübereinkommen" führt dazu, daß PatientInnen, denen das Routinewissen über den Ablauf von Untersuchungen fehlt (also den Oberkörper frei machen, beim EKG ruhig liegen, alle Untersuchungsschritte ruhig über sich ergehen lassen und den ärztlichen Aufforderungen unwidersprochen Folge leisten), mangelnde Kooperationsbereitschaft unterschoben wird. Meist handelt es sich dabei um wenig erfahrene und schon sehr alte PatientInnen, die durch ihr "Fehlverhalten" Störungen im schnellen, reibungslosen Ablauf verursachen.

Eine 84-jährige Patientin wird wegen cardialer Beschwerden begutachtet:

```
Text 7

Aw: Ärztin
Pw: Patientin, 84 Jahre

       Aw: so' das Hemd müß ma auch ausziehn.          warum nicht? wir sind
001    Pw:                                   (     ) net.

       Aw: ja im Spital'. so' - <da da draufsetzn.> gell'
       Pw:                                   (murmelt leise)
002                         <Aw deutet auf die Patientenliege>

       Aw: so' tun Sie das Hemd bitte ausziehn.
003    Pw:                                   Hemd - i hob jo nur des Hemd
```

```
      Aw:    ziehns das aus bitte - das Hemd. wir müssen ein EKG schreibm.
004   Pw: an'
```

```
      Aw: so.         na schaut schon niemand, ha' -- so. - is ja nur der
005   Pw:     (    ) Hemd
```

```
      Aw: Herr Doktor da, gell'                                    der darf
006   Pw:               da Herr Doktor der kann schaun. aba
```

```
      Aw: schon schaun. gell' - so. tun ma uns da rauf setztn. gell'
007   Pw:                                                       so. sagns
```

```
008   Aw: welcher Arm war denn der gebrochene?
```

\* \* \*

```
064   Aw: die wackelt imma -- JETZ BLEIBENS ABER RUHIG LIEGN! TUNS NET IMMER
```
```
065   Aw: WACKELN! HM' - SONST WIRD DAS EKG NIX! GANZ RUHIG - SCHÖN LOCKER.
```

```
      Aw: JA.          gut.
066   Pw:     gut is. - ja.
```

\* \* \*

```
097   Aw: NEIN' Sie können noch nicht aufstehn. ich sags Ihnen dann schon.
```

Die Ärztin reagiert auf die ihrer Meinung nach mangelnde Kooperativität der alten Patientin, die eher einen verschüchterten, denn widerspenstigen Eindruck macht, sehr nervös und unwillig. Indem sie sich das Anstaltshemd nicht ausziehen will, beim EKG unruhig ist und nicht weiß, wie sie sich bei der körperlichen Untersuchung verhalten soll, stört und unterbricht sie den von der Ärztin erwarteten routinemäßigen Ablauf. Auf jede "Störung" reagiert die Ärztin mit zunehmend schärferem Tonfall. Sie sieht vor allem Widerstand und Kontraproduktivität statt Nicht-Wissen und Desorientierung eines alten Menschen in einer ihm fremden Situation.

Die Einstellung, daß die Patientin "schwierig" sei, führt dazu, daß die Ärztin auch ihre Beschwerden nicht ganz ernst nimmt.

```
      Aw: aber es tut ihr ALLES weh, bitte' -- ÜBERall tuts ihr weh.
221       <zu Am>
```

So ist dieses Gespräch ein typisches Beispiel für ein sogenanntes "Störungs-Paradoxon": Fehlverhalten von PatientInnen aufgrund ihres mangelnden Routinewissens oder altersbedingter mangelnder Flexibilität wird als unkooperatives Verhalten interpretiert, Erklärungen und Informationen werden gerade dort verweigert, wo sie nötig wären, um weitere Störungen und Unterbrechungen zu verhindern und die PatientInnen zu kooperativem Handeln überhaupt erst zu befähigen.

"Hypertonie?" - oder das Gespräch mit PatientInnen als Störung ärztlichen Tuns 111

## 6. Die fachliche Ausbildung im beruflichen Alltag oder "Lernen am Objekt Patient"

Die schon beschriebene interne Ambulanz ist auch eine Stätte des Lernens und wird von den ÄrztInnen, die noch in Ausbildung sind, auch als eine solche wahrgenommen. Der Ambulanzdienst dauert zwei Monate, der Wechsel erfolgt so, daß jeden Monat ein "alter" und ein "neuer" Arzt bzw. Ärztin zusammenarbeiten. Dies bedeutet, daß die behandelnden ÄrztInnen nicht nur zu zweit untersuchen, sondern daß sie die Krankengeschichten der PatientInnen und die Ergebnisse der eigenen Untersuchung als Lernmaterialien benützen. Sie diskutieren gemeinsam Befunde und therapeutische Maßnahmen und fragen, informieren und belehren sich gegenseitig. In diesen fachinternen Gesprächen entscheiden sie auch, wann der Ambulanzoberarzt zu Rate gezogen werden muß. Zugleich hat sich die scheinbar zeitsparende Routine eingebürgert, gleichzeitig PatientInnen zu untersuchen und Befunde des vorherigen Patienten bzw. der vorherigen Patientin zu diskutieren und fertig auszufüllen.

Die durch die beiden Faktoren "Fachausbildung" und "Routineablauf" auftretenden Kommunikationsstörungen sollen im folgenden Textbeispiel aufgezeigt werden. Es handelt sich wieder um eine "Operationsfreigabe": die zu untersuchende Patientin kommt von der Geburtsstation und wird von der Ärztin wegen eines bevorstehenden operativen Eingriffs intern untersucht. Die Patientin hat auf der Liege Platz genommen, der Arzt ist mit den Befunden der vorherigen Patientin beschäftigt:

**Text 8**

Aw: Ärztin
Am: Arzt
Pw: Patientin, 32 Jahre
Sw: Ambulanzschwester

```
        Aw: so' <grüß Gott'> - <sie is wer?>      P. - DU' die hat a ziemliche
        Pw:                       P./Name/
             <Aw zu Pw>     <Aw sucht Pw's Befundmappe, schaut dabei über Am's
005                         Schulter in die Krankengeschichte der vorherigen Pw>

        Aw: Anämie' die Patientin - 77 Komma 9 und hat a ausgeprägte Leukozytose'
006     Am:                       ach so'

007     Aw: - ich mein Kalium, - er hat ih ein Kalioral aufgschriebm, aber ich

008     Aw: glaub schon daß man der a Konservm aufschreibm sollt. - weil das is

        Aw: sicher - dann a größere/ a größerer Eingriff. hm'
009     Am:                                          mhm.' - des werma

        Aw:                                  < (murmelt)         >
        Am: mitn X. /Name Oberarzt/ besprechn.
                                             <Aw liest in der Krankengeschichte
010                                           der anwesenden Pw>
```

```
       Aw: <so'> - Sie kommen von da/ von welcher Station?
       Pw:                                          Geburtenabteilung
011         <Aw zu Pw>
```

```
       Aw: aha.' - wann war die Geburt?         und was is worden?
012    Pw:                              am/ am Samstag.
```

```
       Aw:                              na servas' ham SIE sich geplagt.
013    Pw: a Mäderl, - hat über vier Kilo'                              a
```

```
       Aw:                         <S?/Name/>    wir solln da
       Pw: schöns Bröckerl'
       Sw:                                          ja'
014         <Ambulanzschwester Sw betritt den Raum> <Aw zu Sw >
```

```
       Aw: jetz noch ALLE EKGs dazuschreibm' die im Haus anfalln, oda wie'
015    Sw:                                                               najo
```

Als die Ambulanzschwester zurückkommt, unterbricht die Ärztin die Untersuchung der Patientin, um mit ihr ein organisatorisches Problem zu besprechen. In diese Besprechung fällt kurz darauf folgende Bemerkung des Arztes (020):

```
       Aw:                                                           des da,
       Am: <ach Gott' das hab ich übersehn, das is blöd.>
020         <Am zu sich, in die Befundmappe schreibend>   <Aw liest mit>
```

```
       Aw: (    ) hast des gsehn? schaut a bißl komisch aus.
021    Am:                                           schon merkwürdig.
```

```
       Aw: ja da is a bißl a Impression' - ja aba
022                               <Unterbrechung durch eine Schwester>
```

```
026    Aw: ich würd das schon eher als horizontal bezeichen. net ganz, - aba'
```

```
       Aw:              <SO'> - ham Sie schon irgendwelche Krankheitn
       Am: WAS? nein. - da is nix.
027         <Aw zu Pw>
```

```
       Aw: ghabt?    mit dem Herzn sind Sie gesund? - mit der Lunge?
028    Pw:                nix.
```

Die Ärztin beginnt die Untersuchung der Patientin mit einer Gliederungspartikel "*so*" (005) und einer Begrüßung ("*grüß Gott*" (005)). Damit wird die Patientin informiert, daß die Ärztin sich in ihren Aktivitäten ihr zugewandt hat. Mit "*sie is wer?*" (005), das vermutlich an den Arzt gerichtet ist, der alle Krankengeschichten auf dem Tisch vor sich liegen hat, will sich die Ärztin informieren, welche der Befundmappen sie zur Hand nehmen soll. Dabei sieht sie über die Schulter des Arztes in die Krankengeschichte der vorherigen Patientin, mit der er noch beschäftigt ist, und entdeckt einen bisher unbesprochenen Befund, die "*Anämie*" (006)). Die Ärztin leitet mit direkter Adressierung ("*DU*" (006)) ein fachinternes Gespräch mit dem Arzt ein. Bemerkenswert ist der Ausdruck "*die Patientin*" in (006). Üblicherweise wird über anwesende PatientInnen als "sie" bzw. "er" gesprochen. Die markierte Form "die Patientin" soll den Arzt darauf hinweisen, daß es sich um eine schon bekannte, in diesem Fall also um die vorherige Patientin handelt. Ein Orientierungshinweis für die

Patientin, daß es sich um eine Unterbrechung *ihrer* Untersuchung handelt, fehlt jedoch. Sie muß annehmen, daß der Arzt und die Ärztin *ihren* Befund besprechen. Dadurch bekommen die nachfolgenden Äußerungen wie *"weil das is sicher - dann a größere/ a größerer Eingriff."* (009)) für die Patientin, die ja vor einem operativen Eingriff steht, eine mißverständliche und potentiell alarmierende Bedeutung.

In vergleichbarer Form wird diese Untersuchung noch zwei weitere Male unterbrochen, einmal durch die Rückkehr der Ambulanzschwester, einmal durch die Wiederaufnahme des fachinternen Gesprächs. Auch hier fallen für die Patientin wieder potentiell alarmierende Äußerungen *wie "ach Gott' das hab ich übersehn"* (020) oder *"schon merkwürdig."* (021).

Die tatsächliche Verunsicherung der Patientin läßt sich mit folgendem Textausschnitt belegen: gegen Ende der Untersuchung stellt die Ärztin durch Fragen nach den anderen Kindern der Patientin eine beziehungsfördernde Situation her - ein Kontext, in dem es der Patientin möglich ist, initiativ zu werden:

```
         Aw:                          na i glaub des war vom vorherign
040 Pw: war des von mir die Anämie?
```

```
         Aw: Patientn. - hat Sie beunruhigt'   na'na. von Ihnen hamma eigentlich
041 Pw:                                   mhm.'
```

```
         Aw: no nix gsehn.
042 Pw:              mhm.'
```

Die Ärztin versteht sofort, daß die Patientin den Befund der vorherigen Patientin anspricht, und es stellt sich heraus, daß dieses Mißverständnis für sie tatsächlich die gesamte Untersuchung hindurch beunruhigend war. Hier muß betont werden, daß eine derartige Gesprächssequenz, in der eine Beunruhigung oder ein mögliches Mißverständnis von einem Patienten/einer Patientin thematisiert und damit aus dem Datenmaterial her belegbar wird, als Ausnahme zu bezeichnen ist. Sie wurde vermutlich durch den genannten spezifischen situativen Kontext ermöglicht. Die Ärztin geht durchaus verstehend auf die Patientin ein, allerdings aus ihrer Perspektive als Institutionsinsiderin: die Befunde ihrer Routineuntersuchung und ihre Krankengeschichte hätte sie mit dem Arzt ja noch gar nicht besprochen. Und nur aus dieser Perspektive bekommt die Äußerung *"von Ihnen hamma eigentlich no nix gsehn."* (041), die am Ende einer ausführlichen ärztlichen Untersuchung einigermaßen paradox anmutet, Sinn: ein Patient ist erst ein richtiger Patient, wenn seine Befunde diskutiert und in seiner Krankengeschichte niedergeschrieben worden sind, er also institutionell wahrgenommen worden ist. Zugleich bagatellisiert sie damit dieses für die Patientin einigermaßen problematische Erleben und macht deutlich, daß Mißverständnisse, die aus ärztlicher Sicht aktuell keine Kommunikationsstörungen verursachen, nicht als solche wahrgenommen werden. Damit werden auch deren Ursachen nicht reflektiert oder verändert, z.B. durch eine zeitliche Entflechtung von Untersuchung und Befundbesprechung (vgl. Lalouschek, Menz & Wodak 1988 und 1990).

## 7. Schlußbemerkung

Der Haupt- und zugleich Angriffspunkt aller aufgezeigten Kommunikationsstörungen liegt in der prinzipiellen Einstellung zum Patientengespräch, die ÄrztInnen im Laufe ihrer somatisch orientierten Ausbildung nahegelegt bekommen: obwohl das Gespräch mit den Patienten und PatientInnen einen Großteil des beruflichen Alltags ausmacht, hat es in der jetzigen Ausbildung nach wie vor den Status eines Vorgangs, den man nicht eigens zu erlernen hat, da er der eigentlichen ärztlichen Tätigkeit vorgelagert ist. Es bildet sozusagen den äußeren Rahmen, der mit medizinischer Expertentätigkeit wie Diagnoseerstellung, Behandlung, aber auch mit Fachausbildung zu füllen ist (Waldenfels 1991, 105). D.h., das Sprechen mit PatientInnen wird nicht als genuine ärztliche Tätigkeit betrachtet, deren Durchführung eine spezifische Qualifikation erfordert. Solange aber das ärztliche Gespräch nicht als eigenständige, relevante Tätigkeit wahrgenommen und in der medizinischen Ausbildung nicht entsprechend gelehrt und gelernt wird, solange wird ihm auch keine entsprechende institutionelle Relevanz beigemessen werden. Überspitzt formuliert könnte man sagen, daß für ÄrztInnen die Grundstörung für eine zügige und fachlich kompetente Durchführung ihrer ärztlichen Tätigkeiten in der Notwendigkeit liegt, mit PatientInnen sprechen zu müssen. Und so führt gerade die langjährige, komplexe fachliche Ausbildung der ÄrztInnen zu einer Vielzahl von Kommunikationsstörungen in den Gesprächen mit PatientInnen, weil *eine* fachliche Tätigkeit nicht gelehrt wird, das *ärztliche Gespräch*.

### Literatur

Adler, R. et al. (Hrsg.) (1990). *Psychosomatische Medizin*. 4., neubearb. u. erw. Aufl. München/Wien/Baltimore: Urban & Schwarzenberg.
Basler. H.-D. et al. (1978). *Medizinische Psychologie II. Sozialwissenschaftliche Aspekte der Medizin*. Stuttgart: Kohlhammer.
Brucks, U., Salisch, E. & Wahl, W.B. (1984). *Kommunikationsprobleme zwischen Arzt und Patienten - unter besonderer Berücksichtigung ausländischer Patienten* (Abschlußbericht). Universität Hamburg, Psychologisches Institut.
Cicourel, A. (1985). Doctor-Patient-Discourse. In: van Dijk, T. (ed.), *Handbook of Discourse Analysis*, Vol. 4. London: Academic Press, 193-202.
Coulmas, F. (1981). *Routine im Gespräch*. Wiesbaden: Athenaion.
Fehlenberg, D., Simons, C. & Köhle, K. (1982). Ansätze zur quantitativen Untersuchung ärztlicher Interventionen im Visitengespräch. In: Köhle, K. & Raspe, H.-H. (Hrsg.), *Das Gespräch während der ärztlichen Visite*. München: Urban & Schwarzenberg, 232-248.
Hein, N. et al. (1985). Kommunikation zwischen Arzt und Patient. In: *Wiener Linguistische Gazette*, Beiheft 4.
Helmich, P. et al. (1991). *Psychosoziale Kompetenz in der ärztlichen Primärversorgung*. Heidelberg: Springer.
Köhle, K. & Joraschky, P. (1990). Die Institutionalisierung der Psychosomatischen Medizin im klinischen Bereich. In: Adler, R. et al. (Hrsg.), 415-460.

Lalouschek, J. (1995). Ärztliche Gesprächsausbildung. Diskursanalytische Untersuchungen zum ärztlichen Gespräch. Opladen: Westdeutscher Verlag.

Lalouschek, J., Menz, F. & Wodak, R. (1988). Gespräche in der Ambulanz. Ein Zwischenbericht. In: *Deutsche Sprache 16*, 167-191.

Lalouschek, J., Menz, F. & Wodak, R. (1990). *Alltag in der Ambulanz. Gespräche zwischen Ärzten, Schwestern und Patienten.* Tübingen: Narr.

Menz, F. (1991). *Der geheime Dialog. Institutionalisierte Verschleierung in der Arzt-Patienten-Kommunikation.* Berlin: Peter Lang.

Mishler, E.G. (1984). *The Discourse of Medicine: Dialectics of Medical Interviews.* Norwood, NJ: Ablex.

Parsons, T. (1958). Struktur und Funktion der modernen Medizin. In: König, R. & Tönnesmann, M. (Hrsg.), *Probleme der Medizinsoziologie.* Köln/Opladen: Westdeutscher Verlag, 16-37.

Rehbein, J. (1986). Institutioneller Ablauf und interkulturelle Mißverständnisse in der Allgemeinpraxis. Diskursanalytische Aspekte der Arzt-Patient-Kommunikation. In: *Curare 9/86*, 297-328.

Tewes, U. et al. (1978). *Medizinische Psychologie I. Psychologische Konzepte für die Medizin.* Stuttgart: Kohlhammer.

Waldenfels, B. (1991). Der Kranke als Fremder - Gesprächstherapie zwischen Normalität und Fremdheit. In: Finke, J. & Teusch, L. (Hrsg.), *Gesprächspsychotherapie bei Neurosen und psychosomatischen Erkrankungen. Neue Entwicklungen in Theorie und Praxis.* Heidelberg: Asanger, 95-124.

"Ich hab bloß gesagt gnä' Frau ich brauch vier Binden."

Eine gesprächsanalytische Untersuchung von Kommunikationsstörungen zwischen einer Krankenschwester und einer Patientin

*Christine Weinhold*

## 1. Einleitung

### 1.1 Beschreibung des Datenmaterials

Die hier vorliegenden Transkriptauszüge gehören zu dem Korpus "Kommunikation zwischen Pflegepersonal und Patienten", das mit einem Sony Walkman Professional WM-D3 und einem externen Mikrofon im Herbst 1989 und Frühjahr 1990 in einem Berliner Krankenhaus aufgenommen wurde. Den Walkman nahm jeweils eine Pflegekraft mit, und zwar entweder bei der morgendlichen Arbeit vor dem Frühstück oder beim letzten abendlichen Durchgang in der Spätschicht. Das Korpus bildet die Grundlage meiner Dissertation und umfaßt 48 Aufnahmen von in der Regel 45 Minuten.

Wegen des Datenschutzes sind die Namen der Beteiligten durch Siglen ersetzt worden, wobei die Siglen der Pflegekräfte mit "S", die der Pflegekräfte in der Ausbildung mit "SS" und die der Patienten mit "P" beginnen. Der zweite Buchstabe kennzeichnet das Geschlecht, die nachfolgende Zahl entspricht der Durchnumerierung der Beteiligten. In den transkribierten Äußerungen wird den Siglen "N" oder "V" vorangestellt, je nachdem ob die Anrede mittels Vor- oder Nachnamen erfolgt. Die im ersten Bericht gebrauchte Abkürzung C.W. steht für den Namen der Autorin.

Für die modifizierte orthographische Transkription wurde die Partiturschreibung von Ehlich & Rehbein (1976) übernommen. Die Interpunktion gibt Hinweise auf die Intonation. Die Länge der Pausen wird in Sekunden und Minuten gemessen und durch doppelte Unterstreichung markiert. Die Kommentarzeile ist mittels "K" gekennzeichnet. Nicht eindeutig identifizierte Äußerungen sind in Klammern gesetzt.

Im einzelnen werden die folgenden Sequenzen vorgestellt:

 I. Sw2 geht zur Klingel von Pw6
 II. Gespräch der Krankenschwestern über Pw6
 III. Kommunikationsstörung zwischen Sw2 und Pw6
 IV. Erster Bericht von Sw2 über die Kommunikationsstörung
 V. Zweiter Bericht von Sw2 über die Kommunikationsstörung
 VI. Dritter Bericht von Sw2 über die Kommunikationsstörung

## 1.2 Erläuterung zum Ausdruck "Kommunikationsstörung"

Der Ausdruck "Kommunikationsstörung" wird weitestgehend dem intuitiven Verständnis überlassen, da die Analyse bewußt paraphrasierend-beschreibend gehalten ist und da es um die Präsentation und Erschließung eines außergewöhnlichen Beispiels geht, durch das die Thematik des Sammelbandes veranschaulicht werden soll. Eine darüber hinausgehende theoretische Auseinandersetzung mit den zentralen Kategorien "Verständigungsprobleme und Kommunikationsstörungen" liegt nicht im Interesse der Autorin. Es soll hier nur festgehalten werden, daß einer Kommunikationsstörung in der Regel ein Konflikt zugrunde liegt, und unter "Konflikt" wird im Anschluß an Mischke das folgende verstanden:

> "Ein Konflikt liegt vor, wenn zwei Menschen in einer Situation Ziele und/oder Handlungsabsichten haben, die einander widersprechen oder sich gegenseitig ausschließen." (Mischke 1995, 33)

Die Situation wird im Abschnitt über die Vorgeschichte der Kommunikationsstörung beschrieben. Zu den Handlungsabsichten ist vorwegnehmend zu sagen, daß die Patientin die morgendliche Pflegeroutine in ihrem Sinne zu beeinflussen sucht, was den Handlungsabsichten der Krankenschwester widerspricht. Die jeweiligen Handlungsabsichten sind eng verknüpft mit den Anforderungen und Verpflichtungen, die die Beteiligten aufgrund ihrer Berufs- bzw. Patientenrolle erfüllen sollen.

## 1.3 Die Vorgeschichte der Kommunikationsstörung

Die Vorgeschichte der Kommunikationsstörung ist nicht anhand von Transkripten zu rekonstruieren. Die Kenntnis der Vorgeschichte basiert stattdessen erstens auf Notizen, die ich vor und während der Aufnahme gemacht habe, und zweitens habe ich die Patientin selber über längere Zeit als Krankenschwester betreut, so daß mir die Situation und die Umstände vertraut sind.

Zur Vorgeschichte ist folgendes festzuhalten. Erstens ist die Patientin früher als gewöhnlich geweckt worden, damit sie sich noch waschen kann, ehe sie im Bett zur Dialyse gefahren wird. Dieser Verstoß gegen das 'Gewohnheitsrecht' der Patientin liegt dem Konflikt latent zugrunde, er wird jedoch nicht thematisiert, sondern in dem späteren Gespräch der beteiligten Krankenschwester mit mir als Ursache für das Verhalten der Patientin genannt. Zweitens hat die Patientin eine Schülerin um neue Binden gebeten. Diese Bitte beinhaltet implizit auch die Aufforderung, die Beine zu wickeln, da die Patientin dies nicht selber machen kann. Dieses Wickeln muß immer vor dem Aufstehen erfolgen, um zu verhüten, daß die Patientin kollabiert. Allerdings hat die Patientin auch gesagt, daß sie nicht aufstehen will, weswegen ein Wickeln der Beine überflüssig ist. Die Binden, das Wickeln der Beine und das Aufstehen bilden die zusammenhängende Problematik, die in den vorliegenden Transkriptauszügen aktualisiert wird.

## 2. Analyse der Transkriptauszüge

### 2.1 Ein Kontakt vor der Kommunikationsstörung

Der folgende Transkriptauszug ist der erste dokumentierte Kontakt zwischen Sw2 und Pw6 an diesem Morgen.

I. Sw2 geht zur Klingel von Pw6

```
        Sw2: Was gibts?
        Pw6:            Ich möchte gerne aufn Pott.
        Pw8:                                        Guten Morgen.
15.32
        Sw2: Morgen Frau (N Pw8). Ich hab vorhin schon guten Morgen
15.35
        Sw2: gesagt. Ham Se noch geschlafen, he? 2s
        Pw8:                                       (Ich kann
        K:                                         (  Topf-
15.37
        Sw2:               Sie haben noch geschlafen vorhin wo ich
        Pw8: schlafen?) 3s
        K:   klappern)     (   lauter    und    deutlicher  als
15.40
        Sw2: drin war.        Noch en bischen Zeit wir kommen
        Pw8:           Jaa. 5s
        K:   vorher  )
15.45
        Sw2: denn aber gleich.
15.52
```

Sw2 verläßt das Zimmer.

Die Krankenschwester Sw2 geht zu dem Zimmer, weil dort eine Patientin geklingelt hat, und eröffnet das Gespräch mit der Frage "Was gibts?". Die Patientin Pw6 sagt daraufhin "Ich möchte gerne aufn Pott.". Dieser Wunsch der Patientin ist recht höflich formuliert, auch wenn er kein "Bitte" enthält. Die Krankenschwester erfüllt kommentarlos den Wunsch, wie dem Geräusch des Topfklapperns zu entnehmen ist (Flächen 15.37f.). Sie thematisiert diese Tätigkeit jedoch nicht weiter, sondern geht auf den Gruß der zweiten Patientin Pw8 ein. Aus den folgenden Äußerungen der Krankenschwester in den Flächen 15.35 bis 15.45 wird ersichtlich, daß sie bereits zuvor in dem Zimmer gewesen ist.

Insgesamt ist dieser Gesprächsverlauf als nicht gestört zu charakterisieren.

*"Ich hab bloß gesagt gnä' Frau ich brauch vier Binden."*

## 2.2 Ein Gespräch über die Patientin Pw6

Die Krankenschwester Sw2 und die Schwesternschülerin SSw1 sind während des folgenden Gesprächs am Bett des Patienten Pm1 und versorgen dessen Magensonde, als Sw11 hinzu kommt.

II. Gespräch der Krankenschwestern über Pw6

```
      Sw2:          Ja?              Ja ja.
      Sw11: (V Sw2)?   (     Freundin is schon abgerufen)
29.00

      Sw2: Ich weiß es.       Ja gut. Ich geh hin un mach
      Sw11:           Zur Dialyse.
29.01

      Sw2: das alles zurecht. 2s (Da kannst Du ihm ja en bissel)
29.03

      Sw2: den Rücken waschen (wenn er auf die) Seite dreht?
      SSw1:                                           Ja ja.
29.07

      Sw2: Das andere kann er alleine.
29.08

      SSw1: Nimmste ihr neue Binden mit rein? Da hat se so'n Streß
29.09

      SSw1: gemacht (    nich die alten Binden oder sie macht)
29.11

      Sw2:          Sie braucht ja keine Binden wenn (sie nich)
      SSw1: gar nichts.
29.14

      Sw2: aufsteht zur Dialyse. Dann zieh ich ihr die Strümpfe
29.17

      Sw2: an. Haste ma (            )
29.18
```

In das soeben wiedergegebene fachinterne Gespräch wird der anwesende Patient Pm1 nicht einbezogen, sondern es wird über ihn hinweg geredet. Die hinzukommende Krankenschwester Sw11 signalisiert sofort bei ihrem Eintritt ins Zimmer, daß sie nicht zu dem Patienten will, indem sie ihre Kollegin namentlich anspricht. Sie teilt ihr den schon bekannten Sachverhalt mit, daß die Patientin zur Dialyse abgerufen wurde. Das bedeutet, daß jemand von dieser Station angerufen hat, um das Kommen der Patientin zu veranlassen. Die Referenz auf diese Patientin läßt schon erste Rückschlüsse darauf zu, daß das Verhältnis zu ihr angespannt ist. Der ironische Euphemismus, der in dem Ausdruck "Freundin" zum Ausdruck kommt (29.00), ist ein erster Hinweis darauf, daß die Patientin als schwierig eingeschätzt wird.

Zweitens weist die Schülerin auf Schwierigkeiten hin, die sie mit der Patientin hatte. Letztere hat nämlich "Streß gemacht" (29.09f.) wegen der Binden. Auf den Wunsch nach Binden ist die Krankenschwester jedoch nicht gewillt einzugehen, da ihrer Meinung nach die Patientin gar keine Binden braucht, da sie nicht aufstehen will.

Solchermaßen auf eine schwierige Situation eingestimmt geht Sw2 nun zu der Patientin.

### 2.3 Die Kommunikationsstörung

Der letzte Kontakt zwischen der Krankenschwester Sw2 und der Patientin Pw6 liegt rund eine viertel Stunde zurück und verlief ungestört. Nun geht die Krankenschwester erneut zu der Patientin, um diese auf die Abholung zur Dialyse vorzubereiten.

III. Die Kommunikationsstörung zwischen Sw2 und Pw6

```
    Sw2: Sie werden auch gleich abgeholt.
30.18
30.20 - 31.09: Sw2 ist in der Vorzone und leert die Bettpfanne.

    Sw2:                                Es wird nich
    Pw6: Wer wickelt denn jetzt mein Bein.
    K:                                  ( Sw2 klingt
31.10
    Sw2: gewickelt. .              Nein! Sie werden .
    Pw6:          Ich muß doch uffstehn.
    K:   gereizt )                 Krach vom Topf
31.14
    Sw2: abgeholt. 2s Frau (N Pw6). . Hörn Se bitte mit Ihren
    K:                                (Worte einzeln und betont
31.18
    Sw2: Motzereien auf. Wissen Se die Schülerin is völlig
    K:        gesprochen )
31.20
    Sw2: verängstigt rausgekommen. Det is doch unmöglich so
31.23
```

```
    Sw2: was hier. .
    Pw6:            Ich hab bloß gesagt gnä' Frau ich brauch
31.25
    Sw2:              Sie sagen immer nur. 2s
    Pw6: vier Binden. .                      Also darf ich
31.28
    Pw6: gar nüscht mehr sagen oder wie soll ick dat hier
31.34
    Sw2:           Okay ich möchte mit Ihnen nich streiten
    Pw6: verstehn. .
31.35
    Sw2: ich möchte auch nich drüber . diskutiern weiter.
31.37
    Sw2: Ich hab jetzt schon tausend Mal gesagt wenn wir
31.39
    Sw2: bestimmte Sachen von Ihnen verlangen wie Aufstehn
31.40
    Sw2: machn wir das nich um Sie zu schikaniern sondern
31.43
    Sw2: wir ham unsere Gründe dazu. Wenn Se das nich einsehn
31.45
    Sw2: können oder wollen hab' ich auch keine Lust meine
31.47
    Sw2: Nerven zu verschleißen mit unnützen Debatten, ne?
31.50
    Sw2: Bitte. 2s
    Pw6:         (Morgen steh ick uff                       )
31.52
    Sw2: Ham Se ja sowieso gesagt das machen Se
31.56
    Sw2: nich das is zu anstrengend. Frau (N Pw6)
    Pw6:                              Ich muß unten/ich muß auf
    K:                                (     vermehrte       )
31.59
    Sw2:      Frau (N Pw6)! Bitte! Sie haben vorhin gesagt Sie
    Pw6: de Waage rauf
    K:    (       Lautstärke                               )
32.01
```

```
       Sw2: können nich an Dialyse-Tagen aufstehn. Ich hab's
       K:   (           weiter sehr laut               )
32.04
       Sw2: wirklich/ich hab es echt satt! 2s Zehn Minuten später
       K:   (           weiter sehr laut    )
32.06
       Sw2: wird's wieder so gedreht wie et Ihnen paßt. Das
32.11
       Sw2: is/wirklich des is unmöglich!
       Pw6:                       Unten muß ich aufstehn
32.13
       Sw2:                              Ja! Gut!
       Pw6: weil ick ja (noch auf de) Waage muß.      Aber
32.15
       Pw6: (wenn) da steh ick eben nich auf (        )
32.18
       Sw2:                   Könn Se haltn wie Se wolln.
       Pw6: da steh ick nich auf. 7s
32.19
       Sw2: (Solln die sich eben) rumzanken unten. Ich hab
       K:   (Mikrophonberührung )
32.28
       Sw2: jetzt wirklich hier keine Lust mehr alles zehnmal
32.29
       Sw2: anzufangen wieder aufzuhören . wie's grade paßt!
32.31
       Pw6: Ich (werd ma meinen) Mann anrufen.(        )
32.34
32.36: Sw2 verläßt das Zimmer.
```

Als die Krankenschwester das Zimmer betritt, informiert sie als erstes die Patientin über deren baldige Abholung. Offensichtlich scheint der Patientin diese Information zu genügen, denn sie fragt nicht nach, wozu oder weswegen sie abgeholt werden soll. Vermutlich wurde sie am Vorabend über die bevorstehende Dialyse informiert. In der Regel teilen nämlich die Pflegekräfte abends den Patienten ihre Termine für den folgenden Tag mit. Im weiteren Verlauf, nachdem die Krankenschwester zunächst die Bettpfanne dieser Patientin leert, zeigt es sich, daß das Gespräch schon eine Vorgeschichte hat. Das "denn" in der einleitenden Frage "Wer wickelt denn jetzt mein Bein" ist ein deutlicher Hinweis auf diese Vorgeschichte. Die Patientin rekurriert mit dieser Frage wohl auf ihre früher geäußerte Bitte, daß sie 4

*"Ich hab bloß gesagt gnä' Frau ich brauch vier Binden."*

Binden braucht, wie sich auch etwas später in den Flächen 31.25 & 31.28 in ihrem Bericht über diese Bitte zeigt. Sie wiederholt also die bisher nicht erfüllte Bitte um die Binden, indem sie danach fragt, wer denn nun wickelt. Es ist nicht bekannt, ob die Bitte um die Binden in der Vorgeschichte zustimmend oder ablehnend zur Kenntnis genommen wurde. Auf alle Fälle antwortet die Krankenschwester auf die Frage mit "Es wird nicht gewickelt" (31.10 & 31.14), und zwar in einem sehr bestimmten Ton. Diese doch recht schroffe Entgegnung ist als Antwort auf den impliziten Vorwurf, der in der Frage mit dem "denn" steckt, zu verstehen. Mit diesem "denn" wird nämlich sozusagen deutlich gemacht: Ich hatte darum schon gebeten, und es ist bis jetzt noch nicht erfolgt. Auf diesen Vorwurf der Patientin, der in diesem "denn" anklingt, erfolgt dann die ablehnende Antwort "Es wird nicht gewickelt". Ohne weitere Erklärung oder eine Angabe von Gründen wird dabei lediglich konstatiert, daß die Bitte nicht erfüllt wird, und zwar mit großer Bestimmtheit. Die Krankenschwester zieht sich gewissermaßen mit ihrer Antwort auf ihre institutionelle Rolle zurück, die es ihr erlaubt, Entscheidungen auch ohne Begründungen zu treffen. In diesem Zusammenhang ist außerdem der Handlungskontext von Bedeutung. Die Patientin soll in Kürze im Bett zur Dialyse gefahren werden, weswegen ein Aufstehen auf der Station aus zeitlichen Gründen nicht mehr möglich ist. Es folgt dann sozusagen das Beharren auf der Bitte "Ich muß doch uffstehn" (31.14). Damit liefert die Patientin ein Argument, warum ihre Bitte sinnvoll ist. Die Krankenschwester erwidert darauf "Nein! Sie werden . abgeholt" (31.14f.). Hiermit wird die Ablehnung wiederholt und eine Begründung nachgeschoben, allerdings in einer sehr impliziten Art und Weise. Das Abholen wird gewissermaßen als Argument genommen, daß nicht gewickelt werden braucht. An dieser Stelle ist ein Punkt erreicht, an dem die Krankenschwester es ganz offensichtlich für geeignet hält, den Konflikt als grundsätzlichen zu thematisieren. Hier wird nun nicht mehr über die Bitte der Patientin verhandelt, sondern es geht um den grundsätzlichen Konflikt, dessen Ursprünge länger zurück liegen und den die Krankenschwester mittels "Hörn Se bitte mit Ihren Motzereien auf." (31.18f.) thematisiert. Diese Bitte der Krankenschwester stellt gewissermaßen eine ultimative Form der Aufforderung dar. Sie wird gefolgt von der Erklärung "Wissen Se die Schülerin is völlig verängstigt rausgekommen. Det is doch unmöglich so was hier." (31.20 - 31.25). Die Krankenschwester formuliert damit sehr deutlich einen Vorwurf, auf den die Patientin mit der Rechtfertigung reagiert "Ich hab bloß gesagt gnä' Frau ich brauch vier Binden." (31.25f.). Daraufhin bringt die Krankenschwester den Konflikt sozusagen auf den Punkt mittels "Sie sagen immer nur" (31.28). In diesem "nur" bzw. "bloß" konzentrieren sich die Sichtweisen sowohl der Patientin als auch der Krankenschwester. Da ist einerseits die Bitte der Patientin mit diesem "bloß", mit dem sie ihre Bitte bagatellisiert. Andererseits entlarvt die Krankenschwester diese Bagatellisierung, da eben nicht nur nach vier Binden gefragt wurde, weil ganz offensichtlich mit dieser Bitte um die Binden gleichzeitig auch die Bitte um das Wickeln verbunden ist, das die Patientin nicht selbstständig erledigen kann. Das bringt dann die Krankenschwester auf den Punkt, indem sie sagt "Sie sagen immer nur". Dieses "nur", eine Umformulierung des "bloß" der Patientin, hat offensichtlich immer weitreichende Konsequenzen. Bis zu dieser Stelle haben die beiden erst einmal ihre Positionen in dem Konflikt deutlich gemacht. Hier liegt auch ein zentraler Punkt der Genese der Kommunikationsstörung, die dann im nachfolgenden Gespräch in unterschiedlichen Weisen thematisiert wird.

In ihrer Erwiderung auf die Äußerung "Sie sagen immer nur." beharrt die Patientin gewissermaßen auf ihrer Sichtweise, daß sie nur geringfügige Wünsche äußert. Da ihr diese nicht erfüllt werden, zieht sie die für sie logische Konsequenz und sagt "Also darf ich gar nüscht mehr sagen" (31.28f.). Dies kann auch als ein Angebot zur Verhandlung, wie es weitergehen soll, gewertet werden. In der Fortsetzung ihrer Äußerung auf der metakommunikativen Ebene stellt sie gewissermaßen diese Sichtweise zur Diskussion, indem sie fragt "oder wie soll ick dat hier verstehn." (31.34f.). Die Krankenschwester geht auf die metakommunikative Frage nicht ein, sondern beginnt, ihren Standpunkt darzustellen. Sie will sich weder streiten noch diskutieren, wie sie sagt, und nutzt nun die Gelegenheit, ihren gesamten aufgestauten Unmut loszuwerden. Sie hält der Patientin gewissermaßen eine Standpauke über acht Flächen (31.35-31.52) bzw. gut 15 Sekunden, in der sie der Patientin keinen Raum für eine Erwiderung oder Rechtfertigung läßt. Diese Art von Standpauke beinhaltet floskelhafte Formulierungen, die häufig in Auseinandersetzungen gebraucht werden wie "ich möchte nicht streiten" (31.35) oder "ich hab jetzt schon tausend Mal gesagt" (31.39). Die Krankenschwester hält diese Standpauke recht allgemein und konkretisiert sie nur einmal mit dem Beispiel "Aufstehen" für die institutionellen Anforderungen, die das Personal an die Patientin stellt. Allgemein und grundsätzlich erläutert sie weiter, daß bestimmte Anforderungen nicht aus Schikane, sondern begründet an die Patientin herangetragen werden. Die einzelnen Gründe zählt sie jedoch nicht auf. Dann beklagt sie die mangelnde Einsicht der Patientin mittels "Wenn Se das nich einsehn <u>können</u> oder <u>wollen</u>" (31.45f.). Dieser Klage, die auch einen stark appellativen Charakter hat, folgt die explizite Selbstoffenbarung "hab' ich auch keine Lust meine Nerven zu verschleißen mit unnützen Debatten, ne?" (31.47f.). Die Patientin geht weder auf den Appell noch die Selbstoffenbarung ein, sondern insistiert vermutlich auf dem Aufstehen. Allerdings ist diese Erwiderung nicht eindeutig zu verstehen. Die Krankenschwester weist diese Erwiderung dann als unwahr zurück, da die Patientin zuvor das Gegenteil gesagt habe, und zwar daß sie nicht aufstehen wolle. Die Patientin geht darauf nicht ein, sondern führt als Begründung die an sie gestellte Anforderung an, daß sie auf die Waage muß. Die Krankenschwester versucht jedoch, die Patientin nicht zu Wort kommen zu lassen bzw. spricht parallel dazu. Nach der zweimaligen namentlichen Anrede wiederholt sie die frühere, anderslautende Aussage der Patientin und thematisiert ihr Erleben mit "ich hab es <u>echt</u> <u>satt</u>!" (32.06). Die Patientin sagt darauf nichts. Nach zwei Sekunden Pause erläutert dann die Krankenschwester, was sie stört, und zwar gebraucht sie dabei die unpersönliche passivische Wendung "es wird gedreht" (32.11) und spricht die Patientin erst im Nebensatz mittels "Ihnen" direkt an. Sie wirft der Patientin gewissermaßen vor, die Situation zu ihren Gunsten zu manipulieren. Trotz der zu Beginn gebrauchten passivischen Konstruktion, mit der bis zu einem gewissen Grade ein frontaler Angriff vermieden wird, entsteht dennoch nicht der Eindruck, daß sie einlenken will, da sie ihren Vorwurf mit "wirklich des is unmöglich!" (32.13) beendet. Dagegen argumentiert die Patientin auf der sachlichen Ebene, indem sie die institutionelle Anforderung des Aufstehens erneut zur Sprache bringt. Die Krankenschwester geht darauf nicht mehr näher ein, sondern bestätigt nur mit "Ja! Gut!" (32.15), denn sie verlangt ja inzwischen nicht mehr von der Patientin aufzustehen. Diese Anforderung und die damit verbundene Auseinandersetzung hat sie gewissermaßen auf andere abgewälzt, wie kurz darauf ihrer Antwort auf die fast trotzig klingende Reaktion der Patientin "aber (wenn) da steh ick eben nich auf (  ) da steh ick nich auf" (32.15-32.19) zu entnehmen ist. Zunächst sagt sie jedoch nach der sehr langen Pause von 7 Sekunden "Könn Se haltn wie Se wolln." (32.19). Diese Äußerung entbehrt nicht eines gewissen Zynismus, denn die Patientin kann ja eben nicht frei über ihre Handlungen entscheiden, da einerseits institutionelle Anforderungen an sie gestellt werden und anderseits sie auf die Hilfe des Personals angewiesen ist, wenn sie diese Anforderungen erfüllen will. Das weiß die Krankenschwester natürlich auch, doch ist sie nicht mehr bereit, den ihrer Meinung nach ständig wechselnden Wünschen dieser Patientin nachzukommen, wie in ihrem Schlußsatz deutlich wird "Ich hab jetzt wirklich hier keine Lust mehr alles zehnmal anzufangen wieder aufzuhören . wie's grade paßt!" (32.28-32.31). Die Patientin setzt daraufhin ein letztes Druckmittel ein, d.h. sie will ihren Mann anrufen. Die Krankenschwester erwidert darauf nichts mehr und verläßt das Zimmer.

Meines Erachtens besteht nicht nur ein Konflikt zwischen den zwei Personen, sondern die Krankenschwester selbst befindet sich auch in einem Konflikt, welche widersprüchlichen institutionellen Vorgaben bzw. Maximen sie erfüllen soll. Einerseits muß sie Patientenwünschen und Patientenbedürfnissen natürlich nachkommen, da dies eine ihrer Aufgaben ist. Andererseits aber hat sie unangemessene Bedürfnisse von Patienten zurückzuweisen, um ihren Handlungsspielraum und den der Schülerin zu schützen, weil sie auch anderen Aufgaben nachkommen können muß. Diese beiden Maximen werden durch die wechselnden Bedürfnisse und die damit verbundenen Forderungen dieser Patientin miteinander in Konflikt gebracht. Mit anderen Worten: Die Krankenschwester steht ständig vor der Frage, welche Maxime gerade wichtiger ist. Sind die Bedürfnisse der Patientin zu erfüllen, oder ist darauf zu achten, daß die Tätigkeiten, die vom Personal verlangt werden, ein bestimmtes Maß nicht überschreiten? Das Problem besteht bei der Patientin Pw6 darin, daß sie ständig Sonderwünsche hat - dies weiß ich aus der eigenen Betreuung dieser Patientin - wie hier beispielsweise das Wickeln der Beine, obwohl sie gar nicht aufstehn will. Die Art und Weise, wie jetzt der Maximenkonflikt der Krankenschwester aktualisiert wird, und ihre Erfahrung im Umgang mit dieser Patientin führen dazu, daß sie für sich selber einen Lösungsversuch macht. Dieser Lösungsversuch besteht darin, der Patientin Grenzen aufzuzeigen, indem sie klarstellt, welche Wünsche und Ansprüche sie nicht gewillt ist zu erfüllen. Das ist in meinen Augen ein Lösungsversuch aus der Perspektive der Krankenschwester, der allerdings scheitert, da die Patientin diese Grenzziehung nicht akzeptiert, sondern darauf beharrt, aufstehen zu müssen.

Die Patientin ihrerseits spielt im Grunde genommen mit diesen verschiedenen Maximen und provoziert immer wieder aufs neue den Maximenkonflikt. Dies wird deutlich an der Fläche 31.14, wo sie sagt "Ich muß doch uffstehn", nachdem sie sich zuvor geweigert hatte aufzustehen, wie in der Schilderung der Krankenschwester in den Flächen 32.01 und 32.04 zu erkennen ist. Die Patientin bringt damit zur Sprache, daß bestimmte Forderungen der Institution an sie gestellt werden, die sie aber nur erfüllen kann, wenn das Pflegepersonal sie in die entsprechende Lage versetzt. Die Krankenschwester wertet diese Äußerung der Patientin jedoch nicht als Einsicht der Patientin, daß es besser für sie ist aufzustehen, sondern spricht von Motzereien. Daß die Patientin nicht einsichtig argumentiert, wird deutlich in ihrer nächsten Äußerung in Fläche 31.25, wo sie sagt "Ich hab bloß gesagt gnä' Frau ich brauch vier Binden". Der Ausdruck "gnä' Frau" kann nur als Provokation gewertet werden. Diese zitierte Anrede beschwört nämlich das folgende Bild herauf: Die Patientin ist die Dienerin der gnädigen Frau, also in diesem Falle der Krankenschwester, die sie zu bedienen hat und deren Launen sie ausgesetzt ist. Dieses Bild wird im folgenden von der Krankenschwester verwendet, als sie nacheinander verschiedenen Kollegen von dem Streit berichtet.

Da der Umfang dieses Artikels beschränkt ist, kann im folgenden nicht ausführlich auf die drei Berichte eingegangen werden, die zur Illustration jedoch in Gänze wiedergegeben werden. Der Schwerpunkt der Analyse liegt stattdessen auf dem von der Patientin heraufbeschworenen Bild, das sich wie ein roter Faden durch alle Berichte zieht.

## 2.4 Erster Bericht über die Kommunikationsstörung

Nachdem Sw2 nach dem Streit das Zimmer verlassen hat, treffe ich sie auf dem Flur.

IV. Erster Bericht von Sw2 über die Kommunikationsstörung

```
  Sw2: Na da is jetz mit Frau (N Pw6) eine Unterhaltung drauf
32.57
```

33.00 - 33.02: wegen Datenschutz nicht transkribiert.

```
  Sw2: Die Schülerin is heu/is geheulend rausgekommen, ja?
33.03
```

```
  Sw2:       Die Schülerin. Ich sag Frau (N Pw6) wat is
  C.W.: Wer? (Die Schü)
33.05
```

```
  Sw2: denn hier los, ne? 2s Ja . Ich hatte gesagt an (de)
33.07
```

```
        Sw2: Bettkante soll se sich setzen. Nur zum Waschen.
        C.W.:                                              Ja.
33.11

        Sw2: Nein sie steht heut nich auf das is zu anstrengend
33.13

        Sw2: mit der Dialyse, ne? Ich sag Frau (N Pw6) 1s die k/
33.14

        Sw2: Ärzte ham gesagt Ihre Thrombose Sie müssen jeden
33.17

        Sw2: Nein! Heute nich. 2s Dialyse un dann namittags dann
33.19

        Sw2: ihr Mann ich sag na danach sind Se doch kaputt (ja) da
33.22

        Sw2: stehn Se erst recht nich auf, ne? Jetz komm ich rein 1s
        C.W.:                                         (Ja)
33.24

        Sw2: Jetz isse (eben) rausgekommen sagt se da (da) mach
33.27

        Sw2: ich nix, ne? Wenn die da anfängt mit mir rumzustreiten
33.29

        Sw2: bei der Prüfung dann heul ich un dann is allet aus, ne?
33.31

        Sw2:              Ka ma ja nich machen, ne? Jetzt klingelt
        C.W.: Nee das geht nich.               (Da is die zu)
33.33

        Sw2: se     wickeln Se meine Beine, ne? Ich sag
        C.W.:  (riskant)
33.35

        Sw2: Frau (N Pw6) aber Sie wolln nich aufstehn und ich hab
33.37

        Sw2: keine Lust ich hab Ihnen so oft det erklärt . mit
33.40

        Sw2: Ihnen mich rumzustreiten (hab ich) weder Zeit noch
33.41

        Sw2: Nerven für, ne? Also (m) 1s
        C.W.:                          Nee bringts auch nich.
```

33.43
```
Sw2: Äh.                          Ja ja. Ich hab/
C.W.:    Die is zur Dialyse abgerufen. (            )
```
33.46
```
Sw2: jetzt wickeln Se/ wickeln Se das Bein. Ich sag nein
```
33.49
```
Sw2: Sie ham gesagt Sie stehn nich auf und zum/ wenn Se
```
33.51
```
Sw2: nich aufstehn könn Se Strümpfe an. Ich sag ich 1s
```
33.53
```
Sw2: hab auch nur Nerven das is jetz nich. Ja unten müßte
```
33.54
```
Sw2: Se zur Waage. Ich sag det is mir egal. Könn Se
```
33.56
```
Sw2: machen wie Se wolln also ich . bin jetz wirklich nich
```
33.58
```
Sw2: Ihr Hampelmann, ne? Jetzt ruft se ihren Mann an.
```
34.00
```
Sw2: (Wer'n ma) sehn. 2s
C.W.:
```
34.02

34.05 - 34.17: wegen Datenschutz nicht transkribiert.

```
Sw2: Jetzt ruft se ihren Mann an . daß ich jetzt zur/da
```
34.18
```
Sw2: zu Kreuze kriechen soll weiß ich find det einfach
```
34.19
```
Sw2: also wir müssen uns von den Leuten nich rumscheuchen
```
34.21
```
Sw2: lassen wie ne Zofe oder so wat!
C.W.:                                Nee so nich. Ihr wart
```
34.23
```
Sw2:              Wir waren drin ham ihr das angeboten
C.W.: drin wolltet (                                    )
```
34.25
```
Sw2: (zu) versorgen da . da war et erst um halb sieben
C.W.: (   abgelehnt                        )
```

*"Ich hab bloß gesagt gnä' Frau ich brauch vier Binden."*

```
34.27
     Sw2: un war nich Viertel nach sieben wie sonst immer
34.30
     Sw2: also ich bin doch nich
     C.W.:                       Da isse schon en paarmal
34.31
     C.W.: sauer drauf gewesen daß halb sieben is. Ne andere
34.33
     C.W.: Frage.
34.35
```

34.35 - 34.50: Sw2 & Sw5 fachintern über eine Akte.

In dem ersten gut 1 1/2 minütigen Bericht bezeichnet die Krankenschwester das gestörte Gespräch eingangs als Unterhaltung (32.57), doch in der folgenden Schilderung wird deutlich, daß es sich nicht um eine Unterhaltung im Sinne einer Plauderei oder eines Austausches von Gedanken handelt. Die folgende Schilderung bezieht sich nicht nur auf das aufgezeichnete gestörte Gespräch, sondern auch auf zwei weitere Kontakte mit der Patientin, und zwar einmal mit ihr selbst und einmal mit der Schülerin.

Es ist auffällig, daß die Krankenschwester im Gespräch mit der Schülerin vor dem gestörten Gespräch und in diesem Bericht nach dem gestörten Gespräch angibt, der Patientin Strümpfe anbieten zu wollen bzw. angeboten zu haben. In dem Gespräch selber kommt jedoch nie das zu den Binden alternative Angebot Strümpfe zur Sprache.

Nach der Schilderung der zwei dem Gespräch vorhergehenden Kontakte und des gestörten Gesprächs selber empört die Krankenschwester sich zunächst darüber, daß sie nicht der Hampelmann sei (34.00). Gleich darauf sagt sie: "also wir müssen uns von den Leuten nich rumscheuchen lassen wie ne Zofe oder so wat!" (34.21 f.). Der Ausdruck "Zofe" kann als komplementär zu dem Ausdruck "gnä' Frau" angesehen werden und ergänzt somit das von der Patientin heraufbeschworene Bild. Die Rollenverteilung ist in ihrer Schilderung jedoch genau umgekehrt wie in der Äußerung der Patientin. Die Krankenschwester ist nicht die gnädige Frau, sondern deren Zofe. Dies bedeutet, daß sie ihrerseits die Patientin als die gnädige Frau ansieht.

Im zweiten und dritten Bericht macht sie wiederum deutlich, daß sie sich wie eine Kammerzofe behandelt fühlt, und verwehrt sich dann dagegen. Die Zuschreibung Kammerzofe macht deutlich, daß sie sich den Launen einer gnädigen Frau ausgesetzt sieht, also ihrem inkonsistenten Verhalten und ihren inkonsistenten Wünschen. Die Krankenschwester offenbart dabei ein bestimmtes Selbstverständnis bzw. Rollenbild, dem zufolge sie nicht allen Wünschen von Patienten nachkommen muß, insbesondere dann nicht, wenn diese ständig wechseln und somit ein geordnetes Arbeiten erschweren.

## 2.5 Zweiter Bericht über die Kommunikationsstörung

Wie in Abschnitt 2.2 befinden sich die Krankenschwester und die Schülerin bei dem Patienten Pm1, den sie in das Gespräch nicht einbeziehen.

V. Zweiter Bericht von Sw2 über die Kommunikationsstörung

34.57 - 35.50: Sw2 hilft SSw1 auf deren Bitte bei Pm1.

```
    Sw2: Jetzt will se die Beine gewickelt haben (weil se das)
    SSw1: (                )
35.16
    Sw2: nich kriegt ruft se ihren Mann an. 1s
    SSw1:                                       Jetz will se se
35.17
    Sw2: Ja ich sag (   ) jetz . also so nich, ne? 3s Nich
    SSw1: gewickelt ham.
35.20
    Sw2: die Kammerzofe hier. Hmhm.
    SSw1: (              )         Sag ma haste/habt Ihr
35.25
```

Bis 35.50: fachinternes Gespräch. Dann verläßt Sw2 das Zimmer.

In diesem sehr kurzen Bericht nennt Sw2 zunächst den derzeitigen Wunsch des Beinewickelns, wobei sie auf die Patientin nur mit dem Personalpronomen "sie " referiert, ohne deren Namen zu gebrauchen. Die Schülerin fragt jedoch nicht nach, wer gemeint ist. Dies legt den Schluß nahe, daß die Schwierigkeiten mit dieser Patientin ein vorherrschendes Thema zwischen den beiden Sprecherinnen ist, zumal das letzte Gespräch über diese Patientin bereits über 5 Minuten zurück liegt. Dann bringt Sw2 den Anruf der Patientin bei ihrem Ehemann zur Sprache und kommentiert ihren Eindruck von der Situation abschließend mit den Worten "Nich die Kammerzofe hier.". Sie malt das Bild der gnädigen Frau erneut aus, indem sie diesmal allerdings den spezifizierenden Ausdruck "Kammerzofe" wählt und sich zugleich gegen diese Rollenzuschreibung wehrt.

## 2.6 Dritter Bericht über die Kommunikationsstörung

Im folgenden berichtet die Krankenschwester erneut einer weiteren Kollegin von dem Streit. Da dieses Gespräch in Anwesenheit von Patienten geführt wird, sprechen die Beteiligten sehr leise.

VI. Dritter Bericht von Sw2 über die Kommunikationsstörung

```
Sw11 ist schon in dem Zimmer, das Sw2 betritt.
35.59: Tür klappt zu.
```

*"Ich hab bloß gesagt gnä' Frau ich brauch vier Binden."*

Das Gespräch zwischen Sw2 & Sw11 wird extra leise geführt.

```
        Sw2: So. Ich möchte auch noch rein. 2s Jetzt will sie die
36.00
        Sw2: Beine gewickelt ham weil se aufstehn muß. Jetzt ruft
36.04
        Sw2: sie ihren Mann an (                                    )
36.05
        Sw2: Ich sag Sie gehn ja zur Dialyse runter.
        Sw11:                                       Was wollt se
36.06
        Sw2:         Jetz will se die Beine gewickelt ham un aufstehn.
        Sw11: jetz?
36.08
        Sw2: Ich sag nee jetz gehn se zur Dialyse runter. Ja da
        Sw11:                                                  Ja.
36.10
        Sw2: ruf ich meinen Mann an. Ich sag bitte. Also 1s
36.12
        Sw2:         Ich bin ja nu wirklich nich hier 2s
        Sw11: (          )
36.15
        Sw2: als Kammerzofe eingestellt. 1s
        Sw11:                               (So en bischen muß)
36.18
        Sw2:                   Ja. 3s
        Sw11: (se sich auch mal)
36.21
```

Erneut referiert die Krankenschwester nur mittels des Personalpronomens auf die Patientin, doch auch der Kollegin Sw11 scheint klar zu sein, wer gemeint ist, da auch sie nicht nachfragt. Die gewählte Referenzform ist ein erneuter Hinweis darauf, daß der Versorgung dieser Patientin ein besonderer Stellenwert zugeordnet wird bzw. daß sie besondere Schwierigkeiten macht.

Dieser Bericht ist etwas länger als der vorherige, weil erstens die Kollegin einmal nachfragt, was die Patientin will, und die Aussage wiederholt wird. Zweitens nennt die Krankenschwester zweimal den Grund für ihre Ablehnung des Wunsches, und zwar die anstehende Dialyse. Abschließend wehrt sie sich wiederum dagegen, als Kammerzofe angesehen zu werden. Ihre Auffassung von ihrer Berufsrolle als Krankenschwester beinhaltet offensichtlich nicht die Aufgaben, die eine Zofe zu erfüllen hat. Eine Zofe hat allen Wünschen einer gnädigen Frau nachzukommen, wohingegen eine Krankenschwester entscheiden kann, welche Wünsche angemessen und somit auch zu erfüllen sind.

## 3. Abschließende Betrachtung

Für den vorgestellten Konflikt spielt es eine wesentliche Rolle, daß er in der Institution Krankenhaus ausgetragen wird. Hier besteht das berechtigte Bedürfnis der Patienten, gepflegt zu werden. Die Erfüllung von Patientenwünschen ist ein wesentlicher Teil dieser Pflege, jedoch können Patienten mit ihren Wünschen an Grenzen stoßen. In dem vorliegenden Fall handelt es sich um eine sehr erfahrene Krankenschwester, die in allen anderen aufgezeichneten Gesprächen sehr einfühlsam auf die Wünsche und emotionalen Bedürfnisse der Patienten eingeht. Diese Patientin überschreitet jedoch die Grenzen der Bereitwilligkeit und Belastbarkeit der Krankenschwester und reizt sie noch zusätzlich, indem sie sie bzw. eine Kollegin als gnädige Frau bezeichnet. Dieses von der Patientin heraufbeschworene Bild beschäftigt die Krankenschwester so stark, daß sie in den nachfolgenden Berichten über den Streit jedesmal dieses Bild zur Sprache bringt, indem sie den komplementären Ausdruck Zofe bzw. Kammerzofe gebraucht. Die Patientin erzielt damit ein sehr großes Maß von Aufmerksamkeit. Unter diesem Aspekt läßt sich dem Konflikt auch eine spezielle Funktion zusprechen, und zwar der Konflikt als eine Form der Zuwendung. Das bedeutet, daß sehr viel mit der Patientin kommuniziert wird, allerdings in einer sehr negativen Art und Weise. In diesem Sinne kann die Kommunikation als gestört angesehen werden.

Das recht aggressive Verhalten der Patientin kann als eine Ausdrucksmöglichkeit der Angst angesehen werden:

"Die Angst eines kranken Menschen verbirgt sich gar nicht selten hinter der Fassade einer auffälligen, teilweise recht inadäquaten oder grundlosen Aggressivität. [...] Diese "schwierigen" und von uns oft als "undankbar" empfundenen Patienten verpacken ihre Angst, ihre nicht aussprechbare Bitte um Hilfe, in Aggressivität. Eine andere Form des Bittens ist ihnen kaum gegeben." (Helber 1989, 777)

Es stellt sich nun die Frage, warum die Krankenschwester ihrerseits recht aggressiv auf das Verhalten der Patientin reagiert und nicht einfühlsam auf die möglicherweise zugrundeliegende Angst eingeht. Drei Erklärungen bieten sich an. Erstens ist die Krankenschwester schon auf eine Konfrontation eingestellt, weil die Patientin als schwierig bekannt ist. Als Beleg hierfür ist die Referenz auf die Patientin mittels "Freundin" im Auszug Nummer II anzuführen. Zweitens hat sie die Mitverantwortung für die Ausbildung der Schülerin übernommen und muß diese ggfs. auch in Schutz nehmen. Sie hat also nicht nur für das Wohlergehen der Patientin zu sorgen, sondern auch für das der Schülerin. Drittens ist die Provokation durch die Patientin, die in dem Bild der gnädigen Frau steckt, einfach zu stark, als daß sie gelassen hätte reagieren können.

Abschließend ist noch eine Bemerkung zur Verallgemeinerbarkeit bzw. Generalisierbarkeit zu machen. Das gestörte Gespräch bildet eine Ausnahme im Material. Außerdem bestätigten mir annähernd 50 Pflegekräfte dreier Kurse zur Erweiterung der kommunikativen Kompetenz, daß derartige Gespräche im Pflegealltag eigentlich nicht vorkommen. Bei dem Beispiel handelt es sich also um keinen typischen Gesprächsverlauf. Um so stärker ist der Eindruck, den das Gespräch bei der Krankenschwester hinterläßt. In drei Berichten sucht sie die Situation nachträglich zu bewältigen.

## Literatur

Ehlich, Konrad & Rehbein, Jochen (1976). Halbinterpretative Arbeitstranskriptionen (HIAT). In: *Linguistische Berichte 45*, 21-41.
Helber, Albert (1989). Die Angst des kranken Menschen. In: *Deutsche Krankenpflegezeitschrift 11*, 773-779.
Mischke, Wolfgang (1995). Psychologische Gesundheitsförderung durch helfende Gespräche. In: Fichten, Wolfgang & Rieforth, Joseph (Hrsg.), *Gesundheitsförderliches Handeln in der Krankenpflege*. München: Quintessenz, 11-50.
Weinhold, Christine (demn.). *Kommunikation zwischen Patienten und Pflegepersonal: eine gesprächsanalytische Untersuchung des sprachlichen Verhaltens in einem Krankenhaus*. Huber Verlag, Bern ( = Diss. FU Berlin 1996).

# Verständigungsprobleme in Wirtschaftsunternehmen

Zum Einfluß von unterschiedlichen Konzeptualisierungen auf die betriebsinterne Kommunikation[1]

*Florian Menz*

## 1. Einleitung

In unserem Gesellschaftssystem definiert sich ein großer Teil erwachsener Menschen über seine Arbeit. Von daher ist es nicht überraschend, wenn die Kommunikation am Arbeitsplatz als einer der zentralen Forschungsbereiche in der Angewandten Linguistik fungiert. Stand in früheren Untersuchungen vor allem der Einfluß institutioneller Bedingungen auf die Kommunikation im Vordergrund (vgl. z.B. Leodolter 1974, Ehlich & Rehbein 1986, Brünner 1987a, Lalouschek, Menz & Wodak 1990, Menz 1991), so ist in der letzten Zeit die Betonung der professionellen (im Sinne beruflicher) Spezifika verstärkt in den Mittelpunkt des Interesses gerückt. Die inhaltlichen Schwerpunkte in bezug auf die Berufsfelder sind allerdings sehr ähnlich geblieben und konzentrieren sich nach wie vor auf klassische Felder der linguistischen Institutionenanalyse: Schulkommunikation, Kommunikation zwischen Arzt und Patient, Kommunikation vor Gericht, therapeutische Kommunikation u.ä. (vgl. z.B. van Dijk 1985 oder Drew & Heritage 1992, Blyler & Thralls 1993, Grimshaw et al. 1994 als rezente Sammelbände über Kommunikation am Arbeitsplatz, berufliche Kommunikation).

Kaum ins Blickfeld gerückt ist bisher jedoch berufliche Kommunikation in Wirtschaftsunternehmen. Bis auf einige Ausnahmen (Lenz 1989, Pschaid 1993, Linde 1991, Boden 1994, die alle sehr spezifische Aspekte untersuchen) gibt es keine genuin linguistische Literatur zu diesem weiten Feld, obwohl es, denkt man an den Bereich berufliche Kommunikation, zu den naheliegendsten Untersuchungsgegenständen zählen würde. Anderseits betont zwar auch beinahe jedes betriebswirtschaftliche Werk zur Unternehmensführung die essentielle Bedeutung von betriebsinterner Kommunikation, um sich dann allerdings schnell "ökonomischeren" Dingen zuzuwenden. Es verhält sich also offenbar so ähnlich wie mit Mark Twains Bonmot über das Wetter: "Alle reden davon, aber keiner tut was dagegen."

Dies hat m.E. vor allem forschungspraktische Gründe: Wirtschaftsunternehmen stehen - im Unterschied zu den meisten öffentlichen Institutionen - in unmittelbarer Konkurrenz zu anderen Unternehmen und müssen sich auf einem mehr oder weniger "freien Markt" in einer Wettbewerbssituation behaupten. Aus diesen Gründen wird sehr häufig der Zugang zu unternehmensinternen Daten, die ja auch sprachlich vermittelt und bearbeitet werden, verwehrt. Wissenschaftsethische Selbstverständlichkeiten wie Vertraulichkeit, Anonymisierung etc. werden häufig nicht als verläß-

---

[1] Der Beitrag beruht auf einem vom österreichischen Fonds zur Förderung der wissenschaftlichen Forschung (FWF) geförderten Projekt (P11055-SPR) unter der Leitung des Autors.

lich genug empfunden, um das vermeintliche oder tatsächliche Risiko einzugehen, Außenstehenden Zugang zu Interna zu gewähren. Diese Grundproblematik verschärft sich, wenn man erstens Primärgespräche (und nicht z.b. Interviews oder Fragebögen) und zweitens jene Kommunikationsformen untersuchen möchte, die die *unternehmensinterne* Kommunikationspraxis ausmachen. Während es noch relativ leichter ist, etwa zu Werbestrategien (Beger et al. 1989), Konzepten der Corporate Identity und Selbstdarstellung in der Öffentlichkeit (vgl. Bungarten 1991, 1994b, Jennings & Churchill 1992, Alvesson & Berg 1992, Derieth 1994), der Mitarbeiterschulung (vgl. Fiehler & Sucharowski 1992, Dougherty 1992, Lumma 1988, Saul 1993) Zugang zu finden, da diese Bereiche zumindest teilweise ohnehin in der Öffentlichkeit erfolgen und/oder für das Image des Unternehmens eine positive Rolle spielen, gelten diese Argumente für unternehmensinterne Kommunikation nicht.

Da für diskursanalytische Untersuchungen authentisches Material als Grundlage unabdingbar ist, das auf Tonband- oder Videocassetten zu Zwecken der Transkription und der Nachvollziehbarkeit der Analyse dokumentiert sein muß, verschärfen sich diese Barrieren noch. Konnten organisationssoziologische und betriebswissenschaftliche Untersuchungen auf experimentelle Versuchsanordnungen[2], teilnehmende Beobachtung oder Interviews außerhalb des eigentlichen Betriebs zurückgreifen, so bleiben einer Untersuchung mit linguistisch-diskursanalytischen Fragestellungen solche Ausweichmöglichkeiten verwehrt.

Durch eine Reihe von glücklichen Zufällen konnte ich allerdings über einen Zeitraum von mehreren Monaten hinweg systematisch gerade solche Gespräche in einem kleinen Unternehmen der Kommunikations- und Computerbranche in Wien aufnehmen.

## 2. Das Datenmaterial

Das Unternehmen wurde vor nunmehr vier Jahren von drei jungen Unternehmern gegründet, die als Eigentümer und Mitarbeiter im Unternehmen fungieren. Das Unternehmen expandierte seit der Gründung überdurchschnittlich, der Personalstand stieg von zwei Mitarbeitern (zur Zeit der Gründung) auf 14 MitarbeiterInnen zur Zeit der Datenerhebung (1994), der Umsatz erhöhte sich im gleichen Zeitraum um ein Vielfaches. Dadurch ist das Unternehmen in gewisser Weise charakteristisch und durchaus repräsentativ für einen bestimmten Typus von Unternehmen, die sich mit neuen Kommunikations- und Computertechnologien auseinandersetzen, innerhalb einer relativ kurzen Zeit stark expandieren und dann vor dem Problem stehen, entweder zu stagnieren, umzustrukturieren oder sogar auch wieder von der Bildfläche zu verschwinden (vgl. Freeman & Hannan 1983). Auch die Kommunikationsstrukturen, die im allgemeinen von einer egalitären Ideologie und einer starken Identifikation mit dem Unternehmen (von allen MitarbeiterInnen, nicht nur den

---

[2] Zur Kritik an den Artefakten von Rollenspielen vgl. Brons-Albert (1995).

Eigentümern) getragen sind, weisen durchaus charakteristische Eigenschaften auf (Geeraerts & van Dijck 1983). Nach den von Quinn & Cameron (1983) in ihrem Life-Cycle-Ansatz aufgestellten vier Phasen, die ein Unternehmen im allgemeinen durchläuft (Gründungsphase, Wachstumsphase, Reifephase, Formalisierungs- und Strukturentwicklungsphase), befand sich das Unternehmen zum Zeitpunkt der Untersuchung in der Formalisierungsphase. D.h., nach einer nicht unproblematischen Gründungsphase, der eine Zeit großen Wachstums und beträchtlicher Expansion folgte, stand das Unternehmen (immer zum Zeitpunkt der Erhebung) vor dem Problem zunehmender Konkurrenz und geringer werdender Gewinnspannen und damit einer in nächster Zeit notwendig werdenden Restrukturierung. Auch wenn es sich im vorliegenden Fall um eine qualitative Einzeluntersuchung handelt, ist aufgrund dieser Gemeinsamkeiten mit anderen Unternehmen eine Generalisierbarkeit von bestimmten Untersuchungsergebnissen durchaus möglich.

Insgesamt sind ca. 100 Stunden authentischen Gesprächsmaterials aus unterschiedlichsten Kontexten über einen Zeitraum von mehreren Monaten hinweg auf Tonbandcassetten dokumentiert und derzeit auszugsweise transkribiert. Außer der stationären Aufnahme bestimmter Gesprächstypen wie Verkaufs- oder Technikbesprechungen[3] in den jeweiligen Kommunikationsräumen wurde noch eine besondere Technik der Tonbandaufzeichnung gewählt: Ein großer Teil der Kommunikation findet nicht am eigentlichen Arbeitsplatz bzw. Schreibtisch, sondern an allen möglichen Orten statt: sprichwörtlich zwischen Tür und Angel, auf dem Flur, in Besprechungszimmern, in den Räumen der "besuchten" GesprächspartnerInnen usw. Zur systematischen Dokumentierung dieser Form interner Unternehmenskommunikation erklärten sich alle MitarbeiterInnen bereit, während bestimmter Phasen und Abschnitte tragbare Stereo-Cassettenrecorder mit Stereo-Ansteckmikrophonen zu tragen und damit alle Gespräche, die sie jeweils führten, aufzunehmen. Dadurch wurde ihre Mobilität nicht eingeschränkt und trotzdem die Möglichkeit geschaffen, verwertbare Aufnahmen zu erhalten.[4] Zusätzlich bewegte ich mich selbst mit einem tragbaren "Walkman" ausgestattet durch die Räume des Unternehmens und "begleitete" bestimmte Probleme, die von einer Abteilung in eine andere übergeben wurden, so daß insgesamt ein umfangreiches Bild interner Kommunikationsformen gezeichnet werden konnte.

Diese authentischen Gespräche werden ergänzt durch Tiefeninterviews mit allen 14 beteiligten MitarbeiterInnen (von den Eigentümern bis zu den Sekretärinnen).

## 3. Konzeptualisierungen von Kommunikation

In den folgenden Ausführungen möchte ich einen kleinen Ausschnitt von Kommunikationsproblemen in interner Betriebskommunikation auswählen und der Frage

---

[3] In regelmäßigen Abständen trafen sich die Verkaufs- bzw.Technikabteilung zu internen Besprechungen.

[4] An dieser Stelle sei allen Mitarbeitern und Mitarbeiterinnen ganz herzlich für ihre enorme Bereitschaft der Kooperation und Unterstützung gedankt.

nachgehen, wie sich internalisierte Vorstellungen bzw. Konzeptualisierungen von Kommunikation auf das sprachliche Handeln der Firmenangehörigen auswirken. Meine These, die ich hier verfolgen werde, lautet folgendermaßen: Bestimmte Typen von Kommunikationsproblemen können darauf zurückgeführt werden, daß die jeweiligen Interaktanten unterschiedliche Konzeptualisierungen darüber haben, wie Kommunikation im Unternehmen funktioniert. Allerdings scheint mir eine Einschränkung auf berufliche Kontexte notwendig, da die berufliche Sozialisation derartige Konzeptualisierungen nicht unmaßgeblich beeinflussen dürfte. So unterscheiden z.B. viele MitarbeiterInnen in den Interviews zwischen beruflicher und "privater" Kommunikation, eine Unterscheidung, die zwar aus diskursanalytischen Überlegungen heraus nicht unproblematisch ist (vgl. etwa die Ausführungen von Ehlich & Rehbein 1980 zu dem von ihnen so genannten "homileischen Diskurs"), die aber dessen ungeachtet in den Wahrnehmungen der Betroffenen eine entscheidende Kategorie bildet. Anders ausgedrückt: erfolgreicher beruflicher Kommunikation werden andere Zwecke, Ziele und Formen zugeschrieben als "privater", "freundschaftlicher" etc. Diese jeweils individuellen Vorstellungen von geglückter bzw. mißglückter Kommunikation, die nicht unbedingt bewußt sein müssen, ja deren bewußte Bereiche sich manchmal erheblich von dem unterscheiden, wie tatsächlich sprachlich gehandelt wird (vgl. unten), entsprechen jedoch ziemlich genau dem, was ich hier als Konzeptualisierung bezeichnen möchte.

Je nach Konzeptualisierung von Kommunikation werden unterschiedliche Schwerpunkte, Blickwinkel bzw. "tote Winkel", wie Brünner (1987b) es genannt hat, erfaßt, die den Agenten unterschiedliche Lösungswege bei Kommunikationsproblemen nahelegen. Solche Konzepte können auf alltagsweltlichen Erfahrungen beruhen oder Sedimente von wissenschaftlichen bzw. vorwissenschaftlichen oder populärwissenschaftlichen Konzepten sein. Was nun die berufliche Kommunikation in einem Unternehmen, das sich selbst der "Kommunikationsbranche" zuordnet, betrifft, spielen letztere eine besondere Rolle.

Ich werde nun zunächst einige mögliche Konzeptualisierungen von Kommunikation kurz charakterisieren, daran anschließend anhand von drei Textanalysen meine These illustrieren und abschließend einige mögliche Konsequenzen formulieren.

## 3.1 Kommunikation als Übertragung von Information

In der linguistischen Literatur lassen sich unterschiedlichste Typologisierungen derartiger Konzeptualisierungen von Kommunikation finden, die sich meistens in ganzen Metaphernsystemen niederschlagen. Für den englischsprachigen Raum haben z.B. Reddy (1979) und Lakoff & Johnson (1980) Studien durchgeführt, für das Deutsche lassen sich etwa bei Brünner (1987), Fiehler (1990) und zuletzt bei Krippendorf (1994) derartige Systematisierungen von Metaphern über Kommunikation finden.

Zwei einander diametral entgegenstehende Konzeptualisierungen möchte ich herausgreifen, erstens die Auffassung von "Kommunikation als Übertragung von Information" und zweitens die Konzeptualisierung von "Kommunikation als gemeinsame(r) Aushandlung von Sachverhalten und sozialer Wirklichkeit", wie Fiehler (1990) dies formuliert hat.

In der erstgenannten Konzeptualisierung wird erfolgreiche Kommunikation verglichen mit dem Transport von Gütern. Ein Inhalt wird von einem Ort A über einen bestimmten Weg zu einem Ort B gebracht. Eng verwandt mit dieser Konzeptualisierung sind die Kanal- und Containermetaphern. Diese Auffassung impliziert einige durchaus zu hinterfragende Annahmen über Kommunikation. Brünner nennt z.B. die Implikation, daß davon ausgegangen wird, daß Wörter, Sätze, Texte eine ganz bestimmte, ihnen immanente Bedeutung hätten, die unabhängig von Kontexten, Wissen der Interaktanten, kulturellem Hintergrund, Situationen etc. existiere. Der passiv gesehene Empfänger hätte im Grunde nur die vom Sender intendierte und in den Behälter gelegte Information unverändert herauszunehmen (Brünner 1987b). Auch Lakoff & Johnson und Reddy bringen ähnliche Kritikpunkte vor. Darüber hinaus wird Kommunikation stark senderzentriert, linear und monologisch konzipiert. Im klassischen Strukturalismus in der Betriebswirtschaftslehre (Taylor 1911, Weber 1918/1972, Fayol 1949), der nach wie vor implizit und explizit in vielen Einführungen und populärwissenschaftlichen Ratgebern zur Unternehmenskommunikation eine dominante Rolle spielt, wird Kommunikation vor allem unter einem Übertragungsaspekt von Information gesehen. Es ist eine über weite Strecken mechanistische Auffassung von Kommunikation (Krone, Jablin & Putnam 1987; Euske & Roberts 1987), in der Kontextbedingungen und -einflüsse nicht berücksichtigt werden und Kommunikation in erster Linie als ein Instrument der Kontrolle verstanden wird. Morgan (1986) beschreibt diese Schule als getragen von einer "Maschinenmetapher". Axley (1984) bezeichnet diese in der betriebswirtschaftlichen Literatur über Organisationen beinahe durchgängige Sichtweise von Kommunikation als "Conduit-Metapher".[5]

Typische Störungen hängen daher mit der Übermittlung zusammen und werden als *Über- oder Unterinformation, Verzerrungen der Mitteilung, Störungen des Kanals, Mehrdeutigkeiten* (Eisenberg & Phillips 1991) interpretiert.

Ein weitverbreitetes Modell zur Veranschaulichung dieser Konzeptualisierung ist das informationstheoretisch basierte Modell von Shannon & Weaver (1949)[6], das allerdings auch in die Linguistik der 70er Jahre Eingang gefunden hat (vgl. Funkkolleg, Bd. 1) und nach wie vor eine weite Verbreitung hat. Demnach wird eine Information (I) von einem Sender (S) über einen Kanal (K) an einen Empfänger (E) weitergegeben.

Das Modell ist stark positivistisch von einem behavioristischen Stimulus-Response-Ansatz geprägt, woraus sich auch die Unidirektionalität und die starke Senderzentriertheit ableiten. Mißlingende Kommunikation resultiert in diesem Modell in einem Abbruch, Schwierigkeiten werden als Barrieren gesehen, die es zu überwinden gelte. Dem Modell liegt die Annahme zugrunde, Kommunikation in immer

---

[5] Zu Verwendung desselben Begriffs in der linguistischen Diskussion über Konzeptualisierungen von Sprache vgl. z.B. Reddy (1979).

[6] Shannon war Techniker bei der amerikanischen Telefongesellschaft Bell Telephone.

kleinere Einheiten (Sender, Kanal, Information etc.) zerlegen und dadurch das Funktionieren von Kommunikation immer besser verstehen zu können. Dementsprechend ist auch das primäre Ziel der Benutzer dieser Konzeptualisierung, Mitteilungen so zu formulieren, daß der Empfänger sie richtig entschlüsselt und nach den Intentionen des Senders handelt.[7] In diesem Sinne verfallen Vertreter dieses Modells mehreren "Mythen" (Burgoon, Hunsaker & Dawson 1994, 5ff.) über Kommunikation:[8]
- daß Kommunikation häufig zusammenbreche
- daß Kommunikation entweder gut oder schlecht sei
- daß das Ziel der Kommunikationsforschung die Produktion effizienterer Mitteilungen sei.

Nicht zuletzt aufgrund seiner scheinbaren Einfachheit und vordergründigen Plausibilität (die wohl in erster Linie auf den linearen, transitiven Charakter dieses Ansatzes zurückzuführen ist) ist dieses Modell nach wie vor weit verbreitet und vor allem in der Praxis der Betriebsführung in Verwendung: Ein beachtlicher Teil von sogenannten Kommunikationstrainings in der Wirtschaft und von Praxisratgebern beruht jedenfalls darauf (zu ihrer Kritik vgl. Fiehler & Sucharowski 1992), und auch in den von mir geführten Interviews mit den UnternehmensmitarbeiterInnen wird in der überwiegenden Zahl eine Form dieses Modells vertreten. Einige Interviewausschnitte mögen dies verdeutlichen. Auf die Frage, was für sie gelungene Kommunikation sei, kamen von den MitarbeiterInnen u.a. folgende Antworten:[9]

(1) Alfred Förster (Verkaufsleiter, Dritteleigentümer)

    AF: den anderen: - seine: - - Gedankn zu erklärn und ihm zu: Tatn zu bewegn die: - - - aus den Elgenen Gedankn her: - - resultirn.

(2) Josef Kratky (Techniker, Lagerverwaltung)

    JK: jo des Ziel is da: - REIbungslose ABlauf do in der Firma. wenn i inforMIERT bin über Dinge natülich dann - LÄUFT der Schuppm do.

(3) Rudi Lamm (Produktmanager, Verkäufer, Dritteleigentümer)

    RL: ganz wichtig in der Kommunikation - WÄRE - daß man über bestümmte Themen über sch / bestümmte Frogn - so SELtn als möglich spricht. - wenn möglich es sofort erledigt. - des isch für MICH donn - der Inbegriff

---

[7] Wobei darüber hinaus noch implizit unterstellt wird, daß die Intentionen des Senders mit den Unternehmenszielen übereinstimmen würden (vgl. Theis 1994, 266).

[8] Burgoon, Hunsaker & Dawson legen ihrem Werk eine andere Konzeptualisierung zugrunde, aus deren Perspektive das "Transmissionsmodell" wohl "Mythen" enthält. Obwohl sie m.E. einige zutreffende Kritikpunkte anbringen, ist ihre eigene Auffassung sehr stark normativ geprägt.

[9] Zu den Transkriptionskonventionen vgl. den Anhang (Abschnitt 6).

>
> von Kommunikation. wir sin a Kommunikationsfirma - und bei uns: gibt s in der Branche natürlich a den Begriff der sogenonntn Retries und der Retransmission.
> FM: mhm
> RL: wenn: Leitungen SCHLECHT sind wenn die Qualität schlecht dann muß man s WIEDAHOLN die Sendung.

(4) Verena Dam (Administration)

> VD: -/ wenn es VOLLständich angekommen ist was ich: - / SAGN WOLLTE oder was ich geMEINT habe und daß er es auch - - - versteht - u:nd

Ich möchte diese Konzeptualisierung in Anlehnung an Theis (1994) als *Transmissionsmodell* bezeichnen.

### 3.2 Symbolisch-interpretative Modelle

Die zweite Konzeptualisierung geht in wesentlichen Zügen wohl auf Meads (1934) symbolischen Interaktionismus zurück und ist eindeutig interaktiv und empfängerorientiert. In der Sprachwissenschaft konzipieren u.a. ethnomethodologisch orientierte Forschungsrichtungen wie die Konversationsanalyse Kommunikation als gemeinsame Konstruktion und Aushandlung von Sachverhalten und sozialer Wirklichkeit (Garfinkel 1967, Sacks, Schegloff & Jefferson 1974, Drew 1985, 1992). D.h., Wirklichkeit wird durch Kommunikation nicht abgebildet und übertragen, sondern vielmehr erst in der Interaktion konstituiert. In der englischsprachigen Literatur wird diesbezüglich häufig von *co-construction of meaning* gesprochen. Es geht also auch darum, sich der gemeinsam geteilten Wirklichkeit zu versichern.

Diese Konzeptualisierung steht der erstgenannten diametral entgegen und ist mit ihr unvereinbar. Allerdings hat auch sie einige "tote Winkel". So ist nicht jede Interaktion vom Typus des Aushandelns, in bestimmten Kontexten stehen vielmehr spezifische gesellschaftlich ausgebildete Muster zur Verfügung, um Standardsituationen routinemäßig ausführen zu können. Darüber hinaus wird in dieser Konzeptualisierung übersehen, daß gerade in institutionellen Kontexten sehr ungleiche Bedingungen für die Aushandlung einer Situation bestehen. Auch die Möglichkeiten, Vordefinitionen nicht zu akzeptieren, sind unterschiedlich verteilt. D.h., die Definitionsmacht der gemeinsamen Konstruktion ist abhängig von zumindest Status- und Positionsrollen der Interagierenden.[10] Eine Perspektive im Sinne einer kritischen Diskursanalyse (Menz 1991, Fairclough 1992) ist in diesem Ansatz m.E. nicht zu verwirklichen.

---

[10] So ist zu vermuten, daß etwa im Gerichtssaal (Drew 1992) die Richter weit mehr Gestaltungsmöglichkeiten haben als etwa Opfer, Zeugen oder Angeklagte. Ähnlich ist anzunehmen, daß die Eigentümer eines Unternehmens u.U. mehr derartige Möglichkeiten besitzen als deren Angestellte.

In den Interviews mit den MitarbeiterInnen formuliert ein einziger Verkäufer explizit eine interaktive Konzeptualisierung, die vor allem empfängerorientiert ist:

(5) Zeno Jankowitsch (Verkäufer)

ZJ: - mh i red mit der TECHnik sicherlich ANders weil die: - eher leSCHÉR sind und a leSCHÉrerer TON - ihnen auch mehr ZUsagt genaugenommen - - da beHANdle ich sie auch eher wie KUNdn in Endeffekt weil: äh ICH mich halt auf jedn EINstelle wie er grad - des BRAUCHT oder wie ich des GFÜHL hob daß ich MEIne Ideen am besten durchsetzn kann.
FM: mhm - -
ZJ: ja ich MUß gewisse Dinge DURCHsetzn um: ebm meine Ziele zu erREIchn - und: - daher muß ich auch auf die TECHnik eingehn - und das: geLINGT mir in letzter Zeit recht gut eigentlich.
FM: mhm -
ZJ: mit denen zu kommuniziern.

ZJ erklärt sein Kommunikationsverhalten durch die Wirkungen, die er erzielen möchte, und stellt damit den Empfänger in den Mittelpunkt der Überlegungen. Ich möchte diese Konzeptualisierung verkürzend *interaktives Modell* nennen.

Nun noch einmal zu meiner These: Manche Kommunikationsprobleme im Unternehmen können darauf zurückgeführt werden, daß die Agenten unterschiedliche Konzeptualisierungen dessen haben, was als erfolgreiche Kommunikation zu verstehen sei, und zwar möchte ich mich hier auf Kommunikationsprobleme in bezug auf die zwei soeben kurz charakterisierten Modelle beschränken. Die folgenden Textanalysen sollen dies illustrieren.

## 4. Analysebeispiele

### 4.1 Telefonieren, aber richtig

*Der Kontext*

Die beiden handelnden Personen des ersten Beispiels sind Miteigentümer des untersuchten Unternehmens Nerix (NRX). T1 ist der Chef der Technik, V2 ist Verkäufer. T1 hatte V2 in seinem Zimmer aufgesucht, um einige Dinge zu besprechen. Im Zuge dieses informellen Gesprächs fallen auch die hier untersuchten Äußerungen. Das Thema des Gesprächsausschnitts ist die weitere Vorgehensweise mit einer Kundenfirma, der die beiden im Gespräch erwähnten Personen Frau Reder und Herr Oberlackner angehören. Es geht darum, daß der Techniker T1 mit Herrn Oberlackner und Frau Reder in einem Gespräch vereinbart hatte, NRX würde nur Geräte liefern, sie aber *nicht* installieren. In der Zwischenzeit hat aber Frau Reder mit dem Verkäufer V2 gesprochen und offensichtlich etwas anderes in Erinnerung. Nun soll die weitere Vorgehensweise geklärt werden.

Beispiel 1: RL08091[11]

62 | T1[ de soll se on des holten was sie sagt

69 | T1[                    FESTSTEHT daß mit/ verEIN-

70 | T1[ BART wurde mitm Oberlackner daß mir nur liefern solln.

71 | V2[           ja.
    | T1[ des homma gema:cht und er des söba installiert. WENN

72 | V2[                              jo
    | T1[ WIR - einen Termin machen SOLLN   dann koordinieren wir

73 | >
    | V2[            - /
    |         hm         des hast du mit da Reder/ Frau
    | T1[ einen Termin   jo? und - gemeinsam/

74 | V2[ Reder besprochen.
    | T1[                 na! des is/ d/ so is es. jo DES is mit

75 | T1[ da Reder besprochen, mim Oberlackner. da Oberlackner

---

[11] Legende:

HIAT-DOS-Transkript, ausgegeben am 31.8.1995.
Projektname: Unternehmenskommunikation
Aufnahme: Florian Menz
Aufnahmedatum: 1994
Aufnahmegerät: Sony WM-D6C (Walkman professional)
Transkribent: Martin Reisigl       Zeitverhältnis: 1:30   Datum: 0795
Korrektor: Florian Menz            Zeitverhältnis: 1:60   Datum: 0895
Copyright: Florian Menz

Siglen:   Kürzel      Erklärung
          V2          Rudi Lamm, Verkäufer, Dritteleigentümer
          V1          Alfred Förster, Leiter des Verkaufs, Dritteleigentümer
          T1          Gustav Unterberger, Leiter der Technik, Dritteleigentümer
          T2          Georg Jezek, Techniker
          T4          Josef Kratky, Techniker, Lagerverwaltung
          A3          Fanni Roth, Assistentin der Technik
          KO          Kommentar

## Verständigungsprobleme in Wirtschaftsunternehmen

76
```
V2 [            jo.
T1 [ MACHT DAS.  WIR brauchen nichts machen. WENN wir was
```

77
```
V2 [
T1 [machen müssen - dann muß ich das wieder aufwärmen dann
```

78
```
T1 [müssen wir einen Termin koordinieren und donn konn i leider
```

79
```
V2 [                                              jo donn
T1 [net akzept/ ich kann weder ja und nein sagen zu
```

80
```
V2 [ würd i/ b/ kannst du de Re/ Frau Reder onrufn.  donn
T1 [                                                  na.
```

81
```
V2 [ gibst mir die Nummer ruf ich sie an.
T1 [                                      na also i mein der
```

82
```
V2 [         jo. obklärn will ich's. i hob mit ihr heut te-
      <laut agressiv>
T1 [ (Status/)
```

83
```
V2 [lefoniert> und jetzt muß i ihr a Antwort gem. gibst ma de
```

84
```
V2 [ Nummer bitte raus. bei dir in der Notiz is drinnen.
```

Die Äußerung von T1 in Fl. 62 läßt sich zunächst einmal dahingehend interpretieren, daß eine einmal gesendete Information immer identisch bleibt. Gleichzeitig unterstellt T1, daß das, was er gehört hat, Frau Reder auch tatsächlich gesagt habe, daß er also die Intentionen des Senders richtig erfaßt habe, oder anders ausgedrückt: T1 hat gemäß seiner Konzeptualisierung genau das herausgenommen, was die Senderin Frau Reder in die Botschaft hineingelegt hat. Dies sind Merkmale, die auf das Transmissionsmodell zutreffen würden.

Die Flächen 69 bis 75 lassen in bezug auf die zugrundeliegende Konzeptualisierung auch den Schluß zu, daß hier interaktiv ein Sachverhalt klargelegt wurde. Insbesondere die Ausdrücke VEREINBAREN (Fl. 69) und die bejahende Antwort auf V2s Frage, ob dies BESPROCHEN worden sei (Fl. 74), deuten darauf hin. In diesem Sinn könnte auch die Äußerung "WIR brauchen nichts machen" in Fl. 76 als Resultat dieser VEREINBARUNG gesehen werden.

Dagegen spricht allerdings der weitere Verlauf des Gesprächs. Denn nach V2s Informationen ist diese Vereinbarung offensichtlich nicht mehr aktuell, also gar keine gegenseitige Vereinbarung. Seine Bitte, dies zu klären (in Fl.79-80), wird von T1 abgelehnt: "Na" (Fl. 80). Und auch auf V2s Angebot, dies selbst zu klären, reagiert er zunächst mit einer ablehnenden Bemerkung: "Na also i mein der Status". Diese drei Äußerungen in den Flächen 76, 80 und 81/82 legen daher meines Erachtens vielmehr die Interpretation nahe, daß von T1 hier die Auffassung eines *passiven Empfängers* vertreten wird, der auf einen Input durch den oder in diesem Fall die Senderin wartet. Auch dies ist ein Charakteristikum des Transmissionsmodells.

Der Verkäufer hingegen vertritt eine interaktive Position: Mit Frau Reder soll der Sachverhalt telefonisch besprochen werden. Dies geht so weit, daß V2 auf T1s Weigerung hin sogar selbst diese Aufgabe übernimmt (Fl. 81). Der zentrale Begriff, durch den diese Konzeptualisierung des Aushandelns repräsentiert und verdeutlicht wird, ist ABKLÄREN (Fl. 82).

Die Problemlösungsstrategien der beiden Eigentümer unterscheiden sich also signifikant voneinander, und zwar genau entlang der beiden vorgestellten unterschiedlichen Konzeptualisierungen von Kommunikation. Daß hier ein Konflikt vorliegt, läßt sich auch an der aggressiven Intonation V2s in Fl. 82 ablesen. Letztendlich wird das Problem zugunsten der interaktiven Konzeptualisierung gelöst. V2 ruft Frau Reder an und übergibt das Gespräch in der Folge mit dessen Einverständnis an T1.

### 4.2 Eine Verkaufsbesprechung mit Hindernissen

*Der Kontext*

Auch im nächsten Beispiel geht es um ein abteilungsübergreifendes Kommunikationsproblem zwischen Verkäufern und Technikern. Zum besseren Verständnis möchte ich einen Teil der Analyseergebnisse vorwegnehmen. Nerix ist eine Handelsfirma mit der Eigenart, daß sie zuerst *ver*kauft und dann erst die verkauften Produkte und Lösungen selbst einkauft. Das zentrale Bindeglied zwischen den beiden Abteilungen ist die sogenannte AB, die Auftragsbestätigung. In ihr sind alle verkauften Komponenten aufgelistet. Eine Kopie der AB wird an die Technik weitergeleitet. Deren Aufgabe ist es nun, die in Auftrag gegebenen Produkte und Komponenten ihrerseits bei den Lieferanten zu bestellen. Bezüglich der Funktion dieser AB kommt es nun immer wieder zu unterschiedlichen Einschätzungen. Während die Techniker diese AB "für bare Münze" nehmen, also im Grunde genau das bestellen wollen, was draufsteht, sehen die Verkäufer dieselbe AB eher als Arbeitsunterlage, die in den Details gemeinsam mit den Technikern noch in bezug auf ihre technische und ökonomische Sinnhaftigkeit ausdiskutiert werden sollte. Auch hier läßt sich m.E. die Auffassung der Techniker eher einer zugrundeliegenden Konzeptualisierung von Kommunikation als Transmission zuordnen, während die Interpretation der Verkäufer eher einer interaktiven Konzeptualisierung des gemeinsamen Aushandelns zuzuordnen wäre. Die beiden Konzeptualisierungen sind in diesem Fall nicht mitein-

*Verständigungsprobleme in Wirtschaftsunternehmen* 145

ander vereinbar, daher kommt es zum Konflikt, der anhand eines beinahe zur Routine gewordenen Problems hier teilweise ausgetragen, aber letztendlich vertagt wird.

Beispiel 2: VKB1306B

```
61  T1[ also ich NEHme an ALfred daß die hier angeführtn KA:-

62  T1[ beln für den beSTELLtn VierTAUsnda sind und NICHT für ir-

63  T1[ gendwelche SIEbmTAUsnder SO wie sie hier laut AB drinstehn.
```

```
    V2[
    T1[                              NIX sollst machn.
    V1[  ja. und was soll i jetz MOCHn?
68

    T1[ ja? ich möcht nur AUFZEIGN daß ma ununterBROCHN - MIT-
    V1[ ja.
69

    V2[              ah des: ah HOFF ich auch daß die
    T1[ schaun muß mit- koordinIERN                    und
70

       >
    V2[ Technik MITschaut. -¯ (jo)
    T1[    verstehst?       DIEse DINGE / jetz komm ICH mit meiner
71

       >                                                   _/
    T1[ TECHnikbesprechung drauf ned?- der TIno sogt mir JO- NA
72

    T1[ des: homma no ned geLIEfert weil < wir WARtn auf die KA-
    KO[                                   < Telefon klingelt
73

    T1[ bln.">  sog i "welche KA:bl." ned? weil ebeSTöLLT natür-
    KO[        >
74

    V2[           wir hom - / ja?
    T1[ lich BRAV   diese Kabl.
    V1[                  aba so TEchnik / und so / SO mitDENkn
75
```

```
76  V2[  (das muß er schon) / do MUß schon donn die TECHnik
    V1[  (daß ma s net WIEder heraushaun. na?)

77  V2[  (sehn) daß er MITdenkt. ned? er muß doch SCHAUN ob a Kabl

     >
78  V2[  daZUpaßt oda ned.                /      ja bitte DONN / DONN
    T1[            das is die FRAge. ned?

     >                                          _/
79  V2[  sch /         dafür SCHON - (hinstellt.) - jo?
    T1[  verstehst? do hob i -         donn - /      zu dem THEma

     >                            \/
80  V2[                            mhm
    T1[  - des wos ER sich WÜNSCHT      / WIE / wie s auf der AB

81  V2[                                                    wenn s
    T1[  steht so soll s SEIN. des s irrsinig SCHWIErig.

82  V2[  TECHnisch nicht klar is, RÜCKfrogn. - wie wir gsogt hom.
    V1[                                              also

83  V2[  des is ganz ANfoch. - DIE müssn des TECHnisch evaluieren
    V1[da /             dann /

84  V2[  ob des a: stimmt?
    T1[            jo vielleicht möcht er des mit an /

85  V2[                       ebm. und wenn s UNklor is dann
    T1[  vielleicht HOT er schon Kabl. (und sogar an EXxxxxxxx)

86  V2[  - soll er RÜCKfrogn.                           ja.
    T1[            s SCHWIErig. wenn s net DRAUFsteht.

87  T1[  na? weil der d / ER sogt genau (so) "na DER hat andre
```

```
     V2 [                  des würd i nit DENkn. ned?    wemmam POsi-
       >[
     T1 ⌊ Router. ned? -                       ⁻mh
88
```

```
     V2 [ tiv DENkt dann kommt ma drauf. wemman NET will - oda wenn
89
```

```
     V2 [ man SAUer is < > dann kommt ma NED drauf.
     V1 [                                           gut. -
     KO [              <T1 verläßt den Raum und schließt die Tür>
90
```

Während einer Verkäuferbesprechung betritt der Technikchef und Geschäftsführer Gustav Unterberger (T1) den Besprechungsraum und wendet sich an Alfred Förster (V1), den Leiter des Verkaufs und ebenfalls Miteigentümer der Firma.

Eine Auftragsbestätigung (AB) von V1 ist unvollständig und fehlerhaft ausgeführt worden. V1 hatte falsche Verbindungskabel in die AB geschrieben (FL. 61-63). Hier entzündet sich der Konflikt: T1 weist darauf hin, daß die Transmission, die Übertragung der Information nicht funktioniere und dadurch seine Arbeit unzumutbar erschwere ("I möcht nur aufzeign, daß ma ununterbrochen mitschaun muß, mitkoordinieren", Fl. 69/70).

Aus der Sicht der Verkäufer ist das "Mitschauen" der Techniker keine Zumutung, sondern eine Selbstverständlichkeit, wie sich aus den folgenden drei Äußerungen von V1 bzw. V2 ersehen läßt (V2 in 70/71 und V1 in 75/76). Besonders V1s Äußerung, "die Technik soll so mitdenken, daß das Projekt nicht wieder herausgehaut" wird, läßt interessante Rückschlüsse auf das bei den Technikern zugrundeliegende Transmissionsmodell zu: Problematische Sachverhalte werden nicht besprochen, verhandelt, sondern fallen aus der weiteren Abarbeitung heraus. Sie müssen neu bearbeitet, quasi neu gesendet werden, da es sich um einen Übertragungsfehler gehandelt habe, eine charakteristische Eigenschaft des Transmissionsmodells.

Der Techniker T1 weist das Ansinnen des Rückfragens zurück ("das is die Frage. ned?") und legt seine bzw. die Erwartungen des Lagermitarbeiters dar: "Wie's auf der AB steht so soll s SEIN." Die Formulierung "des is irrsinnig schwierig" (Fl. 81) ist in diesem Zusammenhang schwer zu interpretieren, kann aber vielleicht als Einlenkungsversuch interpretiert werden. V2 besteht allerdings weiterhin mit zusätzlichen Argumenten auf Rückfragen (Fl. 81/82 und noch einmal bestätigend in 85/86). Der Konflikt setzt sich, ohne gelöst zu werden, fort, bis T1 den Raum verläßt. Die Folge dieses Mißverständnisses ist die Verzögerung eines Projektes, weil vom Lager falsche Kabel bestellt worden sind und auf die passenden noch gewartet werden muß. Derartige Konflikte haben demnach nicht zuletzt auch eine ökonomische Tragweite.

## 4.3 Eine Technikbesprechung

*Der Kontext*

Der letzte Ausschnitt stammt aus einer Technikbesprechung, die einige Monate nach dem vorhergehenden Gesprächsausschnitt stattgefunden hat. Doch die Kommunikationsprobleme zwischen Verkauf und Technik sind nach wie vor akut.

**Beispiel 3: TB-0310D**

```
1   T4 [                Lieferschein - zweiundfümfzig sechsundzwan-
    A3 [                                             ham ma al-

2   T4 [ zig - laut Freddie Lieferung von Version zwei-Punkt-zwei
    A3 [ les

3   T1 [                              (sechsundzwanzig). aber es is
    T4 [ Kunde braucht nix s Neues. -                         _/
    > [
    A3 [                                                    (mh)

4   T1 [ EH erledigt. ned?
    T3 [                      <km     >
                              <lacht>
    > [                         _/\
    T4 [                      jo: oba DER wird hundertprozentig anruafn

5   T1 [                                               des is uns
    T3 [                                  <hehehe    >
                                          <lacht    >
    T4 [ <und sogn seid s WAHNsinnig?> <haha    >
         <lachend                   >  <lacht    >

6   T1 [ wurscht sò erledigt gut.
```

(T4) nennt die nächste Auftragsnummer (26 52). Laut "Freddie" (das ist Alfred Förster, der Leiter des Verkaufs) braucht dieser Kunde keine neue FTP-Software-Version[12], sondern begnügt sich (aus Kostengründen) mit der alten. Alle Techniker sind sich aber sicher, daß diese Version auf den zu liefernden Geräten nicht mehr laufen würde. Trotzdem beharrt der Leiter der Technik (T1) auf der Vorstellung der korrekten Transmission vom Verkauf. Im Krisenfall (wenn das Programm nicht läuft) kann er sich innerhalb seiner Konzeptualisierung zur Rechtfertigung darauf berufen,

---

[12] Ein Computerprogramm zur Übertragung von Daten.

auch wenn der Verlauf des Konfliktes (nicht aber seine Lösung!) bereits absehbar ist.
Hier wird eine ganz bestimmte Konzeptualisierung von Kommunikation m.E. *taktisch aktiviert*, um eine Begründung bzw. ein Argument dafür zu haben, warum eine Tätigkeit unzureichend oder jedenfalls für das Gesamtunternehmen nicht zielführend ausgeführt wird. D.h., Konzeptualisierungen haben nicht nur Einfluß auf die Kommunikation untereinander, sondern wirken sich direkt auf das praktische Handeln aus.

## 5. Konzeptualisierungen und Kommunikationsstörungen

Unterschiedliche Konzeptualisierungen sind nicht nur wissenschaftliche Konstrukte, sondern für die handelnden Personen reale "Filter", durch die das Geschäft der Kommunikation betrieben wird. Dementsprechend ist ihre Bedeutung beim Auftreten von Verständigungsproblemen oder Kommunikationsstörungen. Je nach Konzeptualisierung werden unterschiedliche Lösungsvorschläge erarbeitet und angewandt, die dann, und das ist typisch, erneut für Probleme und Auseinandersetzungen sorgen können, so daß hier potentiell ein Circulus vitiosus entsteht, der durch immer neue Vorschläge, die auf unterschiedlichen Konzeptualisierungen beruhen, nicht gelöst werden kann. Dies soll im folgenden genauer ausgeführt werden.

Sollen Verständigungsprobleme auf der Grundlage des *Transmissionsmodells* gelöst werden, muß aus der Perspektive dieses Ansatzes prinzipiell beim Sender angesetzt werden, der für die Botschaft verantwortlich ist. Sie war mit zu viel, zu wenig oder verzerrter Information versehen, der Kanal war gestört oder intervenierende Variablen verhinderten eine vollständige Übertragung. D.h., der Sender muß die Mitteilung neu gestalten, die Inhalte überarbeiten, die Reihenfolge ändern, für einen störungsfreien Übertragungskanal sorgen und die *Mitteilung neu senden*, wobei der Kanal als ein strukturelles, a priori gegebenes Verbindungsstück gesehen wird. Dies wird in den Beispielen 1 und 2 (Abschnitte 3.1 bzw. 3.2) ersichtlich. T1 will in Abschnitt 1 (Fl. 76) z.B. abwarten, was Frau Reder zu sagen habe (da sie als Sender die Verantwortung für den Erfolg der Kommunikation habe), ansonsten müsse sie mehr Information senden. In Beispiel 2 wird explizit der Übertragungskanal (die AB) thematisiert, der von den Technikern im Unterschied zu den Verkäufern als feste Größe mit eindeutiger Bedeutung interpretiert wird, und implizit die Notwendigkeit einer neuen Übertragung angesprochen (Fl. 75-76). Hier handelt es sich aus der Sicht des mechanistischen Modells um verzerrte Kommunikation (falsche Kabel auf der AB).

Aus der Sicht des *interaktiven Modells* steht der Akt der gemeinsamen Bedeutungszuschreibung im Mittelpunkt, also eine interpretative Leistung. Die Möglichkeit unterschiedlicher Bedeutungszuschreibungen wird in Rechnung gestellt, das Ziel von Interaktion ist die Herstellung eines gemeinsamen Bezugrahmens für die jeweilige Kommunikationssituation. Insbesondere spielen hier positionsabhängige

Interpretationsraster eine Rolle, wenn etwa Verkäufer andere Perspektiven[13] als Techniker entwickeln (vgl. Empter et al. 1986 ). Solange nun nicht eine für alle Teile verbindliche Interpretation gefunden ist, muß sie diskursiv verhandelt und hergestellt werden.

Verlangt nun bei sichtbar werdenden Verständigungsproblemen die eine Seite immer wieder die erneute Sendung der Mitteilung, während die andere sich darüber einigen möchte, *was* denn nun zur Diskussion stehe, läßt sich absehen, daß Lösungen nur sehr kurzfristig erfolgreich sein können, da die jeweiligen Ergebnisse wieder denselben auf unterschiedlichen Konzeptualisierungen beruhenden Bewertungen unterworfen werden würden. Nachhaltige Veränderungen oder gar "Verbesserungen" sind dadurch eher unwahrscheinlich. Dies könnte auch mögliche Konsequenzen für die Schulung von kommunikativen Fertigkeiten in Unternehmen haben. Denn dann ginge es nicht darum, Symptome zu kurieren ("wie schreibe ich eine verständliche, 'korrekte' Auftragsbestätigung?") oder "Perspektiven" ("der Kunde ist König") zu ändern, sondern im Zentrum müßte vielmehr eine *Reflexion* der MitarbeiterInnen in Gang gesetzt werden, die es ermöglicht, über eigene Vorstellungen gelungener Kommunikation nachzudenken. Dann ginge es auch nicht darum, ein Modell gegen ein anderes auszutauschen, weil es "besser" oder "richtiger" ist, sondern würden Vor- und Nachteile sichtbar und besprechbar gemacht werden. Aus der Perspektive von Selbstorganisationsansätzen in der Organisationstheorie (vgl. z.B. Weick 1995) kann es sogar am sinnvollsten sein, zum Zweck der Varietätserhaltung und der damit verbundenen höheren Fähigkeit zur Anpassung an Veränderungen, beide (oder mehrere) Modelle gleichzeitig und nebeneinander existieren zu lassen, wenn nur die Möglichkeit einer metakommunikativen Reflexion geschaffen wird. Notwendige, aber widersprüchliche Anforderungen der Flexibilität und der Stabilität an Organisationen (Unternehmen) könnten besser erfüllt und damit die Chancen des Unternehmens auf Fortbestand insgesamt verbessert werden. Zu ersterer würden etwa Kundenorientiertheit, Bereitschaft zur Interpretation von ambivalenten Gegebenheiten etc. zählen, letztere würde das Bestehen auf Konstanten (etwa in der Bedeutung von zentralen Bestandteilen des Unternehmens[14]) umfassen. Deutlich wird dadurch aber auch, daß zentrale Aspekte von

---

[13] Gemeint sind hier etwa kaufmännische oder kundenorientierte Aspekte vs. Überlegungen zu den technisch elegantesten oder optimalen Lösungen. Im übrigen ist es m. E. sinnvoller, in den hier skizzierten Fällen (Abschnitt 3) von unterschiedlichen Konzeptualisierungen zu sprechen anstatt von Perspektiven. Der Begriff der Konzeptualisierung ist enger an das sprachliche Handeln gebunden, an Auffassungen und Ansichten über das Funktionieren von Sprache, während Untersuchungen, die mit dem Begriff der Perspektive arbeiten, eher einen weiteren Skopus im Sinne von allgemeiner Weltsicht eines bestimmten Problems umfassen. In diesem Sinne ist der Begriff der Konzeptualisierung weniger erklärungsmächtig als jener der Perspektive, da er genauere Voraussagen über mögliche Kommunikationsprobleme machen läßt. Konzeptualisierungen können taktisch eingesetzt werden, sind abhängig vom kommunikativen Handlungskontext (z.B. "beruflich" vs. "privat", Rolle als Vorgesetzter vs. Verkäufer etc.) und dadurch auch leichter veränderbar als Perspektiven.

[14] Ob zum Beispiel die "Auftragsbestätigung" (AB) eine solche Konstante darstellt, wäre im Zuge des Reflexionsprozesses zu erörtern.

Organisationen, wie sie Interdependenz von Flexibilität und Stabilität darstellen, am besten durch eine diskursanalytische Theorie beschrieben und erklärt werden können (vgl. Menz demn.).

Auch wenn die untersuchten Textstellen die Interpretation, daß sich unterschiedliche Konzeptualisierungen entlang der Kategorie des Berufes differenzieren ließen, zu unterstützen scheinen, zeichnet eine differenziertere Durchsicht meines Datenmaterials und vor allem die Einbeziehung der Interviews hier ein weit komplexeres Bild. Konzeptualisierungen - auch solche, die einander gegenseitig ausschließen - können auch innerhalb ein und derselben Person je nach Position variieren. Während z.B. V1 und V2 mit Kunden eher interaktiv AUSHANDELN, scheinen sie in ihrer Funktion als Miteigentümer und Vorgesetzte mit ihren Mitarbeitern häufig nach anderen Gesichtspunkten zu handeln, die auf eine eher senderzentrierte Konzeptualisierung von Kommunikation schließen lassen.

Allerdings haben die hier dargelegten Ausführungen über Konzeptualisierungen noch sehr vorläufigen Charakter. Fragen, welche anderen möglichen Konzeptualisierungen vorkommen und welche Funktion sie erfüllen, wurde überhaupt nicht nachgegangen. So wird etwa die Bedeutung phatischer Kommunikation für das Betriebsklima in meinem Material immer wieder thematisiert. Ebenso wird die Konzeptualisierung von Kommunikation als Kontrolle (Krippendorf 1994) noch weiter zu verfolgen sein, da sie ebenfalls wiederholt angesprochen wird.

Auch das Verhältnis von bewußten, in den Interviews formulierten Konzeptualisierungen zum tatsächlichen Gebrauch ist noch nicht annähernd geklärt. Ein erster Eindruck scheint nahezulegen, daß die Aussagen in den Interviews zu ihrem Verständnis von Kommunikation sich sehr häufig *nicht* decken mit dem tatsächlichen Sprachverhalten der MitarbeiterInnen in authentischen Kommunikationskontexten. So beschreibt RL im Interview ein explizit mechanistisches Transmissionsmodell (vgl. Kap. 3.1), während er in den analysierten Textstellen (als V2) am stärksten von allen Interaktionspartnern eine interaktive Konzeptualisierung von Kommunikation vertritt. Dies würde bedeuten, daß Untersuchungen zu diesem Thema, die nur auf Daten aus Interviews beruhen, unbedingt der Ergänzung bedürfen, da das Verhältnis von Interviewaussagen zu tatsächlichem kommunikativen Handeln bisher auch methodologisch nicht zufriedenstellend geklärt ist.

## 6. Anhang: Transkriptionskonventionen

Die Transkriptionen sind mit dem Textverarbeitungsprogramm HIAT-DOS, Version 2.2, erstellt worden und beruhen im wesentlichen auf dem von Ehlich & Rehbein entwickelten Transkriptionssystem "HIAT" ( = halbinterpretative Arbeitstranskriptionen, vgl. Ehlich & Rehbein 1976, 1979, Ehlich & Redder 1994). Wesentliches Kennzeichen ist die Partiturschreibweise, wodurch gleichzeitiges Sprechen ebenso darstellbar wird wie überlappender Beginn oder Hörertätigkeiten.[15] Die jeweiligen

---

[15] In den Interviewausschnitten (vgl. Abschn. 3.1 & 3.2) wurde in den monologischen Passagen auf die aufwendige Partiturverschriftung verzichtet. Dadurch wird auch die Lesbarkeit erhöht.

Zeilen werden durch die große Partiturklammer miteinander zu einer "Fläche" verbunden und durchnumeriert. Daß die meisten Ausschnitte nicht mit der Nummer 1 beginnen, weist darauf hin, wo im Verlauf des Gesamttranskripts dieser Ausschnitt in etwa einzuordnen ist. Identische Sprechersiglen am Beginn der Zeile weisen in allen Ausschnitten auf dieselbe Person hin (V = Verkaufs-, T = Technik- und A = Administrationsabteilung). Die Verschriftung des Gesprochenen erfolgt nicht orthographisch, sondern in literarischer Umschrift, da Stil- und Registerwechsel u.U. in der Interpretation eine entscheidende Rolle spielen. In den vorliegenden Transkripten werden dadurch regionale Varianten des österreichischen Deutschen zumindest angedeutet. Die Interpunktion hingegen wird entsprechend den deutschen Rechtschreibregeln verwendet. Intonation und Kommentare (in kursiver Setzung) werden in jeweils eigenen Zeilen unmittelbar über bzw. unter der Sprecherzeile notiert. Spitze Klammern (< >) geben den jeweiligen Geltungsbereich des Kommentars an. Unverständliche Passagen werden durch "(xxx)" in runden Klammern gekennzeichnet, Emphase wird durch Majuskeln, Lautlängung durch ":" wiedergegeben. Kurze Pausen werden durch ein bis drei Bindestriche (-), längere durch die Angabe in Sekunden notiert.

**Literatur**

Alvesson, Mats & Berg, Per Olof (1992). *Corporate Culture and Organizational Symbolism. An Overview.* Berlin: de Gruyter.
Axley, S. R. (1984). Managerial and Organizational Communication in Terms of the Conduit Metaphor. In: *Academy of Management Review 9*, 428-437.
Beger, Rudolf, Gärtner, Hans-Dieter & Mathes, Rainer (1989). *Unternehmenskommunikation.* Frankfurt am Main: FAZ.
Blyler, Nancy R. & Thralls, Charlotte (Hrsg.) (1993). *Professional Communication.* Newbury Park Sage.
Boden, Deirdre (1994). *The Business of Talk. Organizations in Action.* Cambridge: Polity Press.
Brons-Albert, Ruth (1995). *Auswirkungen von Kommunikationstraining auf das Gesprächsverhalten.* Opladen: Westdeutscher Verlag.
Brünner, Gisela (1987a). *Kommunikation in institutionellen Lehr-Lern-Prozessen. Diskursanalytische Untersuchungen zu Instruktionen in der betrieblichen Ausbildung.* Tübingen: Narr.
Brünner, Gisela (1987b). Metaphern für Sprache und Kommunikation in Alltag und Wissenschaft. In: *Diskussion Deutsch 94*, 100-119.
Bungarten, Theo (Hrsg.) (1991). *Konzepte zur Unternehmenskommunikation, Unternehmenskultur und Unternehmensidentität.* Tostedt: Attikon.
Bungarten, Theo (Hrsg.) (1994). *Selbstdarstellung und Öffentlichkeitsarbeit von Unternehmen.* Tostedt: Attikon.
Burgoon, Michael, Hunsaker, Frank G. & Dawson, Edwin J. (1994). *Human Communication.* Thousand Oaks: Sage.
Derieth, Anke (1994). *Unternehmenskommunikation: Eine Analyse zur Kommunikationsqualität von Wirtschaftsorganisationen.* Opladen: Westdeutscher Verlag.
Dijk, Teun A. van (Hrsg.) (1985). *Handbook of Discourse Analysis.* 4 Bde. London: Academic Press.
Dougherty, Devon (1992). *Crisis Communications. What Every Executive Needs to Know.* New York: Walker.

Drew, Paul (1985). Analyzing the Use of Language in Courtroom Interaction. In: Dijk, Teun A. van (Hrsg.), *Handbook of Discourse Analysis*, Vol. 3. London: Academic Press, 133-143.

Drew, Paul (1992). Disputes in Courtroom cross-examinations: "Contrasting versions" in a rape trial. In: Drew, P. & Heritage, J. (Hrsg.), *Talk at Work*. Cambridge: Cambridge University Press, 470-520.

Drew, P. & Heritage, J. (1992). Analyzing talk at work. In: dies. (Hrsg.), *Talk at work. Interaction in institutional settings*. Cambridge: Cambridge University Press, 1-65.

Ehlich, Konrad & Rehbein, Jochen (1976). Halbinterpretative Arbeitstranskriptionen (HIAT). *Linguistische Berichte 45*, 21-41.

Ehlich, Konrad & Rehbein, Jochen (1979a). Erweiterte Halbinterpretative Arbeitstranskriptionen (HIAT 2). *Linguistische Berichte 59*, 51-75.

Ehlich, Konrad & Rehbein, Jochen (1979b). Sprachliche Handlungsmuster. In: Soeffner, Hans-Georg (Hrsg.), *Interpretative Verfahren in den Sozial- und Textwissenschaften*. Stuttgart: Metzler, 243-274.

Ehlich, Konrad & Rehbein, Jochen (1980). Sprache in Institutionen. In: Althaus, H.P. et al. (Hrsg.), *Lexikon der Germanistischen Linguistik*. Tübingen: Niemeyer, 338-345.

Ehlich, Konrad & Rehbein, Jochen (1986). *Muster und Institution. Untersuchungen zur schulischen Kommunikation*. Tübingen: Narr.

Ehlich, Konrad & Redder, Angelika (1994). HIAT. In: Redder, Angelika & Ehlich, Konrad (Hrsg.), *Gesprochene Sprache. Transkripte und Tondokumente*. Tübingen: Niemeyer.

Eisenberg, Eric M. & Phillips, Steven R. (1991). Miscommunication in Organizations. In: Coupland, Nikolas, Giles, Howard & Wiemann, John M. (Hrsg.), *"Miscommunication" and Problematic Talk*. Newbury Park: Sage, 244-258.

Empter, S., Handschuh-Heß, S., Höflich, J. & Theis, A.M. (1986). *Kommunikations- und Informationsverhalten in Großorganisationen*. Augsburg: Lehrstuhl für Soziologie und Kommunikationswissenschaft.

Euske, Nancy E. & Roberts, Karlene H. (1987). Evolving Perspectives in Organizational Theory: Communication Implication. In: Jablin, F. M., Putnam, L. L., Roberts, K. H. & Porter, L. W. (Hrsg.), *Handbook of Organizational Communication*. Newbury Park: Sage, 41-69.

Fairclough, Norman (1992). *Discourse and Social Change*. Cambridge: Polity Press.

Fayol, H. (1949). *General and Industrial Management*. London.

Fiehler, Reinhard (1990). Kommunikation, Information und Sprache. Alltagsweltliche und wissenschaftliche Konzeptualisierungen und der Kampf um die Begriffe. In: Weingarten, Rüdiger (Hrsg.), *Information ohne Kommunikation?* Frankfurt: Fischer, 99-128.

Fiehler, Reinhard & Sucharowski, Wolfgang (Hrsg.) (1992). *Kommunikationsberatung und Kommunikationstraining. Anwendungsfelder der Diskursforschung*. Opladen: Westdeutscher Verlag.

Freeman, J. & Hannan, M. T. (1983). Niche Width and Dynamics of Organizational Populations. In: *American Journal of Sociology 88*, 1116-1145.

*Funkkolleg Sprache*. (1973). Hrsg. v. Klaus Baumgärtner et al. Band 1, Frankfurt: Fischer.

Garfinkel, H. (1967). *Studies in Ethnomethodology*. Englewood Cliff: Prentice Hall.

Geeraerts, G. & van Dijck, J.J.J. (1983). Ondernemen op maat: naar een theorie van de kleine onderneming. In: *Sociologsche Gids 30*, 181-202.

Grimshaw, Allen D. et al. (1994). *What's going on here? Complementary Studies of Professional Talk*. Norwood, NJ: Ablex.

Jennings, Marie & Curchill, David (1988). *Getting the Message Across: A Guide to Directing Corporate Communications*. Cambridge: Director Books.

Krippendorf, Klaus (1994). Metaphern und Kommunikation. In: Merten, Klaus (Hrsg.), *Die Wirklichkeit der Medien. Eine Einführung in die Kommunikationswissenschaft*. Opladen: Westdeutscher Verlag.

Krone, Kathleen J., Jablin, Fredric M. & Putnam, Linda L. (1987). Communication Theory and Organizational Communication: Multiple Perspectives. In: Jablin, Fredric M., Putnam, Linda L., Roberts, Karlene, H. & Porter, Lyman W. (Hrsg.), *Handbook of Organizational Communication*. Newbury Park: Sage, 18-40.

Lakoff, G. & Johnson, M. (1980). *Metaphors we live by*. Chicago: University of Chicago Press.

Lalouschek, Johanna, Menz, Florian & Wodak, Ruth (1990). *"Alltag in der Ambulanz". Gespräche zwischen Ärzten, Schwestern und Patienten*. Tübingen: Narr.

Lenz, Friedrich (1989). *Organisationsprinzipien in mündlicher Fachkommunikation*. Frankfurt: Lang.

Leodolter, Ruth (1974). *Das Sprachverhalten von Angeklagten vor Gericht*. Kronberg/Taunus: Scriptor.

Linde, Charlotte (1991). What's next? The social and technological management of meaning. In: *Pragmatics 1*, 297-317.

Lumma, Klaus (1988). *Strategien der Konfliktlösung. Betriebliches Verhaltenstraining in Theorie und Praxis*. Hamburg: Windmühle.

Mead, George Herbert (1934). *Mind, Self, and Society*. Chicago: University of Chicago Press.

Menz, Florian (1991). *Der geheime Dialog. Medizinische Ausbildung und institutionalisierte Verschleierungen in der Arzt-Patient-Kommunikation*. Bern: Lang.

Menz, Florian (demn.). *Interne Kommunikation in Wirtschaftsunternehmen*. Wien.

Morgan, G. (1986). *Images of Organizations*. Beverly Hills, CA: Sage.

Pschaid, Priska (1993). *Language and Power in the Office*. Tübingen: Narr.

Quinn, R. E. & Cameron, K. (1983). Organizational Life Cycles and Shifting Criteria of Effectiveness: Some preliminary Evidence. In: *Management Science 35*, 33-49.

Reddy, Michael J. (1979). The Conduit Metaphor - A Case of Frame Conflict in Our Language about Language. In: Ortony, Andrew (Hrsg.), *Metaphor and Thought*. Cambridge: Cambridge University Press, 284-324.

Sacks, Harvey, Schegloff, Emanuel & Jefferson, Gail (1974). A Simplest Systematics for the Organization of Turn-Taking in Conversation. In: *Language 50*, 696-735.

Saul, Siegmar (1993). *Führen durch Kommunikation. Gespräche mit Mitarbeiterinnen und Mitarbeitern*. Weinheim: Beltz.

Shannon, C. E. & Weaver, W. (1949). *The Mathematical Theory of Communication*. Urbana: University of Illinois Press.

Taylor, F. (1911). *Scientific Management*. New York.

Theis, Anna Maria (1994). *Organisationskommunikation*. Opladen: Westdeutscher Verlag.

Weber, Max (1918/1972). *Wirtschaft und Gesellschaft*. Tübingen: Mohr/Siebeck.

Weick, K.E. (1995). *Der Prozeß des Organisierens*. Frankfurt am Main: Suhrkamp.

## "Wozu haben Sie mich eingeladen?"
Verständigungsschwierigkeiten in deutschen audiovisuellen Politiker-Interviews

*Rüdiger Vogt*

### 1. Verständigungsschwierigkeiten in Politiker-Interviews: ein Beispiel und der begriffliche Rahmen

Selten einmal wird ein Fernsehinterview mit einem Politiker selbst zum Medienereignis wie das Gespräch, das der bekannte Talk-Master Thomas Gottschalk im November 1992 mit dem damaligen Vorsitzenden der Partei der Republikaner, Franz Schönhuber, führte. Die Bildzeitung titelte *Schönhuber redete Gottschalk platt*, die Berliner BZ fand *Das war zum Kotzen, Thomas*, und der Kölner Express drückte seine Kritik mit einem *Pfui, Gottschalk* aus. Was war geschehen? Nur wenige Tage nach dem Brandanschlag von Rechtsradikalen auf zwei von Türken bewohnte Häuser in Mölln am 23.11.92, bei dem neun Menschen z.T. schwer verletzt wurden und drei starben, hatte Gottschalk den Republikaner-Chef am 26.11.92 in seine Late-Night-Show, ausgestrahlt vom Privatsender RTL, eingeladen (Sendezeit 23.15-0.00 Uhr). Eingerahmt von den diesem Sendungstyp eigenen musikalischen Einlagen betätigte sich der Meister des unverbindlichen Small-Talks mit mehr oder weniger Prominenten des Show-Business als Interviewer eines Politikers, dem nur selten die Chance zuteil wurde, sich leibhaftig auf dem Bildschirm präsentieren zu können.

Dieses mediale Ereignis war wegen seines Rahmens und der Person des Politikers für die veröffentlichte Meinung in besonderer Weise geeignet, Erwartungen in Hinblick auf die Präsentation und die Durchführung eines Politiker-Interviews zum Ausdruck zu bringen. Diese Erwartungen beinhalten vor allem zwei Punkte: Der Vorsitzende einer als rechtsradikal eingestuften Partei hat nichts im Fernsehen zu suchen; wenn er dort aber tatsächlich erscheint, dann besteht die Aufgabe des Interviewers darin, diesen durch seine Gesprächsführung als undemokratisch zu entlarven. Diesen Erwartungen konnte Gottschalk nicht gerecht werden. Vielmehr bot er seinem Gegenüber Raum zu positiver Selbstdarstellung, die dieser konsequent nutzte. Aus seiner Perspektive als Vertreter einer nicht dem hegemonialen Spektrum zugehörigen politisch rechtsgerichteten Partei galt bereits die Tatsache, überhaupt auf dem Bildschirm zu erscheinen, als Erfolg. Während Gottschalk eine *human-interest*-Präsentation beabsichtigte - das hätte durchaus dem Format seiner Sendung entsprochen -, strebte Schönhuber eine politische Selbstdarstellung an, die vermutlich nur durch einen auch politisch versierten Journalisten hätte verhindert werden können. In diesem Interview konkurrierten zwei unterschiedliche Deutungen der Situation: Der eine, Gottschalk, wollte "menschlich" die Verantwortung seines Gegenüber für die "Ausländerfeindlichkeit" in der BRD erörtern, der andere, Schönhuber, wollte die ihm unterstellte Mitverantwortung zurückweisen und sich darüber hinaus selbst als demokratisch - und deshalb als zu Unrecht ausgegrenzt - darstellen. An einer Stelle des Interviews wurden diese Perspektiven in bemerkenswerter Deutlichkeit auch verbal artikuliert: Gottschalk versuchte, die in einem Beitrag Schönhubers artikulierten politischen Positionen mit der metakommunikativen Äußerung *wir wollen doch hier nicht politisch diskutieren* zu relativieren, woraufhin Schönhuber mit einem Widerspruch *wollen wir doch* konterte.

Dieses Ereignis hat eine derart ausführliche Erörterung und Kritik in der öffentlichen Diskussion erfahren, weil hier gerade nicht zwei Vertreter der "medio-politischen Klasse" (ein Ausdruck von Jürgen Link), also politische Journalisten der Fernsehanstalten und Politiker der etablierten Parteien, beteiligt waren. Vielmehr fand das Interview außerhalb des dafür vorgesehenen Rahmens statt: In einer Unterhaltungssendung, in der ein Talk-Master einem nicht dem hegemonialen Spektrum angehörenden Politiker Öffentlichkeit verschaffte. Dieses kommunikative Ereignis lenkt den analytischen Blick zunächst auf die Rahmung von Politiker-Interviews, sodann auf die Position des Politikers im politischen Spektrum und auf die davon abhängigen Aufgaben des Interviewers. Unter diesen Gesichtspunkten betrachtet, handelt es sich bei dem Gottschalk-Schönhuber-Gespräch nicht um ein konventionelles Exemplar der Gattung.[1]

Im Gegensatz dazu beschäftigen sich zahlreiche Beiträge der letzten Jahre zu Politiker-Interviews mit der "Normalform" - ein politischer Journalist spricht mit einem Politiker, der dem hegemonialen Spektrum angehört. In diesen Arbeiten erscheinen andere mehr oder weniger auch dem Mediennutzer bekannte Typisierungen von Verständigungsproblemen in dieser Gattung: So moniert in medienkritischer Perspektive Hoffmann (1982, 150f.), daß der Zweck eines Politiker-Interviews eher in der Meinungsdarstellung des Politikers liege als in der Vermittlung von Informationen oder der Entfaltung von Kritik. Der Journalist werde zum bloßen Moderator des Politikers, während dieser die ihm eingeräumte Chance positiver Selbstdarstellung nutze. Die argumentative Behandlung politischer Probleme bleibe eindimensional, da eine personalisierende Sichtweise politischer Handlungen vorherrsche. Holly befürchtet, daß in dem Trend zum Confrontainment seit Ende der 80er Jahre das kritische Potential der Gattung verspielt werde (Holly 1993, 194). In der medienkritischen Öffentlichkeit wird oft vermerkt, daß der Journalist und der Politiker bloß Rituale abhandeln würden (cf. Aust et al. 1991, 21). Diese Einschätzungen verweisen auf den von der bürgerlichen Öffentlichkeit reklamierten Anspruch auf mediale Aufklärung der Staatsbürger, orientieren also auf die Rezeption des Publikums. Die in publizistischer Sicht als problematisch konstatierte Tendenz zur Weitschweifigkeit von Politikeräußerungen (Haller 1991, 149) richtet den Blick auf die Aktivitäten der interagierenden Gesprächspartner selbst. In diesen Stellungnahmen kommen offenbar verschiedene Aspekte von Verständigungsproblemen

---

[1] Mit diesem interessanten Beispiel werde ich mich i.f. nicht weiter beschäftigen. Vgl. dazu und zu den Interviewstrategien und -taktiken von Schönhuber und seinem Gesprächspartner meinen Beitrag *"Sie müssen wissen, Sie haben hier einen Profi vor sich. Franz Schönhuber im Gespräch"* (Vogt 1995).

zum Ausdruck, die auf unterschiedliche Perspektiven hinweisen, aus denen heraus die Gattung in den Blick genommen wird.

Gemeinsam ist diesen Ansätzen, daß sie gleichermaßen vom Begriff des Interviews ausgehen, obwohl die Autoren sich mit durchaus unterschiedlichen Exemplaren der Gattung beschäftigen. Jucker (1986) untersucht Interviews, die im Rahmen von britischen Rundfunk-Nachrichtensendungen ausgestrahlt wurden, Hoffmann (1982) kurze und mittellange Interviews, die innerhalb von Nachrichtenmagazin-Sendungen (*Tagesthemen, heute journal*) bzw. politischen Magazinen gesendet wurden. Holly (1993) bezieht sich auf sogenannte "große" Interviews, längere Sendungen, die ausschließlich das Gespräch eines Journalisten mit einem Politiker zum Inhalt haben. Diese Sichtung macht die Bedeutung der Rahmung von Interviews deutlich, die verschiedene Subtypen der Gattung erzeugt: Kurzen Statements von Politikern in Nachrichtensendungen stehen längere Wortwechsel in Nachrichten- bzw. politischen Magazinen gegenüber. Lange Interviews dagegen benötigen ein eigenes Format, wie z.B. die Sendung *Was nun, ...* im ZDF oder *Farbe bekennen* in der ARD. Aufgrund der unterschiedlichen Rahmung ergeben sich deutliche Unterschiede in der Funktionsbestimmung von Interviews. Kurzinterviews in Nachrichtensendungen wie der *Tagesschau* können allein wegen der zur Verfügung stehenden Zeit allenfalls als Informations-Fragmente angesehen werden. "Längere Interviews" in Nachrichtenmagazin-Sendungen oder "große Interviews" erscheinen als der Normalfall der 'Zusammenkünfte', die für die an die Gattung gerichteten Erwartungen als repräsentativ gelten können.[2]

Als Politiker-Interview bezeichne ich i.f. medial vermittelte - hier in audiovisueller Form präsentierte bzw. dokumentierte - verbale Interaktionen zwischen einem oder mehreren Journalisten, den Agenten der Institution Fernsehanstalt, und einem oder mehreren Repräsentanten von politischen Parteien, Personen also, die in irgendeiner Form durch legitimiertes Handeln in die Gestaltung des Gemeinwesens eingreifen. Solche Interviews sind diskursiv eingebettet, d.h. sie sind Teil von veröffentlichten und damit institutionell eingebetteten Diskursen, die an Handlungen gekoppelt sind und Machtwirkungen ausüben (cf. Link 1988). Die Funktion solcher Interviews liegt im Bereich der Meinungsbildung, denn sie thematisieren repräsentatives politisches Handeln in Legislative und Exekutive. Dabei gehorchen sie den medienspezifischen Bedingungen audiovisueller Politikvermittlung, die unter dem Begriff der Personalisierung gefaßt werden. Im Fernsehen steht die Person eines Politikers im Mittelpunkt, der zwar bloß bestimmte diskursive Positionen repräsentiert, diese aber mit seiner Person verknüpft. Die Aufgabe des Journalisten besteht nun darin, durch seine Beiträge und Fragen Hintergründe und Ambivalenzen politischen Handelns im Interview zu erkunden, er soll, wie es in einem Handbuch für Journalisten heißt, "fragend ... als Stellvertreter des Publikums vor vielschichtiger Prominenz (stehen)" (Buchwald 1990, 281). Inwiefern er dieser Aufgabe gerecht wird oder ob er bloß als Stichwortgeber des Politikers fungiert, werde ich später

---

[2] So wird häufig in der öffentlichen Diskussion der mangelnde Informationsgehalt von Kurzinterviews in Nachrichtensendungen oder politischen Magazinen beklagt.

genauer untersuchen. Interviewer und Interviewter bewegen sich in der Regel innerhalb des gegebenen hegemonialen Spektrums, durch das die Rahmenbedingungen und Grenzen der in diesem Spektrum zulässigen Positionen und damit des Sagbaren festgelegt werden - den "Konsens der Demokraten".[3]

Aus der komplementären Konstellation erwächst für die Handelnden ein gewisses Problempotential. Der Politiker wird seinen Standpunkt in Hinblick auf einen Aspekt eines politischen Sachverhalts, seine Perspektive, einbringen, der Interviewer muß eine davon unterschiedene Sichtweise einbringen. So darf man vermuten, daß es in solchen Interviews zu Perspektiven-Divergenzen kommen wird.[4] Dieses Problem wird dadurch noch komplizierter, daß die thematisch im Mittelpunkt stehende Perspektive des Politikers nicht als einheitlich angesehen werden kann - denn dieser erscheint immer gleichzeitig als Person und als Repräsentant einer Partei oder einer politischen Position. Auch das Handeln des Interviewers prägt der Widerspruch zwischen Subjektivität und Repräsentativität, muß er doch als Stellvertreter der Öffentlichkeit Standpunkte vertreten, die in Konflikt mit seinen eigenen stehen können. Zudem gibt es ein begrenztes Perspektiven-Spektrum, das heißt, daß nicht alle politischen Perspektiven möglich sind. Dieser hegemonialkulturelle Rahmen (cf. Link 1988) definiert, welche Perspektiven im öffentlichen Rahmen (im öffentlich-rechtlichen allemal) überhaupt zu Wort kommen können. Noch heterogener sind die möglichen Perspektiven der Rezipienten, die sich je nach parteipolitischer Präferenz auf die Präsentation des Interviews beziehen.

Aus dieser Bestimmung von Perspektivität lassen sich einige Problemlagen ableiten, die für die am Politiker-Interview Beteiligten zu kritischen Momenten in der Gestaltung des Interaktionsverlaufs werden können. Für den Politiker stellen sich unter der Zielsetzung "optimale Selbstdarstellung" die folgenden Probleme:
1. Das Problem der Mehrfachadressierung: Wie gelingt es ihm, sich als souveränen Politiker darzustellen, also seine Parteifreunde bei der Stange zu halten und eventuell neue Wähler zu gewinnen?
2. Das Problem eines möglichen Legitimationsdefizits: Wie schafft er es, problematischen Zügen so auszuweichen, daß der Zuschauer es nicht wahrnimmt und der Interviewer, der es bestimmt bemerkt, darauf verzichtet, ihn damit zu konfrontieren?
3. Das Problem der Selbstdarstellung: Wie gelingt es ihm, möglichst ungestört zu Wort zu kommen?

Der Interviewer verfolgt dagegen das Ziel, als kritischer Anwalt der Öffentlichkeit zu erscheinen. Für ihn bestehen deshalb folgende Probleme:

---

[3] Das eingangs angeführte Gottschalk-Schönhuber-Interview lag ja in doppelter Hinsicht außerhalb des üblichen Rahmens: einerseits in der Person eines auf Plauderei spezialisierten Moderators, andererseits durch die Person des Politikers, der eine Position außerhalb des hegemonialen Konsenses repräsentierte.

[4] Vgl. dazu den Beitrag von Hartung in diesem Band, insbesondere die von ihm herausgearbeiteten drei Arten von Leistungen der Verständigung, Identifikation, Konstruktion und Einordnung bzw. Relativierung von Sprecheräußerungen.

1. Das Problem der formalen Verantwortung: Wie kann er den Verlauf der Sendung so gestalten, daß alle wichtigen Aspekte im vorgegebenen Rahmen angesprochen werden? Wie kann er dafür sorgen, daß der Zuschauer sich für die Sendung interessiert, sich ggf. gut unterhält?
2. Das Problem der Repräsentanz: Wie kann er am wirkungsvollsten als "Stellvertreter der Öffentlichkeit" dem Politiker gegenüber fungieren? Wie kann es ihm gelingen, den Politiker in Widersprüche zu verwickeln bzw. aus der Reserve zu locken, ohne die Grenzen der Höflichkeit zu überschreiten?
3. Das Problem der Begrenzung der Selbstdarstellung: Wie verhindert er ausufernde Redebeiträge seines Gegenübers?

Diese für die Beteiligten formulierten Problemlagen resultieren aus den strukturellen Bedingungen des Interaktionstyps "Interview", insofern als die Voraussetzungen medialer Präsentation, also die Herstellung eines für die Zuschauer interessanten "Produkts", die Inszenierung der Interaktion unmittelbar prägt. Am Beispiel zweier Abschnitte aus Politiker-Interviews untersuche ich im folgenden diese Aspekte. Dabei werde ich nicht typologisierend vorgehen, sondern an zwei längeren Transkripten die Prozessierung und die Dynamik der Interaktion in den Blick nehmen (Abschnitt 2). Abschließend diskutiere ich dann vor dem Hintergrund der Transkriptanalyse einige Vorstellungen über die Gattung, die im gesprächsanalytischen Diskurs entwickelt worden sind (Abschnitt 3).

## 2. "Farbe bekennen": Die Politiker Scharping und Kohl in ARD-Interviews

In diesem Teil untersuche ich jeweils einen längeren Ausschnitt aus zwei Interviews, die im Rahmen der ARD-Reihe *Farbe bekennen* ausgestrahlt wurden, einer Sendung, die oft erst aus aktuellem Anlaß kurzfristig ins Programm aufgenommen wird. Daran beteiligt sind seitens der ARD Chef- oder andere hochrangige Redakteure, die prominente Politiker (Bundesminister, Ministerpräsidenten, Partei- oder Fraktionsvorsitzende) zu aktuellen Problemen befragen. Am 9.12.1994 stellte sich der amtierende Bundeskanzler und CDU-Vorsitzende Helmut Kohl den Fragen der Journalisten Nikolaus Brender (Chefredakteur WDR) und Martin Schulze (Leiter des Studio Bonn des WDR), am 20.09.95 stand der damalige Vorsitzende der SPD und Vorsitzende der SPD-Bundestagsfraktion, Rudolf Scharping, den Journalisten Nikolaus Brender und Sigmund Gottlieb (Chefredakteur des Bayrischen Rundfunks) Rede und Antwort. Ich habe diese Interviews aus einem größeren Korpus von Sendungen und Transkriptionen ausgewählt, weil sie den "Normalfall" eines Politiker-Interviews repräsentieren: Die Vorsitzenden der beiden größten deutschen Parteien stellen sich in einem "großen" Interview dem Publikum einer öffentlich-rechtlichen Anstalt. Ich beschränke mich auf den Vergleich zweier Interview-Abschnitte, um die verbale Interaktion auch in ihrer Dynamik herausarbeiten zu können, denn bekanntlich holen Politiker in ihren Redebeiträgen weit aus. Ein bloß typologisierender Zugriff könnte den sequentiellen Zusammenhang von Äußerungen nicht mehr aufweisen. Zudem erlaubt eine solche Rekonstruktion der verbalen Interaktion in größeren Einheiten auch die Berücksichtigung der thematischen Entwicklung.

Bei der folgenden Rekonstruktion von Transkriptausschnitten steht die Zuspitzung der verbalen Interaktion und die Bearbeitung dieser kritischen Momente durch die Interaktanten selbst im Mittelpunkt. Die durch die Komplementarität der Gesprächsrollen notwendigen Perspektiven-Divergenzen von Interviewer und Interviewtem dürften für die Entstehung und Bearbeitung kritischer Situationen wesentlich sein.

### 2.1. "Herr Scharping, hier muß man doch einhaken"

Anlaß des Interviews war die "Entlassung" des wirtschaftspolitischen Sprechers der SPD, des niedersächsischen Ministerpräsidenten Gerhard Schröder, durch den Parteivorsitzenden Scharping. Schröder hatte im Verlauf des Sommers 1995 mehrfach nicht parteikonforme Thesen geäußert und damit indirekt die Position des Parteivorsitzenden geschwächt. Die Sendung fand in einem Studio statt, die Akteure standen hinter einem erhöhten Tisch, auf den sie sich stützen konnten. Mit dieser eher unüblichen "Steh"ordnung signalisierte der Regisseur die Bereitschaft der Journalisten, ihrem Interview-Partner nichts zu schenken, ihn in die Zange nehmen zu wollen.

(1) Scharping (S) im Gespräch mit Nikolaus Brender (B) und Sigmund Gottlieb (G), Abschnitt "Wirtschaftspolitischer Sprecher"[5]

```
1 B: jetzt möcht ich vielleicht auch zu Fragen kommen die innerhalb Ihrer
2    Partei an Sie gestellt werden der wirtschaftspolitische
3    Sprecher der SPD-Fraktion      trat zurück und sagte mit Ihnen
4 S:                    [HÜSTELND] hmhm
5 B: ist ein wirtschaftspolitischer Kurs der für Arbeitsplätze sorgt nicht
6    mehr zu schaffen
```

Der Abschnitt beginnt mit einem "klassischen" Interviewer-Zug: Brender gibt in der Einleitung des Beitrags zu erkennen, daß er einen Themenwechsel vornehmen will. Er kommt also seiner institutionell bedingten Aufgabe nach, für die inhaltliche Strukturierung des Geschehens zu sorgen. Die eingearbeiteten Partikeln *vielleicht auch* mildern ein wenig den Anspruch, das Gespräch zu lenken. Inhaltlich bringt der Interviewer eine andere als die eigene Perspektive ein, denn er zitiert eine These, die von Opponenten Scharpings innerhalb der eigenen Partei vertreten wird. Der Opponent, der gerade zurückgetretene wirtschaftspolitische Sprecher der SPD-Fraktion Uwe Jens, hatte Scharping kurz zuvor massiv kritisiert. Es hat sich be-

---

[5] In den folgenden Transkriptionen wurden folgende Markierungen verwendet: . Bruch in der Intonation, .. kurze Pause, ... längere Pause, so Betonung eines Worts/einer Silbe, so: Vokallänge, (...) unverständlich, > schneller, < langsamer, /: Korrektur, |: Reparatur, [LACHT] Transkriptkommentar.

währt, zur Beschreibung der zitierten Rede anderer das Konzept des "footing" i.S.v. Goffman heranzuziehen. Goffman unterscheidet zwischen dem Sprecher (*animator*) und dem Autor (*author*) einer Äußerung sowie demjenigen, dessen Position eingebracht wird (*principal*) (cf. Goffman 1981, 144f.). In dem Format einer zitierten Rede des Autors Jens thematisiert der Interviewer als Sprecher eine Scharping kritisierende Position zum Thema "arbeitsplatzerhaltene Politik". Wie bearbeitet nun sein Gegenüber diese Herausforderung?

```
 7 S: ja es tut mir leid das geschieht vierzehn Tage nachdem wir innerhalb
 8    der Bundestagsfraktion ein Konzept zur Entlastung der Unternehmen
 9    mit Steuern beschlossen haben übrigens auch mit der Stimme von Uwe
10    Jens und nach einem ziemlich massiven Einsatzes des Fraktionsvorsit-
11    zenden weil ich wie die große Mehrheit der SPD fest davon überzeugt
12    bin wir müssen die Unternehmen wir müssen die Arbeitsplätze von
13    Kosten entlasten sonst bleiben wir nicht mehr wettbewerbsfähig
14    dieses Konzept haben wir beschlossen ich halte die Begründung für
15    vorgeschoben
```

Auch der respondierende Zug weist gattungstypische Merkmale auf: Der Politiker weist die Herausforderung zurück, indem er die Glaubwürdigkeit des von Brender zitierten Autors anzweifelt. Dies macht er bereits mit dem den Beitrag initiierenden Ausdruck *ja es tut mir leid* deutlich. Um diese These zu stützen, berichtet er von der Verabschiedung eines Konzepts der SPD-Fraktion zu diesem Thema. Interessant ist die Binnenstruktur seines Beitrags: Seine Redeweise wechselt zwischen mehreren Perspektiven, die am unterschiedlichen Gebrauch des *wir* festzumachen sind. Einmal läßt sich das *wir* explizieren als 'wir, die Mitglieder der SPD-Fraktion' (*dieses Konzept haben wir beschlossen*), dann i.S.v. 'wir Politiker im Deutschen Bundestag' (*wir müssen die Arbeitsplätze von Kosten entlasten*) und schließlich i.S.v. 'wir, die deutsche Wirtschaft' (*sonst bleiben wir nicht mehr wettbewerbsfähig*). Das *wir* bleibt, wie so oft, systematisch mehrdeutig. Politiker, die ihr Handeln am Interesse des Gemeinwesens ausrichten müssen, benutzen diese Form gerne, um eine Identität der Ziele verschiedener Personengruppen zu suggerieren.

Die folgenden Züge sind ähnlich strukturiert, Brender zitiert wiederum einen innerparteilichen Widersacher Scharpings, jener repliziert, indem er dessen Glaubwürdigkeit bezweifelt:

```
16 B: Hans-Ulrich Klose sagt heute die SPD ist wirtschaftspolitisch
17    stockkonservati:v
18 S: eh ich hab nicht bemerkt daß Ulrich Klose sich in der letzten Zeit
19    an diesen Debatten über die Wirtschaftspolitik beteiligt hätte wir
20    sind hochmodern und ich hab Ihnen einige Elemente genannt
21    Kostenentlastung flexibler produzieren auch flexibler
22    arbeiten Lohnnebenkosten senken nutzt den Unternehmen nutzt den
23    Arbeitnehmern und das alles orientiert strikt an sozialer
24    Marktwirtschaft aber an sozialer Marktwirtschaft der Unterschied
25    zwischen uns und der Regierung ist leicht zu beschreiben die
26    Regierung will Kostenlastung auf dem Rücken der Arbeitnehmer das
27    merkt man ja auch Stichworte wie Lohnfortzahlung kürzen
28    Kündigungsschutz lockern und dergleichen Dinge mehr . wir sagen
29    entlastet uns von den Lohnnebenkosten das kann so nicht weitergehn
30    und belastet den Verbrauch vor allen Dingen von
31    Rohstoffen und Natur    das nutzt der Umwelt und den Unternehmen
32 G:            aber Herr Scharping
```

Hinzu kommt noch ein weiteres Moment: Scharping nutzt die Gelegenheit, die im ersten Zug aufgegriffenen Konzeptfragmente der SPD zu erweitern, um seine These *wir sind hochmodern* zu stützen. Darüber hinaus baut er einen neuen Gegner auf, *die Regierung* (Z. 25), und kritisiert dessen Positionen. Für das Publikum bestimmt sind Schlüsselworte des SPD-Diskurses wie *die Regierung will Kostenentlastung auf dem Rücken der Arbeitnehmer* (Z. 26/7), mit denen Scharping eine mit den Erwartungen der SPD-Wähler konforme Orientierung demonstrieren möchte.

Der Versuch eines der Interviewer, den Redebeitrag Scharpings zu unterbrechen, markiert den ersten kritischen Punkt in diesem Gesprächsausschnitt.

```
33 G:  Herr Scharping hier muß man doch einhaken

34 S:  ein bißchen müßten Sie schon zuhören
35 G:                                          jaja wir müssen aber auch

36     fragen im Interesse des Publikums aber eh ein ganz wichtiger
37     Punkt ist doch man kann doch nicht eh in dieser Situation den
38     wirtschaftpolitischen Sprecher die wirtschaftpolitische Kompetenz in
39     dieser Partei in der Besetzung vakant sein lassen

40     ist denn das nicht das falsche Zeichen nach außen
41 S:              der ist ja auch gar nicht vakant es wird innerhalb weniger

42     Tage entschieden sein innerhalb der Bundestagsfraktion dafür gibts
43     eine klare Präferénz eine übrigens sehr stark auf Mittelstandspoli-
44     tik orientierte Präferenz
```

Gottlieb, der nun seinerseits die Interviewer-Initiative ergriffen hat, rechtfertigt zunächst seine Intervention in Zeile 32 mit einem metakommunikativen Zug. Warum aber *muß man einhaken*? Ein längerer Redebeitrag eines Politikers setzt Interviewer in Zugzwang, sie wissen, daß Politiker dazu tendieren, respondierende Züge weitschweifig auszugestalten und auf diese Weise das ihnen erteilte Rederecht zur Selbstdarstellung zu mißbrauchen. Die Verwendung des *man* statt eines *ich* oder *wir* in diesem Zug verweist auf den Anspruch, stellvertretend für das Publikum zu agieren, dessen Perspektive einzunehmen. Diese Verallgemeinerung nimmt Scharping nicht hin, er fordert das Recht eines jeden Sprechers ein, daß seine Gesprächspartner ihm das einmal erteilte Rederecht nicht vor dem selbst gewählten Ende streitig machen sollten (Z. 34). Er nimmt die Perspektive des "alltäglichen" Sprechers ein, um den Anspruch des Journalisten zu unterlaufen. Jenen Anspruch bringt der Journalist im folgenden metakommunikativen Zug (Z. 35/6) explizit zum Ausdruck, in dem er eine für Interview-Züge übliche Typisierung einbringt *wir müssen aber auch fragen im Interesse des Publikums*. Es gelingt ihm also, die Voraussetzungen für seinen nächsten Zug zu formulieren, der eigentümlich ambivalent bleibt. Zunächst bringt er in der Formulierung *ein ganz wichtiger Punkt ist doch* (Z. 36/7) eine unmarkierte Perspektive ins Spiel, kündigt also die Thematisierung eines Aspekts an, der ihm als Journalist wichtig ist - und zwar soll es jetzt um die gerade öffentlich diskutierte Entlassung Schröders als wirtschaftspolitischem Sprecher der SPD gehen. Er wählt zwar - wie vorher angekündigt - die syntaktische Form der Frage, bei genauer Prüfung erweist sich dieser Zug jedoch als rhetorische Frage, also als argumentativer Zug. Schließlich klagt die darin ausgedrückte Behauptung die persönliche Verantwortung des Partei-Vorsitzenden für die Besetzung dieses Postens ein, ein Zug also, der das Personalisierungsgebot des Fernsehinterviews direkt thematisch macht. Dabei spart er jedoch das höfliche *Sie* zur Anrede seines Gegenübers aus und entscheidet sich für das unpersönlich allgemeine *man* (Z. 37) in einer entsprechend umständlichen syntaktischen Konstruktion. Der provokative Kern seines Zuges erfährt so eine Relativierung und eröffnet seinem Gegenüber mehrere Möglichkeiten, sich darauf zu beziehen.

Scharping bestreitet zunächst jedoch den behaupteten Sachverhalt, indem er feststellt, der Posten sei gar nicht vakant (Z. 41/2) - und meint offenbar den gleichfalls vakanten Posten des wirtschaftspolitischen Sprechers der Bundestagsfraktion, über den in den beiden ersten Zügen des hier dokumentierten Ausschnitts gesprochen wurde. Ein "klassisches" Mißverständnis - vielleicht. Andererseits bietet die von Scharping gewählte Deutung des Interviewer-Beitrags die Möglichkeit, Entschlossenheit zu demonstrieren, die allerdings nicht besonders glaubhaft ist, denn er nennt keinen Namen. In Hinblick auf die sozialdemokratische Wählerklientel klingt jene angedeutete Orientierung auf *Mittelstandspolitik* (Z. 43) des unbekannten Kandidaten nicht gerade vertrauenerweckend.

In der Fortführung dieses Zuges zeigt Scharping, daß er die Absicht Brenders erkannt hat, das Thema "wirtschaftspolitischer Sprecher der SPD" zu etablieren. Denn dies tut er nun selbst, vielleicht auch, um einer insistierenden Intervention seitens der Interviewer zuvorzukommen.

```
44                  und im übrigen ich sage Ihnen eins wenn sich
45      jemand ohne jede Abstimmung mit der Bundestagsfraktion in das Plenum
46      des deutschen Bundestages stellt und eine Erhöhung der
47      Mehrwertsteuer fordert eh dann ist das allerdings ein Grund
48      zurückzutreten oder abgewählt zu werdn
49 G:               war der Rauswurf          war der Rauswurf Schröders
50 G: Herr Scharping im nachhinein betrachtet ein Fehler den Sie bereun
51 S: das war die logische Konsequenz einer Entwicklung die sich über den
52      Sommer ergeben hat völlig unvermeidlich denn man kann nicht eine
53      Partei als Bühne benutzen um dort eitle Wettkämpfe aufzuführen wir
54      haben eine andere Aufgabe und die liegt in Bonn und die hat mit der
55      Regierung zu tun mit der wachsenden Arbeitslosigkeit
```

Pointiert, die eigene Perspektive akzentuierend, leitet Scharping auf das Thema "wirtschaftspolitischer Sprecher der SPD" über, ohne jedoch den Namen Schröders zu erwähnen. Die konsekutive *wenn-dann*-Konstruktion dient, wie auch schon oben in der Abgrenzung von anderen Parteifreunden, zu deren moralischer Diskreditierung. Hier wirft er dem Betreffenden implizit undemokratisches, parteischädigendes Verhalten vor. Es bleibt dem Interviewer vorbehalten, den Namen des Kontrahenten *Schröder* einzubringen, nicht ohne daß er sich um den Turn hätte bemühen müssen. Der folgende Zug läßt sich durchaus als Frage interpretieren, insofern der Angesprochene auf eine moralische Ebene abhebt. Die Tatsache, daß weder ein fremder Autor noch ein "principal" zwischen den Zeilen aufscheint, läßt darauf schließen, daß der Journalist aus eigenem Interesse agiert. Scharping selbst entpersonalisiert in dem folgenden Zug das Problem: Nicht er persönlich habe Schröder von seinen Aufgaben entbunden, vielmehr war es eine *logische Konsequenz* (Z. 52), *völlig unvermeidlich* (Z. 53), die sich aus allgemeinen Grundsätzen herleiten läßt, ausgedrückt durch das Indefinitum man. *Wir haben eine andere Aufgabe* formuliert Scharping, lokalisiert das politische Zentrum der Partei in Bonn - und nicht in Hannover oder Saarbrücken - und formuliert den inhaltlichen Schwerpunkt "wachsende Arbeitslosigkeit". Er zeigt so ein gewisses Unbehagen an dem Thema Schröder, obwohl dies der Anlaß gewesen war, dieses Interview auszustrahlen. Nicht um die Person Schröder soll es gehen, er baut vielmehr die Bundesregierung zum "eigentlichen" Gegner auf - wie die Fortsetzung seines Beitrags zeigt.

```
55 S:                             es sollte einem
56    Wirtschaftspolitiker heutzutage auffallen daß die Bundesregierung
57    einen Jahreswirtschaftsbericht veröffentlicht hat mit allen schönen
58    Prognosen das war noch in der Zeit als Optimismus angesagt war
59    keines dieser Ziele ist erreicht worden

60    die Arbeitslosigkeit wächst einen Augenblick Herr
61 B: Entschuldigung aber wie

62 S: Brender die Arbeitslosigkeit wächst eh die
63 B:         mhm  (aber Sie setzen sich doch selbst Ihre Ziele

64 S:      Augen ... ich bin ja noch gar nicht fertig ja
65 B: Alternativen zu dieser Politik aufzuzeigen)

66 S: Entschuldigung wozu haben Sie mich eingeladen um Alternativen
67    deutlich zu machen oder in der eh Sauce herumzurühren die einige da

68    angerichtet haben die Bundesregierung legt einen
69 B:                                  die ist bei Ihnen

70 S: Jahreswirtschaftsbericht vor und keines dieser Ziele ist erreicht
71 B: selbst angerichtet worden

72 S: worden die Arbeitslosigkeit steigt es gibt in Deutschland immer noch
73    einige zehntausend Jugendliche ohne einen Ausbildungsplatz das
74    einzige was erreicht worden ist ist eh die erhebliche

75    Steigerung der Unternehmereinkünfte das ist das einzige
76 B: Herr Scharping         die Frage ist doch       wenn

77    Sie diese Alternativen so deutlich machen weshalb wird das denn der
78    Öffentlichkeit nicht kenntlich und klar
79 S: ja weil Sie ja beispielsweise mir ja auch ständig Fragen stellen
80    nach einzelnen Personen innerhalb der SPD und das in einen
81    Zusammenhang stellen in den es nicht gehört
```

Mit der Fokussierung von Anspruch und Wirklichkeit der Regierungsarbeit (Z. 55-9) lenkt der Politiker von den interessanten, d.h. öffentlich diskutierten Problemen der eigenen Partei ab und beschwört eine kritische Situation herauf: Einer der Interviewer versucht, ihn zu unterbrechen (Z. 61). Scharping sieht sich veranlaßt, das Recht auf Fortsetzung seines Beitrags einzuklagen, und wiederholt noch einmal die Tatsachenbehauptung *die Arbeitslosigkeit wächst.* Parallel spricht einer der Interviewer (Z. 63), der ihn daran erinnert, daß er sich als Parteivorsitzender seine Ziele selbst setze. Auch dieser Zug zeigt die Personalisierung der Auseinandersetzung durch die Interviewer. Scharping unternimmt zwei weitere Versuche, sein Rederecht einzuklagen, ohne sich aber durchsetzen zu können. In einem letzten Schritt der Eskalation problematisiert Scharping die Absichten, die seine Gesprächspartner mit der ihm gegenüber ausgesprochenen Einladung gehabt haben könnten. Dies könnte auch eine Anspielung darauf sein, daß sich die Interviewer nicht an vorher getroffene Absprachen gehalten haben.

So verschafft sich Scharping zwar das Rederecht, kann aber nicht verhindern, daß Brender wiederum ihn persönlich als Verantwortlichen anspricht. Nun erst gelingt es ihm, die Aufzählung der Probleme der Bundesregierung aus seiner Perspektive fortzusetzen, indem er das die Politik der Regierung abwertende sozialdemokratische Schlüsselwort "Steigerung der Unternehmereinkünfte" aufgreift. Hier fällt Brender ein, erkämpft sich nach zwei Anläufen das Rederecht, um den Politiker mit dem Bild der Partei in der Öffentlichkeit zu konfrontieren. Scharping führt seinen respondierenden Zug durch, indem er die auch in diesem Interview deutlich feststellbare Praxis der Personalisierung angreift.

Die Interviewer sind durchaus erfolgreich in ihrem Bemühen, die gefürchtete Weitschweifigkeit des Politikers zu unterbinden. Sie müssen zwar um das Rederecht kämpfen, sie können aber schon nach zwei, drei Ansätzen den nächsten provozierenden Zug placieren. Sie präsentieren sich so erfolgreich als energische Vertreter der Öffentlichkeit. Gerade die durch den (erfolgreichen) Kampf um ihren nächsten Beitrag erzeugte Spannung macht die Sendung für den Zuschauer interessant. Der Politiker Scharping bleibt meist in der Defensive, eine positive Selbstdarstellung gelingt ihm nur im Ansatz. Nur einmal scheint es so, als ob Scharping die Hegemonie im Gespräch erlangt hätte. Er ist sich des Risikos seiner Partner bewußt, mit ihren Unterbrechungen unhöflich zu wirken, denn er markiert diese mehrfach mit metakommunikativen Ausdrücken. Dennoch gelingt es ihm nicht, sich das Rederecht für längere Beiträge zu erkämpfen. Die initiierenden Züge der Interviewer bestehen nicht nur aus "geliehenen" Perspektiven, sondern durchaus auch aus eigenen, nämlich immer dann, wenn sie kontroverse Positionen in Form einer personalisierenden Wendung einbringen. Scharping bemüht sich durchgehend, sich dieser Ebene zu verweigern, vermutlich, weil er in diesem Bereich nicht überzeugend Glaubwürdigkeit demonstrieren kann. Allerdings verfehlt er in seinem Bemühen, den repräsentativen Rahmen seines Handelns transparent zu machen, die Botschaft des Mediums: Indem er sich dem Personalisierungsangebot verweigert, erscheint er als Politiker, der nicht bereit ist, für die in seiner Partei aufgebrochenen Konflikte die Verantwortung zu übernehmen.

## 2.2. "Herr Bundeskanzler ..."

Am 9.12.1994 saß der CDU-Vorsitzende Helmut Kohl den beiden Journalisten Martin Schulze und Nikolaus Brender gegenüber (21.30-22.00). Das Interview fand offenbar in den Räumen des Bundeskanzleramts statt, die Teilnehmer saßen in bequemen Sesseln. Anlaß war ein Gipfeltreffen der EU-Ministerpräsidenten, das von Deutschland, das die Ratspräsidentschaft in der EU innehatte, vom 10.12.-12.12.1994 in Essen ausgerichtet wurde. Kohl hatte zwei Monate zuvor die Bundestagswahl gewonnen und war Ende November vom Deutschen Bundestag erneut zum Bundeskanzler gewählt worden.

Das Interview-Verhalten Kohls ist auch linguistisch untersucht worden. Holly hat in einer Analyse eines Kohl-Interviews mit dem damaligen Chefredakteur des WDR, Fritz Pleitgen, resümierend festgestellt:

"Er macht sich die Schwäche eines jeden Interviewers zunutze, indem er die Asymmetrie in der Kompetenzverteilung der Interviewrollen angreift. ... Der Interviewer muß nun um das Wort ebenso kämpfen wie um die Überzeugungskraft seiner Argumente." (Holly 1993, 193)

Wir wollen sehen, wie sich die beiden Journalisten Brender und Schulze mit dieser bekannten Strategie Kohls auseinandersetzen.

(2) Bundeskanzler Kohl (K) im Gespräch mit Martin Schulze (S) und Nikolaus Brender (B), Abschnitt "Kerneuropa"

```
1 B: für ihre Sensibilität kann ich eh Sie sehr begrüßen da war
2    aber nicht die Debatte um Kerneuropa die aus der CDU/CSU-
3    Fraktion hervorkam mangelte dieser Debatte nicht gerade der
4 K:                                                nein das ist ja
5 B: Takt weil sie kerneuropäische Staaten eh auszeichnete
6    und andere links liegen läßt
7 K: nein das is ja ne ganz andere das is ja ne ganz andere Frage diese
8    Debatte hat ja einen ganz andern Hintergrund diese Debatte hat ja
9    nit das Ziel jemand in Europa auszuschließen
```

Der erste strukturierende Beitrag des Interviewers Brender besteht aus zwei Elementen: Mit einem Lob des Politikers schließt Brender den vorhergehenden Teil ab, mit einer Äußerung im Frageformat leitet er den neuen Abschnitt ein. Die turneinleitende Äußerung weist einen durch das *eh* markierten Bruch auf, dem Interviewer gelingt es offenbar nicht, sich zwischen den Satzbauplänen von

(a) *für Ihre Sensibilität kann ich Sie nur sehr loben* und

(b) *Ihre Sensibilität kann ich nur begrüßen*

zu entscheiden. Sie macht die Unsicherheit des Interviewers deutlich, die daher rührt, daß er zwar zunächst das Rederecht erhalten hat, er aber nicht absehen kann, ob es ihm gelingt, das nächste auf seinem Stichwortzettel vermerkte Thema ungestört einzubringen. Das neue Thema initiiert er genretypisch mit einer Alternativfrage, die gleichermaßen aus syntaktischer Sicht ambivalent bleibt, denn er ist gezwungen, eine Reparatur vorzunehmen, um nach der erläuternden Einführung das schon bei Beginn dieser Äußerung initiierte Frageformat zu erreichen. Die Frage bleibt rhetorisch, sie läßt sich als Behauptung rekonstruieren i.S.v. 'der Debatte um Kerneuropa mangelte es an Takt'. Sie fokussiert und bewertet eine in der öffentlichen Diskussion strittige Position negativ, die von Mitgliedern der CDU eingebracht worden ist und für die deshalb der Kanzler als CDU-Vorsitzender im weiteren

Sinne verantwortlich gemacht werden kann. Die gewählte Form der rhetorischen Frage mildert die negative Bewertung dieser Debatte. Aber die Formulierung wirkt gebrochen. Kohl schaltet sich nach dem *nicht* ein, einer Stelle, an der bereits die Tendenz der Interviewer-Äußerung deutlich wird: Der Politiker weiß, was jetzt kommen wird. Nach Abschluß des initiierenden Zugs greift er auf die schon in der Unterbrechung gewählte Formulierung mit dem entschiedenen *nein* in Initialposition zurück, zweifellos eine hinreichende Antwort auf die formulierte Alternativfrage. Aber auch sein Beitrag bleibt brüchig, wie die Reparatur (Z. 7) deutlich macht. Zudem verweist die dreimalige Wiederholung von *ganz anders* auf das Ziel des Sprechers, entschieden eine andere als die in der Alternativfrage des Interviewers vorsichtig zum Ausdruck gebrachte Perspektive einzubringen. In diesem Beispiel bestreitet Kohl nicht, wie Holly dieses Phänomen gedeutet hat, die Kompetenzverteilung im Interview, er macht vielmehr deutlich, daß er nicht bereit ist, die von dem Interviewer ins Spiel gebrachte Perspektive zu akzeptieren. Statt dessen etabliert er seine eigene. Nicht der Interviewer kontrolliert hier das kommunikative Geschehen, sondern der Politiker. Auch ein Blick auf den Fortgang des Geschehens stützt diese Beobachtung.

```
10  K: das Ziel dieser Debatte was meine Kollegen in ihrem Papier
11     formuliert habn kann man ja mit einem Satz zusammenfassen wir wollen
12     das Haus Europa bauen . wir wolln möglichst alle im Haus habén aber
13     we/wir wolln niemandem gestatten nicht dem
14     langsamsten auf dem Weg daß er das Tempo des ganzen
15     Geleit zuges bestimmt      das is
16  B:                            also eine Belle-Etage und Kellerkindèr
17  K: nein überhaupt nich mit Belle-Etage hats ja schon gar nicht zu tun
18     denn die die das sagn vertreten ja ein Land das in der Belle-Etage
19     mehr wirtschaftliche Hilfe an andere in Europa gibt als alle anderen
20     also wir habn da keinen Nachholbedarf wir sind nich in der Belle-
21     Etage wir sind ein . sind ein|ein Pfeiler des ganzen Unternehmens
22     darauf könn wir stolz sein
```

In diesem Abschnitt der Kohlschen Ausführungen nutzt der Interviewer eine kurze Sprecher-Pause, um in einem Einwurf das von Kohl gewählte Kollektivsymbol "das gemeinsame Haus Europa" zuzuspitzen: *also eine Belle-Etage und Kellerkinder*. Kohl macht mit dem Äußerungsfragment *das is* deutlich, daß die Pause durchaus nicht als Turn-Abgabe-Position gedacht war. Er gesteht mit dem Abbruch jedoch zu, daß er bereit ist, dem Interviewer Gelegenheit zu einem Einwurf zu geben.[6] Kohl weist die Deutung Brenders entschieden zurück, indem er statt *Belle-Etage* innerhalb des Kollektivsymbols den *Pfeiler* einführt. Die Funktion der Interviewer-Äußerung liegt sowohl in dem Bemühen um kontroverse Zuspitzung des thematischen Zusammenhangs als auch in der provokativen Unterbindung der Selbstdarstellung Kohls. Auch hier weist Kohl sofort die ihm unterstellte Unterscheidung zwischen wertvollen und nicht so wertvollen europäischen Staaten entschieden zurück. Indem er jedoch innerhalb des Kollektivsymbols "gemeinsames europäisches Haus" die *Belle-Etage*

---

[6] Unter Einwürfen verstehe ich in Anlehnung an Fiehler (1985, 91) themenbezogene Äußerungen, mit denen nicht das Rederecht beansprucht wird.

zugunsten des *Pfeilers* auswechselt, bestätigt er indirekt die Legitimität der Interviewer-Intervention.

Beim nächsten anstehenden Sprecherwechsel verfährt Kohl anders: Er verhindert einen Interviewer-Beitrag dadurch, daß er selbst einen initiierenden Zug ausführt und auf diese Weise ein neues Thema einführt. Zunächst bleibt er im Rahmen des Themas "Kerneuropa-Debatte", indem er seine Zustimmung zu den in diesem Papier formulierten Thesen weitschweifig ausführt. Geschickt verknüpft er das alte Thema mit dem neuen "unterschiedliche Integrationsbereitschaft" (Z. 30-32), akzentuiert seine Äußerung mit kurzen Pausen, so daß die Interviewer an dieser Stelle keine Möglichkeit haben, seinen Redefluß zu unterbrechen.

```
23 K: nein es geht einfach darum . daß wir jetzt nicht zulassen . > auch
24    in Blick auf das Jahr 96 wenn < eh der Maastricht-Vertrag überprüft
25    wird daß eh sozusagn das langsamste Schiff im Geleitzug sagt ich
26    spiel nicht mit und deswegen kann ich kann der Geleitzug nicht fort-
27    fahrn eh dieses Papier beinhaltet ja nicht daß die Tür zugemacht
28    wird . sondern das Papier sagt mit andern Worten > darüber kann man
29    auch streiten < das is ja keine/kein Dogmà ob de/die Methode is aber
30    das Papier und das ist auch meine Meinung besagt wir sind jetzt in
31    einer entscheidenden Phase . in diesen Jahren Mitte der 90er Jahre
32    fällt die Entscheidung ob Europa irreversibel wird . und da kann ich
33    nicht zulassén aus meiner Sicht jetzt sind wir zwölf bisher jetzt
34    kommen drei hinzú . eh das sind dann siebzehn und es kommen noch
35    andere hinzu daß es dann so geht wie bei der KSZE daß einer am Ende
36    sagt ich spiel jetzt nich mít . ihr müßt noch fünf oder zehn Jahre
37    wartn dann bin ich dafúr . zu sagn
38    ok wir gehn weitér aber das Tor bleibt offen wir habens

39    doch praktizierens doch in dieser Woche ich hätte viel lieber
40 B:                              meinen Sie     meinen

41 K: gesehn daß die Norweger ja gesagt haben aber ich habe schon
42 B:                      sein Sie doch

43 K: zu meiner Kollegin Bruntland dieser Tage gesagt gehn Sie von

44    einem aus            ich bedaure kann ich d/den
45 B:         noch mal festzuhalten

46 K: ganzn Satz sagn ich bedaure Ihre Abstimmung aber es/Ihre Abstimmung
47    aber ich respektiere sie aber das . Tor muß eh weit offenbleiben für
48    Norwegn aber deswegen gehn wir doch weitér
49 B: noch mal festzuhalten was Sie eben gesagt habn der Weg nach Europá
50    nich unumkehrbar . heute
51 K: der Weg muß unumkehrbar sein für mich ist er jetzt schon unumkehrbar
```

Der nächste Versuch eines der Interviewer, den Turn zu erhalten, beginnt in Z. 40. Etwa gleichzeitig führt Kohl im Sinne einer exemplarischen Argumentation das Beispiel Norwegen an, führt also einen neuen thematischen Aspekt ein. Die Äußerung des Interviewers bricht ab, er startet zwar einen weiteren Versuch, aber Kohl hat die Hegemonie bereits wieder erlangt. Diese verteidigt er auch gegen weitere Einwürfe des Interviewers. Nach dem dritten Turn-Übernahme-Versuch sieht sich der Interviewte veranlaßt, die ihm bestrittene Ausübung des Rederechts metakommunikativ zurückzuweisen *kann ich den ganzn Satz sagn*, die formelhaft seinem Gegenüber implizit unterstellt, er halte sich nicht an die Höflichkeitskonvention, einen Sprecher bis zum freiwilligen Ende seines Beitrags ungestört sprechen zu lassen. Erst nachdem die Interviewer mehrfach ihr Interesse an der Turn-Übernahme durch entsprechende Äußerungen angemeldet haben, beendet der Kanzler seinen Beitrag und eröffnet dem Interviewer die Möglichkeit, einen auf eine Äußerung Kohls Bezug nehmenden Zug kommentierend einzubringen (Z. 49/50). Kohl weist die darin zum Ausdruck kommende Unterstellung entschieden zurück. Das gibt ihm Gelegenheit, den nächsten Aspekt einzubringen: Als Beispiel für die Interessendivergenzen innerhalb der EU führt er den Bereich der Verbrechensbekämpfung an.

```
52 K: aber es gibt eine ganze > nehm wir doch mal n praktisches Beispiel
53    das morgen [LACHEND] in diesen Tagen in Essen / bei dem Gipfel eine
54    große Rolle spielt wir sind nich vorangekommen eh jedenfalls dorthin
55    wo ichs gerne wollte wegen nationaler Einsprüche von einigen
56    Mitgliedsstaaten in der
57    Frage eh von Europol das heißt also einer gemeinsamen
58 S: >in vielen Fragen sind Sie nicht weitergekommen
59 K:                        eh nicht                      einer gemeinsamen
60    nicht von den Regierungen verabredeten sondern in der politischen
61    Union Europas verabredeten Polizeiorganisation ähnlich einem
62    amerikanischen FBI das für die Verbrechen wie die uns besonders
63    jetzt quälen wie Mafia-Vergehen Waffenhandel und alles was dazu
64    gehört wir werdn jetzt wieder ne Zwischenlösung machn s geht gar
65    nich anders denn das Problem is . überfällig aber wenn halt jetzt
66    nicht alle gleichzeitig mitmachn dann kann ich doch nich sagn jetzt
67    lehn ich mich im Stuhl zurück und tu gar nichts sondern ich mach
68 S:                                                            Herr
69 K: weiter was mein Sie denn was wir nich fertiggebracht habn das war
70 S:            Herr Herr Bundeskanz
71 K: doch eben ihr Zwischenruf
72 S: n ja natürlich eh Sie habn /e/ auf dem letzten Gipfel
73    entschlossene Maßnahmen gegen die Arbeitslosigkeit |in Europa|
74 K:                                                   |das machen wir ja|
75 S: bis jetzt ist ja relativ wenig passiert
76 K:                                aber Entschuldigung
77 S: auf dem Agrarmarkt is relativ wenig passiert    aber das kann
78 K:                                                aber
79 S: man ja nich eh nich leugnen eh es is ja schwierig auf einer solchen
80    Konferenz etwas zu verabreden das is ja klar
81 K:                                             /s/nein nein
82    nein nein nein da/damit also das ganz klar das is ich kenn das
83 K: eh Sie reden von hundert Prozent ich bin halt eben ganz
84 S: (UNVERSTÄNDLICH)
85 K: glicklich wenn ich bei hundert Prozent Ziel vierzig Prozent erreiche
      (...)
```

Im letzten Teil dieses Abschnitts eskaliert der Kampf um den Turn. Mit (Z. 58) nutzt der Interviewer eine kurze Sprechpause Kohls, um als Einwurf eine bewertende

Behauptung in die Debatte zu werfen. Kohl sucht diese Unterbrechung zwar zu unterbinden, aber angesichts der Kürze und der hohen Sprechgeschwindigkeit des Beitrags von Schulze gelingt ihm dies nicht. Jedoch bezieht sich Kohl nicht auf die Unterstellung, er fährt statt dessen fort, das von ihm eingeführte Thema "Europol" zu entwickeln. An den Zuschauer gerichtet erläutert er, was darunter zu verstehen sei und welche Problembereiche erfaßt werden. Nach einem längeren Beitrag des Politikers signalisiert der Interviewer durch zwei Anredeversuche (Z. 68, 70) den Wunsch, das Rederecht zu erhalten. Nachdem Kohl seine Ausführungen beendet hat, bezieht er sich auf den vorherigen Einwurf des Interviewers (Z. 69-71): In gereizter Diktion stellt er eine Nachfrage, die den Einwurf des Interviewers (Z. 58) reformuliert und ihm so das Rederecht zuteilt. Überrascht, daß der Politiker auf seine Intervention reagiert hat, konfrontiert Schulze seinen Gegenüber mit einem Zitat: Der Kanzler selbst ist der Autor. Dieser Zug läßt das Muster "Anspruch und Wirklichkeit einander gegenüberstellen" anklingen. Kohl weist diese Tendenz in einem Einwurf zurück (Z. 74) und veranlaßt den Interviewer zum Abbruch dieses Beitrags. Statt dessen verteidigt dieser die Tendenz seines Zuges durch eine Tatsachenfeststellung *bis jetzt is ja ziemlich wenig passiert* (Z. 75). Kohl weist diese Unterstellung zurück. Schulze konkretisiert nun seinen Vorwurf, schwächt ihn allerdings mit einer Empathie signalisierenden Coda ab, in der die schwierigen Bedingungen politischer Arbeit im Rahmen von "großen" Konferenzen eingeräumt werden (Z. 79/80). Auch hier verhindert das entschieden vorgetragene, mehrfach wiederholte *nein* des Bundeskanzlers, daß der Interviewer die von ihm behaupteten Tatsachen unter Beweis stellen kann.

Der Durchgang durch das Transkript zeigt uns zwei Interviewer, die große Schwierigkeiten haben, ihre Gesprächsbeiträge einzubringen. Das liegt zum einen daran, daß Kohl ihnen bereits in ihre Formulierungen hinein die zu diesem Zeitpunkt erkennbaren Implikationen durch turnbegleitende Kommentare zurückweist, zum anderen daran, daß der Politiker überaus routiniert die angesprochenen Themen expandiert, konkretisiert und selbständig um neue Aspekte ergänzt. Schließlich initiiert er sogar selbst die Prozedur der Turn-Zuweisung. Er verfügt über die Macht, die Situation zu definieren. Es gelingt ihm, sich für das Fernsehpublikum als souverän darzustellen. Die beiden Interviewer dagegen versuchen durch die Verlagerung des Themas auf kontroverse Aspekte, die Verwendung der Gegenüberstellung von Anspruch und Wirklichkeit und bewertende Feststellungen so etwas wie eine kontroverse Diskussion in Szene zu setzen. Das gelingt ihnen nur im Ansatz. Ihre Beiträge sind allzu kurz, z.T. auch brüchig, denn der Politiker bestreitet bereits im Ansatz die Legitimatät ihrer Unterstellungen.

## 2.3. *Zusammenfassung*

In diesen Interviews gestalten die Beteiligten das gesprächsinterne Spiel um die Macht, die Situation zu definieren, in durchaus unterschiedlicher Weise. Während es Scharping nur ansatzweise gelingt, seine Gesprächskonzeption durchzusetzen, beherrscht Kohl seine Interviewer überlegen. Indem er sich auch das den Journalisten zugeschriebene Recht auf Turn-Unterbrechung nimmt und schon im Prozeß des Formulierens die gerade geäußerten kontroversen Präsuppositionen zurückweist, verschafft er sich einen weitgehenden Vorteil gegenüber seinen Gesprächspartnern. Auch die in einigen Zügen beobachtbare entschiedene Verneinung der von den Journalisten eingebrachten Sichtweise macht deutlich, daß er nicht bereit ist, sich der inszenierten Konfrontation zu stellen. All dieses beherrscht Scharping nicht, wenngleich auch er - wie Kohl - über metakommunikative Äußerungen die Taktik der Journalisten problematisiert und sich auf diese Weise einige wenige Vorteile verschaffen kann.

Die von den Beteiligten ins Interview eingebrachten Perspektiven und die notwendig auftretenden Divergenzen tragen nun erheblich dazu bei, daß sich das Gespräch kritisch zuspitzt. Vor allem die Journalisten provozieren ihr Gegenüber durch das Einbringen kontroverser Diskurspositionen. Denn der Politiker gerät so in Zugzwang, muß seine eigene Position legitimieren. Beide Politiker nutzen die ihnen eingeräumte Möglichkeit, ihre Positionen ausführlich darzustellen, das gerade behandelte Thema zu erweitern oder vielleicht auch neue Themen zu etablieren. Die Journalisten ihrerseits stehen nun vor der Aufgabe, sich das Rederecht zu erkämpfen. Solche Unterbrechungen ahnden die Politiker oft mit einem Hinweis auf das Recht des Sprechers, den eigenen Beitrag ohne die Einmischung anderer zum Ende zu bringen. Sie behalten vorerst das Rederecht, müssen es aber bald abgeben. Nur Kohl ist so souverän, an einer Stelle selbst dem Interviewer, der zuvor durch einen Einwurf sein Interesse am nächsten Turn deutlich gemacht hatte, aufzufordern, nun doch seine Frage zu stellen - eine strukturierende Äußerung, die eigentlich den Interviewern vorbehalten ist. In dieser Episode erscheint die Definitionsmacht über die Situation, die sich der Bundeskanzler im Verlauf des Gesprächs erarbeitet hatte.

## 3. Diskussion

Die im vorigen Teil analysierten und interpretierten Abschnitte aus Politiker-Interviews möchte ich nun auf einige Aspekte beziehen, die im wissenschaftlichen Diskurs aus gesprächs- und konversationsanalytischer Perspektive heraus entwickelt worden sind. Ich möchte mich im folgenden aus diskursanalytischer Sicht zunächst mit dem Problem der Interviewer-Rolle beschäftigen und dann eine Funktionsbestimmung des Politiker-Interviews vornehmen. Zuerst wird es um die dem Interviewer zugewiesene Strukturierungskompetenz gehen (i), im Anschluß daran um die Frage, welches Format Interviewer-Züge in der Regel haben (ii) und schließlich um das Neutralitätsgebot für Interviewer (iii). Abschließend möchte ich die Frage diskutieren, ob die hier untersuchten Interviews als "Confrontainment" zu klassifizieren sind (iv).

(i) In der gesprächs- und konversationsanalytischen Literatur wird einhellig die Meinung vertreten, daß der Interviewer für den Verlauf des Interviews verantwortlich und mithin der überlegene Partner in der Gesprächskonstellation ist. Holly beschäftigt sich auch mit dieser Frage und glaubt, dem Interviewer einen gesprächsstrukturellen Vorsprung einräumen zu müssen (cf. Holly 1993). Dies gilt auch für das Recht, den Dialog zu eröffnen und zu schließen (cf. Greatbatch 1988, 415-7). Auch anhand meines Materials kann ich diese Beobachtung bestätigen. Die Aufgabe, gesprächsstrukturierende Beiträge zu leisten, erwächst aus der institutionellen Verantwortung des Journalisten: Er muß das kommunikative Geschehen in das vorgegebene Format einpassen, eine Aufgabe, die ihm auch von den Politikern nicht bestritten wird. Dies bezieht sich jedoch nur auf die makrostrukturellen Eigenschaften der Interviews: die Festlegung von Anfang und Abschluß sowie die Placierung von Beiträgen, die ein neues Thema fokussieren. Nun zerfallen die hier zur Debatte stehenden "großen" Interviews in verschiedene thematische Abschnitte. Ein Blick in die Binnenstruktur solcher Sequenzen macht deutlich, daß hier die Prozeduren der Verteilung des Rederechts ungleich unübersichtlicher sind als an den makrostrukturellen Entscheidungspunkten. Die beschriebenen Probleme sind bekannt: Dem Politiker wird unterstellt, er tendiere dahin, den Fragen auszuweichen und die eigenen politischen Optionen durch möglichst vage Formulierungen oder Phrasen offenzuhalten (cf. Haller 1991, 244). Empfehlungen in journalistischen Handbüchern gehen dahin, mit Hilfe gesprächsorganisierender Schritte wie z.B. einem Verweis auf das knappe Zeitbudget den ausufernden Redeschwall des Politikers zu unterbinden. Das ist leichter geschrieben als getan, denn die Interviewten beziehen solche Hinweise in ihre Beitragsorganisation mit ein: Sie nehmen metakommunikativ für sich in Anspruch, den eigenen Beitrag auch abschließen zu können, und unterstellen dem Interviewer explizit oder implizit eine Verletzung der Höflichkeitskonventionen. Wenn ein Politiker den Turn hat, gibt er ihn nicht so leicht ab. Die beiden oben in Augenschein genommenen Politiker zeigten sich in unterschiedlicher Weise den Einwürfen gegenüber resistent. Während Scharping sich nach zwei, drei Unterbrechungsversuchen den Turn abjagen ließ, zeigte Kohl sich wesentlich selbstbewußter und unbeeindruckter im Umgang mit solchen Einwürfen. Vor allem durch seine Taktik, die Legitimität von Interviewer-Zügen durch eigene Einwürfe frühzeitig in Frage zu stellen, gelingt es ihm im Gegensatz zu Scharping, die Hegemonie im mikrostrukturellen Bereich des Interviews zu erlangen. Nun könnte man aus konversationsanalytischer Perspektive einwenden, daß auch gelegentliche Verletzungen der Turn-Organisationsregeln nichts an der gattungstypologischen Zuordnung änderten (cf. Greatbatch 1988), aber das reicht hier als Erklärung nicht aus. Vielmehr kommt ein anderer Aspekt in den Blick, der mit dem aktuellen Standort des Interviewten im hegemonialkulturellen Diskurs zusammenhängt: Während Kohl als gerade wiedergewählter Bundeskanzler, als Vorsitzender des bevorstehenden EU-Gipfels in Essen aus einer repräsentativen Machtfülle heraus agieren kann, steht sein Kontrahent gut neun Monate später massiv in der parteiinternen und öffentlichen Kritik, er kommt als angeschlagener Politiker, der auch in diesem Interview sein Legitimationsdefizit nicht ausgleichen kann. Die Berücksichtigung der "Stärke" (oder "Schwäche") eines Politikers erweist sich als ein wesentlicher Punkt für die sich in der konkreten Interaktion entfaltende Machtkonstellation.

(ii) Ich möchte mich nicht an der Diskussion des Problems beteiligen, ob für die Beschreibung der beobachtbaren Interaktionen in "großen" Interviews das komplementäre Frage-Antwort-Format eine angemessene Orientierung darstellt, wie es Greatbatch (1988), Bucher (1992) und in der aktuellen Diskussion Bull (1994) getan haben. Während Greatbatch für britische *News-Interviews* zwei Regeln formuliert, die darauf abzielen, die Beiträge der Interviewer "irgendwie" als Fragen zu identifizieren, die der Interviewten hingegen als Antworten, untersucht Bull das Problem, wie man Fragen, Antworten und Nicht-Antworten identifizieren kann. Auch Holly (1993) arbeitet mit dem Frage-Antwort-Muster als Beschreibungskategorie. Ich habe angesichts der Interviewer-Beiträge in den untersuchten Abschnitten Zweifel, ob diese Perspektive angemessen ist. Schon in publizistischer Perspektive scheint diese Konzeptualisierung nicht als zwingend. Haller nimmt fließende Übergänge vom "kurzen" Interview zum "langen" Gespräch an und operationalisiert diese in Hinblick auf die Aufgaben des Journalisten in *Befragen*, einen *Dialog* oder gar eine *Kontroverse führen* (242). Konsequent typisiert er das sprachliche Handeln in den "kontroversen Interviews" als Argumentation (246ff). Diese Sichtweise haben schon die älteren Untersuchungen von Schwitalla (1979) und vor allem Hoffmann (1982) entwickelt, deren Deutung von Beiträgen im Interview als initiierende bzw. respondierende Züge ich in der Beschreibung übernommen habe. Diese Begrifflichkeit ermöglicht es, den nicht genau bestimmbaren Wert eines Beitrags als Frage oder Antwort bzw. Argument oder Gegenargument offen zu halten. Die Interviewer-Beiträge in den oben analysierten Abschnitten weisen das Frage-Format nur dann auf, wenn das persönliche Handeln des Gegenüber thematisiert werden soll. Ansonsten bringen sie in ihren eher kurzen Beiträgen Diskurspositionen ein, Bruchstücke aus der öffentlichen Diskussion, die zu den artikulierten Politiker-Positionen kontrovers sind.

(iii) Im folgenden behandle ich die Frage, wie das vor allem in konversationsanalytischen Arbeiten beschriebene Neutralitätsgebot des Interviewers einzuschätzen ist. Trifft er wirklich Vorkehrungen in seinen bewertenden oder strittigen Äußerungen, um seine Neutralität rechtfertigen zu können (cf. Clayman 1992)? Was heißt aber in diesem Zusammenhang Neutralität? Gemeint ist offenbar, daß der Interviewer seine professionelle Perspektive als Stellvertreter der Öffentlichkeit zum Ausdruck bringt, die nicht unbedingt seine eigene sein muß. *Neutral* i.S.v. 'unbeteiligt, sich der Stellungnahme enthaltend' kann der Interviewer jedoch in diesen "großen" Interviews nicht sein, denn er muß im Raum des öffentlich geführten Diskurses seinen Gegenüber mit kontroversen Diskurspositionen konfrontieren, wenn er den Zweck des Interviews, die Prüfung der Glaubwürdigkeit des Politikers, nicht verfehlen will. Die Grenzen der Konfrontation liegen im Bereich der Höflichkeit und des persönlichen Anstands: In einem journalistischen Lehrbuch findet sich die Verhaltensmaxime

"Ein Interview-Partner darf nicht "verladen" und "verschaukelt" werden: Was du nicht willst, daß man dir tu', das füg auch keinem (Interview-)Partner zu." (Buchwald 1990, 282)

Einen weiteren Gesichtspunkt stellt die oben konstatierte Perspektivenproblematik des Interviewers zwischen eigenem und öffentlichem Interesse dar. Um als Journalist in einer deutschen Sendeanstalt, sei sie privat oder öffentlich-rechtlich, ein "großes" Interview führen zu können, muß man bereits einige Stufen auf der Karriereleiter in den Sendeanstalten hinter sich gebracht haben. Es ist bekannt, daß die hegemonialen politischen Parteien die Kontrollorgane der öffentlich-rechtlichen Rundfunk- und Fernsehanstalten dominieren und die einflußreichen Positionen in den Sendern nach Parteienproporz verteilen. Wenn die Journalisten selbst nicht Mitglied einer der politischen Parteien sind, dann sind sie wenigstens von einer der großen Parteien für den jeweiligen Posten vorgeschlagen worden. Journalisten sind also parteilich, sie vertreten bestimmte Positionen im hegemonialen Meinungsspektrum. Es ist z.B. allgemein bekannt, daß der gegenwärtige Intendant des Westdeutschen Rundfunks (WDR), Pleitgen, der SPD zuzurechnen ist. Es verwundert nicht, wenn Kohl in seinem Gespräch mit Pleitgen im Jahr 1991 (damals Chefredakteur des WDR) - wie Holly es ausdrückt -, "so oft wie möglich versucht, die Person des Interviewers ins Spiel zu bringen und damit dessen Neutralität in Frage zu stellen" (1993, 185). Diese Versuche Kohls lassen sich auch als Anspielungen auf die persönliche Perspektive des Interviewers lesen, um so aus der Sicht eines Vertreters der Öffentlichkeit eingebrachte Argumente in Frage zu stellen, sie als parteilich zu denunzieren. Für die Journalisten ergibt sich das Problem, daß die in einem "großen" Interview auftretenden Politiker vielleicht nicht gerade ihre Vorgesetzten, aber zumindest indirekt an der Kontrolle ihrer Arbeit beteiligt sind. Resümierend bleibt festzustellen, daß die Interviewer verpflichtet sind, relativ zu den Positionen des Politikers kontroverse Diskursfragmente in das Gespräch einzubringen, die sie mithilfe von *footing-shifts* als die Positionen anderer ausweisen können, dies aber nicht müssen.

(iv) Die Abgrenzung des Politiker-Interviews von anderen medialen Ereignissen ist recht schwierig. In seiner Analyse des Bush-Rather-Encounters markiert Schegloff die Grenzen zwischen Interview und "Confrontainment" als die Aufgabe der Interview-spezifischen Gesprächsorganisation zugunsten einer allgemeineren konversationellen Regeln folgenden Organisation des Sprecherwechsels (1989, 228). Holly (1993) greift diese Unterscheidung auf und warnt den Interviewer davor, die eigene Neutralität nicht zu markieren, denn dann verliere er seine privilegierte Position für die Strukturierung des Gesprächs und werde so zu einem "gleichberechtigten" Gesprächspartner. In diesem Zusammenhang problematisiert er eine konfrontative Gesprächsstrategie, da sie den Interviewer in Gefahr bringe, das kritische Potential der Gattung aufs Spiel zu setzen. Solange Interviews nach den impliziten Regeln verlaufen, die oben erarbeitet wurden, besteht überhaupt keine Gefahr, daß eine Grenze zum Streitgespräch überschritten wird, denn dies würde voraussetzen, daß die komplementäre Verteilung von Aufgaben in der Inszenierung des Ereignisses aufgehoben werden würde. Solange Journalisten in ihrer ambivalenten Rolle als parteigebundene "Stellvertreter der Öffentlichkeit" agieren, dürfte sich eine solche Entwicklung nicht andeuten. Sie werden weiterhin den Politiker mit kontroversen

Diskursfragmenten konfrontieren, nachhaken, wenn dieser ausweicht, und versuchen, seine Redezeit zu begrenzen. Eine Entwicklung der Gattung in Richtung "Confrontainment", der Unterhaltung des Zuschauers durch öffentlich ausgetragenen Streit, ist also in Sendungen wie *Farbe bekennen* nicht zu befürchten.

Die Diskussion hat gezeigt, daß für die Analyse von Kommunikationsproblemen in Politiker-Interviews die Notwendigkeit besteht, die Rahmenbedingungen medialer Kommunikation auch analytisch miteinzubeziehen. Es reicht nicht aus, audiovisuelle Gespräche unter dem Fokus bloß konversationeller Routine zu betrachten, sie müssen vielmehr als Inszenierungen gedeutet werden, innerhalb derer die Beteiligten im Rahmen der von ihnen übernommenen Rolle gewisse Spielräume haben. Im Interview mit seiner komplementären Aufgabenverteilung eröffnen sich den Teilnehmern Möglichkeiten, die aus außerkonversationellen Quellen gespeist werden. Der Politiker hat im hegemonialen Spektrum einen Wert und einen Platz, der sein öffentliches Verhalten mitbestimmt, während der Journalist sich sowohl institutionell als auch politisch legitimieren muß: Beide operieren im Rahmen des hegemonialen Diskurses. Das weiß auch der Zuschauer, der am tagespolitischen Geschehen Anteil nimmt. Wenn er sich Sendungen wie *Farbe bekennen* ansieht, wird er vielleicht bewundern, wie selbstverständlich Bundeskanzler Kohl die dominierende Rolle an sich reißt, wie weltläufig und unverkrampft er seine beleibte Person in Szene setzt und wie souverän er seine Gesprächspartner in Schach hält. Auch dem politischen Gegner bietet Kohl von seiner Selbstdarstellung her wenig Angriffsfläche. Die in diesem Interview verhandelten außenpolitischen Themen waren zum damaligen Zeitpunkt innenpolitisch nur in Nuancen strittig, die kontroversen Positionen eröffneten bloß Spielarten des hegemonialen Konsenses. Anders Scharping. Der Politiker zeigte sich zwar bemüht, die Komplexität repräsentativen Handelns deutlich werden zu lassen, er entzog sich damit jedoch dem Personalisierungsgebot des Mediums und zeigte sich als schwacher Parteivorsitzender, der, indem er *wir* statt *ich* sagte, die eigene Verantwortung für die Krise der SPD immer wieder an Parteigremien abgab. Er bestätigte damit auch in seiner Selbstdarstellung das in der Öffentlichkeit immer wieder problematisierte Image eines blassen, zaudernden Vorsitzenden. Knapp zwei Monate später, im November 1995, wurde er als Parteivorsitzender der SPD abgewählt.

**Literatur**

Aust, St. et al. (1991). Politische Kultur und Fernsehen. In: Kopp, R. (Hrsg.), *Politische Kultur und Fernsehen. Beiträge zu den 1. Saarbrücker Medientagen*. Berlin: Volker Spiess.
Bucher, H.-J. (1993). Geladene Fragen. Zur Dialogdynamik in Fernsehinterviews mit Politikern. In: Löffler, H. (Hrsg.), *Dialoganalyse IV. Arbeitstagung Basel 1992*. Tübingen: Niemeyer, 97-107.
Buchwald, M. (1990). Interview. In: Schult, G. & Buchholz, A. (Hrsg.), *Fernsehjournalismus. Ein Handbuch für Ausbildung und Praxis*. 3. Aufl., München/Leipzig: List. 281-288.
Bull, Peter (1994). On Identifying Questions, Replies, and Non-Replies in Political Interviews. In: *Journal of Language and Social Psychology 13:2*. 115-31.

Burkhardt, A. (1986). Zur Phänomenologie, Typologie, Semasiologie und Onomasiologie der Frage. In: *Deutsche Sprache 14*, 23-55.

Clayman, Steven E. (1992). Footing in the Achievement of Neutrality: The Case of News-Interview Discourse. In: Drew, Paul & Heritage, John (Hrsg.), *Talk at Work: Interaction in Institutional Settings*. Cambridge: Cambridge University Press, 163-98.

Fiehler, R. (1985). Einwürfe. In: Sucharowski, W. (Hrsg.), *Gesprächsforschung im Vergleich. Analysen zur Bonner Runde nach der Hessenwahl 1982*. Tübingen: Niemeyer, 77-106.

Goffman, E. (1981). Footing. In: Goffman, E., *Forms of Talk*. Oxford: Oxford University Press, 124-159.

Greatbatch, D. (1988). A Turn-Taking-System for British News Interviews. In: *Language in Society 17*, 401-430.

Haller, M. (1991). *Das Interview. Ein Handbuch für Journalisten*. München: Ölschläger.

Hartung, W. (1997). Perspektiven-Divergenzen als Verständigungsproblem. (in diesem Band).

Hoffmann, R.-R. (1982). *Politische Fernsehinterviews. Eine empirische Analyse sprachlichen Handelns*. Tübingen: Niemeyer.

Holly, W. (1992). Politik als Fernsehunterhaltung. Ein Selbstdarstellungsinterview mit Helmut Kohl. In: *Diskussion Deutsch 21*, 508-528.

Holly, W. (1993). Zur Inszenierung von Konfrontation in politischen Fernsehinterviews". In: Grewenig, A. (Hrsg.), *Inszenierte Information. Politik und strategische Kommunikation in den Medien*. Opladen: Westdeutscher Verlag, 164-197.

Jäger, S. (1993). *Kritische Diskursanalyse. Eine Einführung*. Duisburg: DISS.

Jucker, A.H. (1986). *News Interviews. A Pragmalinguistic Analysis*. Amsterdam/Philadelphia: Benjamins.

Koebner, Th. (1979). Verhör und Bekenntnis - und andere Spielarten des Fernsehinterviews. In: Kreuzer, H. & Prümm, K. (Hrsg.), *Fernsehsendungen und ihre Formen*. Stuttgart: Reclam, 427-437.

Link, Jürgen (1982). Kollektivsymbolik und mediendiskurse. Zur aktuellen frage, wie subjektive aufrüstung funktioniert. In: *kulturRevolution 1*, 6-21.

Link, Jürgen (1986). *Diskurstheorie*. Bochum: mimeo.

Link, Jürgen (1988). Über Kollektivsymbolik im politischen Diskurs und ihren Anteil an totalitären Tendenzen. In: *kulturRevolution 17/18*, 47.

Schank, G. (1989). *Redeerwähnung im Interview. Strukturelle und konversationelle Arbeiten an vier Interaktionstypen*. Düsseldorf: Schwann.

Schegloff, E.A. (1989). From Interview to Confrontation: Observations on the Bush/Rather Encounter. In: *Research on Language and Social Interaction 22*, 215-241.

Schwitalla, J. (1979). *Dialogsteuerung in Interviews. Ansätze zu einer Theorie der Dialogsteuerung mit empirischen Untersuchungen*. München: Hueber.

Vogt, R. (1995). "Sie müssen wissen, Sie haben hier einen Profi vor sich." Franz Schönhuber im Gespräch. In: *kulturRevolution. Zeitschrift für angewandte Diskurstheorie 31*, 58-64.

# Alter als Kommunikationsproblem? Eine exemplarische Analyse von Gesprächsstrategien in intergenerationeller Kommunikation

*Caja Thimm*

Der kommunikative Umgang der Generationen miteinander ist bisher in den deutschen Sprachwissenschaften kein Thema, sondern ein "sträflich vernachlässigtes Feld" (Fiehler, i.Dr.). Dies ist deswegen umso erstaunlicher, als in den Medien die Inszenierung des Generationenkonfliktes inzwischen fast tagtäglich nachzuvollziehen ist. Nicht jede Berichterstattung gipfelt wie die im "Wiener" (9/1989) oder in der "Woche" (24.11.1995) in einer Aufforderung zu handgreiflichem Aktionismus ("Krieg den Alten!"), auch gibt es bereits Versuche, einen Konflikt zwischen den Generationen als nicht existent zu propagieren (ZEIT-Punkte 1/1996: "Keine Angst vor dem Alter: Der Krieg der Generationen findet nicht statt"). Deutlich wird jedoch, daß sich die Konfliktträchtigkeit des Verhältnisses zwischen den Generationen wie ein roter Faden durch die Berichterstattung in den Medien zieht.

Um die sprachliche Interaktion zwischen alten und jungen Menschen linguistisch zu erfassen, sind eine Vielzahl von Einflüssen einzubeziehen. Neben den üblichen Kategorien wie Geschlecht, Situationsmerkmalen und Sozialdaten gilt es zu berücksichtigen, daß es sich um *Intergruppenkommunikation* handelt. Nicht nur als Individuum, sondern auch als Mitglied einer sozialen Gruppe, nämlich den Alten bzw. den Jungen, werden Sprechende in intergenerationeller Interaktion wahrgenommen. Das heißt, daß sich individuelle und gruppenbezogene Aspekte vermischen. Dies wiederum hat zur Folge, daß gesellschaftliche Normvorstellungen über "das Alter" bzw. "die Jugend" eine maßgebliche Rolle spielen.

Aus vielen möglichen Herangehensweisen zum Bereich von Sprache und Kommunikation zwischen den Generationen (Thimm, 1996a) soll hier eine qualitative, gesprächsanalytisch orientierte Perspektive gewählt werden. Anliegen dieses Beitrages ist es, zunächst exemplarisch einige Formen des Gesprächs zwischen den Generationen herauszuarbeiten, die die Probleme und Risiken dieser Gesprächskonstellation verdeutlichen.

## 1. Kommunikation zwischen Alt und Jung: "miscommunication"?

Verstehen, Verständlichkeit und Verständigung von und mittels Sprache sind aus vielen theoretischen wie methodischen Perspektiven thematisiert worden (Biere, 1989). Sowohl Verstehen als auch Verständlichkeit bilden im Hinblick auf Kommunikation zwischen den Generationen wichtige Grundlagen. Ohne an dieser Stelle auf Abgrenzungen zwischen den kognitiven, konnektivistischen oder kommunikativ fundierten Modellvorstellungen zu Verstehen und Verständigung einzugehen (s. dazu Rickheit, 1995), bleibt doch festzuhalten, daß der Verstehensprozeß für den *Prozess der Verständigung* als eine wichtige Grundlage anzusehen ist. Dies gilt besonders für Kommunikationssituationen, die durch sprachliche, kulturelle oder persönliche Unsicherheiten oder Ungleichheiten gekennzeichnet sind, wie dies beispielsweise bei interkulturellen, aber auch bei intergenerationellen Begegnungen der Fall ist.

Neben grundlegenden Problemen wie der Voraussetzung des akustischen und semantischen Verstehens, wird die Verständigung zwischen den Generationen durch einen ganz anderen Faktor erschwert: den auf der Basis gesellschaftlicher Einstellungen und Erwartungen erfolgten Kategorisierungsprozessen. Nicht nur als Individuum, sondern als Gruppenmitglied wird das Gegenüber wahrgenommen. Nicht allein das Fremdbild, auch das Selbstbild ist von gruppenbezogenen Normen, Erwartungen und Stereotypen beeinflußt. Geht man also von der Prämisse aus, daß Gespräche zwischen Alt und Jung nicht nur auf der interpersonalen, sondern auch auf der Ebene der gruppenbezogenen Kommunikation analysiert werden müssen, so bedeutet dies, daß Aspekte sozialer Identität bzw. deren interaktiver Konstituierung zu berücksichtigen sind.

### 1.1 Soziale Identität und soziale Kategorisierung

Die Problematik sozialer Identitäten wurde in Soziologie, Psychologie und Linguistik aus verschiedenen, auch interdisziplinären Perspektiven thematisiert.[1] Unter sozialer Identität wird nicht nur die Zugehörigkeit zu Altersgruppen, Geschlecht, sozialem Status oder nationalen, ethnischen oder kulturellen Gruppen nach Maßgabe objektivierbarer Gegebenheiten verstanden, sondern es geht auch um den Prozeß der Konstituierung dieser Identität durch soziales Handeln. Das heißt, daß es eben nicht nur das "objektive" Alter ist, das als Hintergrund kommunikativer Prozesse in Intergenerationengesprächen wirksam wird, sondern daß es vielmehr von *Kategorisierungsprozessen innerhalb der Interaktion* abhängt, welche Rolle Alt-Sein oder Jung-Sein zukommt. Kategorisierung kann dadurch sprachlich realisiert werden, daß die Sprechenden Bezug auf die soziale Kategorie Alter oder Jugend nehmen. Kallmeyer & Keim (1994) bezeichnen die Form der Bezugnahme als "Relevanzsetzung":

"Kategorisierung ist generell variabel in Abhängigkeit von den jeweiligen Relevanzsetzungen. Auf dieselbe Person können je nach Perspektive, unter der die Identität dieser Person gesprächsweise in den Blick kommt, unterschiedliche Kategorien angewendet werden. Kategorisierung ist also immer perspektivisch, und sie ist einseitig, sofern sie die Komplexität der Definition von sozialen Identitäten und Beziehungen jeweils auf einen Aspekt reduziert." (S. 261)

Ein Einflußfaktor, dem im Zusammenhang mit sozialer Identität und Kategorisierungsprozessen bei Eigen- oder Fremdzuschreibungen hoher Stellenwert zukommt,

---

[1] Insbesondere in den Arbeiten von Tajfel (1982), Goffman (1992), Gumperz (1982). Einen Überblick über theoretische und methodologische Unterschiede zur Frage sozialer Identität und sozialer Stereotype geben Czyzewski, Drescher, Gülich & Hausendorf (1995).

sind gesellschaftlich verankerte *Vorurteile* oder *Stereotype* gegenüber bestimmten sozialen Gruppen. Für die Kommunikation zwischen unterschiedlichen Altersgruppen bedeutet dies, daß auf die jeweilige Altersgruppe bezogene Vorurteile oder Stereotype als Grundlagen der Kategorisierungen anzusehen sind. Im Fall von Intergenerationengesprächen ist von negativen Altersbildern auszugehen, die u.a. durch die Erwartung von Kompetenzdefiziten gekennzeichnet sind.[2]

Ich möchte ähnlich wie Kallmeyer & Keim (1994) und auch Fiehler (1996) davon ausgehen, daß soziale Identität in sich keine feste Größe ist und daß auch Altsein bzw. Jungsein in seiner spezifischen Ausprägung und Funktion in jeder Interaktion neu zwischen den Sprechenden konstituiert wird und auch modifiziert werden kann.[3] Alter wird im Gespräch ausgehandelt und hängt von Situations- und Sprecherbedingungen ab, d.h. extrinsische und intrinsische Gesprächsbedingungen wirken aufeinander ein. Linguistisches Interesse gilt also letztlich der Frage, in welcher Form Alter im Gespräch relevant gesetzt wird.

## 1.2 Verständigungsprobleme und "miscommunication"

Die komplexen Einflüsse von persönlichem Selbstbild und gesellschaftlich bestimmtem Fremdbild vom Altsein bzw. Jungsein, aber auch daraus resultierende Unsicherheiten gegenüber der anderen sozialen Gruppe, wie z.B. das Schwanken zwischen Normen von Höflichkeit älteren Menschen gegenüber bei gleichzeitigem Bedürfnis der Abgrenzung von dieser Gruppe, all dies bereitet den Boden für eine nicht unproblematische Gesprächssituation.

So gehen auch Coupland, Wiemann & Giles (1991) davon aus, daß solche Interaktionen, in denen soziale Wertesysteme und damit assoziierte soziale Identitäten als maßgebliche Determinante in der Interaktion zu berücksichtigen sind, aufgrund von "miscommunication" als problematische Interaktionen gelten müssen. Dabei entwickeln sie ein Konzept von "miscommunication", das verschiedene Grade von (Miß)Verstehen umfaßt. "Miscommunication" reicht nach dieser Vorstellung von aneinander vorbeireden über aufklärbare Mißverständnisse bis zu strukturellen und dadurch nur schwierig zu beseitigenden Ungleichbehandlungen. Diese Ungleichbehandlung und die durch "miscommunication" bedingte Benachteiligung von Gruppen, die das Individuum in seinen Entfaltungsmöglichkeiten einschränkt, sehen die Autoren als die weitestgehende Form von "miscommunication":

"At the deepest level of conceptualising, [..] 'miscommunication' is an ideological analysis. Here interaction is seen as reinforcing or even constituting a societal value system and its associated social identities. What defines interaction sequences as 'miscommunication' communicatively and sociolinguistically is that they implicitly or

---

[2] Ausführlicher zum Altersstereotyp s. Tews (1991), Lehr & Niederfranke (1991).

[3] So postulieren Fiske & Neuberg (1989) ein Kontinuum-Modell für Stereotypisierungsprozesse, das von "primarily category based to primarily individuating processes" reicht (S. 84).

explicitly disadvantage people or, more likely, groups, while proposing themselves as normal, desirable, and even morally correct." (Coupland, Wiemann & Giles, 1991, 15)

Überträgt man dieses sehr weitgehende Verständnis von "miscommunication" auf die Kommunikation zwischen Jung und Alt, so ist von einer strukturellen Benachteiligung auszugehen (Ryan, Hummert & Boich, 1995). Dies muß jedoch m.E. bei der Analyse von Texten auf seine interaktive Realisierung überprüft werden. Ob nämlich systematische Ungleichbehandlung kommunikativ realisiert wird, kann letztlich nur auf der Ebene konkreter Sprachanalysen belegt werden.[4]

## 2. Manifestationen von Verständigungsproblemen zwischen den Generationen in der Kommunikation

Gespräche zwischen alten und jungen Menschen sind außerhalb von familialen (Großeltern) und institutionellen (Pflegekommunikation) Kontexten selten. Außer kurzen Begegnungen im öffentlichen Raum, wie beispielsweise im Bus oder in einem Laden, gibt es wenig Kommunikationssituationen zwischen Alt und Jung. Dieser Mangel an kommunikativem Kontakt führt zu einem Gefühl der Fremdheit und Ungewissheit, das sich einerseits als Barriere und damit als ein Grund für Verständigungsprobleme darstellt, andererseits aber auch als Motiv und Anreiz für Kommunikation wirksam werden kann (Brown & Rogers, 1991).

Ausgehend von der Annahme, daß Intergenerationengespräche außerhalb von familial determinierten Sprechsituationen als Intergruppenbegegnung zu interpretieren sind, ist zu erwarten, daß die Problematik der Zugehörigkeit zu verschiedenen Gruppen im Sinne einer Ingroup-Outgroup-Situation Potential für problematische Kommunikation birgt (Mummendey, 1985).

Im Gegensatz zur deutschsprachigen Forschung, die das "alte Alter" als soziale Kategorie bisher wenig beachtet und Gespräche älterer Menschen bislang nicht systematisch analysiert hat (Thimm, 1996)[5], findet sich in der anglo-amerikanischen Forschung eine intensive Beschäftigung mit diesem Thema.

Im Rahmen der Sprachakkommodationstheorie gehen Coupland, Coupland & Giles (1991) wie oben kurz skizziert davon aus, daß sich die Kommunikation zwischen alt und jung häufig als "miscommunication" darstellt, die Ältere in ihren Entfaltungsmöglichkeiten beeinträchtigt.[6] Ausgegangen wird dabei von der Möglichkeit einer Über-oder Unterakkommodation, d.h. einer mangelnden Anpassung an die kommunikativen Bedürfnisse, Erwartungen und Strategien der anderen Person.

---

[4] Wie problematisch eine einseitige Sichtweise auf "miscommunication" sein kann, zeigen neuere Forschungen, die belegen, daß sich auch jüngere Menschen durch ältere kommunikativ eingeschränkt und "patronisiert" fühlen (Giles & Williams, 1994).

[5] Dies steht im Gegensatz zum "jungen Alter", das im Bereich der Familienkommunikation und der Jugendsprachforschung häufiger Gegenstand von Untersuchungen ist, vgl. die Dissertation von Augenstein (1996).

[6] Zur Konzeption der Kommunikationsakkommodationstheorie s. Thimm (1996b).

*Alter als Kommunikationsproblem?*

Für die Kommunikation zwischen alten und jungen Menschen wird dies wie folgt beschrieben:

"For example, patterns of demeaning, deindividuating talk to the elderly are represented as categories of over-accommodation, talk that transcends perceptual ideal levels of interpersonal adaptation. Underaccommodation to the elderly may on the other hand take the form of excessively regulative talk. Correspondingly, younger peoples's perceptions of elderly speech-styles as inappropriate or 'difficult' can be specified in these terms." (Coupland, Nussbaum & Coupland, 1991, S. 95)

In verschiedenen Einzeluntersuchungen wurde diese allgemeine Annahme von Über- oder Unterakkommodation für Gegenstandsbereiche intergenerationeller Kommunikation konkretisiert. So schlagen Ryan, Bartolucci & Henwood (1986) und Coupland, Coupland, Giles & Henwood (1988) nach Alter und Adressaten differenzierte Über- und Unterakkommodationsstrategien vor. In leichter Modifikation der von Coupland, Nußbaum & Coupland (1991) vorgelegten Zusammenfassung lassen sich diese Strategien wie folgt darstellen. Zunächst zu den *jüngeren SprecherInnen*:

Strategien von Jung zu Alt:
1. *Sensorisch motivierte Überakkommodationsstrategie*: Jüngere schließen hier auf Defizite, die zwar zumeist ansatzweise, nicht aber im antizipierten und/ oder wahrgenommenen Ausmaß vorhanden sind. Diese Strategie umfaßt besonders überlautes Sprechen infolge der Erwartung verminderter Hörfähigkeit, syntaktische und semantische Simplifizierung, langsameres Sprechen, ausgeprägte prosodische Markierungen und Intonationsschwankungen.
2. *Abhängigkeitsbezogene Überakkommodationsstrategie*: Diese Strategie läßt sich auch anhand ihres kommunikativen Zieles, nämlich der Interaktionskontrolle, als "abhängigkeitsbezogene Kontrollstrategie" bezeichnen. Sie bezieht sich auf überfürsorgliche, direktive und disziplinierende Sprache und resultiert aus der Wahrnehmung von Abhängigkeit auf seiten der älteren Person ("Babysprache").
3. *Intergruppen-Divergenz-Strategie*: Durch die Verwendung von Sprache, die sich von der der GesprächspartnerInnen unterscheidet, kann die positive Distinktheit und die Zugehörigkeit zu einer anderen Gruppe betont werden. Dies sind u.a. jugendsprachliche Markierungen, Ansprechen von "nicht-konservativen" Themen oder auch explizite Distanzierungen von der sozialen Gruppe der Älteren.
4. *Intergruppenbezogene Überakkommodationsstrategie*: Ziel dieser Strategie ist die Distanzierung von den GesprächspartnerInnen über die Zuweisung von Outgroupmerkmalen. Diese Strategie ließe sich auch als "kategorisierende Depersonalisierungsstrategie" bezeichnen, da unter Absehung von individuierender Information auf der Basis der Zugehörigkeit zur Kategorie "alt" interagiert wird. Linguistische Manifestationen sind beispielsweise phonologisch nicht angepasste Artikulation, geringe syntaktische Komplexität (wenige Konstituenten), lexikalisch einfacher Wortschatz, oder diskursbezogene Struk-

turierungen wie hoher Grad an Explizitheit, Redundanzen, gesprächsstrukturierende Merkmale.[7]
5. *Interguppenbezogene Unterakkommodationsstrategie*: Diese Strategie umfaßt eine gruppenbezogene Fokussierung auf eigene Gesprächsthemen und mangelnde Einstellung auf thematische sowie linguistische Anforderungen der PartnerInnen (kaum Rückmeldungen, keine Nachfragen, thematische Steuerung). Ziel ist hier u.a. die Selbstdarstellung. Als Motivation gilt das mangelnde Interesse an der anderen Person.

Korrespondierend lassen sich für die *älteren SprecherInnen* folgende Strategien formulieren:

1. *Identitätssichernde Unterakkommodationsstrategie*: Eine Anpassung unterbleibt hier, um als unangenehm und bedrohlich erlebte und antizipierte Ereignisse, wie z.B. einen negativen Altersgruppenvergleich, zu vermeiden. Das Ziel dieser Strategie läßt sich als Image- oder Identitätsschutz bezeichnen, sie ermöglicht Kontrolle über das Gespräch.
2. *Selbstentwertungsstrategie*: Durch eine zeitlich begrenzte Abwertung der eigenen Person werden negative Attributionen durch die GesprächspartnerInnen vermieden, Ziel ist eine Aufwertung des eigenen "face". So kann z.B. das Thematisieren einer momentanen Unpäßlichkeit oder Krankheit als Begründung und Entschuldigung für defizitäre Leistungen angeführt werden. Daneben werden positive Leistungen zusätzlich akzentuiert. Linguistische Manifestationen können u.a. disclaimers, Entschuldigungen/Rechtfertigungen oder emotionales Erzählen sein.
3. *Autostereotypisierungsstrategie:* Diese Strategie hat die Funktion einer Depersonalisierungsstrategie; einerseits durch die Betonung von Intergruppendifferenzen, andererseits durch Thematisierung des eigenen Altseins. Linguistisch zeigt sich dies u.a. in geringerer Sprechrate, reduzierter Intensität, "egozentrischem Sprechstil", Identifikation mit der Gruppe der Älteren.
4. *Intergruppen-Divergenz*: Diese Strategie hat das Ziel der gruppenbetonten Abgrenzung und ist vor allem als Reaktion auf eine erlebte Überanpassung der GesprächspartnerInnen bedeutsam. Sprachliche Manifestationen sind das Betonen von Werten und Erfahrungen, eine Ingroup-Outgroup-Polarisierung, Akzentuierung eigener Kompetenz, implizite oder explizite Abwertung der Outgroup.
5. *Intergruppenbezogene Unterakkommodationsstrategie*: Sprachliche Handlungen zeigen eine ungenügende oder fehlende Einstellung auf die InteraktionspartnerInnen, evtl. durch geringen Kontakt mit Jüngeren bedingt. Dazu gehört häufiges Unterbrechen, Selbstoffenbarungen ("troubles talk") oder auch starke thematische Steuerung, wie die kontinuierliche Bezugnahme auf die Vergangenheit ("egozentrischer Sprechstil").

---

[7] Kemper (1994) bezeichnet dies auch als "elderspeak".

Die Strategien sind bisher jedoch nur an wenigen, englischsprachigen Gesprächen belegt und bedürfen der Ergänzung und Präzisierung.

## 2.1 Das Gesprächsmaterial

Im Rahmen eines größeren Forschungsprojektes zur Frage nach den sprachlichen Manifestationen unterschiedlicher Partnerannahmen (Partnerhypothesen) wie Status, Geschlecht oder Alter in sozialer Interaktion[8] wurde das Gesprächsverhalten von Frauen in verschiedenen Gesprächssituationen erhoben. Untersucht wurden sowohl intra-generationelle (alt/alt, jung/jung) als auch intergenerationelle Dialoge (alt/jung). Die Gespräche fanden in einer Volkshochschule mit einer angegliederten Bildungseinrichtung für Ältere statt. Die Teilnehmerinnnen waren über Aushänge und Anzeigen geworben worden und hatten die Information erhalten, daß der Alltag von Frauen Gegenstand der Untersuchung sei. Sie erhielten keine spezifizierte Aufgabe, sondern nur die Aufforderung, "einander kennenzulernen". Die Versuchsleiterinnen waren bei dem Gespräch nicht anwesend, sondern verließen den Raum und betraten ihn erst, um nach ca. 10 Min. das Ende der Gesprächszeit zu signalisieren. Nach dem Gespräch wurde mit jeder Teilnehmerin noch ein Nachinterview geführt. Die Auswertung dieser Nachgespräche zeigt, daß die Aufnahmesituation von den meisten Beteiligten als unproblematisch empfunden wurde, z.t. wurde explizit Bedauern über die Kürze der zur Verfügung stehenden Zeit geäußert. Obwohl sich die Gespräche als "inszeniert" bezeichnen lassen (und sicherlich in ihrer thematischen Setzung die Aufgaben des "Einander-Kennenlernens" widerspiegeln), verliefen alle der insgesamt 16 Intergenerationengespräche in angeregter und lebhafter Atmosphäre.

Das für diesen Beitrag ausgewählte Gespräch ist 12 Minuten lang. Die ältere Teilnehmerin ist 83, die jüngere 33 Jahre alt. Die ältere Sprecherin hat mittlere Schulbildung (mittlere Reife) und war vor ihrer Ehe sowie nach Erwachsenwerden ihrer Kinder als Säuglingsschwester tätig. Sie ist verwitwet. Die jüngere Sprecherin ist ledig, hat Abitur und arbeitet als Psychologin in einem Frauenprojekt. Der Schwerpunkt der Analyse liegt einerseits auf Bearbeitung und Thematisierung von Alter im Gespräch, aber auch auf der Frage, inwieweit die Zugehörigkeit zu zwei unterschiedlichen Altersgruppen als Problem innerhalb der Interaktion erkenntlich wird. Als Auswertungshypothesen möchte ich die oben formulierten Kommunikationsakkommodationsstrategien heranziehen.

---

[8] Wir danken der Deutschen Forschungsgemeinschaft für die Förderung unserer Arbeiten im Sonderforschungsbereich 245 "Sprache und Situation" im Teilprojekt B3 (Heidelberg/Mannheim). Zur Konzeption des Forschungsvorhabens s. Kruse & Wagner (1995). Ich danke E. Hicks, I. Hub, R. Jacob, A. Kolz, S. Maier, A. Wagner u. C. Wagner für ihre Mithilfe bei Durchführung und Auswertung der Studie.

## 2.2 Interaktive Dynamik: Quantitative Analysen

Zunächst wurde eine Auswertung verschiedener Aspekte der Gesprächsorganisation vorgenommen, um Annahmen bezüglich eines "egozentischen Sprechstils" und mangelnder "fluency" nachzugehen. Anhand der von uns entwickelten Transkriptionsmethode lassen sich die Gespräche hinsichtlich einiger Kategorien getrennt nach Gesprächspartnern rechnergestützt auswerten, die Ergebnisse werden in Form eines Gesprächsprotokolls festgehalten.[9] Die Kodierungen der quantitativen Auswertung entsprechen den Transkriptionsvereinbarungen, zwei Kategorien werden textspezifisch ausgewertet:

*Turns*: In Abweichung vom üblichen konversationsanalytischen Verständnis von "Turn" wird hier ein formales Kriterium zugrunde gelegt: Erscheint im Transkript die Sprechsigle A(alt) oder J(jung), so wird dies vom Rechner als ein Turn von A oder J gewertet. Das heißt, daß auch längere Ausführungen einer Sprecherin nur als ein Turn gewertet werden, alle Rückmeldungen zählen ebenfalls als "Turn".

*Rückmeldungen*: Diese Aktivitäten werden beim Transkribieren bereits auf ihre interaktive Bedeutung hin interpretiert und entsprechend vermerkt (von unterstützend bis kritisierend). Eine Zusammenfassung der rechnergestützt ausgewerteten Kategorien findet sich in der nachstehenden Tabelle.

Bei dieser quantitativen Analyse der Redebeiträge zeigt sich bezüglich der Frequenzdominanz (Thimm, 1990), d.h. der Beteiligung am Gespräch aus quantitativer Sicht, ein deutlicher Unterschied: Von den insgesamt 275 isolierten Turns wurden 158 von der älteren und nur 117 von der jüngeren Frau geleistet. Dabei ist zusätzlich zu berücksichtigen, daß 45 der Turns der Jüngeren Rückmeldungen darstellen. Die Frequenzdominanz der Älteren wird anhand der Auszählung der Worte noch offensichtlicher: die ältere vereinigt nahezu viermal mehr Worte auf sich als die junge Frau. Nicht nur, daß die Ältere also mehr Themen in mehr Turns von sich aus ansprechen kann, sie wird dabei auch konsensual von der Jungen unterstützt. Besonders an der hohen Anzahl unterstützender Rückmeldungen (Rückmeldepartikel 'hm/hmhm') läßt sich dies belegen. Zeigte die ältere Frau 11 unterstützende Rückmeldungen, so waren es bei der jungen Frau 79 (!).

Auffallend auch die Unterschiede bei denjenigen Kategorien, die im Zusammenhang mit dem Redefluß, also der Annahme geringerer "fluency" stehen. Verschiedene Charakteristika zeigen auf, daß die Ältere weniger flüssig spricht. Sie macht häufig kurze Pausen und zeigt zusätzlich eine hohe Zahl von Wortabbrüchen. Auch die Anzahl an Dehnungen, die auf der prosodischen Ebene den Eindruck von zögerlichem Sprechen vermitteln, passen in dieses Bild. Die Beobachtung, daß die Ältere stockender und weniger flüssig spricht, wird eindrucksvoll durch das para-

---

[9] Zur genaueren Explikation dieser Vorgehensweise und des Programms s. Neubauer, Hub & Thimm (1994).

sprachliche Merkmal "Luftholen" verdeutlicht: Während die ältere Sprecherin 129 mal deutlich hörbar Luft holt und dadurch ihren Redefluß unterbricht, liegt dieses Merkmal bei der jungen Frau nur 7 mal vor.

Da der Anteil der Beiträge der beiden Sprecherinnen sehr divergiert, sind auch diese Ergebnisse mit Vorsicht zu interpretieren. Es bleibt jedoch festzuhalten, daß sich Unterschiede auf der Ebene der Gesprächsbeteiligung und auch auf der prosodisch-stilistischen Ebene vermerken lassen.

| Kategorie | Sprecherin | |
|---|---|---|
| | Alt | Jung |
| Turns | 158 | 117 |
| Wortanzahl | 1.642 | 411 |
| Anzahl Simultanpassagen | 119 | 119 |
| Anzahl Pausen < 1 sek | 88 | 11 |
| Anzahl Pausen < 2 sek | 6 | 1 |
| Anzahl Pausen 2 sek | 0 | 1 |
| Gesamtzahl aller Pausen | 94 | 13 |
| Länge aller Pausen (sek) | 61,8 | 11,6 |
| Anzahl Unterbrechungen | 4 | 3 |
| Anzahl Wortabbrüche | 62 | 18 |
| Anzahl auffällige Dehnungen | 16 | 6 |
| Anzahl Fragen | 28 | 10 |
| Gesamtanzahl Rückmeldungen | 11 | 81 |
| Rückmeldepartikel "hm/hmhm" (bejahend/unterstützend) | 0 | 79 |
| Rückmeldepartikel "mhm" (verneinend) | 0 | 1 |
| Rückmeldepartikel "hm-" (zögernd/zweifelnd) | 0 | 1 |
| Rückmeldepartikel "hm?" (fragend) | 0 | 0 |
| Rückmeldepartikel "mm" (überlegend) | 0 | 0 |
| Non-verbale Äußerung "LACHT" | 4 | 8 |
| Non-verbale Äußerung "LACHEND" | 3 | 1 |
| Intonation "Lauter" | 21 | 6 |
| Intonation "Leiser" | 27 | 22 |
| Parasprachlich: Luftholen | 129 | 7 |

## 2.3 Akustisch und semantisch bedingte Verstehensprobleme

Im Gegensatz zu den von Ryan et al. (1986) festgestellten sensorisch motivierten Überakkommodationsstrategien, die als erwartungsgeleitetes patronisierendes und stereotypisierendes Handeln durch die Jüngeren bezeichnet werden, zeigt sich in diesem Gespräch ein offener und expliziter Umgang mit sensorischen Defiziten. So formuliert die ältere Sprecherin gleich zu Beginn des Gesprächs bei der gegenseitigen Vorstellung ihre Hörprobleme (für die Transkripte wurde die Originaltranskription verwendet, s. Anhang):

Ausschnitt 1:

16 A:                          jetzt – den namen hab ich nicht
17 J:   ich bin gudrun binelius.
18 A:   ver#standen# g:binelin?           ja. * schön. *
19 J:        #bIn#elius              ähm bineliUs
20 A:   \tag frau binelin.
21 V:             ja dann würd ich grad (INSTRUKTION)

Trotz zweifacher Wiederholung hat A den Namen ihrer Gesprächspartnerin nicht verstanden, die falsche Wiedergabe wird von J beim zweiten Mal nicht korrigiert, sondern bleibt unwidersprochen stehen. In einem späteren Ausschnitt wird die Hörverstehensproblematik metakommunikativ expliziert:

Ausschnitt 2:

76 A:   sagen sIE etwas von sIch.
77 J:                        ja. also ich bin
78 J:   \ja ich bin/ psychologIn
79 A:   e bIßl lau#ter ich hör \nich mehr|# /psycholO#gin#
80 J:                     #/ich bin psychologin#        #hmhm#

Diese explizite Thematisierung von Einschränkungen, die den Erwartungen hinsichtlich typischer Altersdefizite entsprechen, deutet ein Stück von Offenheit gegenüber eigenen Verletzlichkeiten auf seiten der Älteren an. Andererseits wird durch diese explizite Thematisierung Alter als konstant präsente und die Interaktion beeinflussende Kategorie deutlich.

Neben akustischen Problemen der Verstehensebene zeigen sich auch semantisch bedingte Verstehenskonflikte, die zumindest punktuelle Verständnisschwierigkeiten nach sich ziehen. Verallgemeinert könnte man dies als Gebrauch veralteter Lexik durch die ältere Teilnehmerin bezeichnen. Zwei Ausschnitte zeigen den unterschiedlichen Problemgrad solcher Äußerungen. Im Kontext einer Ortsbeschreibung (die junge Frau versucht zu schildern, wo sich ihr Büro befindet) zeigen sich Verstehensprobleme:

Ausschnitt 3:

118 A:   net emal da in der-| * (HOLT LUFT) äh– da wo immer der laden so
119      runter ischt und auch des
120      frauen- (HOLT LUFT) haus war da. * nEben der

*Alter als Kommunikationsproblem?*

```
121  A:  photokopieranstalt?           #in der-#
122  J:                               \photo#kopie#  /photokopie (ÜBERLEGT)
123  A:  in der Oststadt. gleich die erschte querstraße zur bachstraße.
```

Der altmodisch und ungewohnt anmutende Ausdruck von der "Photokopieranstalt" wird von der jüngeren Frau mit leichter Irritation aufgenommen. Dies wird verstärkt durch die offensichtliche Unkenntnis der örtlichen Gegebenheiten: der von der Älteren als "Frauenhaus" bezeichnete Ort ist das örtliche Frauencafe, ein offener Treffpunkt für Frauen. In dem zweiten Beispiel führt eine veraltete, nicht mehr gebräuchliche Bezeichnung zu einer expliziteren Thematisierung semantischer Mißverstehensrisiken:

### Ausschnitt 4

```
333  A:  viel-| viel-| (HOLT LUFT) alle ha|  /Alle\  meine|  \fAscht alle
334      meine kinder-/  nit ga:nz alle
335      aber fascht alle- (HOLT SCHNELL LUFT) waren jUgendführer. also
336  A:  #pfAdfinderführer.#                    #ja. und-#
337  J:  #hmhm- hm| \achs|# pfAdfind| achso./ #hmhm-#
```

An dieser Stelle wird deutlich, wie semantisch bedingte Verstehensprobleme auf die unterschiedlichen Alterszugehörigkeiten zurückgeführt werden können. Der Ausdruck "Jugendführer" ist heute nicht mehr gebräuchlich und damit auch für die junge Frau nicht automatisch zuzuordnen. Dies wird von ihr durch eine fragende Reaktion offengelegt und mit einem heute üblichen Ausdruck ("Pfadfinder") durch die Ältere korrigiert.

Diese rein sprachlichen Verständigungsprobleme werden von den Teilnehmerinnen zwar kooperativ gemeinsam gelöst, reflektieren aber durchaus intergenerationsspezifische Problembereiche.

### 2.4 Explizite Thematisierung von Alter

Eine Form, die das Aushandeln von Altsein bzw. Jungsein am deutlichsten widerspiegelt, ist die explizite Thematisierung von Alter im Gespräch durch das *Nennen des numerischen Alters*.

Gehört das Erfragen von Alter in Erwachsenen-Kind-Kontexten (also z.B. die Tante, die kommentiert: "Bist du aber groß geworden, wie alt bist du denn jetzt?") zu einem lästigen, aber typischen Muster bestimmter Jung-Alt-Konstellationen, so gehört es für die mittleren Altersgruppen zu den tabuisierten persönlichen Informationen. Ist die Perzeption von numerischem Alter für das mittlere Alter also eher bedrohlich, so wird es dagegen im späteren Lebensalter zum positiven Konstrukt und zur Identitätsmarkierung: Ihr genaues Alter spielt für viele alte Menschen eine wichtige Rolle. Dies erscheint zunächst widersprüchlich, da die Assoziation von Alter und Alt-Sein keineswegs auf positive Wertschätzung trifft, sondern mit negativen Altersstereotypen verbunden ist. Der interaktive Stellenwert der Offenlegung des eigenen Alters muß daher im jeweiligen Kontext auf seine Funktion hin überprüft werden. So kann eine Altersangabe als Form einer Rechtfertigung für eingeschränkte oder mangelnde Fähigkeiten oder aber als Hinweis auf die eigene Lebensleistung verstanden werden.

Die Nennung des numerischen Alters gehört für Jüngere also zunächst nicht zu einem vertrauten Muster, sondern kann eher als Irritation wirksam werden. Auch steht das Sprechen über das Altsein im engen Zusammenhang mit vergangenheitsbezogenen Themen und kann aufgrund daraus resultierender mangelnder Orientierung am Gesprächspartner zu gravierenden Problemen auf seiten der Jüngeren führen, wie z.B. dem Gefühl, "patronisiert" zu werden (Giles & Williams, 1994).

Die sprachlichen Realisierungen von Altersangaben im Gespräch lassen sich anhand von handlungssemantischen, syntaktischen, aber auch funktionalen Kriterien unterscheiden. Die expliziteste Form ist die des Nennens des eigenen numerischen Alters mithilfe einer *Altersangabe*. Aber auch indirekte Formen sind anzutreffen. Ich möchte daher folgende Unterscheidungen bezüglich der Realisierungsweisen treffen:

*Stative Formen*:
(i) Feststellungen: *Ich bin x Jahre alt*

*Progressive Formen*, die Alter als Prozess verdeutlichen:
(i) prospektiv: *Ich werde bald x Jahre alt*
(ii) retrospektiv: *Ich war im Mai x Jahre alt*
(iii) temporal-historische Referenzierung: Diese Form läßt sich auch als Nennen des numerischen Alters als "Rechenaufgabe" bezeichnen. Grundlage ist ein temporales oder historisches Referenzobjekt und die Voraussetzung gemeinsamen Wissens ("*als der Krieg zu Ende ging, war ich 14 Jahre alt*"). Bei dieser Form der Altersnennung ist eine Inferenzleistung der Adressatin notwendig.

Neben der sprecherbezogenen Differenzierung nach der Form des sprachlichen Ausdrucks, mit dem numerisches Alter kommuniziert wird, ist bezüglich der Zuschreibung kommunikativer Funktionen die Einbettung innerhalb des Gespräches notwendig. Zentral erscheint die Frage nach dem Initiierungsmodus und der konversationellen Entfaltung des Themas Alter, das dadurch ja explizit zum Konversationsthema wird. Folgende Unterscheidungen lassen sich hier treffen (vgl. auch Coupland, Coupland & Grainger, 1991):

*Initiierungstypus: Selbstinitiiert*
(i) kontextuell determiniert: Alter war bereits Thema
(ii) Befragen der PartnerIn nach deren Alter mit anschließender eigener Altersangabe
(iii) "Aus dem Blauen": ohne Sinnzusammenhang oder kontextuelle Einbettung

(iv) strategische Motivierung: Form der Erzählung über Lebensereignisse als Teil einer Selbstdarstellungsstrategie

*Initiierungstypus: Partner-initiiert*
(i) kontextuell determiniert: Alter war bereits Thema
(ii) direkte Frage an den/die PartnerIn
(iii) indirekte Frage
(iv) strategische Motivierung (z.B. Intergruppendivergenz, Selbstdarstellung)

Sprachliche Realisierung und kontextuelle Funktionen stehen in engem Zusammenhang. So kann eine Altersangabe als rechtfertigend im Sinne einer rationalisierenden praktischen Erklärung eingesetzt werden ("account"), mit der z.B. gesundheitliche Probleme begründet werden (*"mir gehts nicht so gut, letzten Oktober bin ich 87 geworden"*). Das Nennen des numerischen Alters kann aber auch die Funktion einer Distanzierung zur jüngeren Gesprächspartnerin bedeuten oder als indirekte Aufforderung zur positiven Bewertung des Alters gelten ("fishing for compliments").

Die Nennung des numerischen Alters erfolgt im vorliegenden Gespräch nicht gleich zu Beginn, sondern erst nach ca. 4 Minuten. In den vorangehenden Gesprächsphasen war die berufliche Tätigkeit der jüngeren Frau das Gesprächsthema:

**Ausschnitt 5**

```
151 A:  hmhm.
152 J:          (HOLT LUFT) ehren| ehren| s| ich bin bald seit
153 A:                                  #(HOLT LUFT)# seit
154 J:  neunzehnhundertsechsundachtzig dabei. * #\also|#
155 A:  neunzehnhundert#sEchsundachtzig.# * hmhm. * (HOLT LUFT) es sind
156 J:                       #hm. hm. hm.#
157 A:  jetzt schon sechs jA:hre #nicht? oder sieben-# * (HOLT LUFT) und
158 J:                           #\hm- ja- ja-#
159 A:  äh- * wIE alt sInd sie ei#gentlich darf ich fragen?#
160 J:                           #ich bin:-#
161 A:              wie?                                    ach
162 J:  dreiunddreißig.    (HOLT SCHNELL LUFT) /dreiunddreißig.
163 A:  jE. ich bin dreiundAchtzig        #(LACHT)#
164 J:                  ja. ja O:h- (LACHT) #genau
165 A:          ja. ja. #ja.(LACHEND)#
166 J:  drei#undachtzig?  #(LACHT)#
167 A:  (HOLT LUFT) fünfzig jahr Unter#schied#
168 J:                                #wollt ich#
169 A:  #(LACHT)#                  ja n richtge groß| äh
170 J:  #grad sAgen. also das sind-|# Eben genau
```

```
171 ⎡A:    #große spanne.#
172 ⎣J:    #sie haben dann auch-|# ja. sie haben dann auch äh| zwei krIEge
173 ⎡A:              ja. #ja. den# \erschten und den #zwei#ten.
174 ⎣J:    erlebt oder?   #hm. hm.#              #hm.#      ja.
```

Dieser Textausschnitt verdeutlicht die Möglichkeit der Realisierung von Distanz durch explizite Altersnennung. Die vorangegangene Thematisierung der beruflichen Tätigkeit der jungen Frau führte durch die chronologische Verortung anhand der Jahreszahl ("seit 1986 dabei") zu weiteren zeitbezogenen Assoziationen. In diesem Fall erscheint die Erfragung des Alters der Partnerin durch die alte Sprecherin zunächst als aus dem Kontext motiviert und nachvollziehbar. Erst die sofortige Reaktion mit eigener Nennung des numerischen Alters macht es zu einem intergenerationsspezifischen Muster. Die darauf folgende Kommentierung mit "*ach je. ich bin 83*" ist einerseits eine Form der Bewertung, aber auch Ausdruck einer gewissen Betroffenheit über den großen Altersabstand. Während die jüngere Frau zunächst das Gemeinsame des Alters betont und durch ihr Lachen Amüsement über die runde Zahl des Altersabstandes bekundet, wird durch die Bewertungen der Älteren ("*fünfzig Jahr Unterschied*" und "*ja ne richtig große Spanne*") ein distanzierendes Moment eingebracht.

Durch diese Deutungen erfolgt nicht nur eine Altersnennung, sondern auch eine Interpretation des Altersunterschiedes. Wird von der älteren Sprecherin der Altersunterschied in seiner numerischen Größe betont, so ist er für die junge Sprecherin Anlaß, die von ihr mit diesem Alter assoziierten historischen Bezüge zu erfragen. Auch dies ist Teil einer kategorisierenden Relevanzsetzung: Die Initiierung des Themas "Krieg und Vergangenheit" läßt sich als eine Form von Alterstypisierung bezeichnen.

Dieser Ausschnitt verdeutlicht nicht nur den wichtigen Stellenwert des Nennens numerischen Alters im Gespräch, sondern er bestätigt auch eine in mehreren Untersuchungen geäußerte Annahme über die Einflußnahme Jüngerer auf die starke Vergangenheitsorientierung Älterer. Es ist nicht nur die Orientierung an eigenen Themen, die bei Älteren naturgemäß häufiger in der Vergangenheit liegen als bei Jüngeren. Es ist vielmehr das Interesse der Jungen an einigen Aspekten der Vergangenheit, die die Häufung vergangenheitsbezogener Themen mitbewirkt. Problematisch wird dies nur dann, wenn als Teil der kommunikativen Erwartungen an Ältere deren eingeschränktes Orientiertsein an der Vergangenheit als Teil einer negativen Grundeinstellung wirksam wird, ohne daß die konversationelle Beteiligungsrollen der Jüngeren selbst einbezogen werden (Ryan, Hummert & Boich, 1995). An diesem Ausschnitt wird deutlich, daß der Umgang mit dem Alter der Partnerin eher ein Problem für die Ältere als für die Jüngere darstellt. Die Ältere behandelt die Junge insofern kategorial, als sie sie als Mitglied der Gruppe der Jungen anspricht. Hier wird diese kategoriale Behandlung deswegen nicht zu einem Problem, weil die Jüngere kooperativ (signalisiert durch das Lachen und die vergangenheitsbezogene Frage) mit der Bemerkung der älteren Sprecherin umgeht.

## 2.5 Alterswertschätzung: Höflichkeitsnormen und Komplimente

Neben der interaktiven Behandlung von numerischem Alter sind es besonders Aspekte von Höflichkeit und positiver Wertschätzung durch die Jüngeren, die sich als Muster der Kommunikation zwischen Alt und Jung herausstellen lassen.

In diesem Zusammenhang werden auf der Sprechhandlungsebene vor allem Komplimente mit spezifischen inhaltlichen Ausprägungen relevant. Coupland, Coupland & Giles (1991) und Giles (1991) bezeichnen sie als Ausdruck von *Alterswertschätzung* ("*age-identity appraisals*"). Diese Komplimente sind zumeist reaktiv und haben positive Bewertungen einer altersbezogenen Referenz zum Inhalt. Sie können einerseits als Widerlegungen negativer Wertungen von seiten der Älteren (durch Widerlegen der Selbststereotypisierung) fungieren und wirkliche Anerkennung von Leistung oder Aussehen sein. Sie können jedoch ebenso als eine Form von ritualisierter Kommunikation gelten, die stark von Höflichkeitsregeln des Austauschs geprägt ist (Coupland, Grainger & Coupland, 1988).

Gemeinsam ist diesen Formen jedoch, daß sie gleichzeitig als *implizite Ratifizierungen der negativen Stereotype* vom Alter zu deuten sind. Hinter einer Zustimmung zum guten (=jüngeren) Aussehen eines älteren Menschen steht die Strategie des "Gut-für-ihr-Alter": eine positive Abweichung vom negativen Stereotyp. Wie zweischneidig Komplimente im Kontext von Intergenerationengesprächen sein können, zeigt sich auch im vorliegenden Gespräch. Im ersten Ausschnitt wird die positive Wertung der jüngeren Sprecherin von der Älteren selbst durch eine positive Selbsteinschätzung initiiert:

**Ausschnitt 6:**

```
239  A:  (HOLT LUFT) und dann- äh- war ich eben sÄuglingspflegeschwester-
240      und- äh- wOchenbettpflege und- * (HOLT LUFT) da bin ich
241      dann wie ich sElber-| erschtens war ich sElber für mich-
242      (HOLT SCHNELL LUFT) ∕sehr wissend wie alles geht↘
243      und für die kinder und so weiter- (HOLT LUFT) und ∕dAs
244      dünkt mich↘ hat mir sehr geholfe daß ich mich net- (HOLT LUFT)
245      so- Abge- * zappelt hab- * (HOLT LUFT) sie sagen immer ich tät
246 ⎡A:  nit so Alt AUssehen #für| für all des was ich da- was ich# da äh
247 ⎣J:                                         #nÖ. find ich AUch nicht. (LACHT)#
```

Die Thematisierung des Alt- bzw. Jung-Aussehens wird von J als indirekte Aufforderung interpretiert, der sie mit einer locker formulierten Bestätigung ("nö") nachkommt, wenn auch durch ein leicht ironisches bzw. amüsiertes Lachen kommentiert.

An einigen Stellen läßt sich die unterstützende Haltung der Jüngeren gegenüber den Lebensleistungen der Älteren auch an sehr komplexen Formen der Unterstützung zeigen. So in dem folgenden Ausschnitt, in dem die junge Frau nicht nur die lange Erzählung der Älteren über ihre Erziehungserfolge bestätigend unterstützt, sondern sie zusätzlich auf einen weiteren Punkt ihrer Leistung aufmerksam macht.

Dies wird von der Älteren aufgegriffen und zum Gegenstand einer nächsten Erzählepisode gemacht:

**Ausschnitt 7:**

```
352  A:  wirklich beschÄftigt. *           #(HOLT LUFT)#
353  J:                    dann waren sie #doch auch# noch
354  A:                                           /bitte?\
355  J:  lEhrerin für die kinder. (LEICHT LACHEND)

356  J:  /dann waren sie auch noch lehrerin für kInder\

357  A:  ja. #ja.# jaja. sEhr. (HOLT LUFT) /ja weil ich sElber\ früher
358  J:                #hmhm#

359  A:  jugendgruppe gfÜhrt #hab. da hab# ich viel– erfAhrung ghabt und
360  J:                              #ach sO:. hmhm#
```

Eine Erklärung für die häufig positiv bewertenden Aussagen Jüngerer läßt sich im rituellen Charakter der Interaktionssituation vermuten. Auch alte Menschen wollen nicht zu 'den Alten' gehören, eine Abgrenzung vom Altersstereotyp gehört zur Konstituierung positiver Altersidentität, und zwar nicht nur in Gesprächen zwischen Alt und Jung. Aber gerade von Jüngeren werden solchermaßen positive Bewertungen aufgrund von Höflichkeitsregeln erwartet und können damit als eine ritualisierte Form des Gesprächs gelten.

### 2.6 Schmerzliche Lebensereignisse: "troubles talk"

Im Zusammenhang mit der konversationellen Etablierung von Alter stellen Coupland, Coupland, Giles & Wiemann (1988) und Coupland, Coupland, Giles, Henwood & Wiemann (1989) als eine der wichtigsten Strategien der Älteren das Mitteilen schmerzlicher intimer Lebenserfahrungen in Form von "painful self-disclosure" (PSD) heraus. PSD wird als "personally painful information at some time in life" verstanden und umfaßt Themenbereiche wie Verlust von Angehörigen und Freunden, ernsthafte eigene Erkrankungen oder Sorgen um die Gesundheit anderer, eingeschränkte Mobilität, Einsamkeit und Ausgeschlossenheit oder gravierende familiäre Probleme.[10]

In dem zugrundeliegenden Gespräch erweist sich die Offenlegung problematischer Lebenssituationen durch die ältere Sprecherin an mehreren Stellen als relevant, so z.B. bei der Schilderung vom Todes ihres Mannes und der für sie daraus resultierenden Lebensumstände:

---

[10] Problematisch an der Bezeichnung des "painful self-disclosure" erscheint jedoch das Präjudizieren durch die Bezeichnung "schmerzlich". Die Autoren erläutern dies als interpretativen Akt dergestalt, daß damit Themen umfaßt werden, die als schmerzlich für die Sprecherin *vermutet werden* können. Es erscheint jedoch präziser, die von Jefferson (1984) eingeführte Bezeichnung "troubles telling" zu verwenden.

## Ausschnitt 8:

```
61  [A:   mein *mann* isch ge| * gestorben wie ich si| achtundvierzig war.
62  [J:        *hm*
63  [A:              und da war ich mit sieben kindern
64  [J:   \(---)
65   A:   noch- * s| allein zu haus. * (HOLT LUFT) und das war dann e
66        schwere zeit weil die- * (HOLT SCHNELL LUFT)
67  [A:   pension so gering war                          und die-
68  [J:                            \hm denk ich mir
69   A:   * angestelltenzeit wurde damals noch nicht gerechnet- * (HOLT LUFT)
70        erst später- und so war s dann also * (HOLT LUFT) e ziemlich bIttere
71        zeit- und * (HOLT LUFT) die waren ja alle in schul und
72        berufsausbildung- da hätt ma gern * (HOLT SCHNELL LUFT)
73        vIEl- * (SEUFZT) getan und * (HOLT LUFT) war ebe sehr
74  [A:   be| beschränkt mit dem finanzi*ellen*          (HOLT LUFT) jetzt
75  [J:                                           *\hmhm* hmhm
76  [A:   sagen sIE etwas von sIch.
77  [J:                             ja. also ich bin
```

Die emotionale Betroffenheit der Erzählerin wird besonders an ihren paralinguistischen Reaktionen wie dem häufigen Luftholen und dem Seufzen deutlich. Auch hier findet sich wieder eine unterstützende Haltung der jungen Sprecherin: mit dem bestätigenden "denk ich mir" zeigt sie zumindest auf propositionaler Ebene Akzeptanz für die Darstellung ihrer Gesprächspartnerin. Als eher ungewöhnlich kann der Abbruch der "troubles telling"-Episode durch die Sprecherin selbst gelten: ihre direkte Aufforderung an die junge Sprecherin gibt dieser zum ersten Mal im Gespräch Gelegenheit, nun selbst über ihre Lebenssituation zu berichten.

Die Annahme von Coupland, Coupland, Giles & Wiemann (1988), daß Ältere sehr häufig und zumeist gleich zu Beginn von Gesprächen "troubles telling"-Phasen initiieren, läßt sich an diesem Gespräch nicht belegen. Einmal mehr muß daher darauf hingewiesen werden, daß übergeneralisierende Aussagen in einem so jungen Forschungsgebiet wie der interaktionalen Gerontolinguistik problematisch sind. So ist das Datenmaterial der Studie von Coupland, Coupland & Giles, auf der fast alle Untersuchungen dieser Forschergruppe beruhen, im Kontext einer Tagesstätte entstanden, die älteren Teilnehmerinnen gehörten insofern einer anderen Gruppe von Älteren an als die unserer Studie.

### 2.7 Zusammenfassung

Betrachtet man die hier exemplarisch vorgestellten komplexen Muster der Kommunikation zwischen Mitgliedern der beiden Altersgruppen alt und jung, so läßt sich zusammenfassend feststellen, daß an vielen Stellen von einer Zuschreibung sozialer Identität in Übereinstimmung mit bestimmten Vorstellungen oder Stereotypen auszugehen ist. Das Alt-Sein der einen Sprecherin bestimmt sowohl die Themensetzung als auch die interaktive Entwicklung der Interaktionsbeziehung. Zentrale Funktion kommt dabei dem expliziten und impliziten Referieren auf Alter zu, sowohl durch das Ansprechen bestimmter persönlicher Defizite, als auch durch das Nennen des numerischen Alters. Einerseits ist Altsein negativ geprägt, andererseits läßt die häufige Nennung des Alters darauf schließen, daß Alter in bestimmten Kontexten weniger pejorativ gewertet wird. Coupland, Coupland & Giles (1991) sehen Altersnennungen daher als eine Form des "identity token" an, als eine Möglichkeit, innerhalb von Konversationen Identität zu gestalten. Auch besteht durch die Thematisierung von Alter die Möglichkeit, durch Komplimente oder andere positive Zuschreibungen Altersidentität positiv zu kontextualisieren.

Eine dermaßen thematische Dominanz eines Themenkomplexes und die damit im Zusammenhang stehenden ritualisierten Elemente der Interaktion, wie Alterswertschätzung und Altershöflichkeitsregeln, weisen jedoch darauf hin, daß der freien Entfaltung der jungen, aber auch der älteren Sprecherin intergenerationsspezifische Grenzen gesetzt zu sein scheinen. Dies bestätigen auch Analysen von Gesprächen unter Älteren, die durch andere Formen des Austauschs gekennzeichnet sind (Streeck 1994, Thimm, i.Dr. b). Es erscheint mir daher nicht überzogen, bei Intergenerationengesprächen auch von *interkultureller Divergenz* auszugehen und ähnliche Mißverstehensprobleme zu postulieren, wie es im Mehrsprachenkontext der Fall ist.

Ob die hier herausgearbeiteten Kategorien als "typische Merkmale" von Intergenerationenkommunikation oder gar von Kommunikation im Alter gelten können, wird die weitere Forschung weisen. Es zeigt sich jedoch bereits an diesem Material, daß Alter in verschiedener Hinsicht einen großen Einfluß auf den Gesprächsverlauf und die Form der Begegnung ausübt, und zwar sowohl von der Warte der Älteren als auch von der Seite der Jüngeren aus.

Bleibt zu hoffen, daß diese wichtigen Forschungsfragen, vor die der demographische Generationenumbruch auch die Linguistik stellt, nicht auch dem in der Wissenschaftsgemeinde durchaus zu findenden Ageismus anheimfallen, sondern daß der Fragestellung nach der Kommunikation im Alter in Zukunft vermehrtes Interesse zukommen wird.

## 3. Anhang: Transkriptionskonventionen

Als Basis liegen die Transkriptionsvereinbarungen des SFB 245 zugrunde, die von Gutfleisch-Rieck, Klein, Speck & Spranz-Fogasy (1989) erstellt wurden und die unter Berücksichtigung eigener Forschungsziele entsprechend erweitert bzw. modifiziert wurden. So wurden beispielsweise Lautstärke und prosodische Merkmale ergänzt, da wir aufgrund der Forschungslage bezüglich dieser Kategorien Unterschiede erwarteten.

Die Transkripte sind in Form der *Partiturschreibweise* abgefaßt. Die Äußerungen der Sprecherinnen werden in Kleinschreibung notiert. Großschreibung bleibt der

Kennzeichnung besonderer sprachlicher Phänomene (s.u.) vorbehalten. Bei Sprecherwechseln bzw. bei Simultanpassagen der Sprecherinnen sind die Zeilen untereinander geschrieben und mit einer eckigen Klammer am Zeilenanfang zusammengefaßt.

*Unverständliche Passagen*: Vermuteter Wortlaut steht in runden Klammern. Bestehen zwei Alternativen des Wortverstehens, werden diese durch einen Schrägstrich getrennt.

*Simultanpassagen*: Gleichzeitiges Sprechen ist durch je ein "Doppelkreuz" (#) am Anfang und am Ende des gleichzeitig gesprochenen Textes gekennzeichnet.

*Pausen* werden ab einer Länge von 0,5 Sekunden transkribiert:
0,5 sek bis < 1 sek *
1 sek bis < 2 sek **
> 2 sek Sekundenzahl in 0,5-Schritten zwischen den Sternchen angegeben.

*Unterbrechungen* durch die andere Sprecherin sind durch einen Doppelschrägstrich (//) am Ende des Sprechakts der "unterbrochenen" Sprecherin gekennzeichnet.

*Wortabbrüche und Äußerungsabbrüche*: Eine Markierung erfolgt durch einen senkrechten Strich (|) direkt hinter dem abgebrochenen Wort oder Satz.

*Kommentare* sind mit Großbuchstaben geschrieben und durch Klammern begrenzt. Bezieht sich ein Kommentar auf eine Texteinheit, ist diese am Anfang und Ende mit einem Doppelkreuz (#) markiert.

*Satzzeichen*: Die Satzzeichen erfüllen in den Transkripten nicht ihre "normale" Funktion, sondern sind wie folgt gesetzt:
  Punkt (.): Bei einer Zäsur oder wenn die Intonation tiefer wird
  Fragezeichen (?): Bei Fragen
  Gedankenstrich (-): Bei schwebender Intonation
  Betonte Vokale: Auffällige Betonungen werden durch Großbuchstaben hervorgehoben
  Auffällige Dehnungen: Doppelpunkt hinter dem gedehnten Vokal/Konsonant.

*Rückmeldepartikel u.ä.*: Diese Aktivitäten werden je nach der interpretierten Bedeutung transkribiert:
  hm, hmhm = bejahend, unterstützend
  mhm = verneinend
  hm-- = zögernd, zweifelnd
  mm = überlegend
  hm? = fragend.

*Veränderungen der Lautstärke*: Werden anhand subjektiver Wahrnehmung festgehalten. Dabei können sich die Pfeilmarkierungen sowohl auf einzelne Worte als auch auf ganze Textausschnitte beziehen, wenn diese deutlich lauter oder leiser gesprochen werden.
(↗ = lauter, ↘ = leiser).

*Prosodische Merkmale*: Bei dezidiertem, abgesetztem Sprechen wird eine Kennzeichnung mit Bindestrichen zwischen den einzelnen Wörtern vorgenommen.

# 4. Literatur

Augenstein, Susanne (1996). *Funktionen von Jugendsprache. Studien zum Funktionsprofil einer Gruppensprache in verschiedenen Gesprächstypen des Dialogs Jugendlicher mit Erwachsenen.* Unveröffentlichte Dissertation, Heidelberg.

Boden, Denise & Bielby, Deirdre (1983). The past as resource. A conversational analysis of elderly talk. In: *Human Development 6*, 308-319.

Brown, Julie & Rogers, Edna (1991). Openness, uncertainty, and intimacy: an epistemological reformulation. In: Coupland, N., Giles, H. & Wiemann, J. (eds.), *Miscommunication and problematic talk*. London: Sage, 146-165.

Biere, Bernd U. (1989). *Verständlich-Machen. Hermeneutische Tradition - Historische Praxis - Sprachtheoretische Begründung*. Tübingen: Niemeyer.

Coupland, Nikolas, Coupland, Justine, Giles, Howard & Henwood, Karen (1988). Accommodating the elderly: invoking and extending a theory. In: *Language in Society 17*, 1-41.

Coupland, Justine, Coupland, Nikolas, Giles, Howard, & Wiemann, John (1988). My life in your hands: Processes of self-disclosure in intergenerational talk. In: Coupland, N. (ed.), *Styles of discourse*. New York: Croom Helm, 201-253.

Coupland, Nikolas, Grainger, Karen, & Coupland, Justine (1988). Politeness in context: intergenerational issues. In: *Language in Society 17*, 253-262.

Coupland, Nikolas, Coupland, Justine & Giles, Howard (1991). *Language, society and the elderly. Discourse, identity and ageing*. Cambridge (Mass.): Basil Blackwell.

Coupland, Justine, Coupland, Nikolas & Grainger, Karen (1991). Intergenerational discourse: Contextual versions of aging and elderliness. In: *Ageing and Society 11*, 189-208.

Coupland, Justine, Nussbaum, John & Coupland, Nikolas (1991). The reproduction of aging and agism in intergenerational talk. In: Coupland, N., Giles, H. & Wiemann, J. (eds.), *Miscommunication and problematic talk*. London: Sage, 85-102.

Coupland, Nikolas, Wiemann, John & Giles, Howard (1991). Talk as "problem" and communication as "miscommunication": An integrative analysis. In: Coupland, N., Giles, H. & Wiemann, J. (eds.), *Miscommunication and problematic talk*. London: Sage, 1-17.

Coupland, Nikolas, Coupland, John, Giles, Howard, Henwood, Karen & Wiemann, John (1988). Elderly self-disclosure: Interactional and intergroup issues. In: *Language and Communication 8*, 109-133.

Czyzewski, Marek, Drescher, Martina, Gülich, Elisabeth & Hausendorf, Heiko (1995). Selbst- und Fremdbilder im Gespräch. Theoretische und methodologische Aspekte. In: Czyzewski, M., Gülich, E., Hausendorf, H. & Kastner, M. (Hrsg.), *Nationale Selbst- und Fremdbilder im Gespräch. Kommunikative Prozesse nach der Wiedervereinigung Deutschlands und dem Systemwandel in Ostmitteleuropa*. Opladen: Westdeutscher Verlag, 11-84.

Fiehler, Reinhard (1996). Die Linguistik und das Alter. In: *Sprachreport 1*, 1-3.

Fiehler, Reinhard (i.Dr.). Kommunikation im Alter und ihre sprachwissenschaftliche Analyse. Gibt es einen Kommunikationsstil des Alters? In: Sandig, B. & Selting, M. (Hrsg.), *Sprech- und Gesprächsstile*. Berlin/New York: de Gruyter.

Fiske, Susan & Neueberg, Steven (1989). Category-based and individuating processes as a function of information and motivation: evidence from our laboratory. In: Bar-Tal, D., Graumann, C.-F., Kruglanski, A. W. & Stroebe, W. (Hrsg.), *Stereotyping and prejudice: Changing conceptions*. New York/Heidelberg: Springer, 83-103.

Giles, H. (1991). "Gosh, you don't look it!": A sociolinguistic construction of ageing. In: *The Psychologist 3*, 99-106.

Giles, Howard & Williams, Angie (1994). Patronizing the young: Forms and evaluations. In: *International Journal of Aging and Human Development 39*, 33-53.

Goffman, Erving (1992). *Stigma. Über die Techniken der Bewältigung beschädigter Identität*. Frankfurt/Main: Suhrkamp.

Gumperz, John (1982). *Language and social identity*. Cambridge: Cambridge University Press.

Gutfleisch-Rieck, Ingrid, Klein, Wolfgang, Speck, Agnes & Spranz-Fogasy, Thomas (1989). *Transkriptionsvereinbarungen für den Sonderforschungsbereich 245*. Arbeiten aus dem Sonderforschungsbereich 245 "Sprechen und Sprachverstehen im sozialen Kontext", Heidelberg/Mannheim, Bericht Nr. 14. Heidelberg: Psychologisches Insitut.

Kallmeyer, Werner & Keim, Inken (1994). Formelhaftes Sprechen in der Filsbachwelt. In: Kallmeyer, W. (Hrsg.), *Kommunikation in der Stadt. Teil 1: Exemplarische Analysen des Sprachverhaltens in Mannheim*. Berlin/New York: De Gruyter, 250-318.

Kemper, Susan (1994). Elderspeak: Speech accommodations to older adults. *Language and Cognition 1*, 17-28.

Kruse, Lenelis & Wagner, Annette (1995). Partnerhypothesen und sprachliche Interaktion: Zur Entwicklung eines Forschungsprogramms. In: Pawlik, K. (Hrsg.), *Bericht über den 39. Kongress der Deutschen Gesellschaft für Psychologie in Hamburg 1994*. Göttingen: Hogrefe, 651-656.

Kruse, Lenelis & Thimm, Caja (1997). Das Gespräch zwischen den Generationen. In: Krappmann, Lothar & Lepenies, Annette (Hrsg.), *Alt und Jung: Spannung und Solidarität zwischen den Generationen*. Frankfurt: Campus, 112-136.

Lehr, Ursula & Niederfranke, Annette (1991). Altersbilder und Altersstereotype. In: Oswald, W., Wettermann, L., Lehr, U. & Thomae, H. (Hrsg.), *Gerontologie*. Stuttgart: Kohlhammer, 38-46.

Mummendey, Amelie (1985). Verhalten zwischen sozialen Gruppen: Die Theorie der sozialen Identität. In: Frey, D. & Irle, M. (Hrsg.), *Theorien der Sozialpsychologie. Bd. 2: Gruppen- und Lerntheorien*. Stuttgart: Huber, 185-216.

Neubauer, Marion, Hub, Ingrid & Thimm, Caja (1994). *Transkribieren mit LaTeX: Transkriptionsregeln, Eingabeverfahren und Auswertungsmöglichkeiten*. Arbeiten aus dem Sonderforschungsbereich 245 "Sprache und Situation", Nr. 76. Heidelberg: Psychologisches Institut.

Rickheit, Gert (1995). Verstehen und Verständlichkeit von Sprache. In: Spillner, B. (Hrsg.), *Sprache: Verstehen und Verständlichkeit. Kongreßbeiträge zur 25. Jahrestagung der Gesellschaft für Angewandte Linguistik (GAL)*. Frankfurt/New York: Peter Lang, 15-30.

Ryan, Ellen, Giles, Howard, Bartolucci, Gordon & Henwood, Karen (1986). Psycholinguistic and social psychological components of communication by and with the elderly. In: *Language and Communication 6*, 1-24.

Ryan, Ellen, Hummert, Mary Lee & Boich, Linda (1995). Communication predicaments of aging. Patronizing behavior towards older adults. In: *Journal of Language and Social Psychology 12*, 144-166.

Tajfel, Henri (1982). *Gruppenkonflikt und Vorurteil. Entstehung und Funktion sozialer Stereotypen*. Bern/Stuttgart/Wien: Huber.

Thimm, Caja (1990). *Dominanz und Sprache. Strategisches Handeln im Alltag*. Wiesbaden: Deutscher Universitäts Verlag.

Thimm, Caja (1995a). Verständigungsprobleme in Gesprächen zwischen Alt und Jung. In: Spillner, B. (Hrsg.): *Sprache: Verstehen und Verständlichkeit. Kongreßbeiträge zur 25. Jahrestagung der Gesellschaft für Angewandte Linguistik (GAL)*. Frankfurt/New York: Peter Lang, 89-95.

Thimm, Caja (1995b). Intergruppenkommunikation, soziales Vorurteil und konversationale Implikaturen: Alt und Jung im Dialog. In: Liedtke, F. (Hrsg.): *Implikaturen: Grammatische und pragmatische Analysen*. Tübingen: Niemeyer, 187-208.

Thimm, Caja (1996). Sprache und Kommunikation im Alter: Plädoyer für eine Gerontologische Linguistik. In: *Sprachreport 1*, 4-5.

Thimm, Caja (i.Dr.a). Partnerhypothesen, Handlungswahl und sprachliche Akkommodation. In: Henn-Memmesheimer, B. (Hrsg.), *Sprachliche Varianz als kalkulierte Handlungswahl*. Tübingen: Niemeyer.

Thimm, Caja (i.Dr.b). Zur sprachlichen Konstituierung der sozialen Kategorie "Alter". In: Fiehler, R. & Thimm, C. (Hrsg.), *Sprache und Kommunikation im Alter*. Wiesbaden: Westdeutscher Verlag.

# Fremdsprachliches Handeln: Kommunikationsstörung als Normalität

*Martina Liedke*

## 1. Interkulturelle Verständigung

Verstehens- und Verständigungsprobleme in der interkulturellen Kommunikation sind seit langem Gegenstand linguistischer Forschungen. So gilt die Kommunikation zwischen Mutter- und FremdsprachensprecherInnen als besonders problembelastet, ja gar als 'Ort des kommunikativen Mißverständnisses' schlechthin.[1] In interkulturellen Kommunikationssituationen ist die grundlegende Bedingung von "normal in- and output conditions" (Searle 1972) z.T. dadurch außer Kraft gesetzt, daß eine(r) der Kommunikationsbeteiligen die jeweilige Verständigungssprache zumeist nicht "perfekt" beherrscht. Die Interaktion findet hier also unter der Erschwernis lernersprachlicher Beschränkungen und Fehlleistungen statt. Allein schon aus diesem Grund sind also Verständigungsschwierigkeiten zu erwarten. Dies ist den Handelnden auch durchaus bewußt. Die Störungen, die sich aus der Kennzeichnung des native-non native-Diskurses als einem "Diskurs ausdrucksmäßig reduzierter Persönlichkeiten" (Kotthoff 1991) ergeben, führen zu spezifischen Formulierungs- und Reparaturaktivitäten der Beteiligten, wie sie z.T. im Konzept des 'Foreigner Talk' erfaßt werden.[2] Einen besonderen Typus von Störungen in der interkulturellen Verständigung bilden "Interferenzen", d.h. Einflüsse der Erstsprache des Lernenden auf sein kommunikatives Handeln in der Fremdsprache, die zu abweichenden Strukturen führen.[3] Als weitergehende, z.T. von Aspekten des lernersprachlichen Handelns abgegrenzte Ursache interkultureller Kommunikationsprobleme wird die Unterschiedlichkeit der Wissensbestände der Kommunikationsbeteiligten angesehen (Knapp & Knapp-Potthoff 1990), die sich aus ihrer Zugehörigkeit zu verschiedenen Gesellschaften oder gesellschaftlichen Gruppierungen ergibt. Fragen der Gruppenabgrenzung und des Gemeinsamkeitsaufweises spielen im interkulturellen Diskurs also eine wesentliche Rolle.

Im folgenden wird untersucht, wie sich ein Handlungsmuster, das es typischerweise mit Gruppenmitgliedschaft zu tun hat, in der interkulturellen Kommunikation darstellt. Gegenstand der Analyse ist eine Alltagserzählung. Durch Erzählen wird interpersonale Bindung, geteiltes Wissen und Gruppenzugehörigkeit sowohl hergestellt als auch ausgeführt (Ehlich 1980, Schwitalla 1988). Indem in ihnen Erfahrun-

---

[1] Vgl. u.a. die Beiträge in Rehbein (1985); einen Forschungsüberblick gibt Rost-Roth (1994).

[2] Das Konzept kann hier nicht ausführlich diskutiert werden. Zu einer grundlegenden Kritik seiner sprachtheoretischen Voraussetzungen vgl. Redder & Rehbein (1987), zur Diskussion der verschiedenen Verständlichkeitskriterien Jakovidou (1994). Eine Anbindung an diskursanalytische Fragestellungen gibt Rost-Roth (1990).

[3] Eine solche Bestimmung von "Interferenz" findet sich in der Fremdsprachendidaktik; eine andere begriffliche Füllung liegt hingegen in der Sprachkontaktforschung vor, vgl. Liedke (1994).

gen und Bewertungen vergemeinschaftet werden, bilden Alltagserzählungen also einen Ort, der der Überwindung von kultureller Differenz dient. Unter den Bedingungen interkultureller Kommunikation ist zugleich eine mehrfache Brechung dieser Handlungsform erwartbar, dies zum einen aufgrund von lernersprachlichen Aspekten, zum anderen, da der jeweilige Erfahrungsschatz von Sprecher und Hörer, den Erzählen voraussetzt und etabliert, sich sowohl hinsichtlich der gemachten Erfahrungen als auch hinsichtlich ihrer jeweiligen Bewertungen vermutlich in einigen Punkten unterscheidet. Es wird zu fragen sein, welche Arten von kommunikativen Störungen sich in der Interaktion zwischen Mutter- und FremdsprachensprecherInnen konkret aufweisen lassen, wie sie von den Beteiligten bearbeitet werden und inwieweit in und durch die Erzählung Gemeinsamkeit hergestellt wird.

## 2. Das Gesprächsbeispiel

In dem vorliegenden Gespräch unterhalten sich eine Griechin, die im Ruhrgebiet eine Trinkhalle führt, und eine deutsche Studentin. Den Rahmen des Diskurses bildet die dauerhafte Kontaktsituation, die aufgrund von Arbeitsmigration in Deutschland entstanden ist.[4] Es handelt sich bei der vorliegenden Kommunikationssituation um einen Mischtyp zwischen "interkultureller Kommunikation im weiteren Sinn", der Kommunikation zwischen Aktanten verschiedener Herkunftssprachen und verschiedener Gesellschaften, und "interkultureller Kommunikation im engeren Sinn", der Kommunikation zwischen Aktanten einer Herkunftssprache und einer Gesellschaft, deren kulturelle Apparate, d.h. Wissensstrukturen, Handlungsformen und sprachliche Mittel sich jedoch unterscheiden (Redder & Rehbein 1987). Im Blick auf das in interkulturellen Kommunikationssituationen kritische Kennzeichen der Lernersprachlichkeit unterscheidet sich eine solche Kommunikationskonstellation wesentlich von Handlungssituationen, bei denen die Kommunikation zwischen native und non-native speaker im Kontext einer "Lehr-Lern-Vereinbarung", "eines contrat didactique", steht (Dausendschön-Gay, Gülich & Krafft 1995) und auf den Spracherwerb einer/s der Kommunikationsbeteiligten abzielt. Gegenüber solchen "inzidentellen" Kontaktsituationen liegt hier eine "strukturelle" Kontaktsituation vor (Koole & ten Thije 1994). Die Erzählung ist im Transkriptanhang dokumentiert. Es empfiehlt sich, zunächst das Transkript zu lesen.

Die von der Griechin Toula erzählte Geschichte ist eine Leidensgeschichte. Toula beschreibt ein erst kurz zurückliegendes, unangenehmes Erlebnis. Innerhalb des Gesamtgesprächs nimmt die Erzählung keine Belegfunktionen ein (Quasthoff 1980) oder ist auf andere Art und Weise in einen übergeordneten Handlungszusammenhang eingebunden (Rehbein 1980). Die Erzählung steht vielmehr "für sich". Ihr Aufbau läßt die typische Abfolge des Handlungsmusters, Abstract, Wiedergabe

---

[4] Zur linguistischen Typologie verschiedener "Generationen" ausländischer Migranten s. Ehlich (1981). Erzählen wird im Rahmen von Untersuchungen zum Spracherwerb ausländischer Arbeiter mit einem relativ hohen Sprachstand in Verbindung gebracht (Wildgen 1978).

eines Handlungsverlaufs mit Komplikation, Evaluation und Coda (Labov 1980) erkennen. Die erzählte Geschichte jedoch erschließt sich - selbst bei Vorlage des Transkripts - nur teilweise. Sie wird von den Gesprächsteilnehmerinnen unterschiedlich gedeutet. Rekonstruierbar erscheint folgendes: Toula ist beim Reinigen der Eismaschine ("Flitzer") auf dem Bürgersteig von einem zurücksetzenden Jeep angefahren worden. Der Fahrer des Wagens bietet ihr jedoch nicht an, sie zum Arzt zu fahren. Es kommt zu einem Streit. Toula ruft die Polizei, der Fahrer flüchtet. Für Toula bedeutet der Unfall bzw. Übergriff Arztbesuche, Schmerzen und einen weiteren Kontakt mit der Polizei (Abb.1).

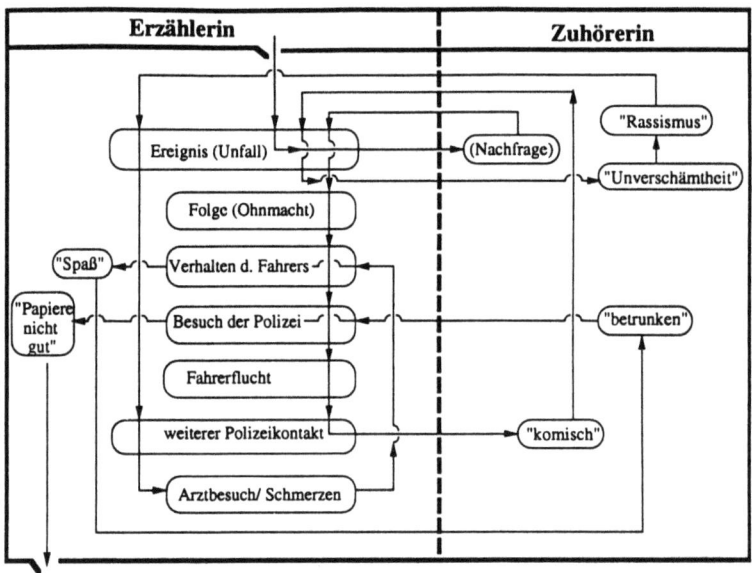

Abb. 1: Grobstruktur des Erzählablaufs

Betrachtet man die Abfolge, in der die einzelnen Erzählschritte durchlaufen werden, so zeigt sich ein insgesamt spiralförmiger Diskursverlauf. Einige Erzählpositionen, z.B. Ereigniswiedergabe, Ohnmacht, Besuch der Polizei, werden - z.T. in derselben, z.T. in anderer Reihenfolge - mehrfach durchlaufen. In dem vorliegenden Beispiel ist diese Struktur nicht ihrerseits funktional. Einzelne Momente werden nicht etwa - durch die Nähe von Geschehen und Geschichte bedingt - dem psychischen Verarbeitungsstand entsprechend mehrfach prozessiert, wie es etwa bei Entlastungsdiskursen der Fall sein kann. Vielmehr sind es, wie im folgenden zu zeigen ist, Momente von interkultureller Fehlkommunikation, die die spiralförmige Diskursstruktur hervorrufen. Dabei ist auf das Konzept der Störung und Störungsreparatur näher einzugehen.

## 3. Störung und Reparatur

Ausgehend von den Verstehensprozessen der Beteiligten unterscheiden Gass & Varonis (1991) verschiedene Typen von Fehlkommunikation in der Interaktion zwischen native und non-native speakers (Abb.2). Neben Kommunikatonsvermeidung und Kommunikationsabbruch nennen sie 'unvollständiges Verstehen' (incomplete understanding) und 'Miß- bzw. Fehlverstehen' (mismatch) fremder Äußerungen durch den native oder non-native speaker als mögliche Fehlschläge.

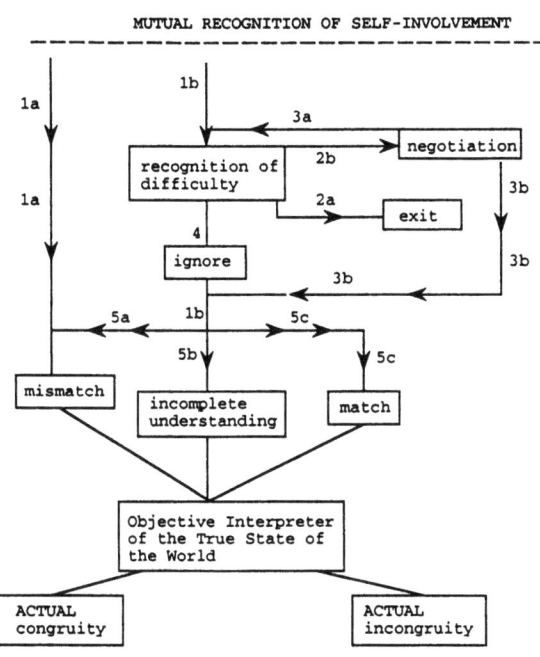

Abb.2: Modell der native-non-native-Fehlkommunikation nach Gass & Varonis (1991, 129)

Nach Gass & Varonis können Verstehensprobleme, wenn erkannt, in der Folge von den Interaktionsbeteiligten bearbeitet (negotiation) oder ignoriert werden (ignore). Die Bearbeitung kann - in Abhängigkeit von dem Problembewußtsein der Beteiligten - unmittelbar, zu einem späteren Zeitpunkt, in dem selben oder einem Folgegespräch oder aber gar nicht erfolgen. U.U. wird eine Fehlkommunikation zwar erkannt, aber nicht bearbeitet; u.U. sogar weder erkannt noch bearbeitet. Offen bleibt in dem Ansatz von Gass & Varonis allerdings, wie sich die möglichen Bearbeitungsformen in der konkreten Verlaufsform des Diskurses darstellen. In diesem Zusammenhang ist es sinnvoll, auf das Konzept der Reparatur zurückzugreifen.

## 3.1 Explizite Reparaturen

In Bezug auf die jeweilige Beteiligung von Sprecher und Hörer an dem Aufweis einer Kommunikationsstörung und an ihrer Bearbeitung werden mit der selbstinitiierten Selbstreparatur, fremdinitiierten Selbstreparatur, selbstinitiierten Fremdreparatur und fremdinitiierten Fremdreparatur vier diskursive Verlaufsformen unterschieden (Sacks, Schegloff & Jefferson 1979). Die einzelnen Reparaturtypen stehen in unterschiedlicher Weise in Bezug zu den Verstehens- und Verständigungsprozessen der Beteiligten (Rehbein 1984, Selting 1987, Rost-Roth 1990). Durch selbstinitiierte Selbstreparaturen etwa kann ein Sprecher antizipierte Verstehensprobleme des Gesprächspartners vorwegnehmend bearbeiten. Selbstinitiierte Fremdreparaturen sind als "verstehende Einhilfen" des Hörers bestimmbar, die den Sprecher bei Ausdrucks- bzw. Formulierungsproblemen unterstützen. Fremdinitiierte Selbstreparaturen bilden hörerseitige Rückfragen, die im Rahmen einer verständnissichernden Nebensequenz[5] eine Klärung erfahren. Fremdinitiierte Fremdreparaturen treten typischerweise im Zusammenhang mit Mißverständnissen und ihrer Beseitigung auf.

Im vorliegenden Gesprächsbeispiel werden mehrere dieser Reparaturtypen realisiert. So finden sich selbstinitiierte Selbstreparaturen im Zusammenhang mit Wortfindungsschwierigkeiten der Fremdsprachensprecherin (B1). Sie finden sich auch im Zusammenhang stilistischer Korrekturen (B2).

(B1) (Umschreibung des Fahrzeugtyps 'Jeep', Fl. 5f.)[6]
     T: nicht mit diiie. wai/ wie heiße/ öh so egal mit eine Auto jetzt, kommst du vorne, ne

(B2) (Streit, Fl. 11f.)
     T: Mach deinen Mu(n)/ ääh deine Snauzee. zu

Aufweisen lassen sich auch sprachliche Handlungen der Muttersprachlerin, die die Verbalisierungstätigkeit der Fremdsprachensprecherin unterstützen (B3): Ein Wortfindungsproblem der griechischen Sprecherin führt zu einer selbstinitiierten Fremdreparatur, in der die Muttersprachlerin die vermutete fehlende Vokabel zur Verfügung stellt. Die Nebensequenz weist darüber hinaus noch die Position der Bestätigung der Vokabelübernahme durch die Fremdsprachensprecherin auf. Sie bildet zugleich den Übergang zu einer Fortsetzung des übergeordneten Handlungszusammenhangs.

(B3) (Arztbesuch, Fl. 36f.)
     T: Nich so stärka Smerze, in/. Bran/ n/ pf/ wie heißt das, nich Braan(d). so is:/
     S: Brennt.
     T: <u>Brennt</u> dadrin.

---

[5] S. dazu Jefferson (1972).

[6] Die Flächenangaben beziehen sich auf das Partiturtranskript im Anhang.

Für den Typus der fremdinitiierten Selbstreparatur und der fremdinitiierten Fremdreparatur hingegen weist das vorliegende Gespräch darauf hin, daß der Zusammenhang von Verstehensproblemen und ihrer interaktiven Bearbeitung nicht immer "lokal", d.h. auf der von Sacks, Schegloff & Jefferson (1979) beschriebenen "turn-to-turn"-Basis erfaßt werden kann. Vielmehr zieht sich in dem vorliegenden Beispiel die Behandlung der Störung durch das gesamte Gespräch (vgl. § 4).

## 3.2 Mentale Reparaturen und Reparataturverzicht i.e.S.

In dem vorliegenden Diskurs aufweisen läßt sich auch der Fall, daß zwar Störungen auftreten, sie jedoch keiner Bearbeitung unterzogen werden. So finden sich im Blick auf die Fremdsprachensprecherin beispielsweise eine Reihe von Abweichungen in der phonologisch-morphologischen Dimension.[7] "Schmerzen" wird z.B. als *Smerzen*, "sauber" als *soba*, "Bürgersteig" als *Bürgerstein* realisiert u.v.m. Es treten jedoch an der diskursiven Oberfläche keine reparativen Handlungsmuster auf, die diese Störungen bearbeiten (etwa in Form von *hm, wie bitte,* korrigierender Wiederaufnahme o.ä.). Der Verzicht auf die interaktive Bearbeitung eines Verstehensproblems bedeutet allerdings nicht, daß keine reparative Arbeit geleistet wird. Vielmehr ist die Reparatur in solchen Fällen in den mentalen Bereich der Hörerin ausgelagert. Die Eigenbearbeitung bedingt einen erhöhten Verarbeitungsaufwand bei der Rekonstruktion der Äußerung: Die deutsche Gesprächspartnerin muß zunächst die lautlichen Einheiten korrigieren, um sie überhaupt semantisch entschlüsseln zu können.[8] Diejenigen Teile der lexikalischen Einheiten, die von der Fremdsprachensprecherin korrekt realisiert werden, sowie der propositionale Zusammenhang steuern den Suchprozeß und erlauben es, Äußerungen auch bei Zielsprachenabweichungen zu identifizieren. Der oben angesprochene Reparaturtyp der Fremdreparatur ist als Exothese[9], als interaktive Nach-außen-Setzung, einer solchen mentalen Reparatur zu bestimmen.

Die Entscheidung über eine Reparatur umfaßt somit die Entscheidung, diese Reparatur interaktiv, d.h. über eine reparative Handlungssequenz durchzuführen, rein mental eine Eigenbearbeitung des Verstehensproblems vorzunehmen oder aber i.e.S. auf eine Reparatur zu verzichten (Abb. 3). Das Ergebnis des Reparaturverzichts i.e.S. ist eine Verstehenslücke, die der Hörer in Kauf nimmt, etwa, weil er die Störung nicht bemerkt oder aber als nicht bearbeitungswürdig oder -fähig betrachtet.[10] So kann der Hörer auf eine unmittelbare Klärung z.B. verzichten, weil er

---

[7] Sie sind z.T. als Interferenzen aus der Erstsprache zu bestimmen.

[8] Dieser Prozeß beinhaltet das von Bühler (1934) als "apperzeptive Ergänzung" bezeichnete Phänomen, geht jedoch insofern darüber hinaus, als Teile der Äußerung nicht nur "ergänzt", sondern auch ersetzt werden müssen.

[9] Zu Exothesen s. Ehlich & Rehbein (1986).

[10] Ein Abbruch des gemeinsamen Handlungssystems von Sprecher und Hörer ist hier noch nicht gegeben. Dies unterscheidet den vorliegenden Fall von einem "transformierten Nicht-verstehen", wie es Ehlich & Rehbein (1986) im Zusammenhang mit dem Handlungsmuster *Begründen* begrifflich entwickeln.

davon ausgeht, daß sich das Nichtverstandene aus den Folgehandlungen des Sprechers zu einem späteren Zeitpunkt rekonstruieren lassen wird (Grimshaw 1980), die Verstehenslücke also - ohne interaktive Thematisierung - in einer späteren mentalen Reparatur selbst gefüllt werden kann. Reparaturverzicht i.e.S. kann allerdings auch dazu führen, daß sich eine Verstehenslücke bis zum Gesprächsende durch den Diskurs zieht. Im folgenden wird im einzelnen aufgezeigt, wie das Schwanken zwischen den beiden Polen Reparatur und Reparaturverzicht i.e.S. den Erzählverlauf bestimmt. Dabei ist sowohl auf Phänomene des Teilverstehens aufgrund der Vagheit fremdsprachlicher Äußerungen als auch auf Phänomene des Mißverstehens einzugehen.

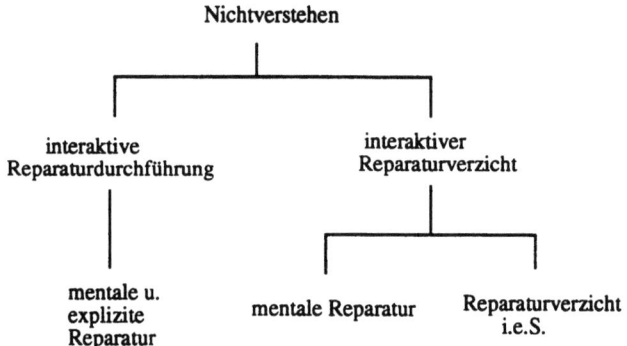

Abb. 3: Handlungsmöglichkeiten bei Nichtverstehen

## 4. Diskursive Spiralbildung

### 4.1 Vagheiten

Problematische Elemente, deren Behandlung sich durch den Folgediskurs zieht, finden sich bereits im Abstract der Erzählung. (B4) gibt eine segmentierte Fassung.

(B4) (Fl. 1ff.)
- (s1) Weißt du, (un) vorgester(n) is Unfall passiert bei mir,
- (s2) ich da steht, weißt du, mit Flitsa,
- (s3) und die kommt die Auto vorbei,
- (s4) ßon gesehn, (ne,) vorbei.
- (s5) Kommt zurück..,
- (s6) slagen mir, ne.
- (s7) un dann wieda vorne gefahren.

Ein Identifizierungsproblem eröffnet der Ausdruck "die" in (s3). "die" ist an dieser Stelle mehrdeutig. Als vorausverweisendes Element kann sich "die" einerseits beziehen auf das Auto (Interpretation a). Dafür spricht die folgende Aufnahme von "die Auto", außerdem das Singularmorphem in (s3) und (s5) (komm-t). "die" kann sich aber auch beziehen auf eine Person (Interpretation b) oder auf mehrere Personen (Interpretation c). Für diese Verständnismöglichkeiten spricht die Verwendung des Verbs "schlagen" in (s6), das einen menschlichen Aktanten voraussetzt und dessen Form "-en" als Infinitiv- oder als Pluralmorphem gedeutet werden kann. Die Verwendung von "schlagen" in (s6) bringt zugleich ein zweites Rekonstruktionsproblem mit sich. So besteht ein Widerspruch zwischen der Charakterisierung "Unfall" und der semantischen Füllung von "schlagen" als absichtliche, zielgerichtete Handlung.

Die Verstehensprobleme, die die Äußerungen der Erzählerin eröffnen, können als "prozedurale Vagheiten" bzw. als "prozedurale Widersprüche" gefaßt werden. Sie betreffen zentrale Aspekte des Erzählens: die Fokussierung der beteiligten Person(en) durch Mittel des deiktischen bzw. operativen Felds und die Erfassung des Ereignisses im Symbolfeld.[11] Spracherwerbstheoretisch haben sie einen unterschiedlichen Stellenwert. So kann die Verwendung des Verbs "schlagen", das den prozeduralen Widerspruch im Symbolfeld eröffnet, unmittelbar aus dem Griechischen abgeleitet werden, wo "hat mich geschlagen" und "hat mich angefahren" identisch als "με χτύπησε στο πόδι" ausgedrückt werden. Die kommunikative Störung ist hier also auf eine Interferenz aus der Erstsprache zurückzuführen. Die unklare Verwendung der deiktischen und operativen Prozeduren hingegen erscheint als Phänomen der Übergeneralisierung bzw. Simplifizierung demgegenüber durch die Struktur der Fremdsprache Deutsch bedingt. So legt die Auftretenshäufigkeit von "die" als Singular- u. Pluralform im Nominativ und Akkusativ eine solche Vereinfachung nahe. Die Herkunftssprache Griechisch spielt jedoch im Blick auf die (fehlende) Setzung eines entsprechenden Pronomens bei "kommt" oder "slagen" eine Rolle.

Wie werden die Rekonstruktionsprobleme, die sich aufgrund der Lernersprache Deutsch stellen, im Diskursverlauf prozessiert? Die erste Reaktion der Zuhörerin spiegelt beide Verstehensschwierigkeiten (B5). Sie enthält eine selbstinitiierte Selbstreparatur. In der Formulierung zeigt sich, daß die Zuhörerin bei der Schwierigkeit, ein Bezugsobjekt für "die" zu identifizieren, zunächst Lösung (a) bzw. (b), dann jedoch Lösung (c) wählt (mehrere Personen).

(B5) (Fl. 3)
S: Wie schlä/ äh wie ham die dich geschlagn?

Die Äußerung ist zum einen als "Prä", als Kundgabe von Nichtverstehen, analysierbar. Obwohl sich Züge eines im Deutschen gegebenen Reparaturformats (wie + Wiederholung der Folgeäußerung) finden, wird die Folgeäußerung nicht eindeutig als Reparaturinitiierung ausgewiesen.[12] Die Äußerung hat vielmehr die Form einer

---

[11] Zur Felderdifferenzierung s. Ehlich (1991), Redder (1990).

[12] So wird nicht das im Deutschen mittels "wie" gegebene Reparaturformat realisiert ("wie - die ham dich geschlagen"); vgl. dazu Selting 1987.

inhaltlichen Nachfrage, die ebenso als Ratifizierung der Erzählung gedeutet werden kann und entsprechend eine erneute Wiedergabe des Ereignisverlaufs durch die Erzählerin auslöst.

Im weiteren Diskurs wird die Vagheit von "schlagen" erneut von der Zuhörerin thematisiert (B6). Auch das Element "die" wird Gegenstand einer gezielten Nachfrage (B7).

(B6) (Fl. 7)
     S: Warum das denn? Absichtlich, oder/

(B7) (Fl. 10)
     S: War n Mann oder ne Frau?

Gleichwohl können die in den ersten Äußerungen entstandenen Wissenslücken zunächst nicht gefüllt werden. Die Nichtverstehbarkeit der grundlegenden Erzählmomente führt dann auch zu einer ersten, unangemessenen Evaluation der Erzählung durch die Zuhörerin (B8). Erst ein erneuter Erzähldurchlauf erbringt - nach einer längeren Pause - die Auflösung des Widerspruchs zwischen "Unfall" und "schlagen" (B9).

(B8) (Fl. 24)
     S: Komisch.

(B9) (Fl. 26f.)
     S: Pff!. Ne Unverschämtheit(t)!

Die Verstehenslücke hinsichtlich der beteiligten Personen hingegen bleibt bis zum Ende der Erzählung bestehen. Die späteren Äußerungen der deutschen Zuhörerin zeigen, daß sie bis zum Schluß nicht in der Lage ist, diesen Aspekt zu rekonstruieren (B10, B11): Während Toula in der Folge stets im Singular auf den Unfallfahrer referiert, spricht sie wie am Anfang weiterhin von einer Mehrzahl von Beteiligten. Dieses Fehlverständnis wird von der griechischen Gesprächspartnerin entweder nicht bemerkt oder sie läßt es auf sich beruhen.

(B10) (Fl.29)
     S: Aber was meinse, warum ham die das gemacht?

(B11) (Fl. 40f.)
     S: vielleicht warn die auch betrunkn, oda so,. und hattn Angst vor der Polizei

Einen auffälligen Punkt bildet in diesem Zusammenhang das Rückmeldeverhalten der deutschen Zuhörerin. Obwohl ein Verständnis wesentlicher Punkte nicht erreicht wird, kommentiert sie im zweiten Erzähldurchlauf jeden Erzählschritt mit "ja", sichert also eine Kette von Einzelverständnissen ab.[13] Diese erhalten die Kommu-

---

[13] Vgl. zu diesem Phänomen Hoffmann (1989).

nikation bei globalem Nichtverstehen der erzählten Erfahrung aufrecht. Die Äußerung der Partikel begleitet die Verbalisierungskette der Erzählerin als ein rhythmisches Element. Die Stimmqualität drückt Spannung und Mitgefühl aus, zielt also auf die emotionale Seite des Erzählens als Wiedergabe eines Erlebens ab. Mit Mitteln des Malfelds wird somit das kleinschrittige Abarbeiten der Verstehensvoraussetzungen in einen anderen Zusammenhang, nämlich den der Anteilnahme (Fiehler 1990) gestellt. In einem doppelten Sinn kann man hier m.e. von "make up"-Strategien sprechen. Das defizitäre Moment des Nichtverstehens wird anderweitig wettgemacht (to make up for something); zugleich wird das Nichtverstehen "zugekleistert" - so, wie ein make up unschöne Flecken und Unregelmäßigkeiten überdecken soll. Letzteres wird insbesondere daran deutlich, daß die Äußerung von "ja" auch in Fällen erfolgt, wo aus der Bezugsäußerung kein Sinn zu entnehmen ist (B12).

(B12) (Fl.4f.)
    T: Un da die vobeigegang,. weißt du,
    S: Jà.
    T: un dann zuruck,.
    S: Jà.
    T: nicht mit diiie. wai/ wie heiße/ öh so egal mit eine Auto jetzt, kommst du vorne, ne.
→ S: Jà.

Als ähnlich unpassend erweist sich auch die Rückmeldung in (B13): Die deutsche Hörerin reagiert auf die Darstellung von Toulas Ohnmacht zunächst mit einer Verstehensnachfrage, auf die Beantwortung dieser Frage dann mit einem Mitgefühl ausdrückenden Schnalzen, als sei in der Antwort die Ohnmacht nochmals thematisiert worden.

(B13) (Fl. 9f.)
    T: Aba ist/. i(ch) schon gesehn, nur eine blaue Bluse geanziehn, weißt du.
    S: War n Mann oder ne Frau?
    T: Ist das/ wann vobei iss. <u>Frau</u>, is das die <u>Mann</u>,. mit Auto.
→ S: /_tz_/

## 4.2 Mißverständnisse

Neben Vagheiten bilden Mißverständnisse zwischen den Kommunikationsbeteiligten ein zu kommunikativen Schleifen führendes Moment. Eine komplexe Mißverstehenssequenz findet sich in Fl. 29ff. Die Passage ist durch überlappendes Sprechen der Gesprächsteilnehmerinnen charakterisiert. (B14) gibt die Passage daher in der Partiturschreibung des Originaltranskripts wieder.

(B 14)    (Fl. 29-32)

| 29 | T |  | /_Weiß no ni(ch)._/ |  | Nä, is |
|---|---|---|---|---|---|
|  | S | Aba was meinse, warum ham die das gemacht? | Weil de Ausländerin bist, oder so? |
|  |  |  | /_ leise |

```
30  T    Deutß. (I)s Deutß.      Is(:t die arbeiten.)     (I) nee, is das. nich mit so Wagen,
    S    (Nö, ne?)        Ja, aber du. Aber das sehn die ja nich.

31  T    viellai sacht, "nich gesehn". Is die frei, weißt du, Jeep is das, die Ding da, weißt du?

32  T          Ganix so is: aaah, alle auf! Un die gesehn mir. Sacht, "nich gesehn"?    Nich so zu
    S    Jà.          /_ Ja, jà. /                                                     Tss!
                      /_ leise
```

Die deutsche Zuhörerin greift - nach der Unterbrechung des Gesprächs durch einen Kunden - die Frage einer erklärenden Deutung des Erlebnisses auf. Während Toula dessen Nicht-Deutbarkeit verbalisiert, gibt sie schon einen ersten Deutungsvorschlag. Toula reagiert in ihren überlappenden Äußerungen nicht auf den Deutungsversuch selbst. Vielmehr interpretiert sie das Stichwort "Ausländer" in Hinblick auf die Nationalität des Unfallfahrers. Zwar findet sich ein Versuch, das Mißverständnis aufzuklären; allerdings wird nicht das für eine fremdinitiierte Fremdreparatur typische [no, I mean]-Format realisiert. Der Versuch bleibt diskursiv erfolglos: Toula reagiert erneut lediglich auf ein einzelnes Stichwort. Sie interpretiert das Verb "sehen" in der Vorgängeräußerung als Verweis auf eine mögliche Unabsichtlichkeit. Dadurch ergibt sich ein diskursiver Rückschritt: die Unangemessenheit des Fahrerverhaltens, über die bereits eine Einigung bestand, wird erneut bearbeitet (Fl. 30ff.).

Die Fehlverständnisse bei der Rekonstruktion der Äußerungen ihrer Gesprächspartnerin sind wahrscheinlich bedingt durch das parallele Sprechen, das bei Toula zu einer selektiven Wahrnehmung i.s. eines "mishearing" (Grimshaw 1980) geführt hat. Aufschlußreich ist aber, was und wie hier selektiv wahrgenommen wurde. Ein deutlicheres Bild des Mißverstehens ergibt sich, wenn man die vermutlich rezipierte Äußerung aus den Reaktionen der griechischen Erzählerin rekonstruiert (Abb. 4).

| tatsächliche Äußerung | gemeinsame Aspekte | aus Folgeäußerung ([ ]) rekonstruiertes Verständnis |
|---|---|---|
| Warum ham die das gemacht? | Tatmotiv | Warum ham die das gemacht? [Weiß no ni(ch).] |
| Weil de Ausländerin bist, oda so? | Ausländer | War das n Ausländer (...), oder so? [Nä, is Deutß.] |
| Ja, aber du. Aber das sehn die ja nich. | optische Wahrnehmbarkeit | Ja, aber du (bist schuld). Aber die sahen dich ja nich. [Nee, ist das nich so, sagt "nich gesehn"] |

Abb. 4: Rekonstruktion des Mißverständnisses

Die Deutung des Tatmotivs als "Rassismus" wird nicht zufällig von der deutschen Sprecherin eingebracht und von der griechischen Sprecherin mißverstanden.[14] Vielmehr kollidieren hier zwei verschiedene Lebenswelten. Während von der deutschen Zuhörerin der Status der Erzählerin als Ausländerin miteinbezogen wird, ist für diese die Frage der Täter-Beschreibung als Deutscher oder als Ausländer naheliegender. Auch aus den rekonstruierten Äußerungen ergibt sich eine Argumentationskette, die allerdings in ganz anderer Weise gelagert ist. Sie stellt sich etwa folgendermaßen dar: "Warum ham die/hat der das gemacht? War der Täter ein Ausländer, dem man sowieso unerklärbare Motive unterstellen kann? Wenn er ein Deutscher war, war es bestimmt keine Absicht, sondern ein Versehen, er hat dich nicht gesehen." Die ursprüngliche Äußerung wird also in der Rezeption genau in ihr Gegenteil verkehrt. Eine Aufklärung dieser Fehlinterpretation erfolgt jedoch nicht. Vielmehr "steigt" die deutsche Zuhörerin letztlich auf den Handlungsplan der Griechin "um".[15] Die ihr fälschlicherweise unterstellte Argumentation verbleibt damit die diskursiv gültige.

Das oben diskutierte Mißverstehen weist darauf hin, daß dem Handeln der Gesprächspartnerinnen z.T. andere Erklärungen und Erfahrungen zugrundeliegen. Dies bestätigt sich auch im Folgediskurs, in dem erneut die Frage der Deutung des Erlebnisses aufgegriffen wird. Toula deutet den Übergriff als "Spaß" (Fl. 39) - eine Wertung, die die deutsche Gesprächspartnerin ablehnt, obwohl Toula auf ein Erfahrungswissen verweist. Ihre Zuhörerin präsentiert im folgenden eine alternative Erklärung (Angst vor der Polizei, Trunkenheit, möglicher Führerscheinverlust, s. B11), die andere Aspekte der erzählten Geschichte aufgreift. Toula bestätigt diese Deutung ausdrücklich (Fl.41). Sie schließt im folgenden einen erneuten Erzähldurchlauf durch die Nachgeschichte (Polizeibesuch) an. Dabei präsentiert sie zugleich eine andere Interpretation, wobei sie jedoch die beiden verbalisierten Momente "Angst vor der Polizei" und "besoffen" übernimmt. Der Handlungsverlauf ist für Toula ein Indiz dafür, daß bei dem flüchtigen Fahrer etwas 'mit den Papieren nicht stimmt'. Letztlich verbleibt es in der Deutung der Geschichte also bei einer Übereinstimmung, die durch die singuläre Anknüpfung an verbalisierte Wissenselemente suggeriert wird.

## 5. Verständigungsprozeß und Handlungszweck

Ausgehend von dem konkreten Beispiel einer Alltagserzählung wurde in den §§ 2, 3 und 4 der Zusammenhang von Störung, Reparatur und Verständigungsprozeß in der interkulturellen Kommunikation diskutiert. Es zeigten sich verschiedene Aspekte, die die Kommunikation zwischen Mutter- und FremdsprachensprecherInnen belasten:
- Störungen im Äußerungsakt aufgrund fremdsprachlicher Realisierungsprobleme

---
[14] Zur Thematisierung und Dethematisierung von Rassismus s. Koole & ten Thije (1994a).
[15] Zum "Umsteigen" s. Rehbein (1984).

- prozedurale Vagheiten in den sprachlichen Handlungen der Fremdsprachensprecherin (z.T. bedingt durch Interferenzen aus der Erstsprache)
- sich aus diesen beiden Aspekten ergebende Verstehenslücken auf Seiten der muttersprachlichen Gesprächspartnerin
- Mißverstehen von Äußerungen aufgrund unterschiedlicher Erfahrungs- und Erklärungshorizonte.

Ein auffallendes Phänomen im vorliegenden Diskurs bildete die Tatsache, daß die oben genannten kommunikativen Störungen relativ selten eine Bearbeitung durch explizite Reparaturaktivitäten erfuhren. Vielmehr scheinen notwendige Reparaturen in vielen Fällen lediglich mental durchgeführt zu werden, oder aber es wird gänzlich auf sie verzichtet. Zu beobachten waren im vorliegenden Diskurs folgende Phänomene:
- formale Verschmelzung von Reparaturinitiierungen mit inhaltlichen, auf die Fortsetzung des Handlungsmusters *Erzählen* bezogenen Nachfragen
- Inkaufnahme von Verstehenslücken
- Ignorieren von Mißverständnissen
- Verdecken von Nichtverstehen durch die Wiederaufnahme von vereinzelten Stichworten
- Verdecken von Nichtverstehen durch z.T. unpassende Verstehenskundgaben, verstärkte Realisierung von Anteilnahme ("make up"-Strategien).

In der Analyse des Erzählablaufs zeigte sich, daß der Verzicht auf interaktive Reparaturen zu einem parallelen Fehlverstehen der Beteiligten führen kann. Es zeigte sich ferner, daß Interaktanten u.U. auf das Fehlverstehen ihres Gesprächspartners "umsteigen", sich eine unzutreffend gefüllte Verstehenslücke somit diskursiv als gemeinsame Grundlage des weiteren Handlungsprozesses etabliert. Dies kann u.U. soweit führen, daß das Gemeinte bzw. Gesagte sich in sein Gegenteil verkehrt.

Die Befunde weisen insgesamt auf die Brüchigkeit, durch die das sprachliche Handeln in der Kommunikation zwischen Mutter- und FremdsprachensprecherInnen gekennzeichnet ist. Vor diesem Hintergrund stellt sich die Frage, inwieweit der Zweck des Handlungsmusters *Erzählen* in der vorliegenden Kommunikation erreicht wurde. Betrachtet man die Entscheidung zwischen Reparatur und Reparaturverzicht, so zeigt sich in der Handlungssituation ein grundlegendes Paradox. Als Voraussetzungssicherungen für den Handlungsfortgang stehen Reparaturen in einem konkurrierenden Verhältnis zu seiner tatsächlichen Durchführung. So scheinen Reparaturen angesichts des notwendigen Ausmaßes an Bearbeitung u.U. die schlechtere Option zu sein, weil sie einen interaktionalen Aufwand erfordern und den Fortlauf des übergeordneten Handlungsmusters zeitweilig unterbrechen (vgl. auch Coupland et al. 1991). Zum anderen verweisen reparative Muster auf das, was sie bearbeiten sollen: auf den Verlust von Gemeinsamkeit als Grundlage der Interaktion. Der Aufweis von Nichtgemeinsamkeit steht jedoch dem Zweck des Erzählens, der ja gerade in der Herstellung von Gemeinsamkeit liegt, konträr entgegen. Diese Widersprüchlichkeit der Anforderungen wird in dem vorliegenden Gespräch in unterschiedlicher Weise aufgefangen. Zum einen werden die Optionen "Klärung" versus "Handlungsfortsetzung" nicht als strukturelle Alternativen realisiert, sondern ineinandergeschoben. Dadurch wird der größere diskursive Aufwand, den Reparaturen mit sich bringen, in den Erzählverlauf hineinverlegt. Zum anderen wird Gemeinsamkeit in einem 'short cut'-Verfahren hergestellt, werden Divergenzen ausgeblendet und verstehenssichernde Kundgaben funktional umorientiert.

Insgesamt zeigt sich, daß die Erzählung den Zweck der Erfahrungsübermittlung und Erarbeitung einer geteilten Deutung in großen Zügen verfehlt. Vergemeinschaftet werden lediglich singuläre Wissenselemente. Zugleich wird aber der Zweck der Erzählung gerade dadurch realisiert, daß von den Beteiligten auf ein gemeinsames Wissen verzichtet wird und sogar falsche Interpretationen in Kauf genommen werden. Die Herstellung von Gemeinsamkeit als solche wird damit gegen das Verstehen der Inhalte ausgespielt, über die Gemeinsamkeit hergestellt werden soll. Die "gemeinsame Welt" der Beteiligten ist eine Welt des Vollzugs, nicht eine Welt geteilten Wissens - dies, obwohl eine der häufigsten Formeln in diesem Gespräch "weißt du" ist. Für interkulturelle Kommunikationssituationen zeigt sich, daß nicht nur die Fähigkeit zur Aufklärung von Mißverständnissen eine wesentliche Bedingung für das sprachliche Handeln ist. Es ist auch und gerade die Fähigkeit, Nicht-Verstehbarkeit ertragen und Brüche in der Handlungssituation hinnehmen zu können, d.h. der Verzicht auf das Ziel gelingender Verständigung, die den Verständigungsprozeß in diesem Fall aufrechterhält.

## Literatur

Bühler, Karl (1934). *Sprachtheorie: Die Darstellungsfunktion der Sprache.* Stuttgart: G. Fischer.

Coupland, Nikolas, Wiemann, John M. & Giles, Howard (1991). Talk as "Problem" and Communication as "Miscommunication": An Integrative Analysis. In: Coupland, N., Giles, H. & Wiemann, J. M. (eds.), *"Miscommunication" and Problematic Talk.* Newbury Park/London/Delhi: Sage, 1-17.

Dausendschön-Gay, Ulrich, Gülich, Elisabeth & Krafft, Ulrich (1995). Exolinguale Kommunikation. In: Fiehler, R. & Metzing, D. (Hrsg.), *Untersuchungen zur Kommunikationsstruktur.* Bielefeld: Aisthesis, 85-117.

Ehlich, Konrad (1980). Der Alltag des Erzählens. In: Ehlich, K. (Hrsg.), *Erzählen im Alltag.* Frankfurt a.M.: Suhrkamp, 11-27.

Ehlich, Konrad (1981). Spracherfahrungen - Zu Spracherwerbsmöglichkeiten und -bedürfnissen ausländischer Arbeiter. In: Nelde, Peter H. et al. (Hrsg.), *Sprachprobleme bei Gastarbeiterkindern.* Tübingen: Narr, 23-40.

Ehlich, Konrad (1991). Funktional-pragmatische Kommunikationsanalyse - Ziele und Verfahren. In: Flader, D. (Hrsg.), *Verbale Interaktion.* Stuttgart: Metzler, 127-143.

Ehlich, Konrad & Rehbein, Jochen (1986). *Muster und Institution. Untersuchungen zur schulischen Kommunikation.* Tübingen: Narr.

Fiehler, Reinhard (1990). *Kommunikation und Emotion. Theoretische und empirische Untersuchungen zur Rolle von Emotionen in der verbalen Interaktion.* Berlin/New York: de Gruyter.

Gass, Susan M. & Varonis, Evangeline (1991). Miscommunication in Non-native Speaker Discourse. In: Coupland, N., Giles, H. & Wiemann, J. M. (eds.), *"Miscommunication" and Problematic Talk*. Newbury Park/London/New Delhi: Sage, 121-145.

Grimshaw, Allen D. (1980). Mishearings, Misunderstandings, and Other Nonsuccesses in Talk: A Plea for Redress of Speaker-Oriented Bias. In: *Sociological Inquiry 50*, 31-74.

Hoffmann, Ludger (1989). Zur Bestimmung von Erzählfähigkeit. Am Beispiel zweitsprachlichen Erzählens. In: Ehlich, K. & Wagner, K. (Hrsg.), *Erzähl-Erwerb*. Bern u.a.: Lang, 63-88.

Jakovidou, Athansia (1994). Dimensionen der Verständlichkeit im "Foreigner-Talk". In: *Linguistische Berichte 152*, 301-313.

Jefferson, Gail (1972). Side Sequences. In: Sudnow, D. (ed.), *Studies in Social Interaction*. New York: The Free Press, 294-334.

Knapp, Karlfried & Knapp-Potthoff, Annelie (1990). Interkulturelle Kommunikation. In: *Zeitschrift für Fremdsprachenforschung 1*, S. 62-93.

Koole, Tom & ten Thije, Jan D. (1994). *The Construction of Intercultural Discourse. Team Discussions of Educational Advisors*. Amsterdam/Atlanta: Rodopi.

Koole, Tom & ten Thije, Jan D. (1994a). Thematising and Unthematising Racism in Multicultural Teams. In: Pürschel, H. et al. (eds.), *Intercultural Communication. Proceedings of the 17th International L.A.U.D. Symposium Duisburg 1992*. Frankfurt: Lang, 187-215.

Kotthoff, Helga (1991). Lernersprachliche und interkulturelle Ursachen für kommunikative Irritationen. Zugeständnisse und Dissens in deutschen, anglo-amerikanischen und in nativ-nichtnativen Gesprächen. In: *Linguistische Berichte 153*, 375-397.

Labov, William (1980). Der Niederschlag von Erfahrungen in der Syntax von Erzählungen. In: Labov, W., *Sprache im sozialen Kontext*. Königstein/Ts.: Athenäum, 287-328.

Liedke, Martina (1994). *Die Mikro-Organisation von Verständigung*. Frankfurt a.M.: Lang.

Quasthoff, Uta M. (1980). *Erzählen in Gesprächen: Linguistische Untersuchungen zu Strukturen und Funktionen am Beispiel einer Kommunikationsform des Alltags*. Tübingen: Narr.

Redder, Angelika & Rehbein, Jochen (1987). Zum Begriff der Kultur. In: Redder, Angelika & Rehbein, Jochen (Hrsg.), Arbeiten zur interkulturellen Kommunikation. *Osnabrücker Beiträge zur Sprachtheorie 38*.

Redder, Angelika (1990). *Grammatiktheorie und Sprachliches Handeln: "denn" und "da"*. Tübingen: Niemeyer.

Rehbein, Jochen (1984). *Reparative Handlungsmuster und ihre Verwendung im Fremdsprachenunterricht*. Roskilde: Universitetscenter ( = ROLIG papir 30).

Rehbein, Jochen (Hrsg.) (1985). *Interkulturelle Kommunikation*. Tübingen: Narr.

Rost-Roth, Martina (1990). Reparaturen und Foreigner Talk - Verständnisschwierigkeiten in Interaktionen zwischen Muttersprachlern und Nichtmuttersprachlern. In: *Linguistische Berichte 125*, 24-45.

Rost-Roth, Martina (1994). Verständigungsprobleme in der interkulturellen Kommunikation. Ein Forschungsüberblick zu Analysen und Diagnosen in empirischen Untersuchungen. In: *Zeitschrift für Linguistik und Literaturwissenschaft 93*, 9-45.

Sacks, Harvey, Schegloff, Emmanuel A. & Jefferson, Gail (1977). The Preference for Self-Correction in the Organization of Repair in Conversation. In: *Language 53*, 361-382.

Searle, John R. (1972). What is a Speech Act? In: Searle, J.R., *The Philosophy of Language*. Oxford: Oxford University Press, 39-53.

Schwitalla, Johannes (1988). Erzählen als die gemeinsame Versicherung sozialer Identität. In: Raible, W. (Hrsg.), *Zwischen Festtag und Alltag*. Tübingen: Narr, 111-132.

Selting, Margret (1987). *Verständigungsprobleme. Eine empirische Analyse am Beispiel der Bürger-Verwaltungs-Kommunikation*. Tübingen: Niemeyer.

Wildgen, Wolfgang (1978). Zum Zusammenhang von Erzählstrategie und Sprachbeherrschung bei ausländischen Arbeitern. In: Haubrichs, Wolfgang (Hrsg.), *Erzählforschung. Theorien, Modelle und Methoden der Narrativik*. ( = Zeitschrift für Literaturwissenschaft und Linguistik, Beiheft 8).

## Transkriptanhang: Der Unfall

Aufnahme: Liedke 1985, Transkription: Liedke 1:100, Transkriptionsverfahren: HIAT
Sprechersiglen: T = griechische Erzählerin; S = deutsche Zuhörerin
Vordiskurs: vermutetes Eintreffen der Kinder, Folgediskurs: Aufbruch von S

| 1 | T | Weißt du, (un) vorgester(n)is Unfall passiert bei mir, ich da steht, weißt du, mit Flitsa, hh |
|---|---|---|
| 2 | T | und die kommt die Auto vobei, ßon gesehn, (ne,) vobei. hh Kommt zurück.., slagen mir, |
| 3 | T | ne. un dann wieda vorne gefahren.                                    I ßon gesehn, |
|   | S | Wie schlä/ äh wie ham die dich geschlagn? |
| 4 | T | weißt du. Ich bin steht 'ier mit die Flitsa, ich soba gemacht.   Un da die vobeigegang,. |
|   | S | Jà.                                                Jà. |
| 5 | T | weißt du, hh un dann zuruck,. nicht mit diiie. wai/ wie heiße/ öh so egal mit eine Auto jetzt, |
|   | S | Jà.                              Jà. |
| 6 | T | kommst du vorne, ne.   Die kommt,. slagen mir in die Fuß,. un dann wieder vorne gegang. |
|   | S | Jà. |
| 7 | T | Jaâ.          Jà!. Und äh. tieser Zeit eh bei mi(ch) is dunkel, ne,.is |
|   | S | Warum das denn? Absichtlich, oder/                              Jà. |
| 8 | T | eine Frau da vobei und sagt, "Kuck, die is (ass/). in ääh Bürgerstein is tot, un ( ) kanix:". |
| 9 | T | weißt, du, die/ hh Aba ist/.i(ch) schon gesehn, nur eine blaue Bluse geanziehn, weißt du. |
|   | S | Jà. |
| 10 | T | Ist das/ wann vobei iss. Frau, is das die Mann,. mit Auto. Un |
|    | S | War n Mann oder ne Frau?                             / tz / |
|    |   |                                              /_ schnalzt |
| 11 | T | dann ich sacht, "Eei (      ), bißchen aufpassen", ne. (un) sacht zu mir, "Mach deinen |
| 12 | T | Mu(n)/ ääh deine Snauzee. zu, un dann ich kommst runder." Ich sacht," Ja, kommst du |
| 13 | T | runder." Ich kanix (tu) anrufen Polizei, (was) die sacht, /_ "Ja Eßuldigun, is ni gesehn," _/ |
|    |   | /_ mit verstellter Stimme |
| 14 | T | jà.  Is nichts so ööh. zuviel, und sa(a) hh, "Willst du in Arzt?" oder sowas, ne. |
|    | S | Ja, jà.   Jà. |
| 15 | T | Freundlicht. hh Un die kanix gesagt und (nur) großes ääh (w/). Snauze vor mir gemacht. Un |
| 16 | T | dann ich anrufe die Polizei.   Und die Polizei gemessen und alles, und drei Stunde hier |
|    | S | Und? |
| 17 | T | wart mit Polizei, wann die gekomm(t). Die nich gekommt!. Und die Polizei sagt, die vielleiht |

| | | |
|---|---|---|
| 18 | T | kommt, un dann gesehn da i./ Polizei da steht, und die kanix rausgekommt, i glaube, in |
| 19 | T | Restorang geh(t). drin, weißt du? Und dann die Polizei da vastecken, die kommt eine von |
| | S | Hm, hm. |
| 20 | T | Restorang raus, un dann die kuckt, wann die Polizei da. Wann die Polizei weg,. in chalbe |
| 21 | T | Stunde die kommt die Auto gan(z) ßnell, nimm und weg. Wann (die) Polizei gekommt, |
| 22 | T | sacht, "Die (is) ßon weg? Ja," sacht, "warum nicht anmelden?" Bei: Spiro/ Spiro sagt, hh |
| 23 | T | "muß sofort melden bei Polizei, wann die weg," ne? ("Ja,") sacht, "gut, ich muß sofort |
| | S | Jà, jà, /_(hm)_/ |
| | | /_leise |
| 24 | T | melden p/ von: Witten. In Witten." |
| | S | ((atmet tief ein, stößt laut Luft/ Rauch aus)) /_ Komisch._/ |
| | | /_leise, nachdenklich |
| 25 | T | Weißt du, is das/ ja, zu Weispiel kommt vorne, nicht gesehn mir, bleibn da is: |
| 26 | T | ja. Aba die kommt mir, slagen un dann wieda zuruck. |
| | S | Jà, ja jà. ... ((5 sec))... Pff!. Ne |
| 27 | T | ((Kunde ist am Schiebefenster der Trinkhalle, T geht zum Fenster, öffnet |
| | S | Unverschämthei(t)! |
| 28 | T | die Schiebetür, spricht mit dem Kunden, das Gespräch dauert ca.30 sec)) |
| 29 | T | /_Weiß no ni(ch)._/ Nä, is |
| | S | Aba was meinse, warum ham die das gemacht? Weil de Ausländerin bist, oder so? |
| | | /_ leise |
| 30 | T | Deutß. (I)s Deutß. Is(:t die arbeiten.) (I) nee, is das. nich mit so Wagen, |
| | S | (Nö, ne?) Ja, aber du. Aber das sehn die ja nich. |
| 31 | T | viellai sacht, "nich gesehn". Is die frei, weißt du, Jeep is das, die Ding da, weißt du? |
| 32 | T | Ganix so is: aaah, alle auf! Un die gesehn mir. Sacht, "nich gesehn"? Nich so zu |
| | S | Jà. /_ Ja, jà._/ Tss! |
| | | /_ leise |
| 33 | T | Weispiel mit eine, nich in Spiegel kucken, nich gesehn. Is das so, sowieso is alle auf. ...((4 |
| 34 | T | sec))... (N) un dann (gehn) vorgester die Brief in Polizei (gegang), un dann gester anrufen, |
| 35 | T | sagt zu mir, "So passiert is, chas du noch Smerzen," und sagt, "Ja, ich gehn nochmal Freitag |
| 36 | T | in Arz,. mach nochmal runtchen." hh Nich so stärka Smerze, in/. Bran/ n/ pf/ wie heißt das, |

37 | T: nich Braan(d). so is:/ Brennt dadrin. Weißt du, bei/ Ja.
   | S: Brennt. /_ Tz. / Warse auch beim Arzt deswegn, ne?
   | /_ schnalzt

38 | T: Tie komm(t) äh t/tieser Zeit. ganz alle drunden.. Sagt, "Was, (was /_ denn)?"... / ((3sec))...
   | /_ lachend

39 | T: Die viellaich Spaß gemacht, weißt du. (Ja), soviel Leuten so. Wann
   | S: /_Nee. Guter Spaß. Pff!_/
   | /_ ironisch

40 | T: mach Spaß.
   | S: ..hh Ja weiße, vielleicht warn die auch betrunkn, oda so,. und hattn Angst vor

41 | T: Jaaȧ. Und die gesacht, "Jaa äh Moment, ersmal
   | S: der Polizei, dann is Führerschein weg, ne.

42 | T: kucken." Die a(n)rufen,. tie nimmt tie Nummer und die a(a)rufen,. weißt du, die vielleicht is

43 | T: ni(ch) gut. Wann is (ßusp), die Papier is alles gut, ne. Gesach(t) "ff, Ja (gut)", nimmt die

44 | T: Nummer und dann weg. Aber tie alle gekuckt und dann warten wieda. Weißt du, die
   | S: Hm̌.

45 | T: vielleiht nochmal (p)/ festgenommen von besoffen. Aber sonst nicht warten da die
   | S: Jȧ. Hm̌.

46 | T: Polizei, wenn die kommt. Immer alle den bes/ un deer. ( ) Polizei eine. ääh/ die sacht, "Is du

47 | T: sofort melde(n) bei Polizei.", einee kleine ( ) gelassen. (Mit) Polizei, aber die, i

48 | T: glaube, is nicht gemeldet bei Polizei.
   | S: Hm̌. ...((7 sec))...

# Kommunikative Störungen in Beratungsgesprächen

Problempotentiale in inter- und intrakulturellen Gesprächskontexten

*Martina Rost-Roth*

## 1. Einführung

Anliegen dieses Beitrags ist es, kommunikative Störungen in Beratungsgesprächen vergleichend für inter- und intrakulturelle Gesprächskonstellationen zu analysieren und hierüber zu einer Differenzierung von Problembereichen und Problempotentialen für verschiedene Gesprächskontexte zu gelangen. Obgleich es zahlreiche Befunde zu kommunikativen Störungen in einzelnen Studien zu unterschiedlichen Gesprächsbereichen gibt, fehlt bislang eine systematische Auseinandersetzung mit Kontextvergleichen und methodischen Problemen.

Hier ist also nicht nur von Interesse, wie sich kommunikative Störungen in interkulturellen Beratungsgesprächen von kommunikativen Störungen in intrakulturellen Beratungsgesprächen unterscheiden, sondern leitend sind vielmehr auch generellere Fragestellungen:

- Wie können kommunikative Störungen empirisch erfaßt werden?
- Welche Verbindung besteht zwischen der Vorstellung von kommunikativen Störungen und 'dem Funktionieren' von Kommunikation?
- Wie unterscheiden sich interkulturelle Kontakte von intrakulturellen Kontakten in Hinblick auf die Störungsanfälligkeit?
- Welche Störungen zeigen Verbindungen zum Diskurstyp 'Beratungsgespräch' und institutioneller Kommunikation allgemein?
- Welche Rückschlüsse lassen sich aus den empirisch nachvollziehbaren Störungsmanifestationen auf theoretisch verallgemeinerbare Problembereiche und Problempotentiale in unterschiedlichen Gesprächskontexten ziehen?

In Teil 2 wird die Datenbasis aus einem Projekt zu Kommunikationsproblemen in Beratungsgesprächen im Hochschulbereich vorgestellt. In Teil 3 werden in einem kursorischen Forschungsüberblick Befunde aus verschiedenen Untersuchungen referiert, die in Hinblick auf kommunikative Störungen in Beratungsgesprächen und interkulturelle Kontakte von Interesse sind. In Teil 4 bilden Erörterungen zu Konversationsanalyse und linguistischer Pragmatik den Ausgangspunkt, um das Phänomen 'gestörte Kommunikation' auf der Folie von Vorstellungen über das Funktionieren von Gesprächen einzugrenzen. Diese diskursanalytischen Prämissen werden zusammengefaßt und ein Verfahren zur Erfassung von kommunikativen Störungen in der Datenbasis wird konkretisiert. In Teil 5 finden sich exemplarische Analysen von kommunikativen Störungen. Hierbei werden die Problempräsentationen und Problemlösungsverarbeitungen aus einem interkulturellen Gespräch und einem intrakulturellen Gespräch vergleichend gegenübergestellt. Diese Analysen basieren primär auf den Gesprächsaufzeichnungen und ihren Transkripten und werden durch Daten aus Nachbesprechungen mit den Beteiligten ergänzt. In Teil 6 wird versucht, Problembereiche zu differenzieren, denen die diagnostizierten Störungen zugeordnet werden können. Diese Problembereiche werden abschließend in Hinblick auf die Problempotentiale verschiedener Gesprächskontexte erörtert.

## 2. Datenbasis

Die Datensammlung umfaßt insgesamt ca. 160 Aufzeichnungen von Gesprächssituationen aus Sprechstunden und Studienberatungen im Hochschulbereich. Ein Großteil der Gespräche ist mit Videoaufzeichnungen dokumentiert.[1] Die Beteiligten gaben vor der Aufnahme ihre Einwilligung. Die Aufnahmen wurden an verschiedenen Stellen der Freien Universität Berlin vorgenommen: am Fachbereich Germanistik, bei der allgemeinen Studienberatung, bei speziellen Sprechstunden für ausländische Studierende sowie beim Akademischen Auslandsamt. In den Sprechstunden und Studienberatungen wurden sowohl deutsche als auch ausländische Studierende aufgenommen.[2] In 25 Fällen wurden Nachbesprechungen mit den Beteiligten durchgeführt, bei denen diese die Gesprächsaufzeichnungen (vor allem Videoaufnahmen) kommentierten.

## 3. Kommunikative Störungen - ein kursorischer Forschungsüberblick

Bevor ein eigener Ansatz dargestellt wird, den Begriff der 'kommunikativen Störung' für eine empirische Herangehensweise zu operationalisieren, soll zunächst ein Forschungsüberblick zeigen, welche Befunde aus anderen Studien zu kommunikativen Störungen, Beratungsgesprächen und interkultureller Kommunikation bereits vorliegen. Dabei wird vorerst ein sehr weites Verständnis von kommunikativen Störungen zugrundegelegt, um das Spektrum erwartbarer oder möglicher Probleme zu umreißen. Von Interesse sind hier Studien aus sehr unterschiedlichen Untersuchungsbereichen:

---

[1] Diese Datensammlung entstand im Rahmen eines von mir koordinierten Projektes zu Kommunikationsproblemen in Sprechstunden und Studienberatungen, das von der FNK (Komission für Forschung und wissenschaftlichen Nachwuchs) der Freien Universität finanziert wurde. Beteiligt an diesem Projekt waren Norbert Dittmar und Bernt Ahrenholz. An dieser Stelle sei Gisela Klann-Delius ganz herzlich für ihre Unterstützung bei der Antragstellung gedankt. Herzlich gedankt sei auch Matthias Dannenberg für seine Unterstützung des Projektes als Verwaltungsleiter des Fachbereich Germanistik. Besonderer Dank gilt all denen, die sich mit Aufzeichnungen ihrer Beratungsgespräche einverstanden erklärten und teilweise auch für Nachbesprechungen zur Verfügung standen, obgleich dies in Anbetracht der Brisanz vieler Anliegen sicher oft nicht leicht fiel.

[2] Da in vielen Fällen die gesamten Sprechstunden- und Beratungszeiten aufgezeichnet wurden, spiegeln sich die entsprechenden Anteile der einzelnen Nationalitäten der studentischen Klientel in der Datensammlung. Relativ stark sind Studierende aus Korea und Osteuropa sowie aus romanischsprachigen Ländern vertreten.

- Untersuchungen zu Beratungsgesprächen,
- Untersuchungen zu institutioneller Kommunikation,
- Untersuchungen zu interkultureller Kommunikation,
- Untersuchungen zu Interaktionen zwischen Muttersprachlern und Nichtmuttersprachlern,
- Untersuchungen zu Verständigungsproblemen,
- Untersuchungen zu konfliktären Gesprächssituationen.

Von besonderer Bedeutung in Hinsicht auf den hier interessierenden Untersuchungsgegenstand sind die bereits vorliegenden Analysen von Beratungsgesprächen in interkulturellen Kommunikationen. Schon in den frühen Untersuchungen von Gumperz (1982) und Gumperz et al. (1979) bildeten Beratungsgespräche den Ausgangspunkt für grundlegende Darstellungen von Fehlkommunikationen in interkulturellen Kommunikationen. Als Ursachen für Mißverständnisse werden u.a. kulturelle Unterschiede bei der Strukturierung von Information und von Argumentationen gesehen. Eine besondere Rolle spielt im Rahmen dieses Ansatzes die Auseinandersetzung mit sog. Kontextualisierungshinweisen, i.e. kulturspezifisch konventionalisierten Sprechweisen, die dafür bestimmend sind, wie bestimmte Mitteilungen verstanden werden sollen.[3] Da solche Kontextualisierungshinweise quasi als natürlich betrachtet werden und kulturelle Unterschiede dieser Art meist nicht bewußt sind, liegt hierin ein besonderes Potential für Fehlkommunikation und Mißverständnisse.[4]

Welche Rolle kulturspezifische Wissensbestände über außersprachliche Problembereiche spielen können, zeigen insbesondere Arbeiten aus dem Bereich der linguistischen Pragmatik. Rehbein (1985) zeigt dies am Beispiel von medizinischen Beratungen aus dem deutsch-türkischen Bereich. Backa (1987) analysiert eine Beratungssituation in einem Ausländerzentrum und zeigt, daß gerade aus informelleren Beratungssituationen Probleme für ausländische Klienten entspringen, da Voraussetzungen, die in formellen Situationen von vornherein festgelegt sind, erst ausgehandelt werden müssen, und sich diese notwendige Aushandlung gerade für Nichtmuttersprachler erschwerend auswirken kann. Kotthoff (1989) zeigt am Beispiel von deutsch-amerikanischen Kontrasten, wie kulturelle Differenzen und lernersprachliche Defizite in Hinblick auf Gesprächseröffnungen und -beendigungen sowie Argumentationen problematisch werden können. Ergebnis ihrer Untersuchung zu Sprechstunden im universitären Kontext ist, daß im interkulturellen Kontakt nicht nur Transferphänomene, sondern auch lernersprachliche Eigenheiten Gesprächsverläufe und -ergebnisse negativ beeinflussen können. Günthner (1993) untersucht deutsch-chinesische Kontakte, wobei insbesondere auch die Problematik kulturspezifischer Kontextualisierungshinweise sowie der Umgang mit Verständigungsproblemen untersucht wird. Günthner (1992) analysiert, inwiefern sich

---

[3] So kann z.B. durch prosodische Strukturen festgelegt sein, ob eine Äußerung als Bitte oder als Befehl zu verstehen ist.

[4] Vgl. auch Auer (1990) zu einer Weiterentwicklung des Kontextualisierungsansatzes.

Identitätsfaktoren wie kulturelle Zugehörigkeit, institutionelle Zugehörigkeit und Geschlechtszugehörigkeit in unterschiedlichen Diskursstilen in Beratungssituationen manifestieren. Auch Hinnenkamps (1989) Analysen von behördlicher Kommunikation geben in verschiedener Hinsicht Aufschluß über Probleme und Problembewältigungen in Beratungssituationen (u.a. Umgang mit Verständigungsproblemen, 'kontrakonfliktive Verfahren', Diskriminierung und Reproduktion gesellschaftlicher Strukturen), wobei vor allem auch eine Verbindung von Mikro- und Makrostrukturen bei der Analyse angestrebt wird.

Zusammenfassend kann für den gesamten Forschungsbereich 'interkulturelle Kommunikation' festgestellt werden, daß primär Verständigungsschwierigkeiten und Fehlkommunikationen untersucht werden.[5] Von daher geht Rost-Roth (1994a) in einem Forschungsüberblick zu interkultureller Kommunikation der Frage nach, welche Arten oder Ursachen von Verständigungsproblemen und Fehlkommunikationen jeweils diagnostiziert werden. Hier zeigt die Zusammenstellung der Befunde, daß sehr unterschiedliche Ausschnitte des Phänomens 'Verständigungsprobleme in der interkulturellen Kommunikation' fokussiert werden - z. B. einzelne Sprechhandlungen, situative Kontexte, kulturspezifisches Hintergrundwissen, unterschiedliche Sprachkompetenzen oder soziale Dimensionen wie Gruppenidentität und Diskriminierung -, der Komplexität der Problematik jedoch nur schwer umfassend Rechnung zu tragen ist.

Auch in diskursanalytischen Studien zu Beratungsgesprächen und behördlicher Kommunikation[6] nehmen Analysen von Kommunikationsproblemen einen breiten Raum ein: Nothdurft (1984) befaßt sich eingehend mit der Phase der Problempräsentation in Beratungsgesprächen. Wenzel (1984) differenziert anhand von Sozialamtsgesprächen 'verständigungsfördernde' und 'verständigungsfeindliche' Strategien. Selting (1987) befaßt sich mit Verständigungsproblemen in der Bürger-Verwaltungs-Kommunikation und trifft eine generelle Unterscheidung von lokalen und globalen Verständigungsproblemen. Analysiert werden unterschiedliche Arten von Verständnisschwierigkeiten und die Systematik sprachlicher Mittel zu ihrer Signalisierung.

Auch in Analysen zu 'professionellem Handeln' in kommunikationsintensiven Berufen und Analysen von institutionellen Kommunikationen aus dem Bereich der angewandten Linguistik finden sich zahlreiche Hinweise auf mögliche Kommunikationsprobleme. Becker-Mrotzek (1991) bringt kommunikative Probleme mit den folgenden Umständen in Verbindung: unterschiedliche Wissensbestände ('Institutionswissen der Professionellen' vs. 'Alltagswissen der Klienten'), unterschiedliche Handlungserfahrungen ('Routine' vs. 'Singularität'), unterschiedliche Handlungsinteressen ('Aufgabenorientiertheit' vs. 'Betroffenheit') und asymmetrische Auf-

---

[5] So z. B. Rehbein (1985a, 9): "Eines der Schlüsselprobleme interkultureller Kommunikation sind fehlschlagende Kommunikation ('miscommunication') oder auch Mißverständnisse ('misunderstanding')."

[6] Es geht in der vorliegenden Arbeit um Beratungsgespräche, die im institutionellen Kontext der Hochschule geführt werden, wodurch Voraussetzungen behördlicher Kommunikation relevant werden.

gabenverteilungen. Als Problemursachen werden ferner angeführt: Überführung von alltäglichen Sachverhalten in institutionelle Kategorien, Dominanz der Institution und Musterbrüche durch Instititutionsvertreter. Ehlich, Becker-Mrotzek & Fickermann (1989), die sich speziell an Angehörige kommunikationsintensiver Berufe in Verwaltungen wenden, weisen auf die folgenden Probleme hin: zu wenig Raum zur Problemdarstellung von Klienten, zu wenig Erläuterungen bei Problemlösungen, Unverständlichkeit durch Fachterminologie der Bürokratie, fehlende Information durch nicht verfügbare Dokumente oder überfordertes Erinnerungsvermögen. In den Analysen von Nothdurft, Reitemeyer & Schröder (1994) wird besonders auf Problempotentiale eingegangen, die in der Beratungskonstellation selbst angelegt sind. Dabei werden institutionelle und situative Vorgaben, die eine explizite Verbalisierung des Beratungsanlasses in Verbindung mit der Gesprächseröffnung oder Problempräsentation eigentlich überflüssig machen, als sog. 'Ressourcen' bezeichnet. Einzelne Analysen zeigen, daß gerade solche impliziten Kontextvorgaben verstärkt zu Mißverständnissen und Fehlinterpretationen führen können. Ein weiteres Problempotential liegt in den Perspektivendivergenzen der Beteiligten, insofern Berater und Ratsuchende unterschiedliche Vorkenntnisse und Ziele in die Beratungssituation einbringen.[7] Auch dies sind der Beratungssituation immanente Bedingungen, die sich jedoch in unterschiedlichem Maß und in unterschiedlicher Weise auswirken und u.U. problematisch werden können.

Da interkulturelle Kontakte häufig mit unterschiedlichen Sprachkompetenzen und Problemen des Spracherwerbs einhergehen, können auch Verständigungsprobleme und kommunikative Störungen, die aus der Interaktionskonstellation Muttersprachler/Nichtmuttersprachler bzw. Beschränkungen lernersprachlicher Kompetenzen resultieren, die interkulturelle Beratungssituation beeinflussen. Verschiedene Untersuchungen zu Interaktionen zwischen Muttersprachlern und Nichtmuttersprachlern zeigen hier (insbesondere Noyau & Pourquier 1984, Varonis & Gass 1985, Bremer et al. 1988, Reich & Rost-Roth 1993 sowie Bremer 1995 und 1997), wie unterschiedliche Sprachkompetenzen zu vermehrten Verständigungsproblemen und einem erhöhten Reparaturbedarf führen. Dabei wird immer wieder versucht, die unterschiedlichen Ursachen und Arten von Störungen zu klassifizieren. Speziell in Untersuchungen zu 'Foreigner Talk' und 'Xenolekten' steht die Frage danach im Vordergrund, welche Strategien und Taktiken Muttersprachler in Interaktionen mit Nichtmuttersprachlern anwenden, um Verständigungsprobleme schon im Vorfeld durch Anpassung an nichtmuttersprachliche Kompetenzen zu vermeiden oder bereits aufgetretene Verständigungsprobleme zu beseitigen (vgl. hierzu Long 1981 und 1982, Hinnenkamp 1982 und 1989, Roche 1989, Rost 1990 sowie Jakovidou 1993).

Des weiteren sind auch generellere Untersuchungen zu Verständigungs- und Verstehensproblemen von Interesse, wobei auch in diesem Bereich die Frage nach verschiedenen Arten und Ursachen von Störungen im Vordergrund steht (insbeson-

---

[7] Für allgemeine Probleme institutioneller Kommunikation vgl. Koerfer (1994), Ehlich & Rehbein (1994) und Becker-Mrotzek (1992).

dere Kindt & Weingarten 1984, Weingarten 1988, Selting 1987, Kindt & Laubenstein 1991).

Aufschlußreich in Hinblick auf kommunikative Störungen sind nicht zuletzt auch Untersuchungen zu konfliktären Gesprächssituationen, die vor allem darauf abzielen, den Begriff des Konfliktes für Gesprächsanalysen zu operationalisieren und sprachliche Mittel für die Austragung von Konflikten sowie konfliktäre Gesprächsverläufe zu analysieren (s. insbesondere Schank & Schwitalla 1987 und Spiegel 1995).

Obgleich hier einzelne Befunde zu kommunikativen Störungen nur ansatzweise skizziert werden konnten, ist zu erkennen, daß die verschiedenen Bereiche vielfältige Anhaltspunkte für eine Analyse von kommunikativen Störungen liefern können. Bezeichnend ist jedoch, daß die Befassung mit Kommunikationsproblemen und kommunikativen Störungen in den angesprochenen Bereichen jeweils anderen Untersuchungsinteressen und Fragestellungen untergeordnet ist und die Analysen von Verständigungsproblemen und kommunikativen Störungen stark auf die jeweiligen Gesprächskontexte und Untersuchungsinteressen ausgerichtet bleiben.

## 4. Überlegungen zu einer gesprächsanalytisch fundierten Beschreibung von kommunikativen Störungen

Methodische Anhaltspunkte für eine Annäherung an das Phänomen 'kommunikative Störungen' und ihre empirische Erfassung finden sich in der Konversationsanalyse ethnomethodologischer Prägung und der handlungsorientierten linguistischen Pragmatik.[8] Auch wenn Auseinandersetzungen zwischen Vertretern dieser Bereiche zuweilen vermuten lassen, daß es sich um nahezu unvereinbare Beschreibungsmodelle und Herangehensweisen handelt, vertrete ich die Auffassung, daß im Zuge einer angewandten Diskursanalyse beiden Richtungen Erklärungswerte zukommen, die sich in der Anwendung auf konkrete Phänomene durchaus ergänzen können. Da aus den jeweiligen theoretischen Prämissen und methodischen Vorgehensweisen unterschiedliche Perspektiven resultieren, eröffnet eine solche Bezugnahme auf unterschiedliche Ansätze auch die Möglichkeit, den Untersuchungsgegegenstand aus unterschiedlichen Blickwinkeln zu betrachten und hierdurch Einsichten in unterschiedliche Aspekte sprachlicher Wirklichkeit zu gewinnen.

Anliegen der ethnomethodologisch orientierten Konversationsanalyse ist, auf der Gesprächsebene Regularitäten von Interaktionen zu rekonstruieren.[9] Dabei nimmt die Beschreibung sequentieller Organisation einen breiten Raum ein. Ausgangspunkt ist die Frage danach, wie die Interaktionspartner ihre Gesprächsbeiträge und Gesprächsaktivitäten koordinieren und somit in wechselseitiger Abstimmung sprachliche Äußerungen und unterschiedliche Gesprächsformen als geordnete Strukturen produzieren. Analysen von solchen Ordnungsstrukturen für sequentielle

---

[8] Natürlich gibt es auch andere gesprächsanalytische Ansätze, die hier jedoch nicht berücksichtigt werden. Für einen Überblick vgl. Brinker & Sager (1989) und Fritz & Hundsnurscher (1994).

[9] Für einen Überblick vgl. Streeck (1983), Heritage (1985) und Bergmann (1994).

Abläufe wurden auf verschiedenen Ebenen vorgenommen, wobei neben Sprecherwechseln vor allem auch Frage-Antwort-Sequenzen, 'adjacency pairs' verschiedener Art, Markierungen von Themenwechseln und Diskontinuitäten sowie Positionen und Prinzipien von Reparaturinitiierungen untersucht wurden. Empirisch kann sich die Konversationsanalyse auf das von ihr beschriebene Prinzip stützen, daß sich die Interaktionsbeteiligten auch selbst wechselseitig signalisieren, wie ihre Äußerungen zu interpretieren sind bzw. interpretiert wurden und an welchen Punkten von Kontinuitäten oder Diskontinuitäten in bezug auf die sequentielle Organisation und Textkohärenz auszugehen ist. Hierdurch liefern die Analysen zur sequentiellen Organisation von Äußerungen und übergeordneten Diskursstrukturen eine Grundlage für Vorstellungen von 'glatten Gesprächsverläufen' und 'gut funktionierenden' Gesprächen. Auch hier zeigt sich, daß die Beteiligten meist dann, wenn Störungen in der sequentiellen Organisation auftauchen, mit Irritationen und kompensatorischen Maßnahmen reagieren. Die Analysen von 'Reparaturen' zeigen, daß im Rahmen dieses Ansatzes auch der Umgang mit Störungen als geordnete Aktivität analysiert werden werden kann. Allgemein gilt in der Konversationsanalyse der methodische Grundsatz, sich bei der Analyse weitmöglichst an den manifesten Aktivitäten der Interaktionspartner zu orientieren, und zu versuchen, ihre Perspektiven zu rekonstruieren. Diese Herangehensweise kann auch für die Analyse kommunikativer Störungen zur Anwendung gebracht werden. Eine aus der Sicht der Konversationsanalyse konsequente Annäherung an das Phänomen kann darin bestehen, zu rekonstruieren, wann die Beteiligten etwas als Störung ansehen und behandeln. Solche Reaktionen auf Störungen wurden umfassend in Hinblick auf Prinzipien der Reparaturinitiierung und Formen sprachlicher Mittel der Störungssignalisierung und -beseitigung beschrieben.[10]

Ausgangspunkt der linguistischen Pragmatik[11] ist die in der Sprechhandlungstheorie wurzelnde Auffassung, daß sprachliche Äußerungen als Handlungsformen zu analysieren sind. In dieser Tradition ist auch das 'Gelingen' von Sprechakten und Sprechhandlungen ein Kriterium, aus dem sich Rückschlüsse auf kommunikative Störungen ziehen lassen. Gesprächsanalysen aus dem Bereich der funktionalen Pragmatik[12] beziehen in ihre Analysen von sprachlichen Handlungen von vornherein soziale Parameter wie 'Rolle', 'Institution', 'Gesprächsziele und -zwecke', 'Wissensbestände' und 'Kulturen' ein. Die Analyse von Fehlkommunikationen und kommunikativen Störungen in empirischen Texten erfolgt u.a. über die Rekonstruktion von Verlaufsstrukturen und Handlungsmustern in Gesprächsverläufen und Diskurstypen. Auf der Folie bestimmter Handlungsmuster lassen sich Störungen z.B. in Zusammenhang mit sog. 'Schleifen', bei denen einzelne Musterpositionen mehrfach durchlaufen werden, diagnostizieren. Auch durch Musterbrüche können Kommunikationsprobleme entstehen. Bei der Analyse von Störungen spielt die Rekonstruktion von Wissen und insbesondere von divergierenden Wissensbestän-

---

[10] S. insbes. Schegloff, Jefferson & Sacks (1977).

[11] Für einen Überblick s. Levinson (1983).

[12] S. hierzu insbes. Ehlich (1991).

den, speziell auch in bezug auf einzelne Institutionen und Gesprächsrollen sowie in bezug auf kulturspezifische Wissensbestände, eine besondere Rolle. Reaktionen auf Störungen und Störungsbeseitigungen der Beteiligten werden in Form von reparativen Handlungsmustern primär unter dem Handlungsaspekt analysiert.[13]

Diese Beschreibungsansätze der funktionalen Pragmatik und ethnomethodologischen Konversationsanalyse werden in der vorliegenden Arbeit als Ausgangspunkt genommen, sich dem Phänomen 'gestörte Kommunikation' empirisch zu nähern. Die Identifizierung von kommunikativen Störungen kann sich dabei Grundannahmen der Gesprächsanalyse über reibungslose Gesprächsverläufe und geordnete Gesprächsstrukturen zunutze machen und sich im wesentlichen auf eine Rekonstruktion der Gesprächsaktivitäten der Beteiligten stützen. Hierzu können insbesondere Problembehandlungen in Form von Reparaturen und reparativen Handlungen als Ansatzpunkt für eine Identifizierung von kommunikativen Störungen genommen werden. Sowohl Aspekte sequentieller Organisation als auch die Handlungsqualität einzelner Äußerungen können hierbei Anknüpfungspunkte für die Analyse von kommunikativen Störungen bieten.

Basierend auf diesen diskursanalytischen Prämissen werden kommunikative Störungen im vorliegenden Korpus von inter- und intrakulturellen Beratungsgesprächen nach den folgenden Kriterien erfaßt:

- Die Gesprächsaufzeichnungen und -transkriptionen werden daraufhin untersucht, inwiefern sich Brüche in Hinblick auf die sequentielle Organisation manifestieren. Solche Brüche und Diskontinuitäten in der sequentiellen Struktur werden sowohl für die Ablauforganisation einzelner Äußerungen als auch für makrostrukturelle Aspekte verfolgt.
- Gesprächssequenzen, in denen Reparaturen vorkommen, werden als Manifestationen von Störungen betrachtet. Die Störungsbehandlung durch die Beteiligten kann bezüglich der Störungssignalisierungen und der Versuche zur Störungsbeseitigung analysiert werden.
- Metakommunikative Äußerungen der Beteiligten werden in Hinsicht auf Kommentare zu kommunikativen Störungen ausgewertet.
- Desgleichen werden die Nachbesprechungen in Hinsicht auf Thematisierungen von Kommunikationsproblemen ausgewertet und vor allem auch in bezug auf Störungen, die sich im Gesprächstext und den Reaktionen der Beteiligten selbst nicht unmittelbar oder lokal manifestieren.

Das im Forschungsüberblick unter Punkt 3 skizzierte Spektrum von kommunikativen Störungen und verschiedenen Störungsursachen, wie sie aus den Studien zu unterschiedlichen Gesprächskontexten hervorgehen, findet vor allem bei der Interpretation der diskursanalytisch als problematisch eingestuften Gesprächssequenzen Berücksichtigung.

---

[13] Vgl. hierzu insbes. Rehbein (1984).

## 5. Exemplarische Analyse eines inter- und eines intrakulturellen Beratungsgespräches

Bei der folgenden Darstellung werden Ausschnitte aus zwei ausgewählten Beratungsgesprächen präsentiert[14], um eine interkulturelle und eine intrakulturelle Gesprächssituation beispielhaft zu konstrastieren. Die Darstellung der an diesen Beratungsgesprächen erläuterten kommunikativen Störungen wird im Anhang durch weitere Beispiele aus der Datensammlung ergänzt.

Für den exemplarischen Vergleich eines inter- und einer intrakulturellen Beratungsgespräches wurden zwei Gespräche ausgesucht, die sowohl in bezug auf den Beratungsanlaß als auch in bezug auf die Problemlösung vergleichbar sind. Die beiden Ratsuchenden werden zudem von der gleichen Dozentin beraten. Beide wollen 'Deutsch als Fremdsprache' an der Freien Universität Berlin studieren, haben aber das Problem, daß sie die Zulassungsvoraussetzungen nicht erfüllen. Die Problem'lösungen' der beratenden Dozentin sind insofern vergleichbar, als in beiden Fällen kein Lösungsvorschlag gemacht wird, der die ratsuchenden Studierenden zufriedenstellen würde.

In beiden Gesprächssituationen wird das Kernschema 'Beraten', wie es von Schröder, Reitemeier & Nothdurft (1993, 10) beschrieben ist, realisiert. In beiden Fällen finden sich die selben 'Handlungskomponenten', die für diesen Diskurstyp als konstitutiv angesehen werden:

- Situationseröffnung,
- Problempräsentation,
- Entwickeln einer Problemsicht,
- Lösungsentwicklung und Lösungsverarbeitung,
- Situationsauflösung.[15]

Beide Gespräche zeigen auch in bezug auf die Abfolge dieser Handlungskomponenten keine bedeutsamen Unterschiede. Sie unterscheiden sich jedoch darin, in welcher Weise einzelne Komponenten des Handlungsschemas realisiert werden. Diese Unterschiede sollen im folgenden mit Auszügen aus den Transkriptionen der beiden Gespräche verdeutlicht werden. Dabei wird zum einen die Phase der Problempräsentation einer eingehenderen Analyse unterzogen, zum anderen wird genauer betrachtet, wie in dieser Phase und im weiteren Gesprächsverlauf die Dringlichkeit des Problems dargelegt wird. Abschließend werden Auszüge aus der Phase der Problemlösung analysiert.

Der folgende Transkriptauszug zeigt den Beginn des Beratungsgespräches mit der deutschsprachigen Studentin. Die Studentin (RS-MS) setzt sich auf den bereit-

---

[14] Da die vollständigen Verschriftlichungen 8 bzw. 9 Transkriptseiten umfassen, ist eine vollständige Wiedergabe hier nicht möglich.

[15] Diese Teilkomponenten unterscheiden sich in bezug auf die von Kallmeyer (1985) genannten darin, daß dort von 'Festlegung des Bearbeitungsgegenstandes' gesprochen wird und von 'Vorbereitung der Realisierung'.

stehenden Stuhl vor dem Schreibtisch der Dozentin (RG-MS) und beginnt, nachdem sie sich mit der Aufzeichnung des Gespräches einverstanden erklärt hat, ihr Problem zu schildern:

Gespräch A: Problempräsentation:

```
RS-MS:  aber ich hab erscht mal n
        ganz allgemeines problem
        ich weiß nich ob+ s überhaupt so funktioniert
        und zwar ich hab die uni gwechselt
        ich komm aus augsburg
                                                RG-MS: ja
RS-MS:  bin im sommersemester
        letztes jahr hierhergekommn
                                                RG-MS: mhm
RS-MS:  hab mich aber 'erst immatrikuliert
        an der te u
        weil ich sozio&log&ie mache             RG-MS: &mhm&
RS-MS:  als haupt&fach&                         RG-MS: &mhm&
RS-MS:  u::nd eh: hatte dann n problem
        dass die mir an der te u gsagt habn
        sie würdn des nebenfach deutsch ein/
        deutsch als fremdsprache
        &ein&richten wolln                      RG-MS: &%ja%&
RS-MS:  hab ich ein semester im prinzip ausgesetzt
        weil ich dachte okay
        soll eventuell noch s wintersemester
        es war letztes semester
        jetzt kommn
                                                RG-MS: mhm
RS-MS:  (x) haben sie natürlich probleme gekriegt
        also weder räume noch professur
                                                RG-MS: mhm
RS-MS:  dann hieß es
        gehen sie an die humboldt universität
        weil ich hatte daf angfangn &als&       RG-MS: &%mhm%&
RS-MS:  zwei semester als 'nebenfach
        aber als volles nebenfach
        'in augsburg
        des war dann möglich bei der ((name))
        ich weiß ob sie die kennen              RG-MS: ja
RS-MS:  (oder den) namen
        und dann ham die mir von der te u gsagt
        gehn sie @an@ an die 'humboldt
        an der humboldt
        ham die dann im 'wintersemester         RG-MS: %hm%
RS-MS:  zwecks kompe'te:nzschwierigkeiten
        irgendwie wohl mit der ef u
        so is mer des gsagt wordn
                                                RG-MS: mhm
RS-MS:  (ein se) also immatrikulations'stop ghabt
                                                RG-MS: mhm
RS-MS:  erschtmal
        ++
        und dann hieß es/
        bin ich wieder an der 'te u zu der professorin
        'gehn sie doch an die/
        'immatrikuliern sie sich an der ef u
        und guckn sie was sie da machn könn
```

```
            +++
            und somit bin ich jetzt 'hier immatrikuliert
                                                           RG-MS: ja
RS-MS:      hab mir dann vorgeschtern
            war ich schon m/
            eh ne letzte woche war ich schon mal da
            dann gsehn ja ich muß des ja bei ihnen
            scheinbar als hauptfach linguIstik
            oder so irgendwas studiern
            was bei mir &ja nIcht& der fall ist        RG-MS: &(ahja ahm)&
                                                           ja >>also was wir
RS-MS:      &ich bin jetzt 'ganz/&                         &machen ist>>&
                                                           ist 'zusatzstudium
                                                           deutsch als fremdsprache
                                                           für germanistikstudenten
```

Bei der Darstellung ihres Problems orientiert sich die ratsuchende Studentin an der chronologischen Abfolge der Erfahrungen mit verschiedenen Instanzen.[16] Diesen Typus der Problempräsentation bezeichnet Nothdurft (1984, 56ff.) als 'Karriere-Rekonstruktion', da die 'Problemkarriere' nachgezeichnet wird.[17] Formulierungen wie "so is mer des gsagt wordn", "dann hieß es" u. ä. stellen ein elaboriertes Mittel dar, durch distanzierende Redewiedergabe die Genese des Problems zu verdeutlichen und die Problempräsentation zu strukturieren. Die Problempräsentation findet dann ihre Zuspitzung in der Formulierung: "dann gsehn ja ich muß des ja bei ihnen scheinbar als Hauptfach lingu'istik oder so irgendwas studiern was bei mir ja 'nicht der fall ist" und dem kurz darauf formulierten Anliegen "ich wollte aber eigentlich unbedingt dieses deutsch als fremdsprache weitermachn".

In Gespräch B kommt ein in Deutschland lebender Student aus dem Iran in die Beratung. Auch er wird zunächst um Aufnahmegenehmigung gebeten und beginnt dann, nachdem er sich gesetzt hat, mit seiner Darlegung:

Gespräch B: Problempräsentation

```
RS-NMS:     e:h
            +++
            ich bin im zehnten semester
                                                           RG-MS: ja
RS-NMS:     neuere deutsche lit/
            neuere deutsche lite&ra&tur                RG-MS: &ja&
RS-NMS:     hab abgeschlossen
            also ich brauche nur
            magisterarbeit zu schreibn
                                                           RG-MS: mhm
RS-NMS:     und eh de/
            diese veranstaltung
            de a ef
```

---

[16] Eine ausführlichere Analyse der Phase der Problempräsentationen wurde von Jakob (1993) geleistet.

[17] Nothdurft (1984, 22) unterscheidet vier Typen von Problempräsentationen, die sich in Hinblick auf die thematisierten Sachverhalte und ihre Anordnungen unterscheiden.

## Kommunikative Störungen in Beratungsgesprächen 227

```
           mich 'so:
           brennend interessierte
           ++ interessiert immer noch
           ich mein zweites fach gewechselt
           linguistik (hat hier) besucht
                                              RG-MS: mhm
RS-NMS:    damit ich (dafür/da hier)
           diesen kurs besuchen kann e:h
                                              RG-MS: e:h welchn kurs speziell?
                                                     was hat sie so
RS-NMS:    &linguistik&                              &interssiert?&
                                              RG-MS: %ja%
RS-NMS:    >>also 'de a 'ef>> hat mich interessiert
                                              RG-MS: >>'ah>> ja!
RS-NMS:    und das ist voraussetzung dafür
                                              RG-MS: ja
RS-NMS:    linguistik
                                              RG-MS: ja
RS-NMS:    eh
                                              RG-MS: da ham sie ja (neufangxx)
RS-NMS:    e:h
           das mein problem ist jetzt
           ++
           daß ich a und be scheine gemacht habe
                                              RG-MS: ja
RS-NMS:    in linguistik
           ++
           wollte sie fragen
           ob es irgendwie möglich wäre
           ++( s)++
           bei dem/
           bei dem kommendn semester mitzumachn
           ++( s)++
           weil ich mein grundstudium
           nicht abgeschlossn habe in+ linguistik
                                              RG-MS: ja
                                                     >>sie meinen jetzt bei der>>
                                                     bewerbung für das
                                                     zusatzstudium
                                                     deutsch als fremsprache
RS-NMS:    %genau%
           ++( s)++
```

Die Art der Problempräsentation entspricht hier nach Nothdurft (1984, 54 ff.) dem Typus der 'Anliegens-Fokussierung', bei dem zunächst wesentliche Voraussetzungen für das Verstehen des Anliegens vor der Zuspitzung der Problempräsentation genannt werden. Es handelt sich hierbei um ein Verfahren, das auch bei Muttersprachlern gängig ist. Unabhängig vom Typus der Problempräsentation fällt auf, daß die einzelnen Informationen, die der Ratsuchende gibt, weniger klar strukturiert erscheinen als in Gespräch A. Die Informationsabfolge (Semesterzahl und Abschluß, Lehrveranstaltung, Interesse für DaF, Fachwechsel, Kursbesuch, Voraussetzung, Schein) wirkt weniger einsichtig. Dementsprechend kommentiert auch die

Dozentin diese Darstellung in der Nachbesprechung: "mir wird auch nach mehrmaligem abhören nicht klar, was er eigentlich von mir will".[18]
Schon in der Phase der Problempräsentation werden in diesem Gespräch verschiedene Störungen von den Teilnehmern mit Reparaturen behandelt. Die erste Reparatur in der Phase der Problempräsentation wird von der Dozentin mit der Nachfrage "welchn kurs speziell? was hat sie so interessiert" eingeleitet und dient der Verständnissicherung. Als weitere Maßnahme der Verständnissicherung ist die Rezipientenkontrolle[19] der Dozentin am Ende der Problempräsentation zu werten ("sie meinen jetzt bei der bewerbung für das zusatzstudium deutsch als fremdsprache"). Diese Maßnahmen der Verständnissicherung werden mittels Paraphrasierungen und Reformulierungen realisiert[20] und wären teilweise auch in Interaktionen unter Muttersprachlern denkbar.[21]
Weitere Unterschiede zeigen sich darin, wie die beiden Ratsuchenden jeweils versuchen, die Dringlichkeit ihres Problems zu verdeutlichen. Schröder, Reitemeyer & Nothdurft (1993, 11) sprechen diesbezüglich von der "Aufgabe der Ratsuchenden", "den problematischen Charakter des Sachverhalts (...) zu verdeutlichen und zu plausibilisieren". In Gespräch A werden hierzu u.a. die folgenden Formulierungen in der Phase der Problempräsentation und den folgenden Gesprächsteilen eingesetzt:

- "ich wollte aber eigentlich unbedingt"
- "weil ich eventuell später ((weitere Ausführungen zu Berufsperspektiven folgen))"
- "aufgrund von diesem ganzen kak"
- "was ich trotz allem also unheimlich gern tun würde"
- "des is irgendwie total bescheuert"
- "daß ich natürlich (+++) nich will"
- "da hatt ich irgendwie totales Pech"
- "s'is echt wie verhext"
- "mit steht's so langsam echt oben"
- "a:h's wirklich zum 'heuln"
- "mit'm 'Studium fertig und des mit dem deutsch als fremdsprache hab i immer no net auf die reihe gekriegt"

---

[18] Im untersuchten Korpus ist dies kein Einzelfall. Es kommt häufiger vor in interkulturellen Beratungen, daß Anliegen und Problempräsentationen den Beratern (zunächst) unverständlich bleiben. Vgl. hierzu auch Beispiel 4.2 im Anhang.

[19] Diese Klassifizierung von verständnissichernden Nachfragen folgt Rost (1994a). Hierbei werden Rückfragen (hörerseitige Nachfragen, die auf fehlende Informationen referieren), Rezipientenkontrollen (hörerseitige Nachfragen, die ein bestimmtes Verständnis explizieren und zur Ratifizierung anbieten) und Produzentenkontrollen (sprecherseitige Nachfragen, die absichern, ob etwas verstanden wird) unterschieden.

[20] Reformulierungen werden zwar nach Gülich (1988) auch unabhängig von verständnissichernden Reparaturen als konstitutiver Bestandteil des Beratungsdiskurses analysiert. Es kann aber durch erhöhten Bedarf an Verständnissicherung auch zu einer vermehrten Produktion von Selbst- und Fremdreformulierungen kommen.

[21] Dies gilt z.B. für nicht ausreichende Referenzierungen, die nicht vorhandenes Kontextwissen beim Gesprächspartner voraussetzen, wie z. B. bei der Formulierung "diesen kurs", welche die Nachfrage "e:h welchn kurs speziell?" nach sich zieht.

- "weil ich hab mir des halt so in Kopf gsetzt weil des für im prinzip auch gann 'sinnvoll wäre für mich"

Die Ausdrucksformen sind hier sowohl lexikalisch als auch syntaktisch variationsreich. Die Dringlichkeit wird auch durch recht drastische Formen der Bewertung unterstrichen. Trotz teilweise recht emotionaler Ausdrucksweise behält die Darstellung aber einen argumentativen Charakter, der auch in syntaktischen Subordinationen und Konjunktionen wie *weil...* und *daß...* zum Ausdruck kommt. Drastischer wirkende Äußerungsteile werden prosodisch abgeschwächt (z.B. "kak" wird leiser gesprochen und mit einem Tonhöhensprung nach oben realisiert). Die Emphase zur Verdeutlichung der Dringlichkeit insgesamt wird durch intonatorisch differenzierte Effekte unterstrichen, die bestimmte Äußerungen gezielt pointieren.

Im folgenden nun die Dringlichkeitsbeteuerungen des nichtmuttersprachlichen Studenten im Vergleich:

- "mich 'so brennend interessierte++ interessiert immer noch"
- "ich hab zwei semester ge'kämpft"
- "es war kaum möglich"
- "es war kaum möglich"
- "bei dem akademischen auslandsamt eh herrscht keine ordnung also die eine sagt eh geht es nicht die andere sagt eh es ist automatisch"
- "es hat mir zwei semester gekostet"
- "es (brennt) es interessiert mich so brennend"
- "ich weiß nicht ob ich vermitteln kann was was (is) das für ein gefühl is"
- "ich erzähl eine kurze geschichte ((Erzählung folgt))"

Auffallend bei den Beteuerungen der Dringlichkeit in Gespräch B ist zunächst, daß die Ausdrucksmöglichkeiten eingeschränkter sind und mehrfach von Wiederholungen Gebrauch gemacht wird. Diese Wiederholungen werden auch in der Nachbesprechung thematisiert ("drei-, viermal hab ich den satz wiederholt 'es interessiert mich brennend' Ich glaub ich hab den satz neulich gelernt oder gehört ich wußte keine alternative zu sagen wie ich mich dafür interessier"). Des weiteren fällt auf, daß die Dringlichkeit weniger durch Argumentationen (wie in Gespräch A) als vielmehr mit persönlichen Gefühlen begründet wird. Zwar gibt es auch in Gespräch A viele emotionale Ausdrucksweisen, jedoch beziehen sich diese eher auf Mißstände und Sachverhalte, die entsprechend qualifiziert werden.

Besonders auffällig ist in Gespräch B die Ankündigung und Durchführung einer Erzählung, mit der die Dringlichkeit beteuert wird. Hinweise darauf, daß der Einsatz dieser Erzählung als nicht erfolgreich gewertet werden kann, ergeben sich aus sequentiellen Brüchen und thematischen Inkohärenzen in der Äußerungsfolge sowie aus mangelnden Hörerrückmeldungen der Dozentin.[22] Die Kommentare aus den

---

[22] Dies gilt nicht nur für akustische Hörersignale, sondern inbesondere auch für den Bereich nonverbalen Feedbacks. Dabei sind vor allem auch Mimik und Körperhaltung aufschlußreich.

Nachbesprechungen zu diesen Textstellen bestätigen den Eindruck, daß auch die Beteiligten hier eine kommunikative Störung sehen.

Einleitung der Erzählung aus Gespräch B

```
RS-NMS:  ich weiß nich ob ich
         + vermitteln kann was was (is)
         das für ein Gefühl is
                                          RG-MS:  ja doch ich kann mir das:
RS-NMS:  wenn ich den kommentar lese
                                          RG-MS:  mm
RS-NMS:  so multikulturelle gesellschaft
         eh die schwierigkeiten
         + ich erzähl eine kurze geschichte
                                          RG-MS:  ja
RS-NMS:  es is intressant
         gestern hab ich mein mein
         eine klausur geschriebn
```

((Fortsetzung der Erzählung über 34 Transkriptzeilen))

Die Ausführung der Erzählung wird nur von auffallend kurzen Hörersignalen der Dozentin begleitet. Weitere Hörerkommentare erfolgen nicht. Die Videoaufzeichnung zeigt eine teilnahmslos wirkende Körperhaltung und einen nur als verständnislos zu interpretierenden Gesichtsausdruck. In einem Kommentar aus der Nachbesprechung wird eingestanden, daß bereits die der Erzählung vorausgehende Einleitung nicht verstanden wurde, zunächst aber nach der 'wait and see'-Strategie noch kein Problem signalisiert wurde ("ich habe des nämlich in der situation nicht richtig verstanden (++.) also oft ist es so, daß man im augenblick noch nicht den sinn interpretiern kann, aber denkt, naja das nächste wird mir zeigen, solange ich wort für wort folgen kann, wird sich der sinn einstelln (++.) daß ich dann dachte jetzt kommt etwas was mir bekannt ist"). Als die Erzählung des Studenten abgeschlossen ist, erfolgt nach kurzer Pause eine Äußerung der Dozentin, die nur oberflächlich, nämlich durch einen nicht weiter gefüllten anaphorischen Verweis, Bezug auf die Erzählung nimmt (">>Also>> zwei sachn falln mir dazu ein").

Beendigung der Erzählung aus Gespräch B

```
RS-NMS:  und erst danach zu hause hab ich gemerkt
         (+++)
         'so/ solche sachn
         interessiern mich so 'brennend
                                          RG-MS:  %ja%
                                                  (++2s++)
                                                  >>'also>> zwei sachn falln mir dazu ein
```

Bei der Nachbesprechung löst diese Reaktion der Dozentin beim Studenten lautes Lachen aus, und er kommentiert "du kommst nicht auf das thema zurück was ich gesagt habe". In Hinblick auf den Einsatz und die Funktion von Erzählungen in Argumentationen oder Beratungssituationen zeichnet sich hier ein Kommunikationsproblem ab, das durch unterschiedliche kulturell geprägte Erwartungen bedingt ist. Diesbezügliche Divergenzen können die Ausführung einzelner Handlungskomponenten im Handlungsschema (in der Terminologie von Kallmeyer und Nothdurft, Reitemeier & Schröder) bzw. bestimmte Musterpositionen (nach Ehlich & Rehbein) problematisch werden lassen. Hierdurch können Fehlkommunikationen entstehen, wie sie auch von Gumperz vielfach beschrieben wurden.[23]

Auch in Hinblick auf die Phase der Problemlösung und der Problemlösungsverarbeitung machen sich sequentielle Brüche bemerkbar. Ein Beispiel hierfür ist die Äußerung der ratsuchenden Studentin in Gespräch A "s'is echt wie verhext", die nicht unbedingt eine erwartbare Anschlußäußerung an den Lösungsvorschlag der Dozentin darstellt:

Gespräch A: Auszug aus der Phase der Lösungsentwicklung und -verarbeitung

```
                              RG-MS:  >>aber viel'leicht
                                      ++ lohnt es sich 'doch>>
                                      ++.
                                      jetzt nochmal nachzufragn
                                      weil es ändert sich ja zur zeit so viel
                                      ++2s++
RS-MS:  s is echt wie verhext
        was mach ich n jetzt
        + wenn ich jetzt
        + mir hier für 'linguistik einige sachn
        anerkennn lasse
                              RG-MS:  ja
RS-MS:  (hier) die ich bereits gmacht hab
        was muss ich n dann/ dann hier machn
        wo muß ich da hin um/
        um anerkennungssachn durchzukriegn
```

Der Bruch manifestiert sich hier auch in einer längeren Pause und einem Ausbleiben der Ratifizierung des Lösungsvorschlags. Die anschließende Äußerung ist nonresponsiv im Sinne von Schwitalla (1976), insofern sie weder auf Inhalt noch auf Intention der Vorgängeräußerung eingeht. Mit der Frage "was mach ich n jetzt" wird stattdessen wieder auf die Ebene der Problemdarstellung gewechselt und hiermit eine Schleife initiiert. Nach dieser Äußerung schlägt die ratsuchende Studentin einen eigenen Weg der Lösungsentwicklung ein. Da ab diesem Augenblick quasi zwei Lösungsentwicklungen von beiden Gesprächsteilnehmern relativ unabhängig voneinander bis zum Gesprächsende weiterverfolgt werden (Anerkennung von Linguistik an der Freien Universität vs. Nachfragen wegen möglicher Veränderungen bei der Humboldt Universität), ist dieses Beratungsgespräch in der Phase der Lösungsentwicklung und -verarbeitung in bezug auf die Komplementarität der Gesprächsrollen und diesbezügliche Kooperation der Gesprächspartner nachhaltig gestört.

Auch zu Beginn des Gespräches (s. obiger Auszug zur Problempräsentation in Gespräch A) manifestierte sich bereits ein Bruch in der Äußerungsfolge. An dieser Stelle wird ein Perspektivenwechsel in Hinblick auf die Entwicklung einer Problemsicht vollzogen, der als Ausdruck einer Perspektivendivergenz interpretiert werden

---

[23] Vgl. hierzu insbes. Gumperz (1982) und Gumperz et al. (1979).

kann. Auf die Zuspitzung der Problempräsentation der Studentin ("muß des ja bei ihnen scheinbar als hauptfach lingu'istik oder so irgendwas studiern was bei mir ja 'nicht der Fall ist") nimmt die anschließende Äußerung der Dozentin ("ja >>also was wir machen ist>> ist zusatzstudium deutsch als fremdsprache für germanistikstudenten") nicht direkt Bezug. Mit dieser Äußerung wird vielmehr die institutionelle Sicht (Zielgruppe und Vorgaben der Studienordnung) thematisiert.[24]

Ebenso findet sich in Gespräch B eine Sequenz, in der die institutionelle Perspektive besonders hervorgehoben wird ("ja das problem ist für 'uns dass wir die zwischenprüfung brauchn!"). An solchen Stellen wird die unterschiedliche Problemsicht von Studierenden und Dozenten bzw. Ratsuchenden und Ratgebenden im Beratungsdiskurs explizit. Unterschiedliche Perspektiven von Agenten und Klienten[25] sind zwar letztendlich unabdingbare Komponenten institutioneller Kommunikation, sie können aber als kommunikative Störungen betrachtet werden, wenn die Umdefinition des Problems dazu führt, daß das Problem aus Klientensicht nicht mehr mit dem Beratungsanlaß übereinstimmt.

Auch in Gespräch B ist die Phase der Lösungsfindung problematisch; dies wird jedoch erst durch die Nachbesprechung deutlich. Bereits für den weiter oben wiedergegebenen Transkriptausschnitt war angeführt worden, daß der Student eine Reaktion der Dozentin auf Teile seiner Problempräsentation in der Nachbesprechung als nicht problembezogen wertet ("du kommst nicht auf das Thema zurück was ich gesagt habe"). Auch danach erweist sich die Phase der Lösungsfindung als problematisch, und zwar sowohl in Hinblick auf die Lösungsentwicklung als auch in Hinblick auf die Lösungsverarbeitung:

Gespräch B: Auszüge aus der Phase der Lösungsentwicklung und -verarbeitung

```
                        RG-MS:  zwei sachn falln mir dazu ein
                                das eine is
                                sie könn die veranstaltungen besuchn
                                bevor sie immatrikuliert sind
                                und es zählt 'trotzdem
RS-NMS: ja
                        RG-MS:  also wenn sie sagn jetzt
                                ++ das geht jetzt leider nicht so schnell
RS-NMS: %ja%
                        RG-MS:  mit der zwischenprüfung
RS-NMS: %ja%
                        RG-MS:  dann könn sie im 'sommersemester
                                + seminare besuchn
RS-NMS: (x)
                        RG-MS:  scheine machn
RS-NMS: >>mhm>>
                        RG-MS:  und sich zum wintersemester
```

---

[24] Die Äußerung der Dozentin "also was wir machen..." stellt eine häufiger zu beobachtende Reaktion bei Institutionsvertretern dar, die sich erst einmal in Explikationen 'retten', um den Rahmen für die Bearbeitung von Problemen im gegebenen institutionellen Kontext und im Rahmen ihrer (Sach-)Kompetenz abzustecken.

[25] Zu dieser Terminologie vgl. Ehlich & Rehbein (1994).

```
RS-NMS:  (x)
                              RG-MS:  ordnungsgemäß immatrikuliern
RS-NMS:  m
                              RG-MS:  und dann zählt das was sie gemacht habn
RS-NMS:  %(ah is) klar%
                              RG-MS:  ne?
                                      und sie ham dann sogar bessere zulassungschancen
RS-NMS:  m
                              RG-MS:  wenn sie schon scheine habn aus dem dafstudium
RS-NMS:  %wunderbar%
         ++
                              RG-MS:  + wenn es enger wird
                                      +++
                                      das andre is da'ß sie natürlich nochmal
                                      mit einem der profes'sorn
                                      ((name a)) oder ((name b)) sprechn könn
RS-NMS:  mm
                              RG-MS:  (...)
                                      und vielleicht sehn die n weg
                                      wie man das verfahrn beschleunigen kann
                                      (...)
RS-NMS:  sie meinen
         ich soll mit mit
         den (leuten/dozen-
         ten) sprechn
                              RG-MS:  ja
                                      ++ ja
RS-NMS:  ob sie (x) ein
         möglichkeit finden
         können
                              RG-MS:  ja
                                      ++(2s)++
RS-NMS:  und wenn 'nicht?
         ++(4s)++
                              RG-MS:  wenn nicht
                                      müssen sie
                                      ++ den @ordentlichen gang@ e:h gehn
```

Der Student gibt in der Nachbesprechung zu erkennen, daß der zweite Lösungsvorschlag ("das andre is daß sie natürlich nochmal mit einem der profes'sorn (...) sprechn könn") gar nicht aufgenommen wurde. Problematisiert wird, daß die Einsicht in den Sinn dieses Lösungsvorschlags ("das verfahrn beschleunigen") fehlt ("warum sollte ich denn dahin?" und "also ich verstehe nich was/ welches Verfahren beschleunigt werden soll"). Der Umstand, daß auch keine Handlungsumsetzung erfolgte ("das hab ich gar nicht gemacht") wird bedauert ("((leise:)) ach du scheisse").

Die Dozentin erkennt in der Nachbesprechung, daß die Strukturierung und Darlegung der Lösungsvorschläge nicht unproblematisch ist, da der zweite Lösungsvorschlag weniger deutlich als der erste markiert ist und die Information in sehr komprimierter Form gegeben wird ("aber das is natürlich auch sehr komprimiert ausgedrückt und.. schlecht begründet" und: "also das is mir jetzt klar, daß des nicht gut erklärt ist").

Der Student begründet in der Nachbesprechung sein 'Verpassen' dieses zweiten Lösungsvorschlags auch damit, daß er es nach dem ersten Lösungsvorschlag an Aufmerksamkeit mangeln ließ ("ich glaube ich habe, weil ich den Satz gehört habe 'sie können veranstaltungen besuchen'.. dann hat es mir gereicht, hab ich nich weiter zugehört") - ein Eindruck, der auch durch seine Kommentierung nonverbaler Aspekte der Videoaufzeichnung untermauert wird. Dies zeigt, wie das Gesprächsverhalten auch durch die Verfolgung der Gesprächsziele gesteuert wird, wobei dieses Verfahren der Gesprächsökonomie problematisch werden kann, wenn paradoxerweise gerade dies die Erreichung der Gesprächsziele behindert.

Der exemplarische Vergleich der beiden Gespräche läßt erkennen[26], daß sowohl in interkulturellen als auch in intrakulturellen Kommunikationen ein Teil der Störungen einen unmittelbaren Zusammenhang mit dem Diskurstyp 'Beratung' und den entsprechenden Gesprächsrollen sowie den institutionellen Rahmenbedingungen aufweist. Weiterhin ist ein Teil der Störungen darauf zurückzuführen, daß unterschiedliche kulturelle Verhaltenserwartungen zum Tragen kommen, womit diese als spezifisch für interkulturelle Kommunikationen anzusehen sind. Dabei können interkulturelle Kommunikationen zusätzlich durch unterschiedliche Sprachkompetenzen und hieraus resultierende Verständigungsprobleme belastet sein. Nicht zuletzt können inter- und intrakulturelle Beratungsgespräche aber auch von Verständigungsproblemen und Störungen betroffen sein, die prinzipiell jedes Gespräch beeinträchtigen können.[27]

## 6. Kommunikative Störungen und Problempotentiale - ein Systematisierungsversuch

In Hinblick auf die Problematik 'gestörte Kommunikation' lassen sich aufgrund des im Forschungsüberblick skizzierten Spektrums von Kommunikationsproblemen und den empirischen Analysen zwei Dimensionen unterscheiden, in denen die Kommunikation gestört sein kann:

1.) Die Kommunikation als Prozeß der Informationsübermittlung
2.) Die Kommunikation als Text- und Diskursproduktion

---

[26] Dabei dienen die beiden Gespräche wohlgemerkt nur als Beispiele, um kommunikative Störungen im vorliegenden Beitrag aus dem Gesprächskontext heraus zu exemplifizieren. Es sollte nicht der Eindruck entstehen, daß diese und die folgenden Überlegungen zu kommunikativen Störungen allein aus diesen Gesprächen abgeleitet wurden. Hierzu wurde vielmehr die gesamte Datenbasis mit einer Vielzahl von Gesprächen analysiert. Eine Auswahl von Beispielen aus anderen Gesprächen ist im Anhang wiedergegeben.

[27] Weitere Beispiele zu diesen verschiedenen Problembereichen finden sich im Anhang. Dabei sind für die verschiedenen Problembereiche auch weitere Störungsarten belegt. So wurden im Anhang auch noch Beispiele für Störungen aufgenommen, die in den exemplarisch präsentierten Gesprächen nicht vorkommen, in der Datensammlung aber häufiger vertreten sind, wie etwa die im Anhang unter Punkt 1 aufgeführten Beispiele für kommunikative Störungen, die ganz allgemein auftreten können (z.B. Mißverständnisse durch Ambiguitäten in Referenzierungen oder Verstehensprobleme durch Nebengeräusche) oder die unter Punkt 2 aufgeführten Beispiele für kommunikative Störungen, die einen Zusammenhang mit den institutionellen Rahmenbedingungen aufweisen (z.B. falsche Annahmen der Klienten über den Bekanntheitsgrad ihrer Person oder des Beratungsanlasses bei den beratenden Dozenten oder extremer Zeitdruck).

ad 1.) Die Dimension des Kommunikationsprozesses:
Hierzu sind alle Störungen zu rechnen, die mit der Vorstellung von Kommunikationsmodellen (mit den Minimal-Komponenten 'Sender - Kanal/Code - Empfänger)[28] faßbar sind:
- kommunikative Störungen, die sich aus Code-Problemen ergeben (z.B. Fachwortschatz oder unterschiedliche Sprachkompetenzen),
- kommunikative Störungen, die den Kanal der Informationsübermittlung betreffen (z.B. Nebengeräusche),
- Perzeptions- und Dekodierungsprobleme auf Seiten des Hörers (z.b. verschiedene Arten von Verständnisschwierigkeiten und mangelndes Hintergrundwissen),
- Enkodierungs- und Versprachlichungsprobleme auf Seiten des Sprechers (z.b. Ausdrucksschwierigkeiten und Transferprobleme bei Nichtmuttersprachlern).

ad 2.) Die Dimension des Diskurses:
Hierzu sind alle Störungen zu rechnen, die faßbar sind in der Vorstellung von sprachlichen Äußerungen als Handlungsformen und Diskursen als geordneten und strukturierten Textproduktionen, die sowohl individuelle als auch soziale und gesellschaftliche Funktionen erfüllen:
- kommunikative Störungen in bezug auf den Gesprächsverlauf und die Abfolge von Äußerungs- und Handlungskomponenten,
- kommunikative Störungen als Behinderungen von Gesprächszielen,
- kommunikative Störungen in bezug auf gesellschaftliche Zwecksetzungen.

Die Analysen zu Beratungsgesprächen im inter- und intrakulturellen Vergleich führen zu dem Ergebnis, daß sich manifeste und empirisch nachvollziehbare kommunikative Störungen in bezug auf die Störungsursachen nach verschiedenen Problembereichen, die letztendlich auch verschiedene Problempotentiale repräsentieren, gruppieren lassen:
(1) Störungen allgemeiner Art, die prinzipiell in jedem Gespräch vorkommen können,
(2) Störungen, die eine Verbindung mit institutionellen Rahmenbedingungen und den Gesprächsrollen der Beteiligten aufweisen,
(3) Störungen, die auf unterschiedliche Sprachkompetenzen von Muttersprachlern und Nichtmuttersprachlern und Erwerbsprobleme zurückzuführen sind,
(4) Störungen durch Divergenzen in kulturspezifischen Wissensbeständen und kulturelle Kontraste in bezug auf Handlungsnormen und -erwartungen.

In vielen Fällen ist empirisch eine eindeutige Zuordnung zu einem der Problembereiche möglich. Es kann aber auch eine engere Verbindung zwischen den verschiedenen Problembereichen bestehen.[29] Dies soll im folgenden für die Kombinations-

---

[28] Für einen Überblick vgl. Asher & Simpson (1994).

[29] Dies zeigten auch die exemplarischen Analyse eines inter- und eines intrakulturellen Beratungsgespräches unter Punkt 5.

möglichkeiten, die sich für diese Problembereiche und -potentiale ergeben, kurz erläutert werden:[30]

(1) und (2): 'Allgemein mögliche' kommunikative Störungen in institutionellen Kontexten: Es ist davon auszugehen, daß sich kommunikative Störungen, die prinzipiell in jeder Gesprächssituation vorkommen können, in institutionellen Kontexten anders manifestieren bzw. andere Auswirkungen haben als in eher informellen Gesprächssituationen. In institutionellen Kommunikationen werden die Möglichkeiten der Störungsbehandlung auch maßgeblich durch die jeweiligen Gesprächsrollen und übergeordnete Ziel- und Zwecksetzungen bestimmt.

(1) und (3): 'Allgemein mögliche' Störungen in Interaktionen zwischen Muttersprachlern und Nichtmuttersprachlern: Auch hier ist davon auszugehen, daß 'allgemeine Störungen' in der Konsequenz andere Wirkungen haben: Beispielsweise können akustische Störungen eine andere Tragweite erhalten, weil bei defizitären Sprachkompetenzen die Rekonstruktion fehlender Äußerungs- und Informationsteile erschwert ist.[31] Dabei entsteht generell das Dilemma, daß bei erhöhter Störungsanfälligkeit nur beschränkte Mittel zur Störungsbehandlung zur Verfügung stehen.[32]

(1) und (4): 'Allgemein mögliche' Störungen in interkulturellen Kontexten: Interkulturelle Kommunikationen weisen schon allein durch kulturspezifische Erwartungshaltungen und -normen, die die verschiedensten Bereiche sprachlichen Handelns und der Gesprächsorganisation betreffen können, ein erhöhtes Störungspotential auf.[33] Zudem wird Kooperation erschwert durch unterschiedliche Konventionalisierungen und Routinen im Feedback-Verhalten, die die wechselseitige Feinabstimmung und Synchronisierung behindern. Da auch der Umgang mit Kommunikationsproblemen wiederum kulturspezifischen Normen unterliegt, ist nicht nur von vermehrten Störungen sondern auch von vermehrten Problemen bei der Störungsbehandlung auszugehen.

(3) und (4): Unterschiedliche Sprachkompetenzen in interkultureller Kommunikation: Das in interkultureller Kommunikation ohnehin erhöhte Problempotential kann durch unterschiedliche Sprachkompetenzen noch verstärkt werden. Abweichungen vom zielsprachlichen Ausdruck bei Nichtmuttersprachlern aufgrund von Erwerbsproblemen können dabei fälschlicherweise als individuelle oder kulturelle Eigenheiten interpretiert und stigmatisiert werden. Hinzu kommt, daß sowohl im interkulturellen Kontakt als auch in Interaktionen zwischen Muttersprachlern und

---

[30] Dabei wird aber jeweils nur das Zusammentreffen von zwei Faktoren durchgespielt. Das Zusammenspiel weiterer Problembereiche kann hieraus abgeleitet werden.

[31] Insbesondere Regelkenntnisse in bezug auf phonetische, morphologische, lexikalische und syntaktische Kombinationen und Restriktionen können bei der Rekonstruktion fehlender Äußerungs- und Informationsteile hilfreich sein.

[32] Diesem Problem ging Rost-Roth (1994b) mit der Untersuchung der Mittel bei rudimentären Lernervarietäten und der Beschreibung ihrer Entwicklung nach.

[33] Vgl. hierzu auch Streeck (1985).

Nichtmuttersprachlern jeweils ein erhöhtes Störungspotential mit beschränkten Möglichkeiten der Störungsbehandlung einhergeht.

(2) Und (3): Unterschiedliche Sprachkompetenzen und institutionelle Kommunikation: Unterschiedliche Sprachkompetenzen erschweren auch Kommunikationen in Institutionen in besonderer Weise, denn die Übernahme von Gesprächsrollen und der Vollzug einzelner Handlungskomponenten setzt häufig die Fähigkeit zu komplexer Äußerungsproduktion voraus. Besonders für Nichtmuttersprachler mit niedrigerem Erwerbsniveau ergeben sich hieraus Schwierigkeiten. Dabei können sich vermehrte Verständigungsprobleme in Interaktionen zwischen Muttersprachlern und Nichtmuttersprachlern nachteilig auf die Realisierung des Handlungsschemas und die Verfolgung der Gesprächsziele auswirken.

(2) Und (4): Interkulturelle Kommunikation in institutionellen Kontexten: Institutionelle Kommunikation allgemein und Beratungsgespräche im besonderen sind maßgeblich durch kulturspezifische Vorstellungen über den Ablauf von Handlungen und die Realisierung einzelner Handlungskomponenten geprägt. Hieraus resultieren ganz bestimmte Verhaltenserwartungen an die Ausgestaltung von komplementären Gesprächsrollen. In interkulturellen Gesprächskonstellationen ergeben sich Probleme gerade in Hinblick auf diese Kooperationserfordernisse und die Komplementarität von institutionellen Gesprächsrollen.

Aufgrund dieser auf empirischen Beobachtungen basierenden Überlegungen zu Problembereichen in verschiedenen Gesprächskontexten ist anzunehmen, daß sich beim Zusammentreffen der verschiedenen Problembereiche die Störungspotentiale nicht nur addieren, sondern daß das Zusammentreffen der verschiedenen Problembereiche zu einer Potenzierung der Problempotentiale führt.

### Literatur

Backa, S. (1987). Interkulturelle Probleme in der Beratung - eine Fallstudie. In: *OBST 38*, 63-68.
Becker-Mrotzek, M. (1991). *Professionelles Sprechhandeln in Institutionen*. Duisburg: L.A.U.D., Series E: Speech Communication/Sprechkommunikation, Paper No. 1.
Becker-Mrotzek, M. (1992). *Diskursforschung und Kommunikation in Institutionen*. Studienbibliographien Sprachwissenschaft 4. Heidelberg: Groos.
Becker-Mrotzek, M. & Fickermann, I. (1989). Beratungsgespräche. In: *Ergebnisband des Projekts: Zum Verhältnis von Mündlichkeit und Schriftlichkeit in kommunikationsintensiven Berufen*. Dortmund: mimeo.
Berge, K. L. (1994). Communication. In: Asher, R. E. & Simpson, J. M. Y. (eds.), *The Encyclopedia of Language and Linguistics*. Oxford: Pergamon Press, 614-620.
Bergmann, J. (1994). Ethnomethodologische Konversationsanalyse. In: Fritz & Hundsnurscher, 3-16.
Bliesener, T. & Nothdurft, W. (1978). *Episodenschwellen und Zwischenfälle. Zur Dynamik der Gesprächsorganisation*. Hamburg: Buske.
Bremer, K. et al. (eds.) (1988). *Ways of Achieving Understanding. Communicating to Learn in a Second Language*. Final Report, Volume I. Strasbourg/London.
Brinker, K. & Sager, S. F. (1989). *Linguistische Gesprächsanalyse. Eine Einführung*. Berlin: E. Schmidt.

Brunt, R. J. & Enninger, W. (eds.) (1985). *Interdisciplinary Perspectives at Cross-Cultural Communication*. Aachen: Rader.

Drescher, M. & Kotschi, T. (1988). Das "Genfer Modell". Diskussion eines Ansatzes zur Diskursanalyse am Beispiel der Analyse eines Beratungsgesprächs. In: Forschungsprogramm Sprache und Pragmatik, Arbeitsberichte 8/1988, 1-41.

Ehlich, K. (1991). Funktional-pragmatische Konversationsanalyse. Ziele und Verfahren. In: Flader, D. (Hrsg.), *Studien zur Empirie und Methodologie der Pragmatik*. Stuttgart: Metzler, 127-143.

Ehlich, K., Becker-Mrotzek, M. & Fickermann, I. (1989). *Gesprächsfibel. Ein Leitfaden für Angehörige kommunikationsintensiver Berufe in Verwaltungsinstitutionen. Hinweise und Tips zur professionellen Gesprächsführung in Bürger-Verwaltungs-Gesprächen*. Dortmund: mimeo.

Ehlich, K. & Rehbein, J. (1979). Sprachliche Handlungsmuster. In: Soeffner, H.-G. (Hrsg.), *Interpretative Verfahren in den Sozial- und Textwissenschaften*. Stuttgart: Metzler, 243-274.

Ehlich, K. & Rehbein, J. (1994). Institutionsanalyse. Prolegomena zur Untersuchung von Kommunikation in Institutionen. In: Brünner, G. & Graefen, G. (Hrsg.), *Texte und Diskurse. Methoden und Forschungsergebnisse der Funktionalen Pragmatik*. Opladen: Westdeutscher Verlag.

Ferguson, C. A. (1981). "Foreigner Talk" as the Name of a Simplified Register. In: *International Journal of the Sociology of Language 28*, 9-15.

Fiehler, Reinhard (1995). Perspektiven und Grenzen der Anwendung von Kommunikationsanalyse. In: Fiehler, R. & Metzing, D. (Hrsg.), *Untersuchungen zur Kommunikationsstruktur*. Bielefeld: Aisthesis, 119-138.

Fritz, G. & Hundsnurscher, F. (Hrsg.) (1994). *Handbuch der Dialoganalyse*. Tübingen: Niemeyer.

Gumperz, J. J. (1982). *Discourse Strategies*. Cambridge: Cambridge University Press.

Gumperz, J. J. (1992). Contextualization Revisited. In: Auer, P. & Di Luzio, A. (eds.), *The Contextualization of Language*. Amsterdam: Benjamins, 39-54.

Gumperz, J., Jupp, T. & Roberts, C. (eds.) (1979). *Crosstalk. A Study of Crosscultural Communication*. London.

Gülich, E. (1988). Handlungsschema und Formulierungsstruktur am Beispiel eines Beratungsgesprächs. Ein Diskussionsbeitrag. In: Forschungsprogramm Sprache und Pragmatik, Arbeitsberichte 8. Lund, 43-66.

Günthner, S. (1988). Hochschulstudium aus interkultureller Sicht. Chinesische Studierende an chinesischen und deutschen Hochschulen. In: *Internationales Asienforum 19*, 137-158.

Günthner, S. (1992). Die interaktive Konstruktion von Geschlechterrollen, kulturellen Identitäten und institutioneller Dominanz. Sprechstundengespräche zwischen Deutschen und Chinesen/innen. In: Günthner, S. & Kotthoff, H. (Hrsg.), *Die Geschlechter im Gespräch. Kommunikation in Institutionen*. Stuttgart: Metzler.

Günthner, S. (1993). *Diskursstrategien in der interkulturellen Kommunikation. Analysen deutsch-chinesischer Gespräche*. Tübingen: Niemeyer.

Hallensleben, M. (1993). *Problempräsentation in Beratungsgesprächen. Vergleichende Analyse zweier Gesprächsausschnitte unter interkulturellen Gesichtspunkten*. Seminarbeit am FB Germanistik der FU Berlin, Sommersemester 1993.

Heritage, J. C. (1985). Recent Developments in Conversation Analysis. In: *Sociolinguistics 15/1*, 1-19.

Hinnenkamp, V. (1982). *Foreigner Talk und Tarzanische. Eine vergleichende Studie über die Sprechweise gegenüber Ausländern am Beispiel des Deutschen und des Türkischen*. Hamburg: Buske.

Hinnenkamp, V. (1989). *Interaktionale Soziolinguistik und interkulturelle Kommunikation. Gesprächsmanagement zwischen Deutschen und Türken*. Tübingen: Niemeyer.

Hinnenkamp, V. (1994). *Interkulturelle Kommunikation*. Studienbibliographien Sprachwissenschaft des IDS. Heidelberg: Groos.

Jakob, V. (1993). *Interkulturelle Beratungssituation. Analyse eines Beratungsgespräches*. Seminararbeit am FB Germanistik der FU Berlin, Sommersemester 1993.

Jakovidou, Athanaisa (1993). *Funktion und Variation im 'Foreigner-Talk'. Eine empirische Studie zur Sprechweise von Deutschen gegenüber Ausländern.* Tübingen: Narr.

Kallmeyer, W. (1981): Aushandlung und Bedeutungskonstitution. In: Schröder, P. & Steger, H. (Hrsg.), *Dialogforschung.* Düsseldorf: Schwann, 89-127.

Kallmeyer, W. (1985) Handlungskonstitution im Gespräch. Dupont und sein Experte führen ein Beratungsgespräch. In: Gülich, E. & Kotschi, T. (Hrsg.), *Grammatik, Konversation, Interaktion. Beiträge zum Romanistentag 1983.* Tübingen: Niemeyer, 81-122.

Kallmeyer, W. (Hrsg.) (1986). *Kommunikationstypologie. Handlungsmuster, Textsorten, Situationstypen. Jahrbuch des Instituts für deutsche Sprache 1985.* Düsseldorf: Schwann.

Kindt, W. & Laubenstein, U. (1991). *Reparaturen und Koordinationskonstruktionen. Ein Beitrag zur Strukturanalyse des gesprochenen Deutsch.* DFG-Forschergruppe Kohärenz, Fakultät für Linguistik und Literaturwissenschaft der Universität Bielefeld, Kolibri, Arbeitsbericht Nr. 20.

Kindt, W. & Weingarten, R. (1984). Verständigungsprobleme. In: *Deutsche Sprache 12*, 193-218.

Knapp, K., Enninger, W. & Knapp-Potthoff, A. (eds.) (1987). *Analyzing intercultural communication.* Berlin: Mouton de Gruyter.

Koerfer, A. (1994). *Institutionelle Kommunikation. Zur Methodologie und Empirie der Handlungsanalyse.* Opladen: Westdeutscher Verlag.

Kotthoff, H. (1989). *Pro und Contra in der Fremdsprache. Pragmatische Defizite in interkulturellen Argumentationen.* Frankfurt a.M.: Lang.

Levinson, S. C. (1983). *Pragmatics.* Cambridge: Cambridge University Press.

Long, M. H. (1982). Adaption an den Lerner. Die Aushandlung verstehbarer Eingabe in Gesprächen zwischen muttersprachlichen Sprechern und Lernern. In: *Zeitschrift für Literaturwissenschaft und Linguistik 45*, 100-118.

Noyau, C. & Pourquier, R. (eds.) (1984). *Communiquer dans la langue de l'autre.* Paris.

Nothdurft, W. (1984). *'äh folgendes problem äh'. Die interaktive Ausarbeitung 'des Problems' in Beratungsgesprächen.* Tübingen: Narr.

Nothdurft, W. (1994). Kompetenz und Vertrauen in Beratungsgesprächen. In: Nothdurft, Reitemeier & Schröder, 183-227.

Nothdurft, W. (1994). Die Herstellung der Beratungssituation. In: Nothdurft, Reitemeier & Schröder, 20-87.

Nothdurft, W., Reitemeier, U. & Schröder, P. (1994). *Beratungsgespräche. Analyse asymmetrischer Dialoge.* Tübingen: Narr.

Redder, A. & Rehbein, J. (Hrsg.) (1985). *Arbeiten zur interkulturellen Kommunikation.* Osnabrück (= OBST 38).

Rehbein, J. (1977). *Komplexes Handeln. Elemente zur Handlungstheorie der Sprache.* Stuttgart: Metzler.

Rehbein, J. (1984). *Reparative Handlungsmuster und ihre Verwendung im Fremdsprachenunterricht.* Roskilde: Universitetscenter (Rolig papir 30).

Rehbein, J. (1985a). Medizinische Beratung türkischer Eltern. In: Rehbein 1985b, 349-419.

Rehbein, J. (Hrsg.) (1985b). *Interkulturelle Kommunikation.* Tübingen: Narr.

Reich, A. & Rost-Roth, M. (1993). Verständnissicherung bei Referenzproblemen im zweisprachlichen Diskurs. In: Katny, A. (Hrsg.), *Beiträge zur Sprachwissenschaft, Sozio- und Psycholinguistik. Probleme des Deutschen als Mutter-, Fremd- und Zweitsprache.* Rzeszow, 173-200.

Reitemeier, U. (1994). Beraten und institutioneller Kontext. Zum Einfluß institutioneller Handlungsbedingungen auf die Interaktionsbeziehung zwischen Ratsuchendem und Berater. In: Nothdurft, Reitemeier & Schröder, 230-259.

Roche, J. (1989). *Xenolekte. Struktur und Variation im Deutsch gegenüber Ausländern.* Berlin: de Gruyter.

Rost, M. (1990). Reparaturen und Foreigner Talk. In: *Linguistische Berichte 125*, 23-45.

Rost-Roth, M. (1994a). Verständigungsprobleme in der interkulturellen Kommunikation. Ein Forschungsüberblick zu Analysen und Diagnosen in empirischen Untersuchungen. In: *Zeitschrift für Literaturwissenschaft und Linguistik 93*, 9-45.

Rost-Roth, M. (1994b). *Verständnisschwierigkeiten. Eine linguistische Untersuchung zu Verständnisproblemen und Aktivitäten der Verständnissicherung in Interaktionen zwischen Muttersprachlern und Nichtmuttersprachlern mit dem Ziel einer Entwicklung von Unterrichtsmaterialien.* Projektbericht im Rahmen des Postdoktorandenprogramms der Deutschen Forschungsgemeinschaft. Berlin.

Rost-Roth, M. (1995a). Language in Intercultural Communication. In: Stevenson, P. (Hrsg.), *The German Language and the Real World*. Cambridge: Cambridge University Press, 169-204.

Rost-Roth, M. (1995b). Deutsch als Fremdsprache, Verständigungsprobleme und interkulturelle Kommunikation. In: Dittmar, N. & Rost-Roth, M. (Hrsg.), *Deutsch als Zweit- und Fremdsprache. Perspektiven und Methoden einer akademischen Disziplin*. Frankfurt a.M.: Lang, 245-270.

Rost-Roth, M. (unter Mitarbeit von Lechlmaier, O.) (1995c). *Sprachenlernen im direkten Kontakt. Autonomes Tandem in Südtirol. Eine Fallstudie*. Bozen.

Schank, G. & Schwitalla, J. (Hrsg.) (1987). *Konflikte in Gesprächen*. Tübingen: Narr.

Schegloff, E. A. (o.J.). *Repair After Next Turn: The Last Structurally Provided Defense of Intersubjectivity in Conversation*. Working Paper, EPOS Area Program, University of California, Los Angeles, Department of Sociology.

Schegloff, E. A., Jefferson, G. & Sacks, H. (1977): The Preference for Self-Correction in the Organization of Repair in Conversation. In: *Language 53*, 361-382.

Schröder, P. (1985). *Beratungsgespräche - ein kommentierter Textband*. Tübingen: Narr.

Schröder, P. (1994). Perspektivendivergenzen in Beratungsgesprächen. In: Nothdurft, Reitemeier & Schröder, 89-182.

Schwitalla, J. (1976). Dialogsteuerung. Vorschläge zur Untersuchung. In: Berens, F.-J. et al., *Projekt Dialogstrukturen. Ein Arbeitsbericht*. München: Hueber.

Selting, M. (1987). *Verständigungsprobleme. Eine empirische Analyse am Beispiel der Bürger-Verwaltungs-Kommunikation*. Tübingen: Niemeyer.

Spiegel, C. (1995). Streit. Forschungsberichte des Instituts für deutsche Sprache. Tübingen.

Spranz-Fogasy, Th. et al.(1992). Mannheimer ArgumentationsKategorienSystem (Maks). Ein Kategoriensystem zur Auswertung von Argumentationen in Konfliktgesprächen. In: *Linguistische Berichte 141*, 350-370.

Varonis, E. & Gass, S. (1985): Miscommunication in Native/Nonnative Conversation. In: *Language in Society 14*, 327-343.

Weingarten, R. (1984). *Verständigungsprobleme im Grundschulunterricht. Eine Untersuchung zur kommunikativen Sozialisation*. Opladen: Westdeutscher Verlag.

Wenzel, A. (1984). *Verstehen und Verständigung in Gesprächen am Sozialamt. Eine empirische Untersuchung*. Tübingen: Niemeyer.

## Anhang: Beispiele aus verschiedenen Beratungsgesprächen[34]

### 1. Beispiele für kommunikative Störungen, die prinzipiell in jedem Gespräch vorkommen können

#### 1.1 Verständnisprobleme durch unklare Referenzierung

```
                                    RG-MS: ?sagen sie mir ihre adresse?
RS-MS: &(hobrechtstraße)&           RG-MS: & oder te&lefonnummer

RS-MS: ja beides (x) hobrechtstraße^
                                    RG-MS: ?hm^?
RS-MS: bei/ä nur telefonnummer oder beides?
RS-MS: &(sechs zwei vier)&          RG-MS: &nur telefonnummer&
```

#### 1.2 Nebengeräusche und andere Unterbrechungen, die die Kommunikation erschweren

```
                                    RG-MS: sie wolln promoviern
                                           ?ham sie schon ein betreuer?
RS-NMS: ja
RS-NMS: &herrn& (xx)/               RG-MS: &?ja? &
        äh herrn (xxx x) ist mein betreuer
<BAULÄRM VON DRAUßEN BEGINNT UND DAUERT BIS ZUM ENDE AN>
        &der be&treuer              RG-MS: & hm&
        ja=
RS-NMS: =ja=
                                    RG-MS: =ja
RS-NMS: und äh + (hier) ist/
        äh ich habe ein (gutachten) mitgebracht
                                    RG-MS: ja zeign sie mal
RS-NMS: hmhm das ist äh original
        und das ist kopien
                                    RG-MS: ja
                                           +25+
RS-NMS: (mh) + ich habe das (gehört) geschrieben +
        (x)=
                                    RG-MS: =mhm=
RS-NMS: =%(xx xx)% +6+
                                    RG-MS: mhm +16+
<KLOPFEN AN DER TÜR>
                                           ja^
```

---

[34] Die Belegstellen sind nach den folgenden Konventionen transkribiert:

| | | | |
|---|---|---|---|
| ^ | steigende Intonation | / | Abbruch |
| _ | fallende Intonation | \ | Unterbrechung |
| : | Dehnung | (xx) | vermutete Lexeme |
| + | Pause (z.T. mit Sekunden) | *xx* | anderssprachige Äußerungen |
| @@ | Lachen (z.T. mit Sekunden) | = | direkter Anschluß |
| (h) | hörbares Atmen | &xx& | simultanes Sprechen |
| << | lauter werden | ?xx? | Fragen |
| >> | leiser werden | %xx% | insges. leiser gesprochen |
| ' | betont | | |

<STUDENT DER VORHERGEHENDEN GRUPPE BETRITT SICH ENTSCHULDIGEND DEN RAUM, NIMMT SICH DEN LIEGENGELASSE-
NEN STIFT VOM TISCH UND VERLÄßT DEN RAUM>

+4+ ja +5+
so jetzt geh ich/ (x) erstmal die kopien vor^
das kön/ die originale könn sie wieder

RS-NMS: ja +

RG-MS: bekomm +4+

## 2. Beispiele für kommunikative Störungen in Verbindung mit institutionellen Bedingungen und Gesprächsrollen

### 2.1 Fachterminologie (hier: 'Anerkennung' vs. 'Einstufung' von Bescheinigungen)

RG-MS: ich habe diesen zettel zurückbekomm
mit der bitte das/
das Datum einzustra/ ein/ einzutragen^
'wann ich 'ihre anerkennung gemacht hab
und ich habe hier keine unterlagen von ihnen gefunden +1+

RS-NMS: %ä:h% +2+

RG-MS: ähm +2+ sie ham mir n diplom
vorgelegt^

RS-NMS: ja ich war hier am +
(h) %ich muß es (nochmal)%

RG-MS: &ich hab ihn doch ne&

RS-NMS: &das war die letzte & sprechstunde=

RG-MS: =?ich hab ihn doch
ne einstufung geschriebm nich?

RS-NMS: (h) ä:hm +1+ m::oment also (h) +1+
ja: es is folgendes also ich/ +1+
ich brauch das erstmal äh
ja für die anerkennung äh der zwischenprüfung^

### 2.2 Hervorheben der institutionellen Perspektive

RS-S: ich weiß nich
ob ich eh
zwischenprüfung machn soll oder nicht?

RG-MS: ja das problem ist für 'uns
dass wir die zwischenprüfung brauchn!
+++
%ne?%

### 2.3 Falsche Annahmen auf Seiten der Klienten über den Bekanntheitsgrad ihrer Person oder ihres Problems

RS-MS: ich möchte eigentlich
nur ein autogramm haben
(...)

RG-MS: aha +3s+ ((NACHNAME)) ?kenn wir uns schon?

RS-MS: ja ich war schon vor
+ %zweieinhalb monaten%
hatten wir mal kurz die themen durchgesprochen
sie hatten auch schon literaturliste gegeben

## 2.4 Zeitdruck

| | | | |
|---|---|---|---|
| RS-NMS: | eh gibt-s vielleicht jetz mehr<br>weiß ich nich aber<br>&soviele mit& | | |
| | | RG-MS: | &aber wir haben da zwei&<br>also ich/ ich bin so-n bißchen/<br>dränge so-n bißchen<br>weil ich\ |
| RS-NMS: | ja ja is gut= | | |
| | | RG-MS: | =weil ich in eh |
| RS-NMS: | es tut mir auch leid ja | | |
| | | RG-MS: | in-s eh in acht minuten ne lehrveranstaltung hab= |
| RS-NMS: | = ja | | |
| | | RG-MS: | und da steht auch noch jemand |
| RS-NMS: | ja | | |
| | | RG-MS: | aber wir können sowieso heute nich zuende führen ne^ |

## 3. Beispiele für Kommunikationsprobleme aufgrund unterschiedlicher Sprachkompetenzen

### 3.1 Verständnisschwierigkeiten für die Muttersprachler

RS-NMS: der prof ja: erklärt immer
sie sollen so gehn.
und nicht (x)
Kommentar von RG-MS in der Nachbesprechung: Dieses Wort habe ich nicht verstanden.
                                                                          RG-MS:  mhm
RS-NMS: ich (kann) ja ruhig das machen
in der sch/ in der sch/ in dem unterricht
aber später ich merk das nicht
RS-NMS: &(und es wird)&              RG-MS:  &ahja
alles e/erklärt
also wie des/ eh
wie die zunge zum beispiel sein soll
e:h aba schnell
(geht die) und die
(erk, die ward die xx)

Kommentar in der Nachbesprechung:
RG-MS: Hier sind die (...) Worte oder Wortanfänge nicht identifizierbar. Erst nach wiederholtem Abhören des Tonbandes assoziiere ich etwas wie Erklärungen, Worte oder Vokabeln.

### 3.2 Verständnisschwierigkeiten für Nichtmuttersprachler

| | | | |
|---|---|---|---|
| | | RG-MS: | ich mache eine videoaufnahme! |
| RS-NMS: | mhm | | |
| | | RG-MS: | für deutsch als fremdsprache interkulturelle kommunikation |
| RS-NMS: | (xx) | | |
| | | RG-MS: | gesprächsanalyse sprechstunde u:nd. @@ |
| RS-NMS: | sehr gut sehr gut | | |
| | | RG-MS: | hoffe sie ham nichts dagegen |
| RS-NMS: | @@ne ne ne@@ | | |
| | | RG-MS: | gut prima |

Kommentar in der Nachbesprechung:
RS-NMS: ich hab verstanden also.. so du hast mich gefragt ob ich etwas? eh ob du etwas dagegen hättest... eh.. daß du in der Sprechstunde soviel machst (...) und dann hab ich gedacht 'wieso?', also ich könnte ja nichts dagegen haben und ich hab mich auch gewundert, wieso fragst du mich sowas

## 4. Beispiele zu Divergenzen in kulturellen Konventionen

### 4.1 Verweise auf Lehrveranstaltungen im universitären Kontext

RG-MS: mh hm ?welche dozentin^?

RS-NMS: ehm +3s+
<HINTERGRUNDTELEFONAT WIRD LAUTER>
sa/ sechzehn null null eins

RG-MS: äh: ne ?welcher kurs is-ses denn?

RS-NMS: ehm: das is: mh +
ne ich muß dann mal sehen wie/ wie die heißt
+2s+ mh +3s+
<BLÄTTERN>
das is eigentlich für aus/ au/
für ausländische studenten

RG-MS: mh hm

RS-NMS: äh ((name))

RG-MS: ah ja

### 4.2 Mißverstehen und Verständnisschwierigkeiten in Gesprächen mit Ausländern

RG-MS: ?wie is-n ihre berliner adresse?

RS-NMS: äh (linar)straße + zwanzich +3+
mh + eins drei drei fümf drei
+ ja aber ich wohne bei nam +1+

RG-MS: ?bei?

RS-NMS: nam

RG-MS: nam

RS-NMS: en a em

RG-MS: hm +3+ so:: +24+

(...)

RG-MS: ?und sie wolln auch
hier bei 'uns promoviern
nich zu hause?

RS-NMS: jaja

RG-MS: ?bei uns?

RS-NMS: jaja

Kommentar in der Nachbesprechung:
RG-MS: aber es gibt viele Mißverständnisse mit den Ausländern und Ausländerinnen weil/ deswegen hab ich mir auch angewöhnt immer erst ein Protokoll zu schreiben wo ich ganz viel verbessern kann; und auf der Grundlage wenn alles klar ist mach ich hinterher in Ruhe die Bescheinigung fertig. Und diese vielen Rückfragen haben natürlich die Funktion Mißverständnisse zu vermeiden

# Selbstvergessene BeobachterInnen? Über die Konstruktion und Reproduktion von Asymmetrie in interkultureller Kommunikation

*Ewald Reuter*

> 'Well, she - she don't have to worry about that', said Kramer. In a room with three people who said *She don't*, he couldn't get a *doesn't* out of his mouth.
>
> *Tom Wolfe, The Bonfire of the Vanities, 1987*

> 'Also, sie - sie braucht sich da keine Sorgen zu machen', sagte Kramer. She don't have to worry. In einem Zimmer mit drei Leuten, die 'she don't' sagten, kriegte er kein 'she doesn't' heraus.
>
> *Tom Wolfe, Fegefeuer der Eitelkeiten. Aus dem Amerikanischen von Benjamin Schwarz, 1988*

> 'Niin, tuota - enää sen ei tartte sitä surra', sanoi Kramer. Kun huoneessa oli kolme muuta, jotka sujuvasti sanoivat *sen ei tartte*, hän ei pystynyt kakistamaan suustaan korrektia *hänen ei tarvitse*.
>
> *Tom Wolfe, Turhuuksien rovio. Suomentanut Erkki Jukarainen, 1989*

## 1. Im Brennpunkt: Deutungsvielfalt

Im Mittelpunkt dieser Fallstudie steht eine Rekonstruktion derjenigen Schritte, die eine Gruppe von DeutschlehrerInnen bei der Aufbereitung eines literarischen Textes für den Deutschunterricht an allgemeinbildenden Schulen in Finnland unternommen hat. Der literarische Text, der als Grundlage für die Erstellung eines 90-minütigen Stundenentwurfes gewählt wurde, stammt aus dem in der alten Bundesrepublik meist als Gastarbeiter- oder Migrantenliteratur bezeichneten Bereich und stellt in fingierter Mündlichkeit eine 'Wegauskunft' im Foreigner Talk dar. Wie im Anhang (Text 1) nachprüfbar ist, liest sich der Text "In zwei Sprachen sprechen" weitestgehend wie die Verschriftung eines Gespräches, das tatsächlich von einem Deutschen und einem Ausländer geführt wurde. Erste interessante Fragen sind hier, *wie* die DeutschlehrerInnen diesen gesprächsförmigen Text einschätzen und *wie* sie ihre Interpretationen in einen handhabbaren Unterrichtsentwurf umsetzen.

Um eine Antwort auf diese Doppelfrage zu finden, habe ich zunächst am Ergebnis dieser Unterrichtsplanungen, dem veröffentlichten Stundenentwurf (= Abw. 1992, 12-15), erste genealogische Rekonstruktionsversuche durchgeführt (Reuter

1995a). Diese führen vorläufig zu dem Nachweis, daß die DeutschlehrerInnen die interkulturelle 'Wegauskunft' deshalb als *asymmetrisch strukturierte Kommunikation* kategorisieren, weil die Rede des Auskunft gebenden Deutschen Merkmale von Foreigner Talk aufweist. Obwohl der Stundenentwurf keine analytischen Konzepte des Textverstehens nennt und nur in die fremdsprachendidaktische Behandlung des Textes einführt, ergibt die Durchsicht des Entwurfs jedoch sehr deutlich, daß die DeutschlehrerInnen unausgesprochen Sachverhalte ins Auge fassen, die aus unserer Beobachterperspektive mit 'Ausländerfeindlichkeit', 'Asymmetrie' und 'gestörte Kommunikation' beschrieben werden können. Daß die LehrerInnen tatsächlich zu dem Schluß gekommen sind, der Deutsche diskriminiere durch seine grammatisch fehlerhafte Sprechweise den Ausländer, geht nicht zuletzt aus dem methodischen Hinweis hervor, die Lehrerfrage "Warum spricht der Deutsche falsch?" durch ein "Lehrer-Schüler-Gespräch" zu beantworten, "mit dem Ziel festzustellen, daß der Deutsche denkt, Ausländersein ist Dummsein ... Ausländer verstehen nichts." (Abw. 1992, 13). Zu diesem Befund gelangen die LehrerInnen durch den Vergleich der beiden Szenen 'Wegauskunft' und 'Kneipengespräch' im literarischen Text. Indem sie die grammatische Makellosigkeit des Gesprächs zwischen den beiden Deutschen als Maßstab für die Kommunikation zwischen Gleichberechtigten ansetzen, konstruieren sie die 'Wegauskunft' als ein "asymmetrische[s] Kommunikationsverhältnis" (Schröder, Nothdurft & Reitemeier 1994, 16), das die Rollenkonstellation von Muttersprachler (MS) und Nichtmuttersprachler (NMS) einem ureigenen Modell der Lehrer-Schüler-Kommunikation nachbildet. Going native, sprechen wie die Muttersprachler, das ist das Gebot, dem sich die Konstruktion der FremdsprachenlehrerInnen verdankt. In ihrem Deutungsrahmen wird die 'Wegauskunft' vor allem deshalb problematisch, weil der Deutsche offensichtlich nicht bestrebt ist, das von ihnen unterstellte asymmetrische Kommunikationsverhältnis z.B. durch ein zwar vereinfachtes, aber grammatisch korrektes Deutsch abzumildern, sondern es im Gegenteil durch die Verwendung von Foreigner Talk geradewegs zu verschärfen.

Im Rückgriff auf gesprächsanalytische Untersuchungen habe ich dagegen nachgewiesen, daß man den literarischen Text "In zwei Sprachen sprechen" auch auf eine solche Art und Weise betrachten kann, die letztlich zu einer Lesart führt, die der Einschätzung der LehrerInnen diametral entgegengesetzt ist. Diese Untersuchungen gehen zwar ebenfalls von einem asymmetrischen Kommunikationsverhältnis aus, stellen allerdings in Rechnung, daß dieses Verhältnis in interaktionsstruktureller Hinsicht "beides zugleich" ist, nämlich "konstitutive Bedingung für Beraten, aber auch Störquelle für den Kommunikationsprozeß" (Schröder, Nothdurft & Reitemeier 1994, 16). Neben dem sprachlichen Kompetenzgefälle, auf das allein die LehrerInnen ihr Augenmerk richten, kommt mit dem Wissensgefälle zwischen Auskunftgebendem und Ratsuchendem eine weitere Asymmetrie in den Blick, die den Gesprächstyp 'Wegauskunft' überhaupt erst konstituiert. Verfolgt man in dieser Hinsicht Schritt für Schritt, wie das vom Ratsuchenden manifestierte Wissensdefizit im interaktiven Zusammenspiel abgebaut wird, dann kommt man nahezu zwangsläufig zu dem Befund, daß es sich bei dieser 'Wegauskunft' um ein hochgradig kooperatives Gespräch handelt (Reuter 1995a, Tabelle 1). Nachweisen läßt sich nämlich, daß der Auskunfterteilende behutsam verschiedene Strategien der vorbeugenden und nachbessernden Verständnissicherung nutzt (Reuter 1995a, Tabelle 2), um eine vergleichsweise erfolgversprechende Auskunft zu erteilen. Anders als die LehrerInnen, die gleichsam von einer Bringschuld des NMS ausgehen, kann man diese Analyse so weit treiben und feststellen, daß es sogar der MS ist, der die volle Verantwortung für das Glücken der Auskunfterteilung übernimmt. Der MS stellt sich der ihm vom NMS zugemuteten "ungleichen Verteilung der Initiativ- und Kontrollkompetenz über das interaktive Geschehen" (Reitemeier 1994, 237), ohne daß sich dies im Gespräch kontraproduktiv auswirkt.

Ein erstes Ergebnis der Rekonstruktionsversuche besteht somit in dem Nachweis, daß verschiedene Beobachter an ein und demselben gesprächsförmigen Text bis zu drei Formen von Asymmetrie unterscheiden, und zwar

1. eine sprachliche oder *linguistische* Über- bzw. Unterlegenheit,
2. eine wissensmäßige oder *epistemische* Über- bzw. Unterlegenheit, und
3. eine handlungsmäßige oder *interaktive* Über- bzw. Unterlegenheit.

Die Deutungsgenese dieser drei Formen von Asymmetrie sowie ihre sozialen Bewertungen stehen im Brennpunkt der folgenden Darstellung.

## 2. Teilnehmende Beobachtungen im KollegInnenkreis

Es ist bekannt und eine alltägliche Erfahrung, daß das abendländische Denken größte Vorbehalte gegenüber Uneindeutigkeiten hegt. Immerzu ist man aufgefordert, sich zu entscheiden und festzulegen. Immerzu zwingt die 'binäre Maschine' (Deleuze & Parnet) des 'Eindeutigkeitswahns' (Gadamer) die Entscheidung auf: Entweder ist es das Eine oder das Andere - jedenfalls ist es eindeutig und nicht beides zugleich. Ein bewährtes Mittel, auch in unserem Falle dieser Maßgabe zu genügen, bestünde darin, den LehrerInnen einfach Dilettantismus zu bescheinigen und unter Verweis auf Wissenschaftlichkeit die eigene Ansicht als eindeutig und deshalb als verbindlich durchzusetzen. Allerdings spricht sich immer mehr herum, daß dieses Denken inzwischen in die Krise geraten ist. Innerwissenschaftlich ist dies etwa am Streit darüber erkennbar, wie Expertise und Gegenexpertise überhaupt möglich sind, falls Wissenschaft eindeutig verfährt. Zudem ist beobachtbar, daß sich im Gespräch zwischen Wissenschaft und Beruf außerwissenschaftliche Deutungen von einer Verpflichtung auf die wissenschaftliche Deutung der Wirklichkeit zunehmend emanzipieren (vgl. z.B. Knorr-Cetina & Mulkay 1983; Bonß & Hartmann 1985; Berg & Fuchs 1993; Marcus 1995).

Vor diesem Hintergrund geht es mir in dieser Studie in einem ersten Anlauf darum, diejenigen Praktiken freizulegen, mit deren Hilfe KollegInnen berufstypische Anforderungen bewältigen. Zu diesem Zweck bediene ich mich eines *interventionistischen* Instruments der teilnehmenden Beobachtung, nämlich des Forschungsinterviews (= "obtrusive methods", vgl. Auer 1995, 431ff.). Im Gegensatz etwa zur minimalen Intervention der Gesprächsanalyse, die auf die körperliche Kopräsenz der Beobachter in der Aufnahmesituation beschränkt bleibt, geht es in diesen Interviews vornehmlich darum, interpretatorische Vielfalt freizusetzen sowie Brüche und Übergänge zwischen verschiedenen Deutungen zu rekonstruieren. Oder anders ausgedrückt: Nicht die Erhebung von 'Primärdaten', sondern die Erhebung von 'Sekundärdaten' ist beabsichtigt, also die Hervorlockung von Erläuterungen zum Text "In zwei Sprachen sprechen" bzw. zu dem dazugehörigen Unterrichtsentwurf (vgl. Auer 1995, 429ff.). Mit den Worten von Potter & Mulkay (1985):

> "The crucial feature of our approach, then, is that we are not using interviews, or any other source of data, to build up an accurate picture of the actions and beliefs of participants in specific domains of social life. Rather, we are using interviews as a technique for generating interpretative work on the part of participants, with the aim of identifying the kinds of interpretative repertoires and interpretative methods used by participants and with the goal of understanding how their interpretative practices vary in accordance with changes in the interactional context. Although we have abandoned the traditional assumption that we can infer from interview talk what actually happens in the social realm under investigation, we are nevertheless continuing to assume that we can, in a more restricted sense, generalise from interviews to naturally occuring situations. For we are assuming that the interactional and interpretative work occurring in interviews resembles to some degree that which takes place outside interviews." (268-269)

Das interventionistische Forschungsinterview habe ich auf zweifache Weise eingesetzt:

- KollegInnen (darunter auch SprachwissenschaftlerInnen) aus Finnland und Deutschland, von denen ich annahm, daß sie das Unterrichtsmaterial nicht kannten, habe ich eine um die Kneipenszene gekürzte Fassung des Textes "In zwei Sprachen sprechen" mit der Bitte vorgelegt, zu erläutern, worum es sich bei diesem Text handelt. In dieser Kurzfassung fehlten ferner am linken Rand die Rollenbezeichnungen "Ausländer" und "Deutscher" (vgl. Anhang, Text 2). Diese Interviews habe ich mit der Absicht durchgeführt, Interpretationen anzuregen, um sie mit der meinigen, aber auch mit denen der DeutschlehrerInnen zu vergleichen.
- Mit einigen Mitgliedern der DeutschlehrerInnengruppe habe ich narrativ angelegte Einzelinterviews durchgeführt. Den Interviewten stand es dabei frei, mir beliebig detailliert vom Zustandekommen und vom Verlauf ihres Projektes zu berichten. Kamen sie allerdings auf die Textauswahl zu sprechen, was regelmäßig geschah, dann habe ich sie gebeten, mir ihre Absichten am Text "In zwei Sprachen sprechen" zu konkretisieren. Diese Aufforderung löste jeweils eine Rekapitulation der einstigen Deutung des im literarischen Text geschilderten Ereignisses aus. Die Gruppe setzte sich zusammen aus berufserfahrenen DeutschlehrerInnen, ReferendarInnen und MitarbeiterInnen des Germanistischen Instituts sowie des Institutes für Lehrerausbildung der Universität Tampere.

*Selbstvergessene BeobachterInnen?* 249

Nachfolgend werde ich an je einem ausgewählten Interview*beispiel* die Struktur dieser beiden Interview*typen* ausweisen und auszugsweise analytisch kommentieren. Dabei gehe ich so vor, daß ich die jeweiligen Gemeinsamkeiten eines Typs am Transkript belege, die Unterschiede aber (wegen Platzmangels) nur summarisch mitteile. Im Anschluß daran fasse ich die Zwischenergebnisse zusammen, erläutere dann die Kategorie der Selbstvergessenheit sowie die Bedingungen ihrer Herstellung und schließe mit einem zusammenfassenden Ausblick ab. Um der Komplexität des Gegenstandes gerecht zu werden, wechsle ich mehrfach die Perspektive der Darstellung.

## 3. Interviewtyp I: Die Vergegenwärtigung und Verallgemeinerung des durch den Text geschilderten Ereignisses

Interviewtyp I ermöglicht eine Rekonstruktion der Aktualgenese der Textrezeption, wie sie von den Befragten unter den Bedingungen eben dieser Interviews erarbeitet wurde. Die typischen Züge dieser Rezeption erläutere ich nachfolgend an einem vergleichsweise kondensierten Beispiel. Die Typ-I-bezogenen Ergebnisse kontrastiere ich anschließend mit den Typ-II-bezogenen Ergebnissen, bei denen es sich um eine Rekonstruktion der Rekapitulation der Textrezeption aus der Sicht der Befragten handelt.

### 3.1. Die Feststellung von Verhaltensauffälligkeiten

Das folgende Interview[1] wurde in der wöchentlichen Sprechstunde eines Kollegen aufgezeichnet. Den entsprechenden Termin hatte ich zuvor vereinbart, ohne aller-

---

[1] Transkriptionserläuterungen: Da es sich bei diesen Interviews um die Erhebung von Sekundärdaten und nicht von Primärdaten (zur Untersuchung des Gesprächstyps 'Forschungsinterview') handelt, verzichte ich auf die Erstellung einer Feintranskription. Die Sprechersigle E steht für Ewald Reuter, K für KollegIn, wobei gilt, daß im Text meiner Interpretationen das grammatische Geschlecht nicht mit dem natürlichen Geschlecht der referierten KollegIn übereinstimmt. Ansonsten habe ich folgende Zeichen verwendet:

| | |
|---|---|
| / | kurzes Absetzen am Ende einer Äußerungseinheit |
| . | kürzeste Pause |
| .. | längere Pause |
| ... | lange Pause |
| (0.5) | Pause in Sekunden |
| dumm | kontrastive Betonung |
| du sehen | wörtliches Zitat aus der Textvorlage im Interviewtyp I |
| pers- | Wortabbruch |
| an-anerkannt | Silbenwiederholung |
| mhm | Rezeptionssignal (Aufforderung zum Weitersprechen) |
| jaa | Vokaldehnung |
| [lacht] | Kommentar des Transkribenden |
| Text [Schnitt] | Beginn einer Auslassung: Zitatende innerhalb einer Äußerung |
| [Schnitt] Text | Ende einer Auslassung: Zitatbeginn innerhalb einer Äußerung |
| Text [Schnitt] | Beginn einer Auslassung: Zitatende nach Äußerungsende |

dings mein eigentliches Anliegen zu offenbaren. Die Aufnahmetaste betätigte ich nach der Begrüßungsphase:

```
 1 K: aha / wollen wir das aufnehmen ja /

 2 E: nein / das wolln wir nicht aufnehmn / ich will dich fragn was das
      ist /

 3 K: .. joo / ja ich muß sagen ich kenn das also /

 4 E: das kennst du /

 5 K: jaa jaa / und zwar geht es darum daß äh der deutsche mit dem ausländer
      spricht / nicht wahr /  und anstatt dasser [lacht] ein möglichst
 6 E:                                                        mhm

 7 K: gutes deutsch mit ihm spricht äh so spricht er praktisch so wie er
      annimmt daß der ausländer eben gebrochen deutsch spricht /

 8 E: mhm / woher kennst du das /

 9 K: jaaha [seufzt] woher kenn ich das ... das erinnere ich mich nicht mehr
      ... das könnte ich nicht mehr sagen aber ich lese so viel und ich wüßte
      auch die quelle nicht mehr /  aber typisch nich wahr / also du gehen
10 E:                                   mhm

11 K: gerade / du kommen kirche / du gucken links / klein haus / bahnhof
     verstehen /
12 E:                                         mhm

13 K: so typisch wie nur was / nicht / ja /
```

Gleich nachdem ich den Kassettenrecorder bereitgestellt und K. den Text vorgelegt habe, äußert er in Beitrag 1 die Vermutung, daß wir gemeinsam einen Text auf Band sprechen werden. Diese Vermutung liegt nahe, weil man immer wieder mal einen Kollegen oder eine Kollegin um diese Gefälligkeit bittet, damit man im eigenen Unterricht Hörverstehen auf der Grundlage fremder Stimmen üben kann. Auf den Gegenvorschlag (2E) eröffnet er mit leichtem Bedauern (3K), daß ihm der nun vorgelegte Text bekannt ist. Verständlich ist K.s Bedauern deshalb, weil er auf Grund der getroffenen Vorkehrungen erschließen kann, daß es bei diesem Interview gerade auf eine unvoreingenommene Kommentierung der Textvorlage ankommen soll, die er nun nicht mehr liefern zu können meint. Gleich im Anschluß verdeutlicht K., was aus seiner Sicht das Kommentierungswürdige ist. Mit seinen Äußerungen in 5K-7K umschreibt er jene Phänomene, die man in der Linguistik als 'Codeswitching' in den 'Foreigner Talk' bezeichnet: Der Deutsche spricht ebenso "gebrochen deutsch" wie der Ausländer. Obwohl K. sich nicht mehr an seine erste Lektüre dieses Textes erinnern kann (9K), erkennt er die hervorstechenden Merkmale des dargestellten Sachverhaltes jedoch sofort wieder. In 11K reiht er mit Leichtigkeit Beleg an Beleg und bekräftigt wiederholt, daß das 'gebrochene Deutsch' des Deutschen "so typisch wie nur was" (13K) ist.

Auf den ersten Blick bzw. beim ersten Erinnerungsversuch stellt K. an dem im Text geschilderten Sprechereignis die Verhaltensauffälligkeit fest, daß ein MS in der Kommunikation mit einem NMS in den Foreigner Talk wechselt. Im Kontext des

Interviews wird dieses Verhalten als kommentierungswürdig eingeschätzt. Die Richtigkeit der Feststellung, daß der MS Foreigner Talk, also absichtlich grammatisch inkorrekt, spricht, wird durch eine Aufzählung entsprechender Zitate aus der Rede des MS ausgewiesen.

### 3.2. Vergleich und Unterscheidung: die Heranziehung eigener Erfahrungen

Veranlaßt durch mein Nachsetzen befragt K. in der Folge sein Gedächtnis nach eigenen Erfahrungen mit diesem kommentierungswürdigen Verhalten. Dabei kommt er zunächst auf Beobachtungen in seinem Herkunftsland zu sprechen, danach auf seine Erfahrungen in Finnland. Mit dem Sichtwechsel vom Inland zum Ausland vollzieht K. ebenfalls einen Rollenwechsel, insofern er über sich als Neuankömmling in Finnland berichtet, der sich plötzlich in die Rolle des Ausländers mit geringen Finnischkenntnissen versetzt sieht. Als ein besonderes Problem im sprachlichen Kontakt mit Finnen hebt K. das Duzen und Siezen hervor:

```
14 K: ja ... ja / aber äh typisch natürlich auch äh daß daß dann der fremde
      geduzt wird was man ja an für sich nicht sollte /
```

Ab dieser Äußerung geht K. wiederholt auf die Ambivalenz der pronominalen Anrede ein, und dies sowohl aus der Sicht des MS als auch des NMS. Dabei trifft er folgende Unterscheidungen. Als NMS beherrschte er im Finnischen zunächst nur die Formen des Duzens, nicht aber die des Siezens. Dies erschwerte die Kommunikation mit Finnen, da er Respektspersonen nicht normalformgemäß anreden konnte. Die Finnen ihrerseits beherrschten als MS beide Formen, duzten ihn aber. Über diese Zusammenhänge äußert sich K. wie folgt:

```
15 E: und warum meinst du war es selbstverständlich daß du geduzt wurdest /

16 K: ähm äh ja ich mein wie hier ja auch / nicht wahr / der-der deutsche er
      duzt also sofort den ausländer / denn in der regel isses ja auch so daß
      der ausländer die siezform nicht kann / und vor allem ist es so /
      dadurch daß man also der sprache nicht mächtig ist / fehlt einem ein
      sehr wichtiger teil um eine erwach- als pers- äh als erwachsene person
      äh an-anerkannt zu werden / net /
17 E:                                  mhm      mhm

18 K: ich sag immer also wen duzen wir / wir duzen natürlich den hund /
19 E:                                                                   mhm

20 K: wir duzen natürlich das kleinkind / nicht / aber schon beim äh
21 E:                                    mhm     mhm

22 K: gymnasiasten geht das nicht mehr offiziell / nich / es sei denn daß
23 E:                                                                 ja

24 K: man ihm das du anträgt und umgekehrt / nicht /
```

In 16K parallelisiert K. das erlebte Anredeverhalten der Finnen ihm gegenüber mit dem im Text dargestellten Anredeverhalten des Deutschen dem Ausländer gegenüber. Für diese beobachtete Gemeinsamkeit in der Kommunikation zwischen den

MS und NMS wird sofort das Motiv ausgemacht. Es besteht in der besonderen Rücksichtnahme der MS auf die Sprachkenntnisse der NMS. Diese Rücksichtnahme läßt aber die linguistische Asymmetrie zwischen den Beteiligten verschärft hervortreten, was auf Seiten des NMS zu ambivalenten Bewertungen führt. Legt K. das Kriterium des 'Erwachsenseins' an, dann stünde ihm eigentlich zu, in der "Siezform" angeredet zu werden. Obwohl K. den MS eine wohlmeinende Absicht unterstellt, sieht er sich gleichzeitig an Situationen erinnert, in denen die 'Duzform' die soziale Asymmetrie geradezu symbolisiert (vgl. 18K, 20K, 22K, 24K).

Dennoch scheint K. selber von der Triftigkeit des Rückschlusses, den er den MS unterstellt, auszugehen. Aus unserer Beobachterperspektive besteht dieser Rückschluß darin, auf der Grundlage der manifestierten 'aktiven' Sprachkenntnisse des NMS seine 'passiven' Kenntnisse einschätzen oder beurteilen zu können. Allein diese Annahme rechtfertigt in K.s Logik den Foreigner Talk als Strategie der Rücksichtnahme. Anschließbar ist hier die eingangs erwähnte Annahme von der Bringschuld. Obwohl K.s Äußerungen offenlassen, wer diese Dinge so sieht, hält er die Beobachtung fest, daß es schwirig ist, im Ausland sozial anerkannt zu werden, wenn "man also der sprache nicht mächtig ist" (16K). In unserem Zusammenhang heißt das aber wiederum nichts anderes, als daß mit der pronominalen Anrede soziale Solidaritäten symbolisiert werden. Es kann allerdings auch dem Ausländer obliegen, mitzuentscheiden, ob er nun in die Solidargemeinschaft seiner jeweiligen Gesprächspartner aufgenommen oder von ihr ferngehalten werden soll. K. ist sich selbst das Beispiel für diese erneute Ambivalenz. Nachdem er erst die Zweideutigkeit der strategischen Rücksichtnahme geschildert hat, bringt er nun eine Deutung ins Spiel, die die erstgenannte Ambivalenz tilgt. Die als Ausdruck sozialer Asymmetrisierung aufgefaßte 'Duzform' wird nunmehr durch Kontextwechsel als ein Ausdruck sozialer Symmetrie rekategorisiert. Plötzlich ist es die 'Siezform', durch die der Ausländer ausgeschlossen worden wäre (25K - 34K):

```
25 E: hast du das auch als herabsetzend empfunden daß man dich
      finnischerseits geduzt hat /
26 K: ... so aus äh so weiter perspektive würde ich sagen ich habe sehr
      als äh .. etwas positives empfunden denn äh es spiegelte wider /
      daß ich praktisch also akzeptiert war denn ich hab ja eben bemerkt /
      daß diese leute unter sich ... daß die sich ja auch duzten
27 E:                                                                  mhm
28 K: denn ich muß sagen die die ersten wichtigen drei monate die
      habe ich also auf dem lande verbracht / also in einem
29 E:                                                        mhm
30 K: agrarmilieu /  und da haben sich selbstverständlich alle geduzt
31 E:                mhm
32 K: und .. es wär irgendwie ausgefallen gewesen / wenn man mich /
33 E:                                                              mhm
34 K: alleine nun plötzlich gesiezt /  hätte / [Schnitt]
35 E:                                  mhm
```

## 3.3. Vertiefende Analyse und abschließende Bewertung

Was sich bisher am Beispiel von K. gezeigt hat, wiederholt sich in den anderen Interviews vom Typ I. Zunächst wird die Textvorlage gelesen, und schon während des Lesens werden Verhaltensauffälligkeiten festgestellt, deren man sich beim Weiterlesen ständig vergewissert. Ist man am Ende des Textes angelangt, liest man noch einmal den Anfang, bis man auf die Stelle stößt, an der der Deutsche in den Foreigner Talk wechselt. Sobald man sich dieses Sachverhaltes vergewissert hat, wird der gesprächsförmige Text als typischer Fall von Kommunikation zwischen Deutschen und Ausländern kategorisiert. In den meisten Fällen erfolgt nun ein Überdenken der Beurteilungsmaßstäbe. Die zuvor festgestellte Typizität der Kommunikation wird nun mit dem verglichen, was man entweder selber unmittelbar erfahren hat oder mittelbar aus anderen Quellen wie z.B. Film und Belletristik über diesen Kommunikationstyp weiß. In immer neuen Runden wird die Textvorlage ganz oder passagenweise auf das hin überprüft, was man nicht nur allgemein, sondern auch im Detail über das Zustandekommen und den Verlauf solcher Gespräche weiß. Laufend werden dabei neue Unterscheidungen getroffen, deren beide Seiten jeweils auf den Beurteilungsmaßstab rückbezogen werden. Die typischen Probleme, die K. in Selbst- und Fremdbeobachtung an diesem Kommunikationstyp ausmacht, werden auch von den anderen Befragten auf vergleichbare Weise thematisiert. Irgendwann ist dann der Punkt erreicht, an dem die Befragten ihre Analysen für erschöpfend halten und eine abschließende Einschätzung wagen. Dieser Punkt wird zwar über jeweils unterschiedlich tiefenscharfe Beschreibungen herausgearbeitet, er ist aber stets dann erreicht, wenn der Abbau der epistemischen Asymmetrie als letztlich entscheidender Zug des Gespräches geltend gemacht wird. Im Anschluß an eine Rekapitulation seiner früher geäußerten Ansichten formuliert K. dies folgendermaßen:

```
36 E: mhm mhm mhm / äh wie meinst du das jetz hier in-in-in-in diesem
      beispiel / wie ist das verhältnis zwischen ausländer und deutschem
      da / jetzt wenn man an das du denkt /
      [Schnitt]

37 K: und mit andern worten so würde man äh nicht ganz so / aber äh ich
      denke man kann es doch also relativ mit der situation vergleichen /
      wo nun eben der erwachsene mit einem kind äh spricht / das sprachlich
      noch nicht auf der höhe ist /
      [Schnitt]

38 K: [Schnitt] / also / ich persönlich würd mich da also auch in diesem
      falle / wie schon gesagt / auch in der praxis / aber da zumal würde
      ich nicht denken daß äh denn wenn er negativ eingestellt wäre / dann
      würde er sagen blasius rohr / nicht wahr / und achtlos an ihm
39 E:                                                      mhm
40 K: vorbeigehen /         nicht /
41 E:              mhm mhm
```

Im Rückgriff auf die formelhafte Wendung "dann würde er sagen blasius rohr" (38K) stellt K. hier die Tatsache heraus, daß der Deutsche nicht "achtlos" (38K) an dem Ausländer 'vorbeigeht', sondern ihm die gewünschte Hilfestellung gewährt. Deshalb gilt die epistemische Asymmetrie als abgebaut. Auf der Grundlage der Unterscheidung von Information und Mitteilung weist K. die Tatsache, daß die Information mitgeteilt wurde, als ausschlaggebend im Vergleich zu den Eigentümlichkeiten des Mitteilungsverhaltens aus.

Neben den bisher behandelten Gemeinsamkeiten finden sich allerdings auch Unterschiede zwischen den Interviews des Typs I. Diese Unterschiede beziehen sich auf das Mitteilungsverhalten, nicht auf die erteilte Information. Um dieses Verhalten näher zu beschreiben, werden von den Befragten noch die folgenden vier Unterscheidungen eingeführt:

1. Vor allem WissenschaftlerInnen bzw. linguistisch vorgebildete Befragte führen den Unterschied von Begriff und Begriffsbezeichnung ein, wenn sie auf das Phänomen des Foreigner Talks zu sprechen kommen. Sie stellen fest, daß Foreigner Talk eine Alltagserfahrung ist oder sein kann, deren Phänomene zwar auch von Laien ansatzweise analytisch beschrieben, nicht aber unter einer Bezeichnung klassifiziert werden können. K.s Ausführungen wären hier ein Beispiel dafür, daß jemand den Sachverhalt oder den Begriff kennt, nicht aber seine (wissenschaftliche) Bezeichnung. Unter Verweis auf diese Unterscheidung grenzten auch SprachwissenschaftlerInnen, denen die Bezeichnung 'Foreigner Talk' nicht geläufig war, die aber das Codeswitching erkannten, ihr Expertenwissen vom Laienwissen ab.
2. In Abhebung vom ausschließlich sprachlich definierten Foreigner Talk wird die Aufmerksamkeit auf das interaktive Geschick des Deutschen gelenkt, der die Information kleinschrittig vermittelt, nämlich in permanenter Abstimmung auf das Rezeptionsverhalten des Ausländers. Diese Beobachtung wird zur Stützung der allgemeinen Einschätzung herangezogen, daß dem Deutschen an einem Abbau jeglicher Asymmetrie in der Begegnungssituation gelegen ist.
3. Einige Befragte stoßen auf das Problem der Bildung sozialer Kategorien. Sie äußern die Überlegung, daß es sich bei der Textvorlage nur auf den ersten Blick um ein typisches Gespräch zwischen MS und NMS handelt. Wenn man dieses Gespräch mit der gesellschaftlichen Wirklichkeit in Deutschland vergliche, dann müsse man nämlich feststellen, daß es sich um ein typisches Gespräch zwischen einem Deutschen und einem 'Gastarbeiter' handle. Diese Beobachtung hat zur Konsequenz, daß man verschiedene Typen von Ausländern unterscheiden kann. Dieser Unterscheidung zufolge hätte die 'Wegauskunft' auch zwischen zwei Ausländern stattfinden können, die über unterschiedliche Deutschkenntnisse, aber keine gemeinsame Drittsprache verfügten.
4. Eher undeutlich wird von einigen Befragten die Sicht der Beteiligten von der Sicht der Beobachter geschieden. Beiläufig, aber wiederholt wird auf den Umstand hingewiesen, daß man nicht wissen könne, was die beiden Partner jeweils über das ablaufende oder abgelaufene Gespräch dächten, da sie dafür keine Anhaltspunkte böten. Ob man die 'Wegauskunft' also negativ oder positiv beurteile, hänge letztlich von der Sicht der LeserInnen ab.

Auch wenn in einigen Fällen den Befragten der Originaltext vorgelegt wurde, hat sich an den abschließenden Bewertungen nichts mehr geändert. Die zusätzlichen Informationen der 'Kneipenszene' wurden mit der erarbeiteten Einschätzung in Übereinstimmung gebracht, da sie nach Auffassung der Befragten zu Korrekturen keinen Anlaß geben.

## 4. Interviewtyp II: Rekonstruktion einer Textrezeption zum Zwecke der Unterrichtsgestaltung

Im Gegensatz zu den Interviews vom Typ I sind diese Interviews stark narrativ ausgerichtet, da die Befragten im Rückgriff auf typische Darstellungsformen des alltäglichen Erzählens mitteilen, was sich in der Vergangenheit zugetragen hat. Ein Wechsel von der erzählten Zeit zur Erzählzeit des Interviews bzw. beider laufende Kontrastierung ist jedoch immer ab jenem Zeitpunkt zu beobachten, zu dem die Befragten mit konkurrierenden Meinungen konfrontiert werden. An einem Beispiel, das die entscheidenden Züge in vergleichsweise prägnante Formulierungen faßt, zeige ich nun, wie sich die Textrezeption im schulischen Handlungszusammenhang darstellt.

### 4.1. Textauswahl im Rahmen einer apologetischen Unterrichtsinnovation

Bewegt man sich als Kollege unter KollegInnen, dann spricht man insofern großenteils dieselbe Sprache, als man ein berufliches Kategorienwissen teilt. Im vorliegenden Fall gehören z.B. Ausdrücke wie "Textauswahl", "Textrezeption" oder "Didaktisierung" zum gemeinsamen Wissensvorrat von Befragten und Interviewer. Daher genügt hier die kurze Mitteilung, daß die Befragten zwecks beruflicher Handlungsstrukturierung das Phasenschema der Vorbereitung, Durchführung und Auswertung von Unterricht auf die Gegebenheiten der finnischen Schullandschaft abbilden. Dieses Schema, dessen Phasen jeweils erneut untergliedert werden können, ist das beherrschende Strukturmerkmal sowohl der Projektarbeit der LehrerInnengruppe wie auch der in der Publikation vorgelegten Unterrichtsentwürfe (vgl. Abw. 1992). Das Besondere des Projektvorhabens bestand für die Befragten darin, das Phasenschema auf einen bisher im finnischen Deutschunterricht unentdeckten Gegenstand, den literarischen Text, anzuwenden. Zu diesem Zweck führen die Befragten eine Reihe von Unterscheidungen ein, um diesen Innovationsanspruch artikulieren und material entfalten zu können.

Alle Befragten erwähnen eingangs, daß sie insofern "freiwillig" an dem Projekt teilgenommen haben, als sie weder amtlich dazu bestellt wurden noch etwas erarbeiten wollten, das behördlich begutachtet werden mußte. Die Idee zu diesem Projekt ging von einem spiritus rector aus, der die Beschäftigung mit "Ausländerliteratur" im Deutschunterricht vorschlug:

```
1 K: und ich glaube daß war vor .. vier jahren oder fünf jahren oder aber
     vie-vier jahren glaube ich / N. [das Gruppenmitglied, E.R.] hat mit
     mir darüber-rüber mal gesprochen ob ich auch mit ihm .. so ein kleines
```

```
           werk oder . oder . oder oder eine sammlung von gedichten äh machen
           möchte die die möglicherweise später didaktisiert würden /  und so
    2 E:                                                                  mhm

    3 K: bin ich . drangekommen /  und dann ha-haben wir mal überlegt welche
    4 E:                        mhm

    5 K: anderen leute da . da behilflich sein könnten / und da da . haben
           haben wir uns entschlossen daß daß die äh deutschlehrer
           deutschlehrerinnen sein müssen die in der schule tätig sind /
```

Außer den beiden gerade erwähnten Mitgliedern waren keine weiteren Deutschlehrerlnnen an der "Textauswahl" beteiligt. Mit der Konstitution der Gruppe ging es somit in erster Linie darum, die ausgewählten Texte vor dem Hintergrund künftigen Unterrichts zu rezipieren und didaktisch aufzubereiten:

```
    6 E: mhm mhm mhm / undäh was habt ihr jetzt bezweckt mit diesen texten im
           deutschunterricht /

    7 K: also . ähm . wie hier irgendwo gesagt wird ... äh ist das heft hier
    8 E: mhm /

    9 K: für finnische deutschlehrer deutschlehrerinnen gedacht / öhm ...
   10 E:                                                                  mhm

   11 K: eigentlich mal was anderes im deutschunterricht zu machen das war
           ursprünglich . der zweck /   also nicht nur nicht nur so äh kategorisch
   12 E:                             ja

   13 K: äh ein lehrwerk im unterricht zu gebrauchen   sondern auch nebenbei
   14 E:                                             mh

   15 K: was literarisches /     mitzubringen /
   16 E:                   mhm ja
```

Bringt man die Feststellungen dieses Ausschnittes auf die eingebürgerten Begriffe, die teilweise auch in den übrigen Interviews verwendet werden, dann werden hier folgende Unterscheidungen getroffen: "Literarische Texte" ("was anderes", 11K) werden im künftigen Unterricht in Abhebung von "Sachtexten" behandelt. Die Behandlung der "literarischen Texte" erfolgt "kursergänzend" ("nebenbei", 13K) und nicht "kurstragend" ("so äh kategorisch äh ein lehrwerk im unterricht zu gebrauchen", 11K-13K). Dieses Vorhaben ist jedoch mit Problemen behaftet. Nicht nur aus unserer Beobachterperspektive wird deutlich, daß hier in nuce die Konstruktion einer asymmetrischen Situation eingeleitet wird, da K. dem Projekt den Status eines Außenseiters zuschreibt. Das spezifische Gewicht dieser Konstruktion geht aus dem obigen Ausschnitt nur indirekt hervor, da ich hier als Eingeweihter angesprochen werde. Anhaltspunkt dafür, daß auf einen bestimmten Sachverhalt angespielt wird, ist die deutlich kontrastive Betonung von "finnische" in 9K. Durch die Betonung wird angezeigt, daß es mit den finnischen DeutschlehrerInnen eine besondere Bewandtnis hat. In nur einem andern Fall findet sich in derselben Wortverbindung eine kontrastive Betonung, diesmal am Ende der Verbindung "finnische DeutschlehrerInnen". Im Kontext jenes Interviews wird damit der mögliche Einwand zurückgewiesen, die Entwürfe gingen nicht von wissenschaftlich stichhaltigen

Interpretationen aus. Angedeutet wird, daß das Handeln von LehrerInnen mit weniger strengen Maßstäben zu messen ist als etwa das Handeln von UniversitätslektorInnen. Im vorliegenden Fall wird wenig später ausgeführt, worauf sich die angeführte Anspielung bezieht:

```
17 K: [Schnitt] äh .. ich persönlich hatte-hatte recht oft so eine . so eine
      vermutung jedenfalls / ich glaube N. [ein Mitglied, E.R.] auch / daß
      die literarischen texte im-im schulunterricht äh recht schwierig äh
      einzusetzen sind / weil die weil die lehrer eher so pragmatisch /
18 E:                    mhm                                          mhm

19 K: pragmatisch orientiert sind /
```

Handlungslogisch geht aus diesem Ausschnitt hervor, daß die asymmetrische Struktur, in der das Projekt im Verhältnis zu seiner Umwelt gesehen wird, projektintern reproduziert wird. "Literarische Texte" sind deshalb "schwierig einzusetzen" (17K), weil "die lehrer" (17K) "eher so" "pragmatisch orientiert sind" (19K). Mit diesem Widerspruch wird wiederholt der Sachverhalt umschrieben, daß finnische DeutschlehrerInnen in Studium und Ausbildung bislang nur den kompetenten Umgang mit Sachtexten erwerben, weil allein dies gesellschaftlich prämiert wird. Bricht man aus diesem Rahmen aus, stellen sich sogleich Kompetenzprobleme ein: Wie kann man sich die Kompetenz für den Umgang mit literarischen Texten verschaffen, wenn man sie nicht an den dafür zuständigen Orten erwerben kann? Eine Antwort auf diese Frage ist die Etablierung einer Asymmetrie im Projekt. Wie auch aus komplementärer Perspektive mehrfach bestätigt wird, sind es zwei Mitglieder, die für konzeptuelle Weichenstellungen verantwortlich gemacht werden. Die Selbst- und Fremdwahrnehmnung dieser beiden kann aus Sicht des Interviewers als 'rücksichtsvolle Zumutung' bezeichnet werden. Sie besteht darin, von den anderen Mitgliedern Neuerungen zu verlangen, ohne sie dabei zu überfordern. Unter Bezug auf die 'pragmatische Orientierung' ("deswegen", 20K) wird die projektinterne Lösung des Problems wie folgt beschrieben:

```
20 K: und .. deswegen hab-haben wir probiert / ob es auch mit mit dem
      mit einem literarischen text oder mit einigen literarischen texten
      gelingt / und da sind wir eigentlich recht vorsichtig ja
      vorgegangen / äh .. wir haben nur-nur den .. lehrerinnen gesagt
21 E:                                                                mhm

22 K: daß sie daß sie .. äh mit / diesem text in der klasse probieren /
      [Schnitt]

23 K: und davon haben wir natürlich etwas erfahrung gewonnen / und durch
24 E:                                                              mhm

25 K: die äh durch diese erfahrung haben wir dann-dann ähm ... weitere /
      aufgaben oder weitere äh .. schritte formuliert wie wir weiter
      weitergehen / würden / also jede-jeder text ist eigentlich so zwei
26 E:                          mhm

27 K: oder dreimal in der klasse probiert / oder vielleicht sogar mehr /
28 E:                                                                mhm
```

Die 'Vorsichtigkeit' des projektinternen 'Vorgehens' besteht demnach darin, in Kauf zu nehmen, daß "literarische Texte" im Unterricht wie "Sachtexte" behandelt werden. Die einzige Vorgabe, an die sich die LehrerInnen zu halten hatten, bestand sozusagen in der Führung des Nachweises, daß Unterricht "auch mit einigen literarischen texten gelingt" (20K). Diese Tauglichkeit stellte sich im Kern aber erst dadurch her, daß das bewährte methodische Phasenschema auf diese Texte angewendet wurde. Sukzessiv wurden "weitere / aufgaben oder weitere äh ... schritte formuliert" (25K) und die jeweils überarbeiteten Entwürfe erneut erprobt, bis sie als publikationsreif galten.

Das innovative Projekt stellt sich aus der Sicht seiner Mitglieder als zweistufig dar: Erstens werden "literarische Texte" zur unterrichtlichen Arbeitsgrundlage gemacht, und zweitens werden diese Texte mit den üblichen, gleichsam textsortenfremden Methoden behandelt. Daß sich die angestrebte Innovation in der Kombination dieser beiden Schritte erschöpft, ist der Grund für die apologetische Struktur der Projektdarstellung durch die Mitglieder. Sie wissen, sie unternehmen für finnische Verhältnisse etwas Neues, sie wissen zugleich aber auch, daß sie dies eigentlich noch viel besser machen könnten, als sie es tatsächlich tun. Die LehrerInnen betreiben das Projekt einer Aufholjagd, das gleichsam Zwergenschritte Siebenmeilenstiefeln vorzieht. Dieses Paradox kann man als 'apologetische Innovation' beschreiben. Wie offen oder versteckt auch immer es die LehrerInnen ausdrücken, sie wollen nur erreichen, was sie anderswo, nämlich in den alten europäischen Kulturnationen, für den Normalfall halten: die breite Behandlung literarischer Texte im Fremdsprachenunterricht. Durch die Zielvorgabe, es diesen Vorbildern gleichzutun, verortet sich das Projekt selbst in einem asymmetrischen Kommunikationsverhältnis, in dem es paradoxerweise beide Seiten einnehmen kann. Was sich im Bezug auf finnische Verhältnisse als Innovation und Überlegenheit des Projektes versteht, schlägt im Bezug auf deutsche Verhältnisse in eine Apologie seiner Rückständigkeit und Unterlegenheit um.

### 4.2. Die Rekapitulation, Reaktualisierung und Rekategorisierung einer Textrezeption

Die Rezeption der für die Stundenentwürfe ausgewählten literarischen Texte ist in die Struktur der 'apologetischen Innovation' eingebettet. Am Beispiel des Originaltextes "In zwei Sprachen sprechen", dessen Rezeption durch das Projekt nun genauer betrachtet werden soll, zeigt sich erneut und im Detail, wie fremdsprachendidaktische Kategorien den Zugang zum Text bestimmen. In der unterrichtlichen Erprobungsphase der Texte arbeiteten die LehrerInnen eine Vorgehensweise heraus, deren Schrittfolge und Zweckrationalität K. nachfolgend auf eine Art und Weise beschreibt, wie sie sich im publizierten Unterrichtsentwurf wiederfinden:

```
29 K:  ... / ich glaube .. wir haben den text erst mal äh ausgewählt .. weil
       es weil es äh eine art dialog .. ist / das war also . leicht äh für
30 E:                                                                    mhm
31 K: für den in den anfangs-anfangsunterricht . einzuführen /  ... und ..
32 E:                                                                    mhm
```

```
33 K: [bläst in die Luft] ich glaub wir haben nur so gedacht daß-daß weil es
      ein dialog ist weil es ein gespräch ist daß-daß-daß-daß ähm .. würden
      wir vielleicht nur den . schülern . vorspielen .. und die schüler-
      schüler können davon .. das gewinnen was sie was sie vom . beim ersten
      hören . davon kriegen ob sie das verstehen oder ob und ob-ob sie das
34 E:                                                                   mhm

35 K: nicht verstehen und wenn sie das nicht verstehen warum denn nicht /
36 E:                                                                   mhm

37 K: hängt das irgendwie mit der sprache zusammen /   oder-oder hängt das
38 E:                                                  mhm

39 K: mit den mit den mit den wörtern zusammen /   die die schüler nicht
40 E:                                              mhm

41 K: noch nicht äh beherrschen /   das war vielleicht der anfang /
42 E:                                mhm
```

Übersetzt man diese Beschreibung in die fremdsprachendidaktische Sprache, dann wurde der Text deshalb gewählt, weil seine Gesprächsförmigkeit eine hohe Gemeinsamkeit mit jenen 'Dialogen' (29K, 33K) aufweist, die man nach der sog. kommunikativen Wende auch im "anfangsunterricht" (31K) einsetzt. Die Erprobung des ausgewählten Textes im Unterricht setzte aber bereits ein bestimmtes Textverständnis bei der Projektgruppe voraus. Folglich wurde geprüft, ob sprachliche Verstehensprobleme eher mit dem Foreigner Talk ("irgendwie mit der sprache", 37K) oder eher mit noch unbekanntem Wortschatz (39K-41K) zusammenhingen. In völliger Übereinstimmung mit dem Phasenschema wurden daher nun Fragen der Vor- und Nachbereitung der medienspezifischen Textpräsentation verhandelt. Das Sprachverstehen ist somit die Voraussetzung für den nächsten Unterrichtsschritt, das Textverstehen:

```
43 K: und .. dann erst dann sind wir eigentlich in die ri-ri-richtig in die
      kultur .. eingegangen /   also dasses-dasses keine normale situation
44 E:                            mhm

45 K: oder und dasses kein normales /   gespräch ist sonden sonden-sonden
46 E:                                   mhm /

47 K: ein ein-ein gespräch zwischen ... einem deutschen und-und . einem
      ausländer /   und was da komisch dann ist /   was da /   was da ..
48 E:               mhm                                       mhm         mhm

49 K: was da mh nicht ganz normal ist /   und dann hatten wir so eine idee
50 E:                                     mhm

51 K: hab ich ganz klar im gedächtnis daß die schüler das vielleicht auch
      in in-in-in-ins bessere deutsche korrigieren könnten /   wie-wie eine
52 E:                                                          mhm

53 K: wie es ein / richtig .. in deutsch gesagt . wäre /
```

Diese Rekapitulation läßt keinen Zweifel daran, daß das Textverstehen auf eine Rekonstruktion der Merkmale abzielte, die aus der Sicht der Projektgruppe im Text Normalität und Anormalität eines Gesprächs anzeigen (47K-49K). Das Lernziel ist erreicht, wenn dieser Zusammenhang erkannt und Normalität durch eine sprachliche Fehlerkorrektur des Foreigner Talks wiederhergestellt worden ist (49K-53K). Dieses Vorgehen findet sich in identischer Form im publizierten Entwurf (vgl. Abw. 1992, 15).

Mit dem Übergang von der Rekapitulation zur Reaktualisierung der einstigen Textrezeption erhellt sich zunehmend, daß die methodischen Entscheidungen theoriegeladen sind. Ausgelöst wird diese Reaktualisierung durch eine erste Konfrontation mit der abweichenden Situationseinschätzung:

```
54 E: ja und wa-warum versteht der nur bahnhof /

55 K: das sacht man nur so wenn-wenn jemand nichts versteht /

56 E: nichts versteht ja /

57 K: ja /

58 E: aba als ich das gelesen habe und durchgegangen bin also . ich habe den
      eindruck bekommen daß der . äh

59 K: verstanden hat /
```

Die Vervollständigung der Interviewereäußerung (59K) zeigt an, daß K. sofort begriffen hat, daß hier eine diametral entgegengesetzte Auffassung ins Spiel gebracht wird. Dieser Einwand wird jedoch weder kategorisch abgewiesen noch die eigene Ansicht als unumstößlich verteidigt. Ähnlich wie im Falle der Befragten aus Interviewtyp I unternimmt es K., in immer neuen Runden die Auffälligkeit des von der Gruppe beobachteten Verhaltens zu erläutern. Auch hier werden einschlägige Erfahrungen zu Rate gezogen, wird verglichen und unterschieden. Dabei schält sich zunehmend heraus, daß K. über enttäuschende Amerikaerfahrungen verfügt, die plötzlich im Rückgriff auf die konkurrierende Sichtweise leicht zu beschreiben sind. Die Enttäuschungen rühren daher, daß sich amerikanische Gesprächspartner nicht auf K.s Sprachprobleme einließen, sondern im Englischen kompetentere Finnen gleich um Übersetzungen dessen angingen, was K. zu sagen hatte. Auf einmal wird plausibel, daß K. von den amerikanischen Partnern genau die kleinschrittige Hilfestellung erwartete, die am Verhalten des Deutschen beobachtbar ist. Indem nun das im literarischen Text geschilderte Ereignis im Lichte dieser Amerikaerfahrungen betrachtet wird, stellt sich heraus, daß der Ausländer nicht mehr nur 'Bahnhof versteht'. Im Gegensatz zur rekapitulierten Textrezeption wird nun beobachtet, daß die erfragte Information überhaupt mitgeteilt wird und daß dies auf eine vielleicht sogar kooperative Weise geschieht. Gleichwohl löst der Foreigner Talk weiter Irritationen aus. K.s Formulierungen zeigen zwar deutlich eine Revision der einst mitgetragenen Ansicht, jedoch auch die Vorbehalte, die allmählich auf Distanz gebracht werden:

```
60 E: mhm / woran habt ihr das festgemacht daß . also wo-woran kann man das
      sehen daß der deutsche das denkt . daß der ausländer dumm ist / (0.5)

61 K: das hängt mit der sprache zusammen /   ich glaube daß die-die die
62 E:                                    mhm
```

```
63 K: meisten . die meisten äh das ist so-so kategorisch gesagt aber viele
      leute denken so / wenn jemand nicht-nicht perfekt oder vollständig
      oder jedenfalls genügend . äh . ei-eine-eine-eine fremde sprache
      spricht / dann ist er irgendwie äh defekt oder äh-äh irgendwie /
64 E:                                                                    mhm

65 K: irgendwie dumm /    oder /        oder-oder ... oder komisch jedenfalls /
66 E:                mhm          mhm mhm

67 K:        ich glaub /   daß viele leute so denken /
68 E: mhm mhm            mhm

69 E: mhm / (0.4) / jaha und das ist im prinzip der ganze hintergrund jetzt
      meines interviews gewesen daß ich . habe im prinzip das so gelesen
      und verstanden wie du deinen amerikaaufenthalt / beschrieben
70 K:                                                                mhm

71 E: hast / [Schnitt]
```

Diese Äußerungsfolge ermöglicht einen Blick auf die Theoriegeladenheit der rekapitulierten Rezeption. Zusammengefaßt besteht sie darin, dem im Text agierenden Deutschen jene Verhaltensmotive zu unterstellen, von denen sich die Mitglieder des Projektes mehr oder weniger explizit distanzieren: Dummen kommt man dumm! Wer also "eine fremde sprache" "nicht perfekt oder vollständig oder genügend" spricht (63K), der ist "irgendwie dumm" (65K) "oder komisch jedenfalls" (65K), und den läßt man die eigene Überlegenheit spüren - so lautet die hier inkriminierte Lehre. Für die Abwehr dieser Form von Rassismus, der dem Deutschen insgeheim zum Vorwurf gemacht wird, steht im Unterricht das bewährte Verfahren der Fehlervermeidung bzw. der Fehlerkorrektur bereit. Konsequent schlägt sich dies im Unterrichtsentwurf nieder, der eine Korrektur des Foreigner Talks vorsieht, und zwar bei beiden Gesprächspartnern (vgl. 49K-53K sowie Abw. 1992, 15). Die Verabscheuungswürdigkeit des sprachlichen Verhaltens, das der Deutsche an den Tag legt, scheint für das Projekt so fraglos gegeben zu sein, daß es nicht einmal der Erwähnung bedarf. Etwas versteckt tritt diese Ansicht in den Interviews allerdings immer wieder in Form der unisono gemachten Behauptung auf, Finnen würden niemals Foreigner Talk gegenüber Ausländern sprechen, und selbst wenn sie es wollten, würde die Struktur der finnischen Sprache diese Form der sozialen Diskriminierung sofort verhindern.

Ein Wechsel von der Sicht der LehrerInnen zur Beobachterperspektive verdeutlicht, was an dieser Stelle erkenntnistheoretisch auf dem Spiel steht. Während das Projekt im Rahmen seines Denkmodells guten Glaubens davon ausgehen kann, mit bewährten Mitteln Ausländerfeindlichkeit oder Rassismus zu bekämpfen, stellt sich dies in unserer Beobachtersicht so dar, daß die LehrerInnen dadurch, daß sie dem Ausländer seine Rechte angedeihen lassen wollen, nun im Gegenzug dem Deutschen möglicherweise Unrecht antun, da dieser ja vielleicht gar nicht diskriminieren will. Obwohl sie selbst ein entsprechendes Beispiel in ihre Sammlung aufgenommen haben (vgl. Kap. "Ehegattenzusammenführung" in Abw. 1992, 16-26), übersehen sie im vorliegenden Zusammenhang, daß Ausländer trotz einer grammatisch korrekten Sprechweise der Deutschen von diesen sprachlich diskriminiert werden können. Formuliert man es zuspitzend, dann lassen sich die DeutschlehrerInnen vom Rassismus die Mittel ihrer Solidarität mit dem Ausländer vorgeben, ohne dies zu bemerken. Dies geschieht dadurch, daß sie durch den Vergleich der sprachlichen Oberfläche von 'Wegauskunft' und 'Kneipengespräch' auf die interaktive Struktur der 'Wegauskunft' schließen, ohne sich der diffizilen Verständigungslogik der 'Wegauskunft' zu vergewissern. Dies geht besonders eindrucksvoll aus jenen Passagen beider Interviewtypen hervor, in denen sowohl die finnischen Befragten als auch einige der in Finnland lebenden deutschsprachigen Ausländer die Finnen in sprachlicher Hinsicht gleichsam zu naturhaft bedingten Ausländerfreunden idealisieren. Aus unserer Sicht erhellt sich folglich, daß die DeutschlehrerInnen trotz ihrer guten Absichten zur Reproduktion rassistischer oder ethnozentrischer Denkelemente verleitet werden, indem sie annehmen, sprachlich fehlerfreies Sprechen verbürge soziale Symmetrie in der MS-NMS-Kommunikation. Sie übersehen schlicht, daß sie selbst den Gebrauch sprachlicher Mittel perspektivenabhängig deuten und daß es andere Deutungen dieses Sprachgebrauchs geben kann. Das im Kern rassistische Denkelement besteht darin, das fehlerhafte sprachliche Datum als Merkmal ethnischer Inferiorität zu deuten.

Im Falle des vorliegenden Interviews tritt allerdings mit 69E die Wende zur Rekategorisierung des im Text beobachteten Verhaltens ein. Nun werden vom Interviewer solche Gesichtspunkte erläutert, die K. selber eine weit vorteilhaftere Darstellung seiner Amerikaerfahrungen erlauben: Sprachliche Fehler macht man, auch wenn man nicht dumm ist. In dem Augenblick, da K. den 'literarischen' Fall rekategorisiert und selbst im Foreigner Talk eine mögliche Form der Hilfestellung zu sehen bereit ist, gibt sich K. auch als Anhänger einer Denkweise zu erkennen, die im Prozeß der Revision noch vorsichtig den anderen, den 'vielen Leuten' (75K) zugeschrieben worden war. Aus der Sicht des Opfers wird verständlich, daß eine Denkweise auf Distanz gehalten werden soll, die die Schrecken der Stigmatisierung auslöst. Absehbar ist ferner, daß die Verabschiedung dieser Denkweise den Teufelskreis durchbricht, der darin besteht, daß das Opfer sich insofern selbst stigmatisiert, als es den vom Täter konstruierten Kausalzusammenhang von fehlerhafter Sprache und 'kognitivem Defizit' (75K-77K) fraglos übernimmt:

```
72 E: in-insofern hab ich mich gefragt also . äh was habt ihr gedacht oder
      wie seid ihr die auf die idee gekommen zu sagen also im prinzip genau
73 K:                        ja /

74 E: das gegenteil

75 K: richtich ja / ich-ich glaube diese idee . ist aus unseren äh
      vorurteilen . entstanden / ich hab schon gesagt daß-daß ich so ein
      gefühl . habe daß-daß daß viele leute so denken ... daß-daß solche
      leute die nicht perfekt eine sprache reden irgendwie äh dumm sind
      oder-oder-oder irgendwie-irgendwie . kognitiv nicht so nicht so /
76 E:                                                                mhm

77 K: leistungsfähig / sind als diejenigen / die die perfekt reden /
78 E:                    mhm                                 mhm

79 K: das-das kommt sicherlich davon /
80 E:                      jaha
```

## 5. Die Kategorie der Selbstvergessenheit

Selbstvergessenheit ist eine Kategorie (vgl. Laarmann 1995), mit der ich vorläufig die Aktivitäten der beobachteten DeutschlehrerInnen im Gegensatz zu denen der Befragten aus Interviewtyp I charakterisieren möchte. Selbstvergessenheit soll hier besagen, daß den DeutschlehrerInnen bei der Einschätzung des Textes "In zwei Sprachen sprechen" entgeht, *daß* und *inwiefern* sie das geschilderte Ereignis unterscheidungsabhängig beobachten (Luhmann 1990a). Befragte aus beiden Interviewtypen stellen an dem im literarischen Text dargestellten Verhalten Auffälligkeiten fest, die ihre Aufmerksamkeit fesseln. Allein die DeutschlehrerInnen aber gehen bis in die Phase der Reaktualisierung ihrer einstigen Textrezeption im Interview davon aus, daß das Verhalten des Deutschen tatsächlich so 'ist', wie sie es sehen, d.h. wie sie es ihm, aus unserer Beobachterperspektive gesehen, unterstellen. Auf der Grundlage des im Text geschilderten Kommunikationsereignisses konstruieren sie einen Fall von ausländerfeindlicher Kommunikation, indem sie annehmen, der Deutsche wolle den Ausländer merken lassen, daß er ihn für minderwertig halte. Wie der Vergleich mit den Befragten aus Interviewtyp I verdeutlicht, verzichten sie nicht nur auf eine Betrachtung der mitgeteilten Information, sondern sie schließen auch unbemerkt und einzig von sprachlichen Merkmalen auf die Gesamtstruktur des Mitteilungsverhaltens. Die LehrerInnen stellen nicht in Rechnung, was bereits der von ihnen konstruierte Fall von asymmetrischer Kommunikation voraussetzt: Daß sich nämlich die daran Beteiligten ebenfalls wechselseitig beobachten und daß unter den Beteiligten kein Einvernehmen über diese Beobachtungen bestehen muß. Damit dem Deutschen überhaupt eine Diskriminierung gelingen könnte, müßte er bereits erwarten, daß der Ausländer dies erkennt, denn sonst liefe sie ins Leere. Gegen solche Einsichten sind die Beobachtungen der Projektgruppe gefeit, wie sich im Vergleich mit den Typ-I-Befragten herausstellt. Letztere stellen zwar wie die Projektmitglieder Verhaltensauffälligkeiten fest, leiten aber komplexe Beobachtungsprozesse ein, bevor sie mit abschließenden Bewertungen aufwarten. Der entscheidende Unterschied zu den LehrerInnen besteht darin, daß sie nicht nur eine Inkongruenz der Perspektiven zwischen sich als den Beobachtern und den Beobachteten, sondern auch zwischen den Beobachteten ansetzen. Die Typ-I-Befragten rechnen erstens damit, daß auch die beiden am Gespräch Beteiligten widersprüchliche Verhaltensmerkmale beobachten. Zweitens rechnen sie damit, daß dies zu widersprechenden Einschätzungen führen kann, die im Gespräch nicht unbedingt geäußert werden. Und drittens rechnen sie damit, daß die Beteiligten wie ihre Beobachter im Lichte neuer Informationen, z.B. durch eine Befragung der Beteiligten, ihre Einschätzungen möglicherweise revidieren. Daher kommt es, daß die Typ-I-Befragten im Gegensatz zu den LehrerInnen unterschiedliche Ausmaße interaktiv hergestellter Symmetrie und Asymmetrie gegeneinander abwägen, die gleichzeitig in einem Gespräch gegeben sind, anstatt auf das bewährte Vereindeutigungsprinzip des Entweder/Oder zu setzen (vgl. ten Have 1991).

Wie die DeutschlehrerInnen gehen also auch die Typ-I-Befragten von einem asymmetrischen Kommunikationsverhältnis aus. Indem sie aber zwischen Phänomenen unterscheiden, die ich eingangs als epistemische, linguistische und interaktive Über- bzw. Unterlegenheit beschrieben habe, kommen sie zu einer abschließenden Bewertung des Falles, die die Ansicht der LehrerInnen, der Deutsche diskriminiere den Ausländer, als zurückgewiesene Denkmöglichkeit enthält. Aus unserer Beobachterperspektive besteht die Selbstvergessenheit des Projektes folglich darin, daß seine Mitglieder weder bei der Rezeption des literarischen Textes noch bei seiner unterrichtsmethodischen Aufbereitung die Vielfalt von Perspektiven und ihre mögliche Inkongruenz in Rechnung stellen (vgl. das Ebenenmodell in Coupland, Wiemann & Giles 1991, 13). Dies führt unterrichtspraktisch dazu, daß das innovative Vorhaben mißlingt, zumindest was den hier besprochenen Stundenentwurf betrifft. Denn anders als das Projekt es für die Publikation insgesamt beansprucht, thematisiert es in diesem Entwurf an keiner Stelle das ureigen Literarische des Textes, sondern es stutzt ihn auf das Format des ungeliebten Sachtextes, den Alltagsdialog, zurecht. Doch auch hier noch greift die Didaktisierung zu kurz, denkt man an den nun schon seit Jahren von der sog. kommunikativen oder interkulturellen Didaktik geforderten 'Perspektivenwechsel' (vgl. Henrici 1994). Da weder Handlungsorientierung noch Sichtwechsel methodisch kontrolliert entfaltet werden (vgl. Reuter 1995a, 116ff.), verfügt der Unterrichtsentwurf nicht einmal über einen angemessenen Begriff von Alltagskommunikation. Dieser aber müßte annähernd entfaltet sein, denn nur in Abgrenzung zur normalen Kommunikation lassen sich literarische Qualitäten beschreiben (Stanitzek 1995). Wie man es auch dreht und wendet, versetzt man sich in das Denkmodell des Projektes, dann trifft das Scheitern des Unterrichtsentwurfes sogar folgerichtig ein. Zugespitzt formuliert heißt das, daß die DeutschlehrerInnen auf der Grundlage eines erkenntnistheoretischen Modells zu arbeiten scheinen, demzufolge man lediglich eine ausreichende Hygiene der Wahrnehmungskanäle zu betreiben braucht, damit alle die Welt unwillkürlich identisch wahrnehmen. Indem sie gemäß dieser Erkenntnislogik vorgehen, weichen sie all jenen Problemen aus, die sich unverzüglich einstellen, wenn man mit der Prämisse, Welt und Wirklichkeit objektiv registrieren zu können, bricht (vgl. Hausendorf 1992). Erst wenn mit inkongruenten Perspektiven, also mit Interpretation und Konstruktion gerechnet wird, stellt sich das Problem, unter welchen Voraussetzungen und mit welchen Folgen man andere, die ihrerseits ja ebenfalls Beobachter sind, überhaupt methodisch kontrolliert beobachten kann (Luhmann 1990b). Es mag daher zur apologetischen Darstellung des Projektes beigetragen haben, daß seine Mitglieder erahnten, daß sich unter der sprachlichen Oberfläche des literarischen Textes mehr verbirgt, als sie mit syntaktischen Mitteln freilegen konnten.

### 6. Bedingungen selbstvergessener Textrezeption

Mit der Entgegensetzung dieser beiden Beobachtungsmodelle sind bereits die Rezeptionsbedingungen angesprochen, unter denen die Befragten ihre jeweiligen Textverständnisse erarbeitet haben. In dieser Hinsicht wurde bereits erwähnt, daß vor allem die finnischen Befragten aus beiden Interviewtypen das Phänomen des Foreigner Talks als rein ausländische Angelegenheit betrachten. Laut ihren Aussagen kommen Finnen schon allein deshalb nicht in die Gefahr, auf finnisch in Foreigner Talk zu verfallen, weil es in Finnland keine unqualifizierten Arbeitsmigranten gebe. Spreche man mit einem Ausländer, dann geschehe das entweder auf englisch oder nur dann auf finnisch, wenn der Ausländer die finnische Sprache schon recht gut beherrsche. Damit entfielen die Voraussetzungen, an die das Auftreten von Foreigner Talk gebunden sei. Mit den deutschsprachigen MS waren die finnischen Befragten aber ebenso der Auffassung, daß Foreigner Talk ein zu vermeidendes Verhaltensmerkmal sei. Die finnischen Typ-I-Befragten gaben an, diese Ablehnung u.a. aus deutschen Fernsehserien wie *Derrick* oder *Der Alte* (Alasuutari & Kytömäki 1986), die in Finnland ausgestrahlt werden, übernommen zu haben. Anderen war noch Günter Wallraff ein Begriff, dessen *Ganz unten* (1985) auch in den finnischen Medien Aufsehen erregt hatte. Am Beispiel der Übersetzung von *Ganz unten* (Wallraff 1986) oder auch von belletristischen Werken wie dem eingangs zitierten *The Bonfire of the Vanities* von Tom Wolfe läßt sich allerdings schnell nachweisen, daß Sprachformen wie Foreigner Talk oder Black English trotz gegenläufiger Vermutungen mühelos im Finnischen darstellbar, prinzipiell also auch interaktiv herstellbar sind. Damit konfrontiert, bestanden die finnischen Typ-I-Befragten weiterhin kategorisch darauf, solche Sprachformen weder in finnisch-ausländischer Kommunikation gehört zu haben noch sie selber jemals als MS in der MS-NMS-Kommunikation zu verwenden. Die in Finnland lebenden deutschsprachigen Ausländer bestätigten diese Ansicht weitgehend.

Wechselt man vom finnischen zum deutschen Schauplatz, dann zeigt sich, daß in gleichsam umgekehrter Sicht Deutsche nicht mit Foreigner Talk auf Finnen in der NMS-Rolle reagieren. Dies scheint allerdings kein Verdienst von Deutschen, sondern von Finnen zu sein, die eben über ausreichend gute Fremdsprachenkenntnisse verfügen. Diese Meinung, die von allen finnischen Befragten bekundet wurde, wird von den Ergebnissen einer Untersuchung bestätigt, die unter den Deutschlandfinnen in der alten Bundesrepublik durchgeführt wurde. Anders als z.B. im Falle Norwegens, wohin vorwiegend Ungelernte gingen, wanderten bis in die 1980er Jahre nur hochqualifizierte Arbeitskräfte aus Finnland in die BRD ab, was sich auf ihren sozialen Status im Gastland auswirkte. Befragungen unter Deutschen ergaben folgendes Bild von den Deutschlandfinnen (Tuomi-Nikula 1989, 101-102; meine Übersetzung, E.R.):

"Finnen konnte man nicht direkt für Ausländer halten, sie waren Finnen, so wie Holländer Holländer waren, Engländer Engländer ... Ausländer waren u.a. Türken und Asylanten, d.h. politische Flüchtlinge, für viele auch Jugoslawen, Italiener und Griechen. Die Grenze zwischen den 'Ausländern' und anderen Fremdländischen mit eigener Staatsangehörigkeit schien insofern auf der Höhe von München zu verlaufen, als alle südlich davon ins Land Kommenden eine große Masse bilden, Gastarbeiter, fremde Menschen, Ausländer, deren Religion, Rasse und Sprache von der deutschen verschieden ist. Sie werden unter dem Begriff "Ausländer" zusammengefaßt. Dagegen stehen Mittel- und Westeuropäer sowie Amerikaner den Deutschen kulturell nahe, weshalb ihr sozialer und gesellschaftlicher Status als Vertreter eines je eigenen Volkes höher ist als der von 'Ausländern'."

Es wundert nicht, daß die Deutschlandfinnen diese Hochschätzung ihrerseits als
'Finnenbonus' schätzen gelernt haben, wie die Auswertung der entsprechenden
Befragung zeigt (Tuomi-Nikula 1989, 102-103; m.Ü., E.R.):

> "Es scheint auch, daß so lange der Deutsche glaubt, mit einem Ausländer zu sprechen,
> sein Verhalten zurückhaltend und unfreundlich ist, das sich aber ändert, wenn der
> Gesprächspartner erzählt, daß er ein Finne ist. So gab es unter den Antworten nicht eine
> einzige, in der sich ein Migrant über schlechte Behandlung als Finne beschwert hätte.
> Deshalb ist es ein 'gutes Warenzeichen', in der Bundesrepublik ein Finne zu sein, wie die
> Migranten diesen Sachverhalt ausdrücken."

Erfahrungen mit Foreigner Talk konnten Finnen bisher also nur im Ausland machen,
und dort müssen sie besondere Kriterien erfüllen, um nicht nur Opfer dieser Sprachform
zu werden, sondern um sie auch selber zu gebrauchen, wenn auch nur in der
Fremdsprache (vgl. Clyne 1994, 89). Erst mit dem Zerfall des Ostblocks und der
völligen Öffnung zum Westen ändert sich gegenwärtig diese Situation (vgl. z.B.
Kippola 1989, darin bes. Skuttnab-Kangas; Aalto & Suni 1993; Koivisto 1994). Nur
im Ausland bot sich demzufolge die Chance, die Ablehnung von Foreigner Talk aus
erster Hand kennenzulernen.

Berücksichtigt man allerdings, daß es sich bei den Mitgliedern des Projektes um
DeutschlehrerInnen, also um sprachwissenschaftlich ausgebildete AkademikerInnen
handelt, dann werfen diese neuerlichen Befunde ein etwas anderes Licht auf
die Anlage des Projektes. Glaubhaft können die LehrerInnen versichern, deshalb
über keine unmittelbaren Erfahrungen mit Foreigner Talk zu verfügen, weil sie einerseits
im deutschsprachigen Ausland fließend deutsch sprechen und weil sie andererseits
im Inland das Berufsethos daran hindert, ihre Muttersprache grammatisch
unkorrekt zu gebrauchen. Verständlich wird in diesem Zusammenhang auch die
eingangs den DeutschlehrerInnen zugeschriebene These von der Bringschuld der
NMS, da sich dahinter nichts anderes als eine alltägliche finnische Erfahrung verbirgt.
Landauf, landab weiß man, daß Finnland nicht auf finnisch mit dem Ausland
verkehren kann, weshalb das Erlernen fremder Sprachen zu einer nationalen Überlebensfrage,
zur Bürgerpflicht geworden ist (vgl. Reuter 1995b). Jeder finnische
Schüler und jede finnische Schülerin kennt die endlosen Mühen, mehrere Fremdsprachen
zu erlernen. Daher überrascht es kaum, wenn die DeutschlehrerInnen
quasi von sich auf andere schließen und nicht nur vom Deutschen, sondern auch
vom Ausländer des literarischen Textes verlangen, sich einer Sprechweise zu befleißigen,
die man sich in Finnland seit jeher abfordert. Diese Einschätzung unterscheidet
die DeutschlehrerInnen aber bereits von den Deutschlandfinnen, die ihre finnlandbezogenen
Erfahrungen insofern relativieren, als sie mit dem Stichwort 'Finnenbonus'
zu erkennen geben, wie sie sich im soziokulturellen Gefüge des Einwanderungslandes
Deutschland sehen. Im Gegensatz zu den LehrerInnen, die diese Dinge
nur vom Hörensagen kennen, scheinen die Deutschlandfinnen über ein ungleich
feineres Gespür für die Mechanismen ethnischer Kategorisierungen zu verfügen.

Wie die Erkundungen im Gelände der Rezeptionsbedingungen bislang ergeben,
hat sich das Projekt der apologetischen Unterrichtsinnovation teils absichtlich, teils

unbeabsichtigt in einer Schutzzone eingerichtet, die das eingeschliffene berufliche Vorgehen von dem abschirmt, was man als fremd und überfordernd einschätzt. Überraschend ist allerdings das gewaltige Ausmaß der Unterschiede zwischen einerseits dem Projekt und andererseits den Typ-I-Befragten und den Deutschlandfinnen. Auch die Typ-I-Befragten kennen die Sprachvariante Foreigner Talk größtenteils nur mittelbar vom Hörensagen, auch aus weiter zurückliegenden Zeiten (vgl. Spaich 1981). Trotzdem schätzen sie den literarischen Text völlig anders ein als das Projekt. Will man hierfür eine Erklärung finden, dann muß man wohl die Aussagen der befragten LehrerInnen tatsächlich wortwörtlich nehmen. Sie machen mit dem literarischen Text schlicht und einfach nur das, was sie auch mit anderen Texten machen, und sie tun dies, weil sie dazu ausgebildet wurden und werden. Spannt man nämlich den Bogen von der Unterrichtspraxis, so wie sie die DeutschlehrerInnen in ihrer Publikation entwerfen und in den Interviews beschreiben, zu der für ihre Ausbildung zuständigen akademischen Disziplin, der Germanistik in Finnland, dann beschränkt sich das Projekt nur auf das, was man dort bisher vor allem lernen konnte: die diachrone und synchrone Beschreibung schriftsprachlicher Mittel (vgl. Jäntti et al. 1995). Insofern das Projekt die einschlägigen disziplinären Vorgaben reproduziert, übersieht es den Unterschied, der zwischen einer Beschreibung sprachlicher Mittel und einer Beschreibung des Gebrauchs dieser Mittel besteht. Trotz teilweise gegenteiliger Meinung (Liefländer-Koistinen & Ventola 1994) erweist sich in Finnland die germanistische Beschäftigung mit dem marginalisierten Gegenstand 'mündliche Kommunikation' zumeist als eine Beschäftigung mit 'gesprochener Sprache'. Das Versäumnis der LehrerInnen, nicht zwischen den Mitteln und ihrem Gebrauch zu unterscheiden, ist also im Fach bereits angelegt. Selbst wenn sich die LehrerInnen durch einschlägige Fachliteratur hätten kundiger machen wollen, wären sie vermutlich immer nur auf Darstellungen gestoßen, die sie in ihren Auffassungen bestärkten (vgl. z.B. Löffler 1985 zum 'Pidgin' und 'Pseudo-Pidgin'). Kurz, auch im disziplinären Gespräch wird die sprachliche Form mit der sprachlichen Handlung verwechselt. Zumindest ansatzweise zeigt sich hier, daß die Sozialisationsinstanz Hochschule mit dazu beiträgt, daß sich der Blick der LehrerInnen als zu ungeübt für eine Betrachtung von Interaktion erweist, die eine Trennung der eigenen Perspektive von den Perspektiven anderer erfordert. Die Ermittlung dieses Sachverhalts gestattet uns also gleichsam einen Blick über den Zaun der Schutzzone, der den LehrerInnen verwehrt bleibt. Indem wir uns einen Standpunkt verschafft haben, der es uns erlaubt, von außen ins Innere des Projektes zu blicken, können wir sehen, wie die LehrerInnen im Rahmen der apologetischen Innovation die Strukturen ihrer traditionellen Unterrichtspraxis erneut verfestigen.

In der Versteifung auf die überkommene Lehrerrolle kann man schließlich den ausschlaggebenden Grund für die unterschiedlichen Textrezeptionen des Projektes und der Typ-I-Befragten erkennen. Doch hier ist Vorsicht geboten. Zunächst ist an die Unterschiede der Hervorlockung der jeweiligen Rezeptionen zu erinnern. Im Gegensatz zu den LehrerInnen konnten sich die Typ-I-Befragten ohne externen Handlungsdruck mit einer bereits vereinfachten Textvorlage auseinandersetzen, während die LehrerInnen sogleich mit 'Wegauskunft' und 'Kneipenszene' konfrontiert waren. Ferner können sich die Typ-I-Befragten allein schon deshalb im Vorteil befunden haben, weil sie durch das 'laute Nachdenken' dazu angehalten waren, sich mit Phänomenen auseinanderzusetzen, die sie beim stillen Lesen vielleicht übergangen hätten. Für die LehrerInnen wiederum war die Rezeption des Textes von Beginn an in die Zweckrationalität der Unterrichtsplanung eingespannt. Sie rekapitulierten nur jene Version der Rezeption, die sich im Projekt durchgesetzt hat, und nicht, was sie sich früher sonst noch alles beim Lesen gedacht hatten. Dennoch, hier liegt der Grund für die Rezeptionsunterschiede. Selbst wenn die LehrerInnen eine komplexere Lesart des Textes erarbeitet hätten, hieße das noch nicht, daß sie diese Lesart bzw. den Weg zu ihr auch unterrichtsmethodisch hätten umsetzen können. Projektintern wird eine Lesart favorisiert, die handhabbar ist, d.h. die im herkömmlichen Unterricht vermutlich den geringsten Widerstand hervorruft. Hinter der Absicht, SchülerInnen, aber auch LehrerkollegInnen vor allzu gewagten Innovationen zu schützen, verbirgt sich die konzeptuelle und methodische Alternativlosigkeit des Projekts. Ausgeblendet wird, was nicht flugs dem Gewohnten angeglichen werden kann. Und so paradox es klingen mag: Trotz dieser eingestandenen "Pragmatik" kann das Projekt noch das Verdienst für sich beanspruchen, der Institution Schule mehr gegeben zu haben, als sie üblicherweise von ihren Agenten erwarten darf.

## 7. Rückblick und Ausblick

Im Kern hat sich diese Studie auf drei Ebenen mit der perspektivenabhängigen Konstruktion von Verständigungsproblemen beschäftigt. Auf der ersten Ebene wurde untersucht, unter welchen Voraussetzungen und mit welchen Folgen zwei voneinander geschiedene Gruppen von LeserInnen einen literarischen Text rezipieren, in dem interkulturelle Verständigungsprobleme dargestellt werden. Auf der zweiten Ebene wurden jene Verständigungsprobleme ermittelt, die sich als Folge des Projektes einstellten, unterrichtliche Kommunikation über die im literarischen Text dargestellten interkulturellen Verständigungsprobleme zu organisieren. Auf der dritten Ebene wurde ansatzweise ermittelt, inwiefern die perspektivenabhängige Konstruktion von Verständigungsproblemen der ersten und zweiten Ebene durch Verständigungsprobleme in der internationalen Wissenschaftskommunikation bedingt ist. Dabei stellte sich heraus, daß die Textrezeption der LehrerInnen insofern theorie- und entscheidungsgeladen ist, als sie am Text das beobachten, was sie für unterrichtsrelevant halten, und das sie deshalb für relevant halten, weil sie es teils in der beruflichen Praxis, teils während ihrer Ausbildung *als* relevant einzuschätzen gelernt haben. Interessant ist, daß die LehrerInnen unentwegt daran vorbeisehen, daß sie durch ihre Textrezeption zuallererst jene Wirklichkeit herstellen, über die im Unterricht verhandelt werden soll. Diesem Modell der Selbstvergessenheit, das von der Möglichkeit und Notwendigkeit des einheitlichen Blicks ausgeht, wurde sukzessive ein Modell von Selbst- und Fremdbeobachtung gegenübergestellt, das damit rechnet, daß jeder Beobachter sich als Konstrukteur einer Welt beobachten läßt, die nur ihm so erscheint, als was sie ihm erscheint.

Nun wäre es jedoch verfehlt, wollte man die unterschiedlichen Textrezeptionen schlicht als interkulturelles Mißverständnis im finnisch-deutschen Gespräch begreifen. Hier geht es ja nicht um den simplen Fall, daß es in der einen Kultur etwas gibt, was die andere Kultur nicht kennt, weshalb es notgedrungen zu Fehleinschätzungen kommen muß. Die Dinge liegen komplizierter. Diese Studie hat einmal ergeben, daß die Befragten zu unterschiedlichen Rezeptionen gelangen und worin diese Unterschiede bestehen. Darüber hinaus hat sie aber auch eine Reihe von Anhaltspunkten dafür erbracht, daß die unterschiedlichen Versionen nicht irgendwie zufällig entstanden sind, sondern deshalb systematisch hergestellt werden, weil sie in sozialen Praktiken verankert sind. So ist nicht auszuschließen, daß sich auch die LehrerInnen mit Fragen beschäftigt haben, auf die allein die Typ-I-Befragten ihre gesamte Aufmerksamkeit gerichtet haben. Detailanalysen könnten hier weiteren Aufschluß darüber erbringen, wie sehr LehrerInnen daran arbeiten, ihre persönlichen Eindrücke mit dem in Übereinstimmung zu bringen, was sie für richtungsweisende Deutungsmuster halten. Auffallend ist nämlich, daß die LehrerInnen nur in unterrichtsmethodischer Hinsicht explizit vorgehen, in Fragen der Textlektüre und der Beobachtung von Gesellschaft jedoch implizit und vergleichsweise vortheoretisch bleiben. In dieser Hinsicht hat unsere Analyse ergeben, daß ihre methodischen Entscheidungen an etliche Voraussetzungen geknüpft sind, die vornehmlich von Schule und Hochschule tradiert werden. So macht allein die Tatsache, daß diese Untersuchungen im finnisch-deutschen KollegInnenkreis durchgeführt wurde, eindrucksvoll klar, daß es sich bei der Erklärung von Rezeptionsunterschieden nicht um die Ermittlung nationaler Grenzverläufe handeln kann. Vielmehr sprechen alle Hinweise dafür, daß sich die LehrerInnen an beiden Ufern der Ostsee fest im Griff abendländischer Welt-bilder befinden, die sie lediglich berufsspezifisch ausformulieren und praktizieren. Die Schutzzone, in der sich die LehrerInnen eingerichtet haben, stellt sich in dieser Sicht zwar nicht als Idyll, wohl aber als eine Insel der Rückständigkeit dar, auf der man jene Selbstzweifel ignoriert, die die Moderne definieren.

Interessant wäre es nun herauszufinden, wie ein Unterricht beschaffen sein könnte, der den literarischen Text nicht einfach nur zum unterrichtsinternen Sprachverstehen heranzieht (Hanna & Liedke 1994), sondern ihn im Kontext der internationalen Migration und der daraus folgenden Multikulturalisierung Europas behandelt (Reuter 1995a, O'Brien 1996). Lohnenswert erscheint es ferner, der Frage nachzugehen, auf welche Art und Weise Revisionen wissenschaftlicher Weltbilder in wissenschaftsnahen Bereichen wie z.B. der Schule umgesetzt werden. Darin eingeschlossen ist die Frage nach dem Reflexionsniveau der Bezugsdisziplinen, die dem Fremdsprachenunterricht seine zentralen Mittel bereitstellen (vgl. z.B. Bogdal 1990; Kelletat 1992; Parry 1995). Dies wäre die eine Seite. Da aber keine noch so detaillierte Rekonstruktion der Unterrichtsplanung eine Rekonstruktion der Unterrichtsdurchführung ersetzen kann, bleibt andererseits zu untersuchen, wie und mit welchen Folgen die Lernenden in das Gespräch über den Text einbezogen werden. Es kommt nämlich nicht nur darauf an, daß eine komplexere Lektüre die didaktische

Reduktion in der Planung, sondern ebenso bei der Durchführung des Unterrichts unbeschadet übersteht. Abschließend sei darauf hingewiesen, daß die LehrerInnen mit ihrer Lektüre nicht nur Asymmetrien der internationalen Wissenschaftskommunikation reproduzieren, sondern ebenfalls Position in der in Finnland geführten Debatte über Europa beziehen. An einem Allerweltsbeispiel zeigt sich hier, womit man sich nicht nur in Finnland und nicht nur in Europa, sondern weltweit äußerst schwertut: mit der Anerkennung der Fremden (vgl. Lützeler 1994). Den Fremden steht man weitgehend ratlos und ablehnend gegenüber. Auch in Finnland, wo Internationalisierung und Europäisierung hoch im Kurs stehen, stören Immigranten noch oft den gewohnten Gang der ethnisch definierten Dinge. So wie die LehrerInnen nicht verstehen, daß sich der Deutsche und der Ausländer des literarischen Textes verstehen (können), so wenig will eine lautstarke Öffentlichkeit in Finnland verstehen, daß man Finnland und die Finnen auch mit fremden Augen sehen kann. Ein bezeichnendes Beispiel hierfür ist der Exodus der Kaurismäki-Brüder, denen immer wieder Nestbeschmutzung vorgeworfen wurde, weil sie sich in Filmen wie *Rosso* (1985), *Helsinki-Napoli All Night Long* (1987), *Leningrad Cowboys Go America* (1989), *Amazonas* (1990), *Zombie And The Ghost Train* (1991) oder *La Vie de Bohème* (1992) ästhetisch Problemen der Internationalisierung angenommen haben, was nicht allein das ethnozentrische, sondern auch das auf Repräsentativität setzende Denken zur Rage bringt.

## Literatur

Aalto, E. & Suni, M. (Hrsg.) (1993). *Kohdekielenä Suomi. Näkökulmia opetukseen.* [Finnisch als Zielsprache. Perspektiven auf den Unterricht.] Jyväskylä: Universität Jyväskylä.
Abw. 1992 = *Aufenthaltsbewilligungen. Vier literarische Texte für den Deutschunterricht an finnischen Schulen.* Tampere: Goethe-Institut (mit Tonkassette kostenlos beziehbar bei: Goethe-Institut, Hämeenkatu 14 C, FIN-33100 Tampere, Finnland).
Alasuutari, P. & Kytömäki, J. (1986). Pahuus on tappava bumerangi. Vanha kettu - televisiosarjan maailmankuva ja juonirakenne. [Das Böse ist ein tödlicher Bumerang. Das Weltbild und die Geschichtenstruktur der Fernsehserie *Der Alte*.] In: Heikkinen, K. (Hrsg.), *Kymmenen esseetä elämäntavasta.* [Zehn Essays über Lebensstil.] Helsinki: Oy Yleisradio Ab, 139-150.
Auer, P. (1995): Ethnographic Methods in the Analysis of Oral Communication. Some Suggestions for Linguists. In: Quasthoff, U. M. (ed.), *Aspects of Oral Communication.* Berlin/New York: de Gruyter, 419-440.
Berg, E. & Fuchs, M. (Hrsg.) (1993). *Kultur, soziale Praxis, Text. Die Krise der ethnographischen Repräsentation.* Frankfurt/Main: Suhrkamp.
Bogdal, K.-M. (Hrsg.) (1990). *Neue Literaturtheorien. Eine Einführung.* Opladen: Westdeutscher Verlag.
Bonß, W. & Hartmann, H. (Hrsg.) (1985). *Entzauberte Wissenschaft. Zur Relativität und Geltung soziologischer Forschung.* (Soziale Welt: Sonderband 3) Göttingen: Schwartz.
Clyne, M. (1994). *Inter-cultural Communication at Work. Cultural Values in Discourse.* Cambridge: Cambridge University Press.

Coupland, N., Wiemann, J. M. & Giles, H. (1991). Talk as "Problem" and Communication as "Miscommunication": An Integrative Analysis. In: dies. (eds.), *Miscommunication" and Problematic Talk*. London: Sage, 1-17.
Hanna, O. & Liedke, M. (1994): Textrezeption zum Zwecke der Reproduktion. Der Handlungszusammenhang von Rezeption und Weiterverarbeitung am Beispiel fremdsprachlicher Textwiedergaben. In: Brünner, G. & Graefen, G. (Hrsg.), *Texte und Diskurse. Methoden und Forschungsergebnisse der funktionalen Pragmatik*. Opladen: Westdeutscher Verlag, 386-411.
Hausendorf, H. (1992). Das Gespräch als selbstreferentielles System. Ein Beitrag zum empirischen Konstruktivismus der ethnomethodologischen Konversationsanalyse. In: *Zeitschrift für Soziologie 21*, 83-95.
ten Have, P. (1991). Talk and Institution. A Reconsideration of the "Asymmetry" of Doctor-Patient Interaction. In: Boden, D. & Zimmerman, D. H. (eds.), *Talk and Social Structure. Studies in Ethnomethodology and Conversation Analysis*. Cambridge: Polity, 138-163.
Henrici, G. (1994). Kleine Geschichte der Fremdsprachenlehr- und -lernmethoden. In: Henrici, G. & Riemer, C. (Hrsg.), *Einführung in die Didaktik des Unterrichts Deutsch als Fremdsprache mit Videobeispielen. Band II*. Baltmannsweiler: Schneider, 506-522.
Jäntti, A. et al. (1995). *Germanistik in Finnland. Fünf Antrittsvorlesungen 1990-1994*. ( = Saxa, Beiheft 3) Vaasa/Germersheim: Universität Vaasa.
Kelletat, A.F. (1992). Goethe und die Internationalisierung des Handels. In: Reuter, E. (Hrsg.), *Wege der Erforschung deutsch-finnischer Kulturunterschiede in der Wirtschaftskommunikation*. Tampere: Universität Tampere, 12-27.
Kippola, A.-K. (Hrsg.) (1989). *Tuntematon pakolainen*. [Der unbekannte Flüchtling.] Helsinki: Gaudeamus.
Knorr-Cetina, K. D. & Mulkay, M. (eds.) (1983). *Science observed. Perspectives on the social study of science*. London: Sage.
Koivisto, H. (1994). *Ulkomaalaissuomen syntaksia*. [Syntax des Ausländerfinnischen.] Tampere: Universität Tampere.
Laarmann, M. (1995). Selbstvergessenheit. In: *Historisches Wörterbuch der Philosophie. Band 9*. Darmstadt: Wissenschaftliche Buchgesellschaft, 545-551.
Liefländer-Koistinen, L. & Ventola, E. (1994), Diskursanalyse in Finnland. In: Ehlich, K. (Hrsg.), *Diskursanalyse in Europa*. Frankfurt/Main: Lang, 15-24.
Löffler, H. (1985). *Germanistische Soziolinguistik*. Berlin: Erich Schmidt.
Lützeler, P.M. (1994). Einleitung. In: ders. (Hrsg), *Hoffnung Europa. Deutsche Essays von Novalis bis Enzensberger*. Frankfurt/Main: S. Fischer, 7-26.
Luhmann, N. (1990a). Ich sehe was, was Du nicht siehst. In: ders. (1990c), 228-234.
Luhmann, N. (1990b). Das Erkenntnisprogramm des Konstruktivismus und die unbekannt bleibende Realität. In: ders. (1990c), 31-58.
Luhmann, N. (1990c). *Soziologische Aufklärung. 5. Konstruktivistische Perspektiven*. Opladen: Westdeutscher Verlag.
Marcus, G. E. (ed.) (1995). *Rereading Cultural Anthropology*. Durham/London: Duke University Press.
Nothdurft, W., Reitemeier, U. & Schröder, P. (1994). *Beratungsgespräche. Analyse asymmetrischer Dialoge*. Tübingen: Narr.
O'Brien, P. (1996). *Beyond the Swastika*. London/New York: Routledge.
Parry, Ch. (1995). Zum Umgang mit literarischen und nichtliterarischen Texten unter besonderer Berücksichtigung ihrer narrativen Struktur. In: Reuter, E. (Hrsg.), 13-34.
Potter, J. & Mulkay, M. (1985). Scientists' interview talk: interviews as a technique for revealing participants' interpretative practices. In: Benner, M., Brown, J. & Canter, D. (eds.), *The research interview. Uses and approaches*. London: Academic Press, 247-271.
Reitemeier, U. (1994). Beraten und institutioneller Kontext. Zum Einfluß institutioneller Handlungsbedingungen auf die Interaktionsbeziehung zwischen Ratsuchendem und Berater. In: Nothdurft, Reitemeier & Schröder, 229-259.

Reuter, E. (1995a). Fremdsprachliches Textverstehen - gesprächsanalytisch betrachtet. In: ders. (1995c), 85-136.
Reuter, E. (1995b). Vorrede über finnische Verhältnisse. In: ders. (1995c), 7-12.
Reuter, E. (Hrsg.) (1995c). *Fremdsprachliches Textverstehen.* (Finlance XV) Jyväskylä: University of Jyväskylä.
Schröder, P., Nothdurft, W. & Reitemeier, U. (1994). Einleitung. In: Nothdurft, Reitemeier & Schröder, 7-17.
Skuttnab-Kangas, T. (1989). Pakolaiset ja monikielisyys. [Die Flüchtlinge und Mehrsprachigkeit.] In: Kippola (Hrsg.), 181-216.
Spaich, H. (1981). *Fremde in Deutschland. Unbequeme Kapitel unserer Geschichte.* Weinheim/ Basel: Beltz.
Stanitzek, G. (1995). Kommunikation (communicatio & Apostrophe einbegriffen). In: Fohrmann, J. & Müller, H. (Hrsg.), *Literaturwissenschaft.* München: Fink, 13-30.
Tuomi-Nikula, O. (1989). *Saksansuomalaiset. Tutkimus syntyperäisten suomalaisten akkulturaatiosta Saksan liittotasavallassa ja Länsi-Berliinissä.* [Die Deutschlandfinnen. Eine Untersuchung der Akkulturation gebürtiger Finnen in der Bundesrepublik Deutschland und in West-Berlin.] Helsinki: Suomalaisen Kirjallisuuden Seura.
Wallraff, G. (1985). *Ganz unten.* Köln: Kiepenheuer & Witsch.
Wallraff, G. (1986). *Pohjalla.* Helsinki: Kirjayhtymä. [Der Name des Übersetzers ist im Buch nicht vermerkt und war beim Verlag nicht zu erfahren.]

**Anhang**

Text 1: Originaltext "In zwei Sprachen sprechen" (nach Abw. 1992, 14)

Draşko Antov

In zwei Sprachen sprechen

Irgendwo in einer deutschen Stadt.
*Ausländer:* Bitte, ... wo Bahnhof?
*Deutscher:* Wie bitte, wo wollen Sie hin?
*Ausländer:* Bahnhof! Wie ich Bahnhof kommen?
*Deutscher:* Ah, verstehen! Du wollen Bahnhof?
*Ausländer:* Ja, Bahnhof. Wo Bahnhof?
*Deutscher:* Du gehen zu Fuß?
*Ausländer:* Bitte?
*Deutscher:* Du - nix Auto?
*Ausländer:* - nix Auto!
*Deutscher:* Hmm ... Ich sage, wie du Bahnhof kommen, ja?
*Ausländer:* Ja.
*Deutscher:* Gucken - du gehen gerade ...
*Ausländer:* Ja - gerade.
*Deutscher:* ...ja, immer gerade. Verstehen?
*Ausländer:* Verstehen immer gerade.

| | |
|---|---|
| Deutscher: | Du sehen ein große Haus! |
| Ausländer: | Ja. |
| Deutscher: | Große Haus - Kathedrale. |
| Ausländer: | Kathedrale? |
| Deutscher: | Kirche - verstehen? |
| Ausländer: | Kirche?! Ah - ja! Verstehen! Kirche! |
| Deutscher: | Gut. Du kommen Kirche - ja? |
| Ausländer: | Ja. |
| Deutscher: | Du sehen klein Haus. |
| Ausländer: | Klein Haus? |
| Deutscher: | Ja, klein Haus - Bahnhof! |
| Ausländer: | Ah, gut. Bahnhof! |
| Deutscher: | Also, du gehen gerade, du kommen Kirche, du gucken links - klein Haus - Bahnhof. Verstehen? |
| Ausländer: | Ja Verstehen. Danke! |

Ein paar Minuten später in einer Gastwirtschaft:

| | |
|---|---|
| Deutscher: | Schnell! Noch ein Bier, bitte, Herr Wirt! |
| Der Wirt: | Sehr durstig, was? |
| Deutscher: | Vom vielen Reden! |
| Der Wirt: | Ach, ja? |
| Deutscher: | Ja. Ich habe soeben einem Ausländer den Weg zum Bahnhof erklärt. Sie haben keine Vorstellung, wie schwer das ist! |

© Draşko Antov
aus: S. Taufig, "Dies ist nicht die Welt, die wir suchen"
Klartext Verlag, Essen, 1983


**Text 2: Textvorlage zu Interviewtyp I**

| | |
|---|---|
| A | Bitte, ... wo Bahnhof? |
| B | Wie bitte, wo wollen Sie hin? |
| A | Bahnhof! Wie ich Bahnhof kommen? |
| B | Ah, verstehen! Du wollen Bahnhof? |
| A | Ja, Bahnhof. Wo Bahnhof? |
| B | Du gehen zu Fuß? |
| A | Bitte? |
| B | Du - nix Auto? |
| A | - nix Auto! |
| B | Hmm ... Ich sage, wie du Bahnhof kommen, ja? |
| A | Ja. |
| B | Gucken - du gehen gerade ... |
| A | Ja - gerade. |
| B | ...ja, immer gerade. Verstehen? |
| A | Verstehen immer gerade. |
| B | Du sehen ein große Haus! |

| | |
|---|---|
| A | Ja. |
| B | Große Haus - Kathedrale. |
| A | Kathedrale? |
| B | Kirche - verstehen? |
| A | Kirche?! Ah - ja! Verstehen! Kirche! |
| B | Gut. Du kommen Kirche - ja? |
| A | Ja. |
| B | Du sehen klein Haus. |
| A | Klein Haus? |
| B | Ja, klein Haus - Bahnhof! |
| A | Ah, gut. Bahnhof! |
| B | Also, du gehen gerade, du kommen Kirche, du gucken links - klein Haus - Bahnhof. Verstehen? |
| A | Ja Verstehen. Danke! |

**"You can't just drop that stuff and say: Oh we're good people."**
Die Vergrößerung von Fremd- und Selbstbestimmung als Ordnungsverfahren in kooperativ eingeschränkter Kommunikation

*Ilona Pache*


1. Einführung[1]

> you raped us of our language
> you raped us of our land
> you raped us of our culture
> and you continue to take our time

Die obige Sequenz aus der Diskussion einer Frauengruppe in den USA ist dem in diesem Beitrag zu untersuchenden Datenmaterial entnommen. Die Sprecherin verwendet pronominal die in-group/out-group-Kategorien *you/us*, deren feindliche Abgrenzung besonders stark durch den Gebrauch des Verbs *raped* hervorgehoben ist. Damit produziert sie ein gegen Aushandlungsversuche blockiertes, dichotomes Verhältnis zwischen den Gesprächsteilnehmerinnen, die verschiedenen ethnischen Gruppen angehören. Dieser Ausschnitt könnte ein besonders plastischer Beleg für Streecks (1985) Theorie der ethnischen Grenzen sein. Streeck argumentiert, Gesprächsteilnehmer reproduzierten in der Interaktion durch Fehlkommunikation das politisch und ökonomisch antagonistische Gesellschaftsverhältnis zwischen Gruppen. Gerade in der Abgrenzung der Gruppen und damit in der Wiederherstellung des Makrosystems auf der interaktiven Mikroebene liegt, nach Streeck, die Funktionalität solcher Interaktionen.

Die angeführte Sequenz zeigt zwar die funktionale Verwendung dichotom geordneter Personenreferenz. Es ist jedoch zu bezweifeln, ob der spezifisch organisierte Einsatz personaler Referenz lediglich die interaktive Reproduktion von Makroverhältnissen spiegelt. Die Gesprächsteilnehmerin versucht hier mit der gegen Aushandlungsversuche immunisierten Weise der Personenreferenz mikropolitische Veränderungen durchzusetzen. Dabei greift sie zwar partikular auf Wissensbestände sozialer Makroverhältnisse zurück, jedoch nicht, um diese zu reproduzieren, sondern um die darin enthaltene Hierarchie zugunsten ihrer Interaktionsinteressen zu nutzen. Ist für derartig zielgerichtete Fälle interethnischer Interaktion, in denen es um die Neuordnung interaktiver Rechte und Pflichten geht, der Begriff Fehlkommunikation angemessen, der die Störung von Kommunikation in den Vordergrund rückt?

---

[1] Ich danke für kooperative Kritik, Fragen und Anregungen zu früheren Fassungen vor allem Reinhard Fiehler und Margret Selting sowie Birgit Apfelbaum, Lukas Balthasar, Karin Birkner, Friederike Kern und Alissa Shethar; für die prompte Zusendung seiner Aufsätze danke ich Reinhold Schmitt und für vieles andere Sabine Hark.

In diesem Beitrag möchte ich anhand der Analyse eines Konflikts in einer multiethnischen Gruppe Konzeptualisierungen in bezug auf Störungen von Kommunikation in Frage stellen. Zunächst erläutere ich meinen theoretischen Rahmen, die Theorie der ethnischen Grenzen sowie Konzepte zur Untersuchung eingeschränkter Kooperativität, und skizziere methodische Ausgangspunkte (2.). Hintergrundinformationen zum spezifischen Kontext des Datenmaterials (3.) leiten zur Analyse über. In der Analyse rekonstruiere ich anschließend konkurrierende Argumentationsweisen der Beteiligten. Dabei beschreibe ich, wie Interaktionsbeteiligte eigene Interessen durchsetzen, d.h., wie sie Kooperativität einschränken und diese Einschränkung legitimieren (4.).

## 2. Theoretische Grundlagen

### 2.1 Fehlkommunikation: Reproduktion des Makrosystems oder mikropolitisches Interaktionsinteresse?

Die Theorie der ethnischen Grenzen versucht, "interethnische Kommunikation als den Raum und Kode-Unterschiede als Mittel für die Sicherung ethnischer Grenzen und die Reproduktion ethnischer Gruppen auszuweisen" (Streeck 1985, 108). Sie betrachtet Kulturunterschiede generell als sozial hergestellt. Somit ist auch die Unterscheidbarkeit von Gruppen ein Effekt strukturierter Handlungsprozesse. Bezeichnungen für ethnische Gruppen fungieren darin sowohl als Kategorien der Zuschreibung und Identifikation als auch als Mittel der Organisation der Interaktion. Die Grenzsicherung stellt sich vorwiegend durch den Gebrauch dichotomer Kategorien her, die das in-group/out-group-Verhältnis fortlaufend bestätigen (ebd., 111). Streeck schlußfolgert, ethnische Grenzen existierten in dem Maße, in dem Mitglieder verschiedener ethnischer Gruppen ihre wechselseitigen Begegnungen gemäß dichotomer Identitätskategorien strukturieren (ebd., 109). Er bezeichnet identitätssichernde Kodes als "Fehlkommunikationskodes". Die Funktion dieser Kodeunterschiede bezieht Streeck auf den Reproduktionsprozeß eines ethnisch stratifizierten Sozialsystems. In den Interaktionen der individuellen Mitglieder wird das in-group/out-group-Verhältnis einer Gesellschaft wiederholt, bestätigt und verfestigt. "Der stratifikatorische Charakter des sozialen Makrosystems erneuert sich auf der Mikroebene der Interaktion beständig in der Fehlkommunikation der Individuen" (ebd., 111).

Zusammengefaßt: Die Theorie der ethnischen Grenzen gibt Anstöße für die Untersuchung des Phänomens der interaktiven Verwendung dichotomer Kategorien. Die Beschränkung der Funktion von Fehlkommunikation auf die Reproduktion von Verhältnissen der Makroebene versperrt jedoch den Blick auf die Wirksamkeit von Aushandlungsblockaden auf der Mikroebene. Streecks Fixierung der Funktion von Fehlkommunikation auf die Konstitution ethnischer Gruppen erscheint einseitig, und die Übertragung des Mikrobefundes auf die Makroebene erfolgt sehr schnell. Das kann dazu führen, eine hegemoniale kulturelle Ordnung zu fixieren und dabei die

Kämpfe um das bewegliche Gleichgewicht der hegemonialen Ordnung (vgl. Clarke u.a. 1981, 85), die sich auch in der Interaktion abbilden, zu ignorieren.

## 2.2 Gestörte Kommunikation - eingeschränkte Kooperativität

Als Interaktionsstörungen bezeichnet Kallmeyer (1979, 59) kritische Momente der Interaktion, in denen die für das Gelingen von Interaktion erforderliche Kooperativität zum Problem und damit zum Interaktionsgegenstand wird. Kallmeyer geht es vor allem um die Verletzung der Basisregeln: Die Voraussetzung von Kommunikation ist gestört, nämlich die vorgreifend kontrafaktische Annahme der Beteiligten, daß die Perspektiven, aus denen Sinn unterstellt wird, in hinreichendem Maße übereinstimmen. Dieckmann & Paul (1983, 188) weisen darauf hin, daß Störungen in dem von Kallmeyer konzipierten Sinn auch durch Interessengegensätze hervorgerufen sein können oder - wie z.B. im Gesprächstyp Verhandlungen - durchaus zur situationsspezifischen Normalform gehören. Daraus ergibt sich die Frage, ob mit dem Konzept der Störung das Phänomen eingeschränkte Kooperativität ausreichend beschrieben werden kann. Was fehlt, ist ein theoretischer Rahmen, in dem eingeschränkte Kooperativität auch als funktional sinnvoll und situativ angemessen angesehen werden kann.

Das Konzept 'Forcieren' (Kallmeyer & Schmitt 1996) betrachtet Gesprächsaktivitäten eingeschränkter Kooperativität als Verfahren, die der kontextuell angemessenen Durchsetzung eigener Interessen dienen. Forcieren bedeutet nach Kallmeyer & Schmitt, daß Interaktionsteilnehmer ihre Beteiligung an den Aktivitätskomplexen der Interaktion - wie Organisation des Rederechts, Konstitution der Äußerungsbedeutung, der Sachverhaltsdarstellung, der Handlungsanforderungen und die Gestaltung der sozialen Identität und Beziehungen - im Rahmen situationsspezifisch angemessener Normalformerwartungen zu ihren Gunsten verschärfen. In bezug auf die Verteilung von Beteiligungsanforderungen und -möglichkeiten definieren Kallmeyer & Schmitt Forcieren als Verstärkung eigener Rechte und fremder Pflichten. Sie schreiben, Forcieren bedeute im Kern die gesteigerte Selbstbestimmung eines Sprechers bei gleichzeitiger Fremdbestimmung des anderen (ebd., 22f.). Ein Beispiel für selbstbestimmtes Forcieren wäre das Strapazieren des Rederechts durch überlange Beiträge. Fremdbestimmtes Forcieren könnte die Behinderung des Rederechts anderer durch Unterbrechungen sein.

Jedoch müsse, so Kallmeyer & Schmitt, ein gewisses Maß an Kooperativität gewahrt bleiben, denn forcierende Beteiligung könne ansonsten zum Abbruch der Interaktion führen. Zudem erfordere die Durchsetzung eigener Interessen prinzipiell die interaktive Herstellung gemeinsamer Ziele. "Interaktion ist geprägt durch die wechselseitige Abhängigkeit der Beteiligten voneinander" (ebd., 24). Deshalb dürfen forcierende Kooperationsformen nicht unbeschränkt gebraucht werden; es seien vorwiegend lokal begrenzte, partielle Verstöße gegen die Vorstellungen von Gemeinsamkeit, schreiben Kallmeyer & Schmitt. Darüber hinaus würden die Beteiligten, um die Reziprozität der Perspektiven und damit den Interaktionsablauf zu sichern, Aktivitäten der Legitimation wie z.B. Erklärungen und Rechtfertigungen durchführen. Die Beteiligten lieferten Interpretationen, wie die Abweichungen von der als gemeinsam unterstellten Normalform zu verstehen seien. Sie deklarierten so ihre Beteiligungsweise als im Rahmen der akzeptierten Ordnung stehend (ebd., 95). Kallmeyer & Schmitt nennen als generell verwendete Legitimierung, daß die Beteiligten einen Kontext herstellen, der verdeutlicht, daß ihr Verhalten den Rechten und Verpflichtungen des etablierten Kommunikationstyps und der Beteiligungsrollen entspricht (ebd., 96).

Das Untersuchungsziel des Konzepts Forcieren besteht dann darin, solche expliziten Kontextualisierungen zu analysieren, bei denen der Bezug auf relevante Aspekte der aktuellen Interaktion oder auf allgemeine soziale Kategorien oder Rollen primär dazu benutzt wird, eigenes Verhalten zu legitimieren und fremdes Verhalten zu kritisieren (Schmitt 1993, 345f.).

## 2.3 Methodisches Vorgehen

In dem von mir untersuchten Material bearbeiten die Beteiligten insbesondere die Interaktionsaufgaben 'Sprechen über Personen' und 'Sprechen über die Interaktion' selbst. Im Rahmen der Konversationsanalyse werden verschiedene methodische Lösungen dieser Aufgaben beschrieben:

- Das Konzept der 'Sozialen Kategorisierung'[2] (vgl. Sacks 1972, 1979, 1989) beschreibt Methoden, wie Interaktionsbeteiligte über andere bzw. sich selbst und die jeweilig relevante Zugehörigkeit zu einer sozialen Gruppe sprechen. Kognitiver Ausgangspunkt dieses Konzepts ist die Überlegung, daß in personalen Kategorien soziales Wissen über Mitglieder gesellschaftlicher Gruppen (z.B. Geschlecht, Ethnie, usw.) in typisierter Form (z.B. kategoriengebundene Handlungen und Merkmale) gespeichert ist. In dieser Untersuchung geht es speziell um modifizierende Prozeduren des Sprechens über andere. Modifikation ist der Versuch, typisiertes Wissen über Mitglieder einer bestimmten Gruppe durch davon abweichende Beschreibungen zu ersetzen. Z.B. könnte ein typisierter Wissensbestand im Hinblick auf die Geschlechtskategorie *Frau* sein: 'Frauen lieben Harmonie.' Eine Modifikation wäre: 'Sie ist eine Frau, setzt sich aber gerne durch.' Eine Person, für die eine Modifikation gilt, kann jederzeit mit der Rücknahme der Modifikation konfrontiert werden. Sacks nennt das anti-modifizierende Modifikation (Sacks 1989, 277). Für das obige Beispiel hieße das: 'Sie ist eben eine Frau; sie setzt sich nicht durch.'

- Schmitts Begriff der 'Kontextualisierung zweiter Ordnung' (Schmitt 1993, 344) beschreibt Formen, wie Interaktionsbeteiligte auf für die Interaktion relevante Aspekte Bezug nehmen. Kontextualisierungen zweiter Ordnung seien explizite Setzungen oder Formulierungen von Kontext, schreibt Schmitt. Er unterscheidet sie damit von den unmarkierten Weisen der 'Kontextualisierung erster Ordnung'. Darunter versteht er die "einfache Anpassung der eigenen Äußerung in das von der

---

[2] Für neuere Überlegungen zum Konzept 'Soziale Kategorisierung' vgl. Czyżewski u.a. 1995.

voranstehenden Äußerung initiierte Sequenzformat" (ebd., 343.) Die Kontextualisierung erster Ordnung gehört, nach Schmitt, zum unspektakulären, unbewußten Routineverhalten der Kommunikationsbeteiligten, während Kontextualisierungen zweiter Ordnung bei ihm als Bestandteil alltagsrhetorischer Verfahren erscheinen, mit deren Hilfe die Interaktion selbst thematisiert wird. Solche Kontextualisierungen werden für verschiedene Aufgaben eingesetzt: zur Verdeutlichung innerdiskursiver (retrospektiver) Bezüge ebenso wie zur (prospektiven) Interaktionsstrukturierung, zur Verdeutlichung bestimmter Aspekte der Bedeutungskonstitution ebenso wie zur Demonstration der eigenen interaktiven Beteiligungsweise (ebd., 344). Ferner, so Schmitt, seien diese Kontextualisierungen konstitutiver Bestandteil forcierender Verfahren. Der Einsatz dieses Typs von Kontextualisierungen biete eine systematische Möglichkeit, die Kooperativitätseinschränkung zu legitimieren (ebd., 345). Manifeste Kontextualisierungen würden regelmäßig als Bestandteil alltagsrhetorischer Verfahren benutzt, um eigene Handlungsmöglichkeiten abzusichern oder zu verbessern (ebd., 344).

In meiner empirischen Analyse wird deutlich, daß beim Sprechen über Angehörige der Kategorie *white women* systematisch divergente Verfahren der Modifikation eingesetzt werden. Die jeweilige Konzeptualisierung dieser Kategorie ist Bestandteil forcierender Verfahren der Interaktionsbeteiligung, die zudem regelmäßig von Kontextualisierungen zur Legitimation der Kooperativitätseinschränkung begleitet werden.

## 3. Vorbemerkungen

### 3.1. Zum Interaktionskontext

Das Datenmaterial wurde 1989 in San Francisco, USA, erhoben. Es handelt sich um Audioaufnahmen der Sitzungen einer multi-ethnischen Frauengruppe, die das Programm einer Konferenz plant. Übergeordnete Ziele der Konferenz sind vor allem die Bekämpfung von Rassismus und die Wertschätzung von Verschiedenheit. Als Teilziele ergeben sich daraus, zu lernen, in *multi-racial*[3] Situationen zusammenzuarbeiten sowie die Sichtbarkeit und den Einfluß von *women of color* zu fördern. Insbesondere die Teilziele wirken lokal auf die Gestaltung und die Dynamik der Interaktion der Planungsgruppe.[4] Denn bereits die Vorbereitung der Konferenz und damit alle interaktiven Tätigkeiten der Planungsgruppe sind Möglichkeiten, Weisen der multi-ethnischen Zusammenarbeit zu entwickeln. Das zweite Teilziel - Stärkung des Einflusses von *women of color* - ruft die ethnische Zugehörigkeit der Teilnehmerinnen auf. Das kann die Erweiterung der interaktiven Rechte der *women of*

---

[3] *Multi-racial* übersetze ich mit multi-ethnisch.

[4] Zu Auswirkungen der Zielstellung einer Gesprächsgruppe auf die Herstellung sozialer Identität vgl. Wolf 1995.

*color* zur Folge haben, d.h., eine Asymmetrie in den interaktiven Beteiligungsrechten zugunsten der *women of color* ist kompatibel mit den Zielen dieses Interaktionszusammenhanges.

Die Gruppenbezeichnung *women of color* ist im Kontext sozialer Bewegungen relevant und kann als Teil des ethnisch-bipolaren Bezeichnungspaares *women of color/white women* verwendet werden. In dieser bipolaren Struktur fand sie auch bei den Teilnehmerinnen der Planungsgruppe Anwendung. Es bildeten sich zwei Untergruppen heraus. In die Gruppe der *women of color* verorteten sich Frauen, die sich als *native-American, Hawaiian, Mexican-American, Puerto Rican, Chinese-American* sowie Frauen gemischter ethnischer Herkunft identifizierten. Weiße jüdische und weiße christlich sozialisierte US-Amerikanerinnen europäischer Herkunft rechneten sich vorwiegend der Gruppe der *white women* zu.

## 3.2. Zum Kontext der Interaktionsaufgabe

Die untersuchten Redebeiträge sind einer Gruppendiskussion entnommen, in der eine gemeinsam getragene Entscheidung angestrebt wurde. Das zu entscheidende Anliegen lautete, ob es auf der zu planenden Konferenz separate Workshops für *white women* geben solle oder nicht. Zum Zeitpunkt der Entscheidungsdiskusssion war die Auseinandersetzung schon über einen Zeitraum von mehreren Wochen sehr kontrovers und heftig geführt worden. Die Diskussionen hatten sich zum Konflikt zwischen Befürworterinnen und Gegnerinnen separater Workshops zugespitzt, bei dem die Gegnerschaft sich nur teilweise mit der Gruppenzugehörigkeit *women of color/white women* deckte. Auf diese spezifische Interaktionsaufgabe wirken die übergeordneten Ziele ein. Im Hinblick auf die Aufgabe, Konsens zu erreichen, kann das in legitimer Weise zur Folge haben, den Sichtweisen der Sprecherinnen der Gruppe *women of color* mehr Geltung zu verschaffen. In der Konsequenz kann das zur Fremdbestimmung von Angehörigen der Gruppe *white women* führen, sofern deren Ziele nicht mit denen der Gruppe *women of color* übereinstimmen. Das heißt, die übergeordneten Ziele strukturieren die interaktiven Rechte der Selbst- und Fremdbestimmung.

Ferner kann die Formulierung des Anliegens *workshops only for white women* in zugespitzter Form als Wiederholung eines historischen Ausschlusses durch rassistische Segregation verstanden werden. In den USA ist *only white* eine mit den historischen Erfahrungen der Segregation aufgeladene Formulierung. Die Segregation, nämlich die Inklusion und Privilegierung der 'weißen' sowie die Exklusion und Marginalisierung der 'schwarzen' bzw. 'farbigen' Bevölkerung, ist eine Form, in der Rassismus in den USA institutionalisiert war.

Die Teilnehmerinnen dieser Gruppe bewegen sich also in einem interaktiv besetzten Feld. Sie haben sich dem übergeordneten Ziel der anti-rassistischen Bewegung verpflichtet und erproben die multi-ethnische Zusammenarbeit. Mit den differenten Teilnehmerpositionen sind aber teilweise stark divergente Sichtweisen in der Interaktion vorgegeben. In diesem Interaktionsfeld treten Divergenzen u.a. in Konflikten zutage, für deren Lösung Techniken der einseitigen Durchsetzung von Interessen

*Die Vergrößerung von Fremd- und Selbstbestimmung als Ordnungsverfahren* 281

in vielfältiger Weise interaktiv genutzt werden, für deren Beilegung aber auch Techniken der besonderen Sicherung der Interaktionsgemeinschaft gefunden werden müssen.

## 4. Empirie

Die Entscheidungsdiskussion zeigt thematisch zwei Phasen. In der ersten Phase berichten die Sprecherinnen von ihren Erfahrungen mit Workshops verschiedener ethnischer Zusammensetzungen. Sie bereiten ihre Erfahrungen als Entscheidungsgrundlage für ihre jeweilige Empfehlung auf.

In der thematisch zweiten Phase verschiebt sich der Fokus auf die Klärung grundsätzlicher Positionen als Hintergrund für die Empfehlung. Die im Transkript dargestellten Beiträge sind der zweiten Phase entnommen. Es handelt sich um Ausschnitte aus drei Beiträgen. In Kapitel (4.1) vertritt die Sprecherin die exponierteste Position der Gruppe *women of color*. Der Beitrag in Kapitel (4.2) enthält die offensivste Position einer Teilnehmerin der Gruppe *white women*. In Kapitel (4.3) gelingt es einer *woman of color*, die Voraussetzungen für eine Konsensentscheidung herzustellen.

Der Schwerpunkt der Analyse liegt auf der partikularen Rekonstruktion der argumentativen Beteiligung der Sprecherinnen. Zuerst werden die divergenten Sichtweisen der Beteiligten aufgezeigt, dann werden sowohl Verfahren der Reziprozitätssicherung und Legitimation forcierender Beteiligungsweisen als auch Verfahren eingeschränkter Kooperativität beschrieben. Bei letzteren bilden die Einsatzweisen ethnischer, dichotom organisierter Kategorien einen zentralen Bezugspunkt.

### 4.1. Rücknahme der Modifikation: white women ... as white women

Der erste Transkriptausschnitt ist einem Beitrag der Sprecherin Carla entnommen, der insgesamt ca. 160 Transkriptzeilen umfaßt. Kriterium für die Wahl des Ausschnitts war, daß Carla darin eine Grundsatzposition explizierte. Die Analyse wird zeigen, wie die Sprecherin dabei Normalformerwartungen formuliert: Sie aktualisiert Zielvorstellungen der Konferenz und macht sie gleichzeitig für die aktuelle Interaktionssituation relevant. Außerdem wird deutlich, wie die Sprecherin versucht, ihre Sichtweise dominant und gleichzeitig mehrheitsfähig zu machen. Kein Analysegegenstand und somit auch nicht im Transkript dargestellt ist die von Carla vor dem gewählten Ausschnitt produzierte Selbstverortung als *woman of color*.

```
1.  ProCom.8.6.[5]

       ((Auslassung von Zeile 1-32))

  33   Carla        i have a VIsion- (.)
  34                of multi racial ORganizing/ (.)
  35                in this COUNtry- (.)
```

---
[5] Eine Erläuterung der Transkriptionszeichen befindet sich im Anhang.

```
36              now IN this COU:Ntry/ (1)
37              i truly beLIEve it=
38              =i may be WRO/\NG/
39              but i beLIEve that in this COUNtry=
40              =it is VIRtually imPOSSible- (1)
41              *fo(ho)r whi(hi)te* ((Lachpartikel)) women\ (.)
42              <<c> to come together A:S white women\> (1)
43              and do CONsciousness RAIsing/
44              and deVElop STRAtegies\
45              for solidarity and aLLIance work\ (.)
46              that will be eFFECtive\ (1)
47              <<all> i don't think that's gonna HA:PPen>\ (.)
48              I [THI:NK (.)] the PO:WE:R dyNA:mic (1)
49    ?         [<<p> mhm> ]
50    Carla     of BE:ing (.) white-
51              or HA:ving ACcess to (1) PA:ssing for white/ (1)
52              is too GREAT/ (.)
53              (?i did didn't?) you can NO:T/ iso|
54              you can't- just DROP that stuff\
55              and say OH/ (.)
56              we're good PEOple\
  ((Auslassung))
80              and to ME:: A:NY TI:ME that WE: say\ okay\
81              <<f> IT'S OKAY:>\ (1)
82              for white women-
83              to to to come together SE::parately\
84              and develop STRAtegies\
85              and try and do CONsciousness RAIsing\
86              .hh I THINK/ (.) we igNO:RE/
87              the RE:A:LIty of=what it will take\ to deVElop (.)
88              <<acc> an anti racist movement in this COUNtry>-
89              <<all> an ANti racist movement in this country>
90              to MY/ oPINion\
91              MUST be- MUST be- (1)
92              a multi racial MOvement/
93              it must be LE:D\ (1)
94              by women of COlor/
95              or peo:ple of COlor/
96              and of COU:Rse there MUST be-
97              incredible soliDArity and (?aLLIance?)-
98              on the part of WHIte women\
99              on the part of JEWish women\
100             on the part of ME:N/ (1)
101             of any COlor/ you know/
102             so i think that YE:S/
103             there MUST be: in this (.) CONference-
104             there must be-
105             a LO:T of aTTENtion pai:d-
106             to alliance and solidarity work
107             and HOW that HA:PPens\ (.)
108             but i am NO:T willing- (1)
109             to cre:A:TE SPA:ce-
```

```
110           where ONly white women come together\
111 ??        mh[m]
112 ?         [m]m
113 Carla     NO:T at a conference for RA[cis]m-
    ((Auslassung bis Zeile 160))
```

Die Argumentation der Sprecherin Carla wird durch die Ankündigung ihrer Vision einer *multi-racial* Bewegung vorstrukturiert (33-35). Die Kernpunkte dieser Vision formulieren Normalformerwartungen (80-101), die Carla auf die aktuelle Situation, die Konferenzplanung, überträgt. Darauf stützt sie schließlich ihre Schlußfolgerung für die zur Entscheidung anstehende Frage (102-113).

Die Sprecherin kündigt zunächst ihre Vision einer multi-ethnischen Bewegung an: *i have a Vlsion- (.) of multi racial ORganizing/ (.) in this COUNtry- (.)* (33-35). Darin rekurriert die Sprecherin auf die berühmt gewordene Einleitung einer Rede Martin Luther Kings "I have a dream". Somit stellt sie sich in den politisch traditionsreichen Zusammenhang des "Civil Rights Movement". Die Relevanz ihrer Vision spezifiziert sie auf die USA. Dann differenziert sie die Gültigkeit ihrer Äußerungen (36-38). Durch Akzentsetzungen besonders hervorgehoben sind die faktischen Verhältnisse in den USA: *now IN this COU:Ntry* (36). Ihre persönliche Überzeugung *i truly beLIEve it* (37) steht neben der Einschränkung der Gültigkeit *i may be WRO/\NG* (38).

Die anschließende Sequenz (39-47) zeigt die Relevantsetzung einer bestimmten Konzeptualisierung der Kategorie *white women*. Zuvor stuft die Sprecherin die vorangegangene Relativierung zurück mit *but i believe that in this COUNtry* (39) und verabsolutiert vorab die Gültigkeit der nachfolgenden Aussage *it is VIRTUALLY imPOSSible-* (40). Mit der prinzipiellen Aussage *\*fo(ho)r whi(hi)te\* ((Lachpartikel)) women\ (.) <<c> to come together A:S white women\> (.) and do CONsciousness RAIsing/ and deVElop STRAtegies\ for solidarity and aLLIance work\ (.) that will be eFFECtive\* (41-46) konstatiert die Sprecherin die eingeschränkte Handlungsfähigkeit von *white women*. Das Statement ruft die Kategorie *white women* in eindimensionaler Weise auf: *A:S white women*. Dadurch werden mögliche Modifikationen der Kategorie *white women* zurückgewiesen. Die Rückweisung jeglicher Modifikation hat die Relevantsetzung typisierter Wissensbestände zur Folge. Im Kontext von Rassismus hieße eine typisierte Beschreibung für *white women*: "White women handeln rassistisch." Eine Modifikation wäre die Aussage "White women handeln anti-rassistisch." Die zurückgewiesene Modifikation wäre folglich: "White women handeln nicht anti-rassistisch." Carlas Aussage, *white women* können weder effektive Bewußtmachungsaufgaben durchführen noch Strategien für Solidarität und Bündnisse entwickeln, die effektiv sind, setzt die typisierte Beschreibung für die Kategorie *white women* relevant.

Im Anschluß erklärt die Sprecherin den Hintergrund der eingeschränkten Handlungsfähigkeit von *white women: I [THI:NK (.)] the PO:WE:R dyNA:mic (1) of BE:ing (.) white- or HA:ving ACcess to (1) PA:ssing for white/ (1) is too GREAT/ (.)* (48-53). Die Sprecherin verweist auf komplexe Konzepte hinsichtlich des strukturellen Funktionierens von Rassismus. *BE:ing (.) white-* könnte auf eine Beteiligungsweise an der Privilegierung durch Rassismus verweisen, die auch unbewußt in Anspruch genommen werden kann. Ein Effekt von *PA:ssing for white/* könnte sein, der Marginalisierung durch Rassismus zu entgehen. Mit der Äußerung *you can't-just DROP that stuff\ and say OH/ (.) we're good PEOple\* (54-56) fixiert sie die Unveränderbarkeit der privilegierten Positionierung solcher, die als *white* kategorisierbar sind. Sie weist somit die Möglichkeit der Modifikation typisierter Wissensbestände, wie z.B. "*White women* handeln anti-rassistisch.", zurück.

In der Sequenz (80-88) formuliert die Sprecherin anhand der Sprechhandlung "separaten Treffen von *white women* zustimmen" Konsequenzen aus ihren 'Feststellungen' für Normalformen des interaktiven Handelns der Beteiligten. Die Zustimmung *and to ME:: A:NY TI:ME that WE: say\ okay\ <<f> IT'S OKAY:>\ (1) for white women- to to to come together SE::parately\ and develop STRAtegies\ and try and do CONsciousness RAising\* (80-85) sieht sie als unvereinbar mit dem übergeordneten Ziel, eine anti-rassistische Bewegung zu entwickeln: *.hh I THINK/ (.) we igNO:RE/ the RE:A:LIty of = what it will take\ to deVElop (.) <<acc> an anti racist movement in this COUNtry>-* (86-88). Die Sprecherin wählt die pronominale Referenz *we*. Darin sind alle Diskussionsteilnehmerinnen in gleicher Weise präsent. Sie formuliert für alle, die sich der anti-rassistischen Bewegung zuordnen, daß die Handlung "okay sagen" ein Verstoß gegen das Konferenzziel darstellt. Damit formuliert sie implizit ein generelles Handlungsverbot, diese Workshops zuzulassen.

Nun entwickelt die Sprecherin ihr Konzept einer anti-rassistischen Bewegung (89-101). Die multi-ethnische Zusammensetzung ist die unabdingbare Voraussetzung für eine solche Bewegung: *<<all> an ANti racist movement in this country> to MY/ oPINion\ MUST be- MUST be- (1) a multi racial MOvement/* (89-92). Die Formulierung der Handlungsanforderungen der verschiedenen Gruppen verweist komplementär aufeinander. Sie bestehen im "leiten" auf der Seite der *women of color* bzw. *people of color* und in der Solidarität und Verbündung damit der *white women, jewish women, men of any color* auf der anderen Seite: *it must be LE:D\ (1) by women of COlor/ or peo:ple of COlor/ and of COU:Rse there MUST be- incredible soliDArity and (?aLLIance?)- on the part of WHIte women\ on the part of JEWish women\ on the part of ME:N/ (1) of any COlor/* (93-101). So konstruiert die Sprecherin die Kategorie anti-rassistische Bewegung als Handlungsverhältnis, in dem die Handlungsweisen zugleich komplementär verbunden und asymmetrisch geordnet sind.[6] Die Sprecherin konstituiert damit einen prinzipiellen Handlungsrahmen, der Normalformerwartungen für Handlungen in diesem konkreten Interaktionskontext etabliert.

Nun kann die Sprecherin die aktuelle Aufgabe im Rahmen der Konferenzplanung bearbeiten (102-113). Sie formuliert zuerst eine positive - *so i think that YE:S/* (102) - im Rahmen der Konferenz erforderliche Handlungsanforderung: *there MUST be: in this (.) CONference-* (103). Die Wiederholung der Bedingung 'must' stuft die Formulierung der Handlungsanforderungen zum Handlungsgebot hoch: *there must*

---

[6] Zu bedenken ist, daß die Handlungsweise "leiten" ein spezifisches Spektrum an Kooperationsfiguren umfaßt.

*Die Vergrößerung von Fremd- und Selbstbestimmung als Ordnungsverfahren* 285

be- a *LO:T of aTTENtion pai:d- to alliance and solidarity work and HOW that HA:PPens\* (104-107). Carla überträgt die im Rahmen des Konzepts anti-rassistische Bewegung formulierte prinzipielle Handlungsanforderung an *white women* auf die Konferenzvorbereitungsgruppe. Dann formuliert sie als individuelles Handlungsziel, daß sie die Handlungen verhindern wird, die sie (vgl. 80-88) als Verstoß gegen übergeordnete Handlungsmaximen beschrieben hat: *but i am NO:T willing- (1) to cre:A:TE SPA:ce- where ONly white women come together\* (108-110). Explizit verdeutlicht sie die Grenzen ihrer Kooperationsbereitschaft. Die Verweigerung der Kooperation legitimiert sie erneut mit dem Verweis auf das zu planende Ereignis: *NO:T at a conference for RA[cis]m-* (113).

Zusammengefaßt konzipiert die Sprecherin Carla in ihrem Beitrag Normalformerwartungen für die Organisationsform anti-rassistische Bewegung. Darauf aufbauend stellt ihre Formulierung von Handlungsanforderungen für *women of color* und *white women* die Verbindung zwischen den in diesem Rahmen zusammenarbeitenden Gruppen sowie deren jeweilige Positionierung her. Diese Konzeption überträgt sie auf die aktuelle Interaktionssituation und löst in dem zuvor konstituierten Rahmen die aktuelle Interaktionsaufgabe. Als Ausgangspunkt ihrer Konzeption wählt Carla die Kategorie *white women*. Indem sie die Modifizierbarkeit der Kategorie zurückweist, schafft sie die Grundlage für die Konzeption eines komplementären und asymmetrischen Handlungsverhältnisses von *women of color* und *white women*.

Die Sprecherin setzt elaborierte Verfahren der Interaktionsbeteiligung vor allem bei den Aktivitätskomplexen Konstitution der Handlungsanforderungen und Gestaltung der sozialen Identität und Beziehungen ein. Die Verfahren zeigen sowohl 1. Legitimierungen durch Kontextualisierungen als auch 2. die Einschränkung von Kooperativität sowie 3. die Vermeidung zugespitzter Aggressivität. Erstens sind als Verfahren der Legitimation vor allem die Konstitution der Normalformen "anti-rassistische Bewegung" bzw. "Konferenz gegen Rassismus" zu nennen und die Übertragung der dafür als handlungsleitend bestimmten Normen auf die aktuelle Interaktionssituation. Zweitens gehört zu den forcierenden Verfahren die Fremdbestimmung sozialer Identität. Das ist vor allem die Relevantsetzung typisierten Wissens für die Kategorie *white women*. Da die Sprecherin der Kategorie *women of color* angehört, handelt es sich hier um eine fremdbestimmte Diskreditierung der Voraussetzungen sozialer Identität für *white women*. Das von ihr etablierte Konzept vermittelt zudem tendenziell die Generalisierung eines geringeren Status für *white women*. Ferner gehört die Fremdbestimmung von Handlungen anderer zu den verwendeten Verfahren eingeschränkter Kooperativität. Das sind bei Carla vor allem die im Imperativ formulierten Handlungsanweisungen an die Angehörigen der fremden Gruppe, aber auch an die anderen Mitglieder der eigenen Gruppe. Ein weiteres direktes Verfahren ist die Verweigerung der Kooperation in bezug auf bestimmte Handlungen. Das kommt der Ankündigung von Gegenwehr für den Fall nahe, daß andere die abgelehnten Handlungen ausführen wollen. Schließlich setzt Carla auch Verfahren der Vermeidung zugespitzter Aggression ein, wie die andeutende Umschreibung rassistischer Handlungen im Gegensatz zum expliziten Benennen solcher Handlungen.

### 4.2 Modifikation: talk about ... our internalized oppression

Im Transkript zwei sind Teile des Redebeitrags enthalten, der den in 4.1 analysierten Ausschnitten unmittelbar nachfolgt. Dieser Beitrag umfaßt ca. 410 Zeilen. Die Sprecherin June versucht ebenfalls, normalformkonstituierende Argumente vorzutragen. In der Analyse wird rekonstruiert, wie diese Sprecherin die Kategorie *white women* konzipiert, wo sie primäre Probleme anti-rassistischer Zusammenarbeit verortet und welche Schlußfolgerungen sie daraus für die Bündnisarbeit zieht. Dabei wird gezeigt, in welcher Weise diese Sprecherin versucht, konkurrenzfähige Handlungsnormen selbstbestimmt zu entwickeln. June ist eine Angehörige der Kategorie *white women*. Ähnlich wie im Kapitel 4.1 gehört ihre elaborierte Selbstverortung in diese Kategorie nicht zum Analyseschwerpunkt und wird deshalb nicht im Transkript präsentiert.

2. ProCom.8.6

   ((Auslassung von Zeile 1-343))

```
344   Debbi     <<all> did you TELL us\
345             WHAT you are TALKing about\>
346   Mary      yea:h could [you/ could you/]
347   June                  [my| what i am  ] talking MOST/
348             point that i am making\ HE:re\
349             <<all> it doesn't matter the specifics=>\
350             =the POINT that i am MA:king i:s THA:T\ (.)
351             there is a LO:T of STUFF\
352             <<all> that goes ON in our community>-
353             <<l> aMO:NGST WHI:te WO:men>- (.)
354             <<all> who who poTENtially are VE:ry progressive\
355             who A:RE very progressive\
356             who ARE a| (.) beLIE:VE that they're ANti ra:c|-
357             DO:ing anti racism work\>
358             .hh who is-
359             there is a LO:T of RA:cism\
360             still go:ing ON/
361             that doesn't come FO:Rward in/ (.)
362             MULti racial se:ttings\
363             it doesn't come OU:T-
364             it's NO:T like- (.)
365             <<acc> exPLAI:Ned and TALKed about>\
366             it's like SI:TS under the SURface\
367             .hh it's the KIND of PEOple
368             <<acc< who WALK around and SAY>\
369             *well i CA:N'T get a JO:B/* ((parodierend))
370             <<c> this is proGRESSive women>\
371             *<<acc> (?well?) i can't get a JO:B\
372             cause all the WO:men of COlor/
```

*Die Vergrößerung von Fremd- und Selbstbestimmung als Ordnungsverfahren*

```
373           are gonna get JO:BS/>* ((parodierend)) (1)
374           you know/ who walk OU:T of the|-
375           the eva project in MA:SS/
376           and DO:N'T underSTA:ND that that was- .hh (2)
377           exI:Sting in a RA:cist CO:Ntext\
378           you know that ha| put that (.) the|
379           a ME:SSage ou:t in the community-
380           that was ra:cist/ (2)
381           and THAT has=-
382           <<acc> =that nee:ds to get aDDRE:SSed>\
383           and I think\
384           the WAY: that it gets aDDRE:SSed\
385           *aMO:NGST WHIte WOmen\* ((rhythmisch))
386           .hh is to TA:LK aBOU::T\
387           what are our inTERNALI:Zed oPPRESSion is- (2)
388           and *HO:::W THA:T LI:NKS U::P/* ((rhythmisch))
389           with be:ing ANti ra:cist/
390           THA::T TO ME:- in MY exPERIence- is the KEY:/ (1)
391           and THA:T'S-
392           <<acc> what aLLIance building will come from is=>
393           <<all> =people understand that>/
394           .hh I AM in this FI:ght/
395           beCAU::se (.) <<all> i NEED to be in this FI:ght>/
396           and THE:se people are my A:LLies-
397           in this fight\ (1)
     ((Auslassung bis Zeile 410))
```

Den Beginn ihres Beitrags (im Transkript nicht dargestellt) adressiert die Sprecherin an die vorangegangene Sprecherin - "Carla I agree with you" - und formuliert zugleich Zustimmung und Widerspruch "up to the point of the conclusion". Im Laufe ihrer Rede tilgt Junes Widerspruch die inhaltliche Konsequenz des Beitrags der Vorrednerin. Der gezeigte Ausschnitt beginnt mit der Nachfrage einer Sprecherin, der die Zielrichtung des Beitrags unklar geblieben ist (344-345). Diese Nachfrage wird durch eine weitere Sprecherin unterstützt (346). Das Nachfragen kontextualisiert die mangelhafte Verständlichkeit des Beitrags als Verstoß gegen etablierte Gesprächsnormen.[7] Daraufhin macht die Sprecherin zwei Ansätze (347-348, 350), ihre Hauptaussage zu formulieren. Darin eingebettet ist eine Rechtfertigung ihrer unterbrochenen Redeweise (349). Das ist ein weiterer Hinweis auf konkurrierende Gesprächsnormen.

Die Sprecherin deutet nun auf das zentrale Problem: *there is a LO:T of STUFF\ < <all> that goes ON in our community>* - (351-352). Dann hebt sie durch starke Akzentbetonung und explizite Benennung die Gruppe hervor, mit der das Problem zu tun hat: *< </> aMO:NGST WHI:te WO:men>- (.)* (353). Parallel zu ihrer Vorrednerin lokalisiert auch diese Sprecherin das grundsätzliche Problem im Zusammenhang mit der Kategorie *white women*. Im Unterschied zu ihrer Vorrednerin, bei

---

[7] Junes Beitrag ist mit 410 Transkriptzeilen der weitaus umfangreichste im Material. Er ist zweieinhalbmal so lang wie Carlas (vgl. 4.1) und viermal so lang wie Alohas Beitrag (vgl. 4.3).

der die übergreifende Organisationsform die der anti-rassistischen Bewegung war, nennt diese Sprecherin "our community" als übergeordneten Bezug.

In den nächsten Äußerungen formuliert sie die Kategorie *white women*: < <*all*> *who who poTENtially are VE:ry progressive\ who A:RE very progressive\ who ARE a| (.) beLIE:VE that they're ANti ra:c|- DO:ing anti racism work\>* (354-358). Dabei arbeitet June die Attribute 'fortschrittlich' und 'anti-rassistisch' aus. Die erste Beschreibung formuliert das Attribut 'fortschrittlich' als Möglichkeit, während die zweite Beschreibung das Attribut vereindeutigt. Dann konfrontiert sie dieses positive Merkmal mit der Beschreibung "sie glauben, anti-rassistische Arbeit zu machen". Sie entwirft ein Konzept von *white women*, das zum Teil mit dem der Vorrednerin übereinstimmt, aber auch eine Verschiebung enthält.

Nach den widersprüchlichen Beschreibungen der Kategorie *white women* benennt die Sprecherin ihre Sicht des Problems: *there is a LO:T of RA:cism\ still go:ing ON/ that doesn't come FO:Rward in/ (.) MULti racial se:ttings\* (359-362). Sie lokalisiert das Problem Rassismus in multi-ethnischen Situationen und beschreibt es als unsichtbares Phänomen: *it doesn't come OU:T- it's NO:T like- (.) < <acc> exPLAI:Ned and TALKed about>\ it's like SI:TS under the SURface\* (363-366). Die Formulierungen zeigen zum einen die Kompetenz der Sprecherin, Rassismus wahrzunehmen. Zum anderen sind sie indirekt kritisch gegenüber der Hauptforderung Carlas nach ausschließlich multi-ethnischen Arbeitszusammenhängen als Grundbedingung anti-rassistischer Arbeit. Denn June beschreibt, daß Rassismus auch in multi-ethnischen Situationen existiert, dort aber nicht sichtbar ist.

In den nächsten Äußerungen (367-380) inszeniert die Sprecherin Handlungen, auf die die Beschreibungen 'fortschrittlich' und 'nicht anti-rassistisch' zutreffen (vgl. 354-358). Damit konstituiert sie die Handelnden als *white women*. Sie parodiert zuerst Handelnde, die sich über die bevorzugte Einstellung von *women of color* beklagen: *.hh it's the KIND of PEOple < <acc< who WALK around and SAY>\ *well i CA:N'T get a JO:B/* ((parodierend)) < <c> this is proGRESSive women>\ *< <acc> (?well?) i can't get a JO:B\ cause all the WO:men of COlor/ are gonna get JO:BS/>* ((parodierend))* (367-373). Dann setzt sie Akteurinnen in Szene, die ein Frauenprojekt verlassen, weil es wegen seiner rassistischen Politik kritisiert wurde: *(1) you know/ who walk OU:T of the|- the eva project[8] in MA:SS/ and DO:N'T underSTA:ND that that was- .hh (2) exl:Sting in a RA:cist CO:Ntext\ you know that ha| put that (.) the| a ME:SSage ou:t in the community- that was ra:cist/ (2)* (374-380).

In dieser Sequenz erfüllt der Einsatz der Kategorie *white women* komplexe Funktionen. Die Sprecherin "beweist", daß sie den Rassismus von *white women* erkennt. In der Explizitheit übertrifft sie die Beschreibungen ihrer Vorrednerin. Gleichzeitig konstituiert sie sich selbst durch diesen aufdeckenden Umgang mit negativ bewerteten Handlungen der eigenen Kategorie als Ausnahme von der Kategorie. Mit anderen Worten, sie reklamiert indirekt für sich die modifizierte Beschreibung der Kategorie *white women*. Sie beansprucht die Beschreibung "kann

---

[8] Dieses Projekt betreut Frauen, die von sexueller Gewalt betroffen sind.

anti-rassistische Arbeit machen". Neben der Funktion der Selbstverortung der Sprecherin konstituiert die Inszenierung der Handlungen auch den Kernpunkt ihrer Problemsicht. June geht es um Reaktionen von *white women* auf gegen Rassismus gerichtete politische Instrumente, die in der "community" praktiziert werden, wie die bevorzugte Einstellung von *women of color* (vgl. 367-373) oder Kritik an der rassistischen Politik eines Frauenprojektes (vgl. 374-380).

Auf ihrer Problemsicht und Selbstverortung basiert Junes Schlußfolgerung *and THAT has =- < <acc> =that nee:ds to get aDDRE:SSed>\* (381-382). Anschließend formuliert sie ihre Problemlösung und damit die Hauptaufgabe von *white women*: *and I think\ the WAY: that it gets aDDRE:SSed\ *aMO:NGST WHIte WOmen\* ((rhythmisch)) .hh is to TA:LK aBOU::T\ what are our inTERNALI:Zed oPPRESSion is- (2)* (383-387). June ersetzt den bisherigen Fokus 'Rassismus' durch 'verinnerlichte Unterdrückung'. Erst im nächsten Argumentationsschritt stellt sie die Verbindung zur anti-rassistischen Arbeit her: *and *HO:::W THA:T LI:NKS U::P/* ((rhythmisch)) with be:ing ANti ra:cist/ THA::T TO ME:- in MY exPERIence- is the KEY:/ (1)* (388-390). In Junes Konzept baut anti-rassistische Arbeit auf der Erkenntnis eigener Unterdrückung auf. Mit dieser Sicht weicht sie elementar von der Konzeption und Empfehlung ihrer Vorrednerin ab.

Im letzten Argumentationsschritt (391-397) knüpft die Sprecherin an den von der Vorrednerin eingeführten Begriff *alliance building* an: *and THA:T'S- < <acc> what aLLIance building will come from is= >* (391-392) und formuliert ein stark divergierendes Konzept: *< <all> =people understand that>/ .hh I AM in this FI:ght/ beCAU::se (.) < <all> i NEED to be in this FI:ght>/ and THE:se people are my A:LLies- in this fight\ (1)* (393-397). In diesem Konzept verallgemeinert die Sprecherin die Handelnden als *people*. Mit dieser entscheidenden Formulierung hebt sie die Bindung zwischen den Sub-Kategorien *white women* und *women of color* auf und benennt lediglich eine Kategorie "people", innerhalb derer alle Beteiligten als Unterdrückte gleich sind. Die Handelnden können jeweils im Austausch die Position von "I" oder "ally" einnehmen. In diesen Formulierungen verwischt sie den zentralen Bezugspunkt Rassismus und damit auch die jeweils für *white women* und *women of color* verschiedenen Positionierungen in der anti-rassistischen Arbeit.

Zusammengefaßt geht die Sprecherin June in ihrem Beitrag von unterdrücktem Rassismus der *white women* in multi-ethnischen Situationen aus. Sie inszeniert rassistische Handlungen von *white women* als Effekte anti-rassistischer politischer Instrumente. In ihrer Darstellung konstituiert sie sich indirekt als Ausnahme der Kategorie *white women*. Sie formuliert dann als Lösung des Problems das Sprechen von *white women* über internalisierte Unterdrückung. Damit wird aber das konstitutive Anliegen der Interaktionsgruppe, die anti-rassistische Arbeit, nachgeordnet und die differente Positionierung der Teilnehmerinnen außer Kraft gesetzt.

Sie setzt elaborierte Verfahren der Interaktionsbeteiligung bei der Verteilung des Rederechts sowie der Konstitution der Handlungsanforderungen ein. Deutlich wird insbesondere die Verwendung von Verfahren eingeschränkter Kooperativität zur Ausdehnung der Selbstbestimmung. Verfahren expliziter Selbstbestimmung von *white women* können in diesem Kontext bereits an sich forcierend wirken, weil damit gegen die für diesen Kontext konstitutive, tendenzielle Einschränkung der Selbstbestimmung von *white women* verstoßen wird. Als Verfahren, das Rederecht zum eigenen Vorteil zu vergrößern, sind vor allem die stark aus dem Rahmen fallende Überlänge sowie die mangelnde Verständlichkeit des Beitrags zu nennen. Ein wesentliches, forcierendes Verfahren bei der Konstitution der Handlungsanforderung von *white women* wird mit der Verdrängung der Relevanz des Beitrags der Vorrednerin eingesetzt. Damit einher geht die Verwischung des konstitutiven Bezugspunktes der Gesamtgruppe und auch das Unsichtbarmachen der *women of color*. Legitimation für ihre Ausführungen versucht die Sprecherin durch die indirekte Kritik an der Grundsatzposition ihrer Vorrednerin und die Entwicklung einer Alternative zu erreichen.

### 4.3 Fixierung: *you continue to take our time*

Im dritten Transkript sind Ausschnitte des Beitrags enthalten, der zur Entscheidung führt. In diesem Beitrag werden Verfahren intensiver Reziprozitätssicherung mit Verfahren stark einschränkender Kooperativität verknüpft. In der Rekonstruktion der Argumentationsschritte wird der Einsatz dichotomer Kategorien zentral berücksichtigt.

```
3.   ProCom.8.6.

     ((Auslassung von Zeile 1-36))

37   Aloha      WHAT i share/ i share from my exPERIence\
38              a:nd (2) what i SHAre i:s\
39              is HOpefully inTENded to::-
40              not to deVA:Lue/ anybody else's experience\
41              and not to disCOUNT/ (.) anyone\
42              but rather to work TOWards Unity/ uhm (3)
43              an and if i conFRONT you/ about something-
44              it's also not (.) to disCOUNT you-
45              but rather to:: (.) to HELP in that PROcess\
     ((Auslassung))
78              the exPERIence that i'm having HERE/
79              right NO:W\ (2)
80              and what's going on with me inSI:de/
81              is that once aGAIN i am FEE:Ling like=/
82              =my enERgy is being DRAINed\
83              like we're giving SO much TI:ME/
84              to [this] exPERI[ence-   ]
85   ?             [mhm ]        [<<p>hm>]
86   Aloha      .hh and THA:T- (1)
87              rather than disCU:SSing I:T/ (.)
88              <<rall> IF the WHITE WOmen>\
89              had REA:Lly worked through their ISSue:s\
90              then the QUEStion they would be asking is\ (.)
91              WHAT do YOU want us to do/
```

```
92    ?          <<p> yeah>
93    Aloha      this is YOUR/ CONference/
94               what do you WA:NT/ (.)
95               HOW can WE: HE:LP/ (1.5)
96               as opposed to::-
97               SO: much TI::me/
98               that is been GIven\ to this disCUSSion\
99               (6)
100              <<c> i guess the MAIN>/ (t- hhh.) (.)
101              the (.) STAtement THA:T/ (1)
102              if this were REAlly my group\
103              that i would SAY:/ is\
104              don't TAKE any more of my TI/:\:ME-
105              you RA/ped us\ of our la:nguage-
106              you RA/ped us\ of our la:nd-
107              you RA/ped us\ of our cu:lture- (1)
108              and you continu:e to take our TI::ME\ (2)
109              that's all I want to say\
110   ?          [*clap clap] clap* ((Händeklatschen))
111   ??         [<<p> mmm> ]
112              (4)
113   Carla?     <<p> this is your GROUP/>
```

Der Beginn des Redebeitrags wird im Transkript nicht vorgestellt (1-36). Darin berichtet die Sprecherin von einer Konferenz, die 1982 in Hawaii stattgefunden hatte. Diese Konferenz scheiterte in der ersten Nacht, weil einige Frauen auf der Teilnahme einer weißen, mit einem Hawaiianer verheirateten Frau bestanden hatten. Das schmerzhafte Scheitern dieser Konferenz war Anlaß für einige der Frauen, zu anderen Inseln und Ländern im Pazifik zu reisen, um von den Frauen dort zu lernen, mit *white women* zusammenzuarbeiten.

In der Erzählung schafft die Sprecherin eine globale Parallele zwischen der vergangenen, gescheiterten Konferenz und der jetzt anstehenden Konferenz. Das Problem damals war die Teilnahme einer weißen Frau, jetzt ist es der Wunsch vor allem von *white women*, Workshops für *white women* durchführen zu wollen. Ihr Beitrag deutet auf das Problem der Zusammenarbeit mit *white women*, aber auch auf Lösungen dieser Problematik. Die Sprecherin stellt sich als Expertin dar, die aus dem Scheitern einer Konferenz und aus den Problemen der Zusammenarbeit gelernt hat. Sie ist zu der jetzigen Konferenzvorbereitung erst kürzlich dazugekommen. Nun nimmt die Sprecherin eine Position ein, die strukturell vergleichbar ist mit der der Frauen aus dem Pazifik für die hilfesuchenden Frauen aus Hawaii. Sie stellt ihre Erfahrungen zur Verfügung und konstituiert für sich selbst die Rolle der Beraterin.

In der Sequenz (37-45) beschreibt sie ihre Intention: *WHAT i share/ i share from my exPERIence\ a:nd (2) what i SHAre i:s\ is HOpefully inTENded to:- not to deVA:Lue/ anybody else's experience\ and not to disCOUNT/ (.) anyone\ but rather to work TOWards Unity/ uhm* (37-42). Die Sprecherin richtet sich an alle in der Gruppe *anybody, anyone*. Sie verpflichtet sich auf das gemeinsame Ziel *unity*. Damit verortet sie die folgenden Handlungen im allgemein akzeptierten Rahmen und versucht gleichzeitig, sie gegen den Verdacht des Normverstoßes zu immunisieren.

Dann versucht sie vorab, die Reziprozität für ihre nächsten Interaktionsschritte zu sichern, indem sie kommende Handlungen, die als Konfrontationen angesehen werden könnten, ebenfalls in den etablierten Rahmen verortet: *and if i conFRONT you/ about something it's also not to disCOUNT you- but rather to::- (.) to HELP in that PROcess\ (43-45).*

In der Sequenz (78-99) nimmt die Sprecherin Bezug auf die aktuelle Situation: *the exPERIence that i'm having HERE/ right NO:W\ (2) (78-79)*. Sie spricht von ihren Gefühlen *and what's going on with me inSI:de/* (80). Dann äußert sie zwei jeweils mit "that" eingeleitete Argumente: *is that* (81) und *.hh and THA:T-* (86). Im ersten Argument schildert sie zunächst ihr individuelles Leiden in der Situation mit: *is that once aGAIN i am FEE:Ling like=\ =my enERgy is being DRAINed\* (81-82) und äußert dann eine allgemeinere Kritik an der gerade stattfindenden Interaktion: *like we're giving SO much TI:ME/ to [this] exPERI[ence-* (83-84). Diese Kritik hat die Funktion, auf einen Normalformverstoß hinzuweisen: Zeit wird verschwendet. Wie die Minimaläußerungen (85) zeigen, wird diese Kritik von anderen Teilnehmerinnen geteilt. Mit ihrem zweiten Argument formuliert die Sprecherin Alternativen zu der kritisierten Interaktionsform: *.hh and THA:T- (1) rather than dis<u>CU:SS</u>ing I:T/ (.)* (86-87). Die Sprecherin inszeniert eine fiktive Situation, die zwei Funktionen hat, nämlich *white women* zu kritisieren und für *white women* adäquate Handlungen zu formulieren. Zuerst deckt die Sprecherin einen Mangel auf: *<<rall> IF the WHITE WOmen>\ had REA:LIy worked through their ISSue:s\ then the QUEStion they would be asking is\ (.)* (88-90). Dann übernimmt sie die Stimme von *white women*: *WHAT do YOU want us to do/ this is YOUR/ CONference/ what do you WA:NT/ (.) HOW can WE: HE:LP/ (1.5)* (91-95). Die Sprecherin führt vor, wie die Normalform der Interaktionsbeteiligung von *white women* aussehen sollte: *White women* sollen Fragen stellen, die Konferenz als die der *women of color* anerkennen, sie sollen helfen. Die Sprecherin fordert die *white women* auf, die Handlungsrolle der Verbündeten einzunehmen, statt mit dem Normverstoß fortzufahren: *as opposed to::- SO: much TI::me/ that is been GIven\ to this disCUSSion\* (96-98).

In den Sequenzen (37-45) und (78-99) konzipiert die Sprecherin ein Ideal der Zusammenarbeit. Die Handlungsanforderungen sind darin für *women of color* und *white women* unterschiedlich, und zwar asymmetrisch, geordnet. Den Handlungsrahmen bildet die Konferenz, die als Ereignis der *women of color* definiert ist. In der Zusammenarbeit wird den *white women* die Rolle der Helferinnen zugewiesen und den *women of color* die der Leiterinnen. In ihrem Redebeitrag hat die Sprecherin die zwei in den Vorbemerkungen genannten Ziele der Konferenz berücksichtigt, nämlich die Förderung multi-ethnischer Zusammenarbeit und die Beförderung der Sichtbarkeit der *women of color* und ihrer Leitungstätigkeit (vgl. Kapitel 3.). Dabei hat sie die in diesen Zielen zugunsten der *women of color* angelegte Asymmetrie bestätigt und gestärkt.

Auf diesen Beitrag folgt eine lange Pause (6 Sekunden) (98). Niemand nimmt der Sprecherin das Rederecht ab. Die Aufmerksamkeit ist weiterhin auf die Sprecherin gerichtet. Nach dieser Kritik an der Interaktion und der Formulierung von für die jeweilige Kategorie angemessenen Beteiligungsweisen an der Interaktion verstärkt die Sprecherin die Forcierung. Sie knüpft die Formulierbarkeit des nachfolgenden Beitrags an die Bedingung, es sei ihre Gruppe: < <c> i guess the MAIN>/ (t-hhh.) (.) the (.) STAtement THA:T/ (1) if this were REAlly my group\ that i would SAY:/ is\ (100-103). Dieser Hinweis auf die Voraussetzung ihres Sprechens hat wiederum vor allem legitimierende Funktion.

Die Folgesequenz (104-108) enthält eine direkte Aufforderung mit: *don't TAKE any more of my Tl/:\:ME-* (104), einen dreifachen Account mit: *you RA/ped us\ of our la:nguage- you RA/ped us\ of our la:nd- you RA/ped us\ of our cu:lture- (1)* (105-107) und aktuelle Kritik: *and you continu:e to take our Tl::ME\* (108). Damit beschließt die Sprecherin ihren Redebeitrag: *(2) that's all I want to say\* (109). In diesem komplexen Statement bricht die Sprecherin mit bisher in der Gruppe gewahrten Bezeichnungstabus. Sie formuliert in direkter Referenz *you/us* rassistische Handlungen von *white women* gegen *women of color*. Sie konstituiert eine antagonistische Dichotomie und überträgt sie auf die Interaktionssituation, mit dem Ziel, ihre Definitionen und Konzeptualisierungen der kategorial angemessenen Handlungsweisen durchzusetzen. Es handelt sich um einen extrem forcierenden Beitrag, der jedoch nicht zum Abbruch der Interaktion führt. Das wird im Anschluß an den Beitrag deutlich. Die Sprecherin erhält spontan ungewöhnliche Zustimmung: Eine Teilnehmerin klatscht Beifall (110). Nach einer viersekündigen Pause erklärt eine weitere Teilnehmerin < <p> this is your GROUP/> (113). Diese Äußerung erfüllt komplexe Funktionen: Die Normalformen der Sprecherin werden in der Gruppe etabliert, somit werden etwaige Normverstöße der Sprecherin retrospektiv in Normkonformität umgewandelt und damit die Sprecherin selbst in die Gruppe integriert.

Zusammenfassung: Entscheidend für die Strategie dieser Sprecherin ist zunächst der Aufbau einer Expertinnenrolle in bezug auf den Konflikt. Sie spricht aus der Position der Beraterin. Sie kritisiert die Interaktion und darin vor allem das Verhalten von *white women*. Dann formuliert sie alternative Beteiligungsweisen an der Interaktion in dichotomer hierarchischer Weise. Als Mittel der Durchsetzung ihrer Position gebraucht sie sowohl Verfahren der Legitimierung und Reziprozitätssicherung als auch Verfahren eingeschränkter Kooperation. Als Verfahren der Reziprozitätssicherung verwendet sie die vorgreifende Deklarierung eigener Handlungen, die als Normverstöße angesehen werden könnten, als im Rahmen des gemeinsamen Ziels stehend; sie formuliert Normalformen für das Handeln von *white women* und für die multi-ethnische Zusammenarbeit von Frauen. Verfahren eingeschränkter Kooperativität, die diese Sprecherin anwendet, sind vor allem die Kritik an der Interaktionsbeteiligung anderer, die Festlegung und Begrenzung der Interaktionsbeteiligung anderer und die stereotype, degradierende Beschreibung der Kategorie *white women* und damit die Aktualisierung eines antagonistischen Verhältnisses.

## 4.4 Resümee zu den Verfahren eingeschränkter Kooperativität

In der Zusammenschau der verschiedenen Beteiligungsweisen wird eins vor allem deutlich: Alle Beteiligten verwenden Verfahren legitimierender Kontextualisierung und eingeschränkter Kooperativität. Das Ausmaß legitimierender Kontextualisierungen übersteigt jedoch bei beiden Sprecherinnen der Kategorie *women of color* - in besonders expliziter Weise bei der zweiten Sprecherin - bei weitem den Gebrauch legitimierender Kontextualisierung bei der Angehörigen der Kategorie *white women*. Im Vergleich der Formen eingeschränkter Kooperativität fallen bei der Angehörigen der Kategorie *white women* die Verfahren der Ausweitung der Selbstbestimmung auf - von extremer Ausnutzung des Rederechts bis zur konzeptuellen Verdrängung der fremden Kategorie. Bei den Angehörigen der Kategorie *women of color* hingegen werden vorwiegend forcierende Formen der Fremdbestimmung, wie Diskreditierung und interaktive Marginalisierung, eingesetzt. Alle forcierenden Verfahren wurden für die Durchsetzung je eigener Interessen und gegen die Interessen anderer ins interaktive Feld geführt. Die Differenz der forcierenden Verfahren - die Vergrößerung der Fremdbestimmung einerseits und der Selbstbestimmung andererseits - ist ein Hinweis darauf, daß die Auswahl und Kombination forcierender Verfahren an Beteiligungsrollen (*woman of color, white woman*) und den Interaktionskontext (Konferenz zur Bekämpfung von Rassismus) gebunden ist.

## 5. Schluß

Die komplexen Verfahren der Gesprächsteilnehmerinnen in der Verfolgung divergierender Interaktionsinteressen verdeutlichen, daß Beteiligungsweisen eingeschränkter Kooperativität im Konfliktfall zum Repertoire einer jeden Gesprächsteilnehmerin gehören. In den rhetorisch brillanten Verfahren wurden Techniken der Forcierung zwar auf die Spitze getrieben, aber auch mit starken Techniken der Reziprozitätssicherung abgestützt. Gerade diese Kombination führt dann eben doch zur erfolgreichen Bearbeitung von Interaktionsaufgaben. Deshalb sind Konzepte, bei denen eingeschränkte Kooperativität bereits als Störung erscheint, bzw. bei denen antagonistische Positionierungen als bloße Reproduktion der Makroebene angesehen werden, für die empirische Analyse von divergierenden Interaktionsinteresssen wenig hilfreich.

### Transkriptionszeichen

Intonation und Charakterisierung der Sprechweise:

| | |
|---|---|
| x/ | steigende Intonation |
| x\ | fallende Intonation |
| x- | gleichbleibende Intonation |
| BEing | akzentuierte Silbe |
| BEing | stark akzentuierte Silbe |
| BE:ing | Längung eines Vokals |
| | Kennzeichnung gilt von "<" bis ">": |
| <<f> xxx> | forte, laut |

| | |
|---|---|
| <<p> xxx> | piano, leise |
| <<all> xxx> | allegro, schnell |
| <<l> xxx> | lento, langsam |
| <<c> xxx> | crescendo, lauter werdend |
| <<d> xxx> | diminuendo, leiser werdend |
| <<acc> xxx> | accelerando, schneller werdend |
| <<r> xxx> | rallentando, langsamer werdend |

Sonstige Konventionen:

| | |
|---|---|
| [ ] | simultanes Sprechen |
| "/" | Auslassung |
| "\|" | Wortabbruch |
| "=" | schneller Anschluß |
| (.) | Mikropause |
| (1) | Pause in Sekunden |
| (( )) | Kommentar, Beginn und Ende mit * gekennzeichnet |
| (? ?) | nicht mit Sicherheit verstanden |
| .hh | Einatmen |
| hh. | Ausatmen |
| hehe | Lachpartikel |
| fo(ho)r | Lachpartikel im Wort |

## Literatur

Cicourel, Aaron (1980). Basisregeln und normative Regeln im Prozeß des Aushandelns von Status und Rolle. In: Arbeitsgruppe Bielefelder Soziologen (Hg.), *Alltagswissen, Interaktion und gesellschaftliche Wirklichkeit*. Opladen: Westdeutscher Verlag, 147-188.

Clarke, John, Hall, Stuart, Jefferson, Tony & Roberts, Brian (1981). Subkulturen, Kultur und Klasse. In: Clarke, John u.a. (Hg.), *Jugendkultur als Widerstand. Milieus, Rituale, Provokationen*. Frankfurt am Main: Syndikat, 39-131.

Czyżewski, Marek, Gülich, Elisabeth, Hausendorf, Heiko & Kastner, Maria (Hg.) (1995). *Nationale Selbst- und Fremdbilder im Gespräch*. Opladen: Westdeutscher Verlag.

Dieckmann, Walter & Paul, Ingwer (1983). "Aushandeln" als Konzept der Konversationsanalyse. In: *Zeitschrift für Sprachwissenschaft 2*, 169-196.

Garfinkel, Harold & Sacks, Harvey (1976). Über formale Strukturen praktischer Handlungen. In: Weingarten, E., Sack, F. & Schenkein, J. (Hg.), *Ethnomethodologie: Beiträge zu einer Soziologie des Alltagshandelns*. Frankfurt am Main: Suhrkamp, 130-175.

Kallmeyer, Werner (1979). Kritische Momente. Zur Konversationsanalyse von Interaktionsstörungen. In: Frier, Wolfgang & Labroisse, Gerd (Hg.), *Grundfragen der Textwissenschaft. Linguistische und naturwissenschaftliche Aspekte*. Amsterdam: Rodopi, 59-109.

Kallmeyer, Werner (Hg.) (1996). *Gesprächsrhetorik. Rhetorische Verfahren im Gesprächsprozeß*. Tübingen: Narr.

Kallmeyer, Werner & Schmitt, Reinhold (1996). Forcieren oder: Die verschärfte Gangart. In: Kallmeyer, Werner (1996), 19-118.

Sacks, Harvey (1972). On the analyzability of stories by children. In: Gumperz, J. J. & Hymes, D. (Hg.), *Directions in Sociolinguistics: The Ethnography of Communication*. New York: Holt, Rinehart & Winston, 325-345.

Sacks, Harvey (1979). Hotrodder: A Revolutionary Category. In: Psathas, G. (Hg.), *Everyday Language. Studies in Ethnomethodology*. New York: Irvington Press, 7-14.

Sacks, Harvey (1989). Lecture six. The M.I.R. Membership Categorization Device. In: Human Studies. Vol 12., Harvey Sacks-Lectures 1964-1965, 271-281.
Schmitt, Reinhold (1993). Kontextualisierung und Konversationsanalyse. In: *Deutsche Sprache 21*, 326-352.
Streeck, Jürgen (1985). Kulturelle Kodes und ethnische Grenzen. Drei Theorien über Fehlschläge in der interethnischen Kommunikation. In: Rehbein, J. (Hg.), *Interkulturelle Kommunikation*. Tübingen: Narr, 103-120.
Wolf, Ricarda (1995). Interaktive Fallen auf dem Weg zum vorurteilsfreien Dialog. Ein deutsch-deutscher Versuch. In: Czyżewski, Marek u.a., 203-231.

# Personenregister

Aalto, E.  266
Adler, R.  99
Alasuutari, P.  265
Alvesson, M.  135
Antos, G.  8
Asher, R. E.  235
Auer, P.  218; 248
Augenstein, S.  180
Aust, St.  156
Axley, S. R.  138

Backa, S.  218
Bandler, R.  86
Bartolucci, G.  181
Bartsch, E.  92
Basler, H.-D.  97f.
Becker-Mrotzek, M.  219f.
Beger, R.  135
Berg, E.  247
Berg, P. O.  135
Bergmann, J.  221
Biere, B.  177
Blyler, N. R.  134
Boden, D.  134
Bogdal, K.-M.  269
Boich, L.  180; 190
Bonß, W.  247
Bremer, K.  220
Brender, N.  159ff.; 163; 165ff.
Brinker, K.  221
Brons-Albert, R.  135
Brown, J.  180
Brucks, U.  102
Bruner, J.  91
Brünner, G.  134; 137
Bucher, H.-J.  173
Buchwald, M.  157; 173
Bühler, K.  203
Bull, P.  173
Bungarten, Th.  135
Burgoon, M.  139

Cameron, K.  136
Churchill, D.  135
Cicourel, A.  13; 102f.
Clarke, J.  277
Clayman, St.  173
Clyne, M.  266
Coupland, J.  180f.; 188; 191ff.
Coupland, N.  11; 17f.; 22; 179ff.; 188; 191ff.; 210; 264
Czyzewski, M.  178; 278

Dausendschön-Gay, U.  199
Dawson, E.  139
Delius, F. C.  32
Derieth, A.  135
Dieckmann, W.  277
Dijck, J. J. J. van  136
Dijk, T. A. van  134
Donnellan, K.  33
Dougherty, D.  135
Drescher, M.  178
Drew, P.  134; 140
Drummond, K.  8

Eberhardt, L.  84
Ehlich, K.  116; 134; 137; 151; 198; 220; 222; 231
Eikmeyer, H.-J.  21; 33f.
Eisenberg, E.  138
Empter, S.  150
Ensink, T.  11
Euske, N.  138

Fairclough, N.  140
Fayol, H.  138
Fehlenberg, D.  99
Fickermann, I.  220
Fiehler, R.  8; 24; 32; 80; 135; 137ff.; 167; 177; 179; 207
Fiske, S.  179
Freeman, J.  135
Fritz, G.  221
Fuchs, M.  247

Garfinkel, H.  140
Gass, S.  220
Geeraerts, G.  136
Giles, H.  11; 17; 179ff.; 188; 191ff.; 264
Goffman, E.  161; 178
Gottlieb, S.  159f.
Gottschalk, Th.  155f.
Grainger, K.  188; 191
Graumann, C. F.  63
Greatbatch, D.  172f.
Grice, H. P.  38
Grimshaw, A. D.  11; 134; 204; 208
Grinder, J.  86
Gülich, E.  178; 199; 228
Gumperz, J. J.  178; 218; 231
Günthner, S.  218
Gutfleisch-Rieck, I.  194

Habermas, J.  17

Häfele, W. 92
Hahn, B. 84
Hall, E. T. 29
Haller, M. 156; 172f.
Hanna, O. 269
Hannan, M. T. 135
Hartmann, H. 247
Hartung, W. 11; 63
Hausendorf, H. 178; 264
Have, P. ten 263
Hein, N. 100; 104f.
Helber, A. 132
Helmich, P. 101
Henwood, K. 181; 192
Heritage, J. 47; 134; 221
Hinnenkamp, V. 219f.
Hoffmann, L. 206
Hoffmann, R.-R. 156f.; 173
Holly, W. 48; 156f.; 166f.; 172ff.
Hopper, R. 8
Hub, I. 184
Hummert, M. L. 180; 190
Hundsnurscher, F. 221
Hunsaker, F. 139

Jablin, F. 138
Jakob, V. 226
Jakovidou, A. 198; 220
Jäntti, A. 267
Jefferson, G. 34; 140; 192; 202f.
Jennings, M. 135
Johnson, M. 137f.
Joraschky, P. 98
Jucker, A. H. 157

Kallmeyer, W. 45; 178f.; 224; 231; 277f.
Keim, I. 178f.
Kelletat, A. F. 269
Kemper, S. 182
Kindt, W. 11; 17ff.; 27; 30ff.; 39; 41; 221
Kinski, K. 25
Kippola, A.-K. 266
Klein, J. 31
Klein, W. 13; 194
Knapp, K. 198
Knapp-Potthoff, A. 198
Knorr-Cetina, K. D. 247
Kohl, H. 23; 30; 159; 165ff.
Köhle, K. 98f.
Koivisto, H. 266
Koole, T. 199; 209
Kotthoff, H. 198; 218
Krafft, U. 199
Krippendorf, K. 137; 151
Krone, K. 138
Kronfeld, A. 33
Küppersbusch, R. 18

Kytömäki, J. 265

Laarmann, M. 263
Labov, W. 200
Lakoff, G. 137; 138
Lalouschek, J. 99f.; 113; 134
Landmann, S. 25
Laubenstein, U. 17; 30; 34; 41; 221
Lehr, U. 179
Lenz, F. 134
Leodolter, R. 134
Levelt, W. J. M. 17; 34ff.
Levinson, S. C. 222
Liedke, M. 198; 269
Liefländer-Koistinen, L. 267
Linde, Ch. 134
Link, J. 156; 157; 158
Löffler, H. 267
Long, M. H. 220
Luhmann, N. 263
Lumma, K. 135
Lützeler, P. M. 270

Mandl, H. 81
Marcus, G. E. 247
Marquardt, A. 18
Mead, G. H. 140
Menz, F. 100; 105; 113; 134; 140; 151
Mischke, W. 117
Mishler, E. G. 99
Morgan, G. 138
Mulkay, M. 247; 248
Mummendey, A. 180
Münchenhagen, R. 25

Neubauer, M. 184
Neuberg, S. 179
Neuberger, O. 27
Niederfranke, A. 179
Nothdurft, W. 47; 49; 57; 219f.; 224; 226ff.; 231; 246
Noyau, C. 220
Nußbaum, J. 181

O'Brien, P. 269

Parry, Ch. 269
Parsons, T. 98
Phillips, S. 138
Piaget, J. 91
Planck, M. 68
Pleitgen, F. 166; 174
Pomerantz, A. 47
Potter, J. 248
Pourquier, R. 220
Prigogine, I. 44
Pschaid, P. 134

Putnam, L. 138

Quasthoff, U. 199
Quinn, R. E. 136

Redder, A. 151; 199
Reddy, M. J. 137; 138
Rehbein, J. 99; 116; 134; 137; 151; 199; 202; 218; 231
Reich, A. 220
Reitemeier, U. 224; 231; 246f.
Reitemeyer, U. 220; 228
Renn, U. 17
Reuter, E. 245; 247; 264; 266; 269
Rickheit, G. 177
Roberts, K. 138
Roche, J. 220
Rogers, C. 89
Rogers, E. 180
Rost, M. 220; 228
Rost-Roth, M. 198; 202; 219f.; 236
Ryan, E. 180f.; 185; 190

Sacks, H. 34; 47; 140; 202f.; 278
Sager, S. F. 221
Salisch, E. 102
Sandig, B. 63
Saul, S. 135
Scharping, R. 159ff.; 170ff.
Schegloff, E. 34; 47; 140; 174; 202f.
Schmitt, R. 277f.
Schnieders, G. 32
Schönhuber, F. 155f.
Schröder, G. 160ff.
Schröder, P. 220; 224; 228; 231; 246
Schulze, G. 86
Schulze, M. 159; 165f.; 170
Schumacher, D. 83; 85; 94
Schütze, F. 45
Schwitalla, J. 48; 173; 198; 221; 231
Searle, J. 198
Selting, M. 11; 17ff.; 41; 202; 219; 221
Shannon, C. E. 138
Shea, D. 63
Simons, C. 99
Simpson, J. M. Y. 235
Skuttnab-Kangas, T. 266
Spada, H. 81
Spaich, H. 267
Speck, A. 194
Spiegel, C. 221
Spranz-Fogasy, Th. 45f.; 49; 60; 194
Stanitzek, G. 264
Stengers, I. 44
Streeck, J. 194; 221; 236; 275f.
Sucharowski, W. 135; 139
Suni, M. 266

Tajfel, H. 178
Taylor, F. 138
Tewes, U. 98
Theis, A. M. 139f.
Thije, J. D. van 199; 209
Thimm, C. 177; 180; 184; 194
Thralls, Ch. 134
Tuomi-Nikula, O. 265f.

Varonis, E. 220
Vendler, Z. 11
Ventola, E. 267
Vogt, R. 156

Wahl, W. B. 102
Waldenfels, B. 114
Wallraff, G. 265
Watson, D. 47
Weaver, W. 138
Weber, M. 138
Webler, T. 17
Weick, K. E. 150
Weingarten, R. 17f.; 22; 30f.; 39; 41; 221
Weingarten, R. 11
Wenzel, A. 219
Wiemann. J. M. 11; 17; 179; 192f.; 264
Wiemann, J. M. 11
Wildgen, W. 199
Williams, A. 180; 188
Wodak, R. 100; 113; 134
Wolf, R. 279
Wolfe, T. 265

# Sachregister

Arzt-Patienten-Beziehung 98
Arzt-Patienten-Gespräch 99
Arzt-Patienten-Kommunikation 40; 100

Beobachterperspektive 8; 31; 246; 252; 256; 261; 263f.
Beratung 34; 80f.; 86; 89f.; 226; 234
Beratungsgespräch 49; 59; 64; 215; 217ff.; 223f.; 231; 235; 241

Diskurs, medizinischer 99; 102
Diskurs, öffentlicher 78
Diskursanalyse 140; 176; 221
Diskursforschung 28
doctor's language 102f.; 108

Erwartung 8; 11; 14; 25; 28ff.; 73f.; 96; 98; 102; 147; 155; 178ff.; 186; 190; 230; 235

Forcieren 48; 277ff.; 281; 285; 290; 293f.

Gespräch, ärztliches 97; 99; 102f.; 114

Institution 14; 87f.; 102; 126; 132; 134; 157; 220; 222f.; 237; 268
interkulturelle Kommunikation 11; 198f.; 209; 217ff.; 234; 236f.; 244; 253; 265

Kategorien 8; 37; 39f.; 117; 177f.; 184; 194; 220; 249; 254; 258; 263; 275ff.
Kategorisierung 10; 178f.; 266; 278
Kommunikation in Wirtschaftsunternehmen 134
Kommunikationsberatung 8
Kommunikationsstörung 8ff.; 33; 44; 48; 50; 53; 56; 61; 80; 83; 90; 96; 111; 113ff.; 124; 126; 130; 149; 197; 202
Kommunikationstrainer 87
Kommunikationstraining 8; 27; 88; 139
Konflikt 10; 51f.; 54; 58; 117; 123; 125; 132; 144; 145; 147; 158; 177; 280; 293
Kontext 21; 26; 34; 36f.; 41f.; 45; 49f.; 52ff.; 60f.; 113; 138; 140; 180; 187f.; 190f.; 194; 199; 215; 218ff.; 236f.; 250; 252; 278; 280; 283
Kontextualisierung 59; 218; 278f.; 285; 293
Kontextualisierungen zweiter Ordnung 278
Konversationsanalyse 47; 62; 140; 215; 221ff.; 278
Konzeptualisierung 8; 134; 136ff.; 173; 276; 279; 283; 293

Legitimation 87; 277; 279; 281; 285; 290
Linguistische Pragmatik 218; 222
Logopäde 81; 83ff.; 88; 94
Lüge 77

Manipulation 77
Mediator 17; 92f.
medizinische Fachsprache 99; 106
Meinung 73; 75; 255
Meinungsbildung 64; 157
Meinungsunterschiede 32
Meinungsverschiedenheit 32
Moderator 18; 25; 46; 73; 92; 156
Monitoring 8

Nichtmuttersprachler 218; 220; 235ff.; 243; 246f. 250; 252; 254; 265f.
NLP (Neurolinguistisches Programmieren) 81; 86
Normalformerwartung 277; 281; 283ff.

Pädagogik 88f.
Perspektive 8; 11; 14; 19; 25; 29; 45; 63ff.; 104; 113; 125; 150; 155ff.; 171; 173f.; 178; 222; 232; 242; 263f.; 267; 277
Perspektivendivergenz 11; 63ff.; 72; 76; 78; 158; 176; 220; 231
Perspektivenübernahme 14; 28; 42
Perspektivenwechsel 231; 264
Perspektivität 63f.; 67f.; 74; 76; 78f.; 158
Psychologe 80f.; 84; 88; 90; 94; 183
Psychologie 82; 85; 88; 178
Psychotherapeut 81; 94
Psychotherapie 27; 83; 85f.

Reparatur 10; 21; 30; 33ff.; 160; 166f.; 201ff.; 209ff.; 222f.; 228
Reziprozität 277; 281; 290; 292ff.
Rolle 63; 70; 74; 98; 123; 171; 174f.; 222; 265; 278; 291f.
Routinewissen 106f.; 109f.

somatisch-technisches Krankheitsverständnis 96; 99
Sprach-Trainer 81
Sprecherzieher 81; 83; 87f.; 94
Standpunkt 75; 124; 158; 267
Störung 8ff.; 22; 24; 35; 44; 48ff.; 80ff.; 96; 109f.; 138; 198ff.; 241f.; 275ff.; 294

Teilnehmerperspektive 19; 29; 31
Training 86; 89ff.

Verständigung 7ff.; 26f.; 30ff.; 64ff.; 78; 80; 85; 90; 103; 158; 177f.; 198; 211
Verständigungsprobleme 7ff.; 49; 63; 65; 72; 76; 81f.; 89; 92; 117; 134; 149; 176; 179; 180; 187; 198; 219f.; 234; 237; 268

# Die Autorinnen und Autoren

*Elmar Bartsch*, geb. 1929; Dr. theol., Professor a.D. für Sprechwissenschaft und Phonologie des Deutschen an der Mercator Universität Duisburg; Beratungs- und Trainingsbüro "Kooperative Rhetorik"; Arbeitsschwerpunkte: Rhetorik (der Rede, des Gesprächs, in Medien), Ausbildung und Therapie in mündlicher Kommunikation, Team-Moderation, Philosophie und Ethik der Sprech-Kommunikation.
Publikationen: u.a. Die Funktion der Sprechkunde in der Ausbildung des Deutschlehrers, Düsseldorf 1974; Zukünftige Aufgaben der Schule im Lernfeld "Mündliche Kommunikation". In: Bartsch, E. (Hrsg.), Mündliche Kommunikation in der Schule, Königstein 1982, 263-294; Entwurf einer handlungsorientierten Sprachtherapie. In: Allhoff, D.-W. (Hrsg.), Mündliche Kommunikation. Störungen und Therapie, Frankfurt 1983, 21-41; Seminar "Methoden der Gesprächs- und Verhandlungsrhetorik als Grundlagen internationalen Verhandelns", Bonn: Bundesakademie für Öffentliche Verwaltung 1988; Grundlinien einer "kooperativen Rhetorik". In: Geißner, H. (Hrsg.), Ermunterung zur Freiheit. Rhetorik und Erwachsenenbildung. Festschrift für Ilse Schweinsberg, Frankfurt/M. 1990, 37-49; Negotiation in Intercultural Contexts. In: Pürschel, H. et al. (Hrsg.), Intercultural Communication, Frankfurt/M. 1994, 95-227; Sprechen, Führen, Kooperieren in Betrieb und Verwaltung. Kommunikation in Unternehmen (als Hrsg.), München 1994.
*Anschrift*: Fängerweg 4, 45481 Mülheim/Ruhr.

*Arnulf Deppermann*, geb. 1964; Dr. phil., Diplompsychologe; Arbeitsschwerpunkte: Medienrezeptionsforschung, Gesprächsanalyse zu Rhetorik und Argumentation, Methodik der Gesprächsanalyse.
Publikationen: Praxis der Gesprächsanalyse, Freiburg: Forschungsberichte des Psychologischen Instituts der Albert-Ludwigs-Universität Freiburg i.Br. 1995; Glaubwürdigkeit im Konflikt. Rhetorische Techniken im Auseinandersetzungsprozeß am Beispiel von Schlichtungsgesprächen, Freiburg (Dissertation; ersch.).
*Anschrift*: Metzstr. 6, 60487 Frankfurt.

*Reinhard Fiehler*, geb. 1949; Dr. phil., Prof.; Institut für deutsche Sprache, Mannheim; Arbeitsschwerpunkte: Gesprochene Sprache, Gesprächsanalyse mit den Schwerpunkten: Arbeitskommunikation, Emotionalität, Kommunikationsberatung und -training.
Publikationen: u.a. Kommunikation und Kooperation, Berlin 1980; Kommunikation und Emotion, Berlin 1990; Technisierte Kommunikation (mit R. Weingarten, als Hrsg.), Opladen 1988; Kommunikationsberatung und Kommunikationstraining (mit W. Sucharowski, als Hrsg.), Opladen 1992; Untersuchungen zur Kommunikationsstruktur (mit D. Metzing, als Hrsg.), Bielefeld 1995.
*Anschrift*: Institut für deutsche Sprache, Postfach 10 16 21, 68 016 Mannheim.
E-mail: fiehler@ids-mannheim.de

*Wolfdietrich Hartung*, geb. 1933; Dr. sc. phil., Professor. 1955-91 Akademie der Wissenschaften (der DDR); Arbeitsschwerpunkte: Grammatik (Syntax des Deutschen), Soziolinguistik (u.a. Sprachnormen, Variation, Sprachkontakte), Textlinguistik (Einheiten und Ebenen), Gesprächsanalyse (u.a. Kommunikationskonflikte, Emotionalität, Perspektivität).
Publikationen: u.a. Die zusammengesetzten Sätze des Deutschen, Berlin 1964; als Hrsg.: Sprachliche Kommunikation und Gesellschaft, Berlin 1974; Normen in der sprachlichen Kommunikation, Berlin 1977; (zusammen mit H. Schönfeld) Kommunikation und Sprachvariation, Berlin 1981; Kommunikation und Wissen, Berlin 1991.
*Anschrift*: Heidekampweg 127, 12437 Berlin.

*Walther Kindt*, geb. 1945; Prof. Dr.rer.nat., Dipl. Math.; Universität Bielefeld, Fakultät für Linguistik und Literaturwissenschaft; Arbeitsgebiete: Syntax, Semantik, Kommunikationsanalyse.

Publikationen: u.a. Interpretationsanalysen (mit S.J. Schmidt, als Hrsg.), München 1976; Zum Thema Sprache und Logik (mit Th. Ballmer, als Hrsg.), Hamburg 1980; verschiedene Aufsätze zu Dynamischer Semantik, Verständigungstheorie und Argumentationsanalyse.
*Anschrift*: Universität Bielefeld, Fakultät für Linguistik und Literaturwissenschaft, Postfach 100131, 33501 Bielefeld.

*Johanna Lalouschek*, geb. 1958; Dr. phil; Universität Wien, Institut für Sprachwissenschaft/Angewandte Sprachwissenschaft; Arbeitsschwerpunkte: Diskursanalyse mit den Schwerpunkten Medizinische Kommunikation, Medienkommunikation und Selbstdarstellung in Gesprächen.
Publikationen: u.a. Alltag in der Ambulanz (mit F. Menz und R. Wodak), Tübingen 1990; Ärztliche Gesprächsausbildung, Opladen 1995.
*Anschrift*: Institut für Sprachwissenschaft, Berggasse 11/1/8, A-1090 Wien.

*Martina Liedke*, geb. 1962; Dr. phil., Ludwig-Maximilians-Universität München, Institut für Deutsch als Fremdsprache; Arbeitsschwerpunkte: Linguistische Pragmatik, Diskursanalyse, Deutsch als Fremdsprache.
Publikationen: u.a. Textrezeption zum Zwecke der Reproduktion (mit O. Hanna). In: Brünner, G. & Graefen, G. (Hrsg.), Texte und Diskurse, Opladen 1994, 386-411; Die Mikro-Organisation von Verständigung, Frankfurt u.a. 1994; Aspekte interkultureller Kommunikationsfähigkeit (mit A. Knapp, als Hrsg.), München 1997.
*Anschrift*: Institut für Deutsch als Fremdsprache, Ludwig-Maximilians-Universität, Ludwigstr. 27/I, 80539 München.

*Florian Menz*, geb. 1960; Universitätsassistent, Mag. Dr. phil.; Universität Wien, Institut für Sprachwissenschaft; Arbeitsschwerpunkte: Soziolinguistik (ethnische Minderheiten), Textverstehen und -verständlichkeit, kritische Diskursanalyse mit den Schwerpunkten: Kommunikation in Institutionen, Wirtschaftskommunikation, Medienanalysen, Kommunikationsberatung.
Publikationen: u.a. Sprachbarrieren (mit R. Wodak und J. Lalouschek), Wien 1989; Der publizistische Abwehrkampf in Kärnten (mit W. U. Dressler und J. Lalouschek), Klagenfurt 1989; Gespräche in der Ambulanz (mit J. Lalouschek und R. Wodak), Tübingen 1990; Der geheime Dialog, Frankfurt 1991; Der "Historikerbericht" und das Gedenkjahr 1988, Wien 1991; Sprache in der Politik - Politik in der Sprache (mit R. Wodak, als Hrsg.), Klagenfurt 1990; Die Sprachen der Vergangenheiten (mit R. Wodak, R. Mitten und F. Stern), Frankfurt 1994.
*Anschrift:* Institut für Sprachwissenschaft der Universität Wien, Berggasse 11, A-1090 Wien.
E-mail: Florian.Menz@univie.ac.at

*Ilona Pache*, geb. 1955; M.A.; Universität Potsdam; Arbeitsschwerpunkte: Konversationsanalyse, Interkulturelle Kommunikation, Bewerbungsgespräche, Gesprächsverhalten und Gender.
Publikationen: Maybe there is some anger behind that laughter: Humour and laughter in a multicultural women's group. In: Working Papers on Language, Gender and Sexism, Vol. 3, No. 1, 1992; Ethnisch-kulturelle Personenbezeichnungen. Zur kategorialen Organisation von Diskurs und Gemeinschaft. In: Jäger, S. (Hrsg.), Anti-rassistische Praxen. Konzepte - Erfahrungen - Forschung, Duisburg 1994: Duisburger Institut für Sprach- und Sozialforschung, 291-314.
*Anschrift*: Universität Potsdam, Institut für Germanistik, Abteilung Sprachwissenschaft, Postfach 601553, 14415 Potsdam.

*Ewald Reuter*, geb. 1952, 1974-1980 Studium der Linguistik, Anglistik, Philosophie, Pädagogik und Soziologie an der Universität Bielefeld. 1976-77 Sprachpraktikant des Goethe-Institutes in Jyväskylä, Finnland. 1977-78 Studium der angewandten Linguistik an der University of Reading, England. 1980 1. Staatsexamen. 1983-89 DAAD-Lektor am Sprachenzentrum der Universität Tampere. 1991-93 Forschungsstipendiat der Finnischen Akademie an der Universität Vaasa, Finnland. 1993 Lizentiat. 1996 Forschungsstipendiat an der Universität Tampere; Arbeits-

schwerpunkt: Gesprächsanalyse des Fachfremdsprachenunterrichts und der interkulturellen mündlichen Fachkommunikation. 1997 Promotion. Zahlreiche Publikationen zur Unterrichtskommunikation, zur finnisch-deutschen Wirtschaftskommunikation und zur DaF-Didaktik; zuletzt das Lehrwerk *Handelspartner Finnland* (1994; mit Sabine Ylönen), der Sammelband *Fremdsprachliches Textverstehen* (1995) und die Monographie *Mündliche Kommunikation im Fachfremdsprachenunterricht* (1997).
*Anschrift*: Universität Tampere, Postfach 607, FIN-33101 Tampere. E-mail: kkewre@uta.fi

*Martina Rost-Roth*, geb. 1956; Dr. phil.; Freie Universität Berlin, Fachbereich Germanistik, Institut für allgemeine und deutsche Linguistik; Arbeitsschwerpunkte: Diskursanalyse, interkulturelle Kommunikation, institutionelle Kommunikation, Sprachlehr- und -lernforschung, Zweitspracherwerb.
Publikationen: u.a. Sprechstrategien in freien Konversationen, Tübingen 1989; Reparaturen und Foreigner Talk. In: Linguistische Berichte 125 (1990), 24-45; Verständigungsprobleme in der interkulturellen Kommunikation. Ein Forschungsüberblick zu Analysen und Diagnosen in empirischen Untersuchungen. In: Zeitschrift für Literaturwissenschaft und Linguistik 93 (1994); Language in Intercultural Communication. In: Stevenson, P. (Hrsg.), The German Language and the Real World, Cambridge 1995, 169-204; Sprachenlernen im direkten Kontakt (unter Mitarbeit von Oliver Lechlmaier), Bozen/Meran 1995.
*Anschrift*: Freie Universität Berlin, Fachbereich Germanistik, Habelschwerdter Allee 45, 14195 Berlin.

*Thomas Spranz-Fogasy*, geb. 1955; PD Dr. phil; Arbeitsschwerpunkte: Linguistische Gesprächsanalyse (theorie- und praxisbezogen), linguistische Argumentationsforschung, Rhetorik.
Publikationen: u.a. 'widersprechen' - Zu Form und Funktion eines Aktivitätstyps in Schlichtungsgesprächen, Tübingen 1986; Interaktionsprofile - Gesprächsanalytische Untersuchungen zum Teilnehmerhandeln in Gesprächen (Habil.schrift, ersch.); verschiedene Aufsätze zu ärztlicher und juristischer Kommunikation, ökologischer Diskussion, familialen Konflikten.
*Anschrift*: Institut für deutsche Sprache, Postfach 101621, 68016 Mannheim.

*Caja Thimm*, geb. 1958; Dr. phil.; Universität Heidelberg; Arbeitsschwerpunkte: Linguistische Pragmatik, Diskursanalyse, Linguistische Frauenforschung, Sprache und Kommunikation im Alter.
Publikationen: u.a. Dominanz und Sprache, Wiesbaden 1990; Sprache und Kommunikation im Alter (mit R. Fiehler, als Hrsg. (demn.)).
*Anschrift*: Universität Heidelberg, SFB 245, Hauptstr. 47-51, 69117 Heidelberg.

*Rüdiger Vogt*, geb. 1950; Dr. phil.; Studienrat i.H. am Fachbereich Germanistik der Justus-Liebig-Universität Gießen. Arbeitsschwerpunkte: Diskursanalyse, Textlinguistik, Kommunikation in der Schule.
Publikationen: u.a. Über die Schwierigkeiten der Verständigung beim Reden. Beiträge zur Linguistik des Diskurses (als Hrsg.), Opladen 1987; Gegenkulturelle Schreibweisen über Sexualität. Textstrukturen und soziale Praxis in Leserbriefen, Wiesbaden 1989.
Anschrift: Justus-Liebig-Universität Gießen, 35394 Gießen.

*Christine Weinhold*, geb. 1954; Krankenschwester, promovierte Linguistin und freiberufliche Kommunikationstrainerin; Arbeitsschwerpunkt: Kommunikation im Krankenhaus.
Publikationen: Kommunikation in Krankenhäusern. Ein Forschungsbericht [...]. In: Zeitschrift für Germanistik 3/1991, 674-684; Kommunikation zwischen Patienten und Pflegepersonal: eine gesprächsanalytische Untersuchung des sprachlichen Verhaltens in einem Krankenhaus. Dissertation 1996, Veröffentlichung voraussichtlich Ende 1997 beim Huber Verlag, Bern; Gesprächsforschung in der Pflege. In: Zegelin, A. (Hrsg.), Sprache und Pflege, Berlin/Wiesbaden 1997.
*Anschrift*: Schwerinstr. 10, 10783 Berlin.

If you have any concerns about our products,
you can contact us on
**ProductSafety@springernature.com**

In case Publisher is established outside the EU,
the EU authorized representative is:
**Springer Nature Customer Service Center GmbH
Europaplatz 3, 69115 Heidelberg, Germany**

Printed by Libri Plureos GmbH
in Hamburg, Germany